地球上最健康的150種食材

The 150 Healthiest Foods on Earth

美國知名減重與營養專家 強尼・包登（Jonny Bowden）著
曾育慧 譯

目次

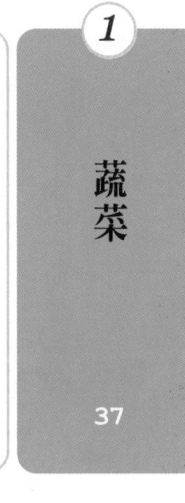

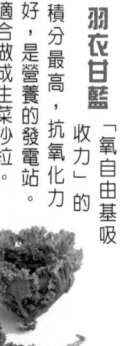

51

芝麻菜 一碗只含五大卡熱量，卻能帶給你很多好東西，葉酸、維生素A，還有有助眼睛保健的類胡蘿蔔素。

豆瓣菜 和濃度百分之二的牛奶相比，鈣質是牛奶的四倍，鎂則是六倍。一克豆瓣菜的維生素C含量跟橘子相等，鐵質含量甚至高於菠菜。

52

53

四季豆 不算蔬菜中的大明星，但它是安全股或儲蓄債券，不會使你因此致富，卻很穩當、可靠，還是得把它放入你的投資組合裡。

豆薯 是墨西哥菜常見的主角。塊莖的部分可以吃，味道淡而無味，反而很好將它調理成任何口味。

54

55

秋葵 是高纖食品。所含的天然谷胱甘鈦，是體內最重要的抗氧化物，只存在很少數的食材當中。

56

芹菜（西洋芹） 是最有效的治療高血壓的食材。可以克制食欲，在嘴裡咀嚼會刺激唾液分泌，幫助消化，也很適合加在蔬果汁裡一起打。

洋蔥 具抗癌功效。強烈的氣味代表它含有豐富的營養素，所以切洋蔥時流一點眼淚是值得的。

58

60

蒜苗 大部分的人都會在炒菜的時候加入蒜苗來提味。它和洋蔥、蒜頭和青蔥是一家人，含有多種健康成分。

苦白苣 是菊苣家族的一員，吃起來爽口而略帶苦味，可加上核桃和切片西洋梨，做成生菜沙拉。

61

62

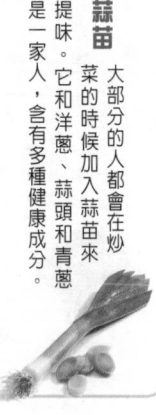

茴香 可以幫助排氣和治療腹部絞痛。原文fennel竟然是希臘文中「馬拉松賽跑」的意思！

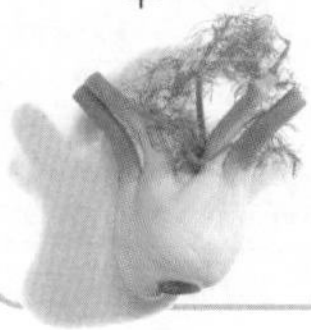

64

胡蘿蔔 既抗癌、又顧眼睛。雖然GI值高，但升糖負荷卻很低，所以要吃很多很多的胡蘿蔔，才會讓血糖大幅上升。

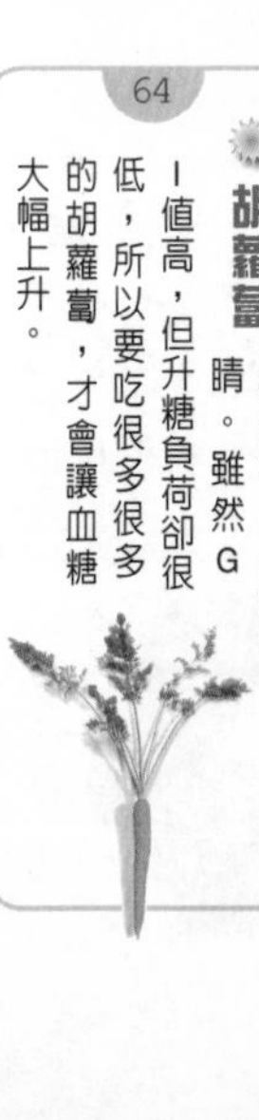

南瓜 是重量級的含鉀食物，鉀質可以降低中風機率，並降低飲食當中的酸性成分，幫我們保住骨本。

66

68

瓠瓜 屬於體積大、熱量低、高含水量的「高分量食物」，可以歸入減肥計畫中的食物。

茄子 和馬鈴薯、番茄有親戚關係。所含的茄色色素是大自然賜予的保護色，是功效強大的抗氧化物。

70

72

番茄 從植物學來看，是水果；技術上來看，是漿果；就法律面來說，是蔬菜。在一百年前，它還被誤認成有毒……

74

甜椒 有助於強健骨骼，可減少吸菸者罹患肺癌的風險。各種形狀和顏色都有，事實上紅色才是熟透甜椒的顏色。

76

辣椒 含有可以保護胃壁的活性成分，能促進血液循環，提高體溫，增強新陳代謝，還是鎮痛膏的常見成分之一。

77

馬齒莧 它不是雜草，營養價值高，內含的omega-3脂肪酸也高於的其他蔬菜，也可以入藥。

78

甜菜 所含的紫甜菜素是有效的抗癌物質，還是很不錯的紅色染料。鉀含量也非常高，可確保心臟正常運作。

80

瑞士菾菜 跟甜菜是近親，是非常好的營養電力站，熱量卻很低。

81

菊芋 富含果寡醣和菊醣。果寡醣可刺激腸裡的益菌生長，菊醣是一種可溶性纖維，都是腸道裡益菌需要的滋養品。

82

菠菜 熱量低，富含多種維生素與礦物質。是維生素K的最佳補充來源之一，可確保骨頭裡面的礦物質在各自的崗位上盡忠職守。

84

菇類 舞茸、香菇和靈芝對免疫系統很有幫助，皆可入藥。靈芝還是天然的紓壓品。

87

朝鮮薊 是蔬菜中的龍蝦，得花一番工夫才吃得到有價值的部分。在強調專門清肝解毒的營養品中，常會出現。

88

蒲公英 最大優點是保肝。全世界的傳統草藥療法，不管是美洲印弟安、阿拉伯、中國和歐洲社會，都會用到蒲公英。

90

辣根 是猶太人餐桌上五道必備苦菜之一，象徵他們過去被奴役的苦難。跟芥末是同屬，可以刺激消化，抑制細菌感染，加速體內循環。

91

蕪菁 是常見的十字花科根類作物，到處都長得起來，很像是蔬菜版的鯰魚，即便是在貧瘠的土地上也是生氣蓬勃。

92

蕃薯 抗氧化成分也很高，連皮一起吃可吃到最營養也是最高纖的部分，烤蕃薯竟然還有預防癌症的功效！

94

蘆筍 印度傳統醫學將蘆筍根部作為利尿劑。一般也相信食用蘆筍根部會使人個性平靜、善良沉穩和增強記憶力。

96

叫我第一名 歐洲防風草、蕪菁甘藍、荷蘭豆

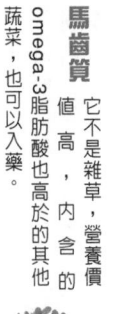

2 穀類
99

藜麥 印加人視為「穀類之母」。它其實是種子，還是高蛋白「穀物」，鐵質含量是穀類當中最高的。
103

燕麥片 可溶性膳食纖維是讓它具備高營養價值的關鍵成分。在每位醫師的「最佳食品」名單中幾乎都有它。

104

叫我第一名 糙米
106

3 豆類
109

青豆 五千多年前青銅器時代就有人食用它，中古時期的歐洲人也很喜歡它，因為它容易栽種、價格便宜、吃得飽，又能補充蛋白質。

111

豆子 是地球上最好的纖維與蛋白質來源之一。其中抗氧化能力最高，葉酸、各種礦物質含量最豐富的，又屬小紅豆。
112

扁豆 內含大量的可溶性纖維，可吸附高膽固醇形成的物質。跟豆子不同之處在於不含硫，所以吃了之後不會放屁。

114

鷹嘴豆 是最早被人類耕種的作物之一。它很適合成為你增加膳食纖維攝取的開始。
116

4 水果
119

桃 它有絕佳的抗氧化、抗細菌，以及抑制腫瘤生長的活力，在未來幾年中可能升等為「明星級」水果。

121

杏桃 杏桃和杏仁果是一組絕佳的健康配對，乾杏桃也是綜合堅果棒裡常有的內容物。
122

木瓜 木瓜酵素有助於分解或消化蛋白質，也有抗發炎的功效。哥倫布還把木瓜喻為「天使之果」。

123

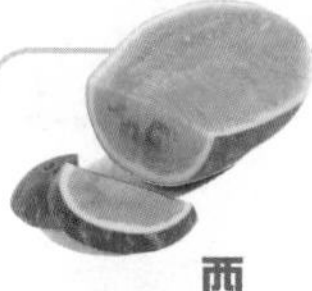

西瓜 含水量很高，提供飽足感、解渴。含有大量的番茄紅素、維生素A、類胡蘿蔔素等等，可降低罹癌的風險。
124

哈密瓜 高分量又低熱量，是控制體重的最佳選擇。鉀和維生素A含量高，可降低心臟病和中風的風險，增強免疫力。

126

128 **洋香瓜** 和哈密瓜一樣，它高分量又低熱量，也是既營養又可以幫你減重。同時還含有非常豐富的鉀和維生素A。

129 **芒果** 芒果樹在印度象徵愛情，地位崇高而神聖，有些人甚至相信，向芒果樹許願，夢想會成真。

130 **奇異果** 低鈉、高鈣之外，還有豐富的維生素C、抗氧化物和植物營養成分，而且常被瑜珈營養治療法用來治癌症和心臟病。

132 **芭樂** 鉀含量比香蕉高，抗氧化物甚至超前草莓、菠菜和花椰菜，番茄紅素、纖維和維生素C更是高於其他蔬果。

134 **枸杞** 西藏人吃枸杞至少有一千七百年的歷史，將其視為長壽、養生與促進性能力的聖品。而中藥也會用到它。

136 **香蕉** 眾所皆知它富含鉀和纖維質，較不為人知的好處是含有果寡糖。含糖量也沒有想像中那麼高。

138 **棗子** 它是「大自然的糖果」，跟吃其他甜食比起來，對健康的危害最低，而且還有益處。

140 **無花果** 跟棗子一樣是糖果最佳替代品。它還是高鉀、高纖食品，六顆無花果的鈣、鎂含量等於一杯柳橙汁的三倍。

142 **椰子** 所含的飽和脂肪，是對心臟最好、我們賴以維生的油脂。油脂中的月桂酸還有抗病菌、增強免疫力的效果。

144 **柳橙** 除了維生素含量高，它還有一百七十多種抗癌的抗氧化植化物以及六十種類黃酮素，具有完整的保健成分。

146 **檸檬／萊姆** 檸檬皮加熱紅茶可降低皮膚癌風險。萊姆汁被英國皇家海軍用來預防壞血症，還因此被戲稱為「萊姆兵」。

148 **葡萄柚** 它是含有酵素、低熱量、高分量的天然食品，吃下去會有飽足感，這就是正確減重飲食法的其中一步，並非因為葡萄柚有神奇功效。

150 **葡萄** 提供了完整、有益健康的營養素，其中很多都有延年益壽的功效。不過含糖量稍高，以不吃過量為原則。

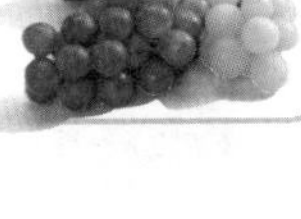

152 **葡萄乾** 最好能採用在日光下曬乾的古法製作。它各種營養素都有一點，但控制血糖的人要小心攝取。

154 **酪梨** 是高油脂食物，但它的單元不飽合脂肪其實可以降低膽固醇、保護心臟病。另外還可以保護眼睛和皮膚的健康。

156
鳳梨 它富含的鳳梨酵素可幫助消化、讓傷口加速癒合、減輕發炎、消腫止痛，還是天然清血劑，可預防血管堵塞。

158

洋李乾 只有歐洲李才能風乾做成洋李乾。它的含纖維量很高，抗氧化成分也很高。

159
草莓 可以保護大腦，有助於記憶力提昇。它和藍莓都可以顯著地降低子宮頸癌和乳癌細胞的生長。

160

覆盆子 所含的鞣花酸是很好的天然補充品，因為它可導致癌細胞自體凋亡，卻不影響正常細胞。

162
藍莓 含有抗氧化和抗發炎的花青素、抗老化的白藜蘆醇，也是最佳的記憶力強化食品，是健康食品中的大明星。

164
櫻桃 含有多項抗發炎、抗老化、抗癌成分：槲黃素、鞣花酸和芥子醇。這些在營養標示表中都看不到。

166

蔓越莓 紅色漿果具有效果最強大的抗氧化物，它就是代表之一，而且高纖低糖，抗癌、抗病菌，還可預防泌尿道感染。

167
蘋果 「一天一顆蘋果，醫生遠離我」簡直是句老掉牙的話，但歷經時間的考驗之後，證明這句語是對的。

170
叫我第二名 苦瓜、西洋梨、柿、小果花梨、楊桃

5 堅果與種子類

175

178
杏仁果／杏仁醬 含有油脂和熱量，適量吃杏仁果卻有助於減重。更重要的是它所含的是對心臟很好的單元不飽和脂肪。

180

芝麻／芝麻醬／白芝麻 芝麻莢果在成熟時會裂開，《天方夜譚》中的「芝麻，開門！」就是源於此。全芝麻用高溫烘焙會除去草酸鹽，有助鈣質吸收。

182
花生／花生醬 講到抗氧化物的含量，花生跟草莓是並駕齊驅的，甚至比許多水果還高。主要提供的油脂是單元不飽和脂肪。

184

南瓜子 植物固醇有治療良性攝護腺肥大的功效，錳則有助於發育、生殖、傷口癒合、大腦功能，以及糖、胰島素和膽固醇的正常代謝等。

186
胡桃 形似人腦，它存在的目的就是為了保護器官。和魚類一樣，是真正的「大腦食物」。

美洲胡桃 它最有名的是含有單元不飽和脂肪，屬於有益健康的堅果，但熱量高，容易引誘人多吃，要注意食用分量。

巴西栗 是補充硒的最佳選擇。硒這種微量元素具有抗氧化、免疫調節、抗致癌性與抗血管粥狀化的效果。

夏威夷豆 單元不飽和脂肪的比例高於所有其他堅果類，一種營養完整、可以當正餐吃、當零嘴又令人放心的食物。

開心果 以開心果來取代從其他膳食油脂攝取的熱量，可以改善血脂，也會降低冠狀動脈的罹病風險。

腰果 和其他堅果比起來，熱量稍低，但碳水化合物的比例較高，一樣都富含礦物質、高蛋白質還有纖維。

榛果 它有兩項非常重要的功效：降膽固醇，減緩良性攝護腺肥大的症狀。是很好的omega-3脂肪酸來源。

葵花子 擁有許多預防疾病、抗氧化與抗致癌性的成分，是一種機能性食品。而它曾經是只能當作鳥食的東西！

6 大豆

毛豆 可以作為高營養、高蛋白的素食點心。日本人稱毛豆作青豆，他們會喝啤酒配毛豆，跟美國人配花生差不多。

發酵大豆 天貝含大豆異黃酮和皂甘等，所有適用菇類的作法都適合天貝。味噌是能補充蛋白質的一項傳統健康食品。

納豆 因富含納豆激酶而享有盛名。人類食用號稱「素食起司」的納豆已長達數千年，都是為了健康而吃。

7 乳製品

奶油／酥油 有機方式飼養、來自草食牛的奶油，是極好的健康食品。阿育吠陀醫學視酥油為具有藥性與療效的食品。

有機生乳 未經殺菌與均質化處理、且經過認證的有機生牛乳，富含營養素，還包括嗜酸性乳桿菌等益菌。

起士 最重要的是注意它的來源。健康動物生產的起士好處多多，天然起士更有完整的A、E、K、D四種脂溶性維生素。

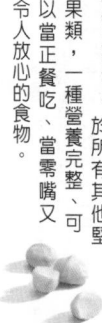

10 特殊食品 261

鯖魚 不是當紅的魚類，只是魅力尚未展現。其實它不但富含omega-3脂肪酸，也很少受到環境污染影響。 256

甘草 名列六種具有最高抗癌力的食品與草藥當中。最常用來治療上呼吸道不適，它對發炎的黏膜具有緩和的效果。 262

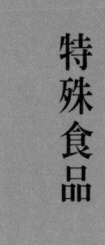

乳清蛋白粉 提供優良的蛋白質，還有許多健康效益，包括減重、增加肌肉，還會增加免疫系統。對牛奶過敏的人通常也不會對它有不良反應。 264

芽菜 富含酵素、維生素和胺基酸，以及高濃度植化物，對人體有強大的保護功能，幫助我們抵抗疾病。 266

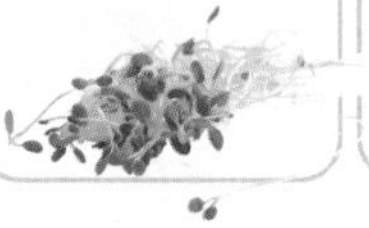

海菜 地球上沒有其他植物的營養素、礦物質和微量礦物質的含量比海菜更高，能帶來美貌、健康與長壽。 268

小麥胚芽 是穀粒中體積最小的部分，卻是營養素的核心，含有豐富的維生素、礦物質和纖維質。 270

梅干（梅醬） 是日本人用來平衡與強健身體的古老養生食品，能抗菌兼幫助消化。被視為東方的阿斯匹靈和蘋果的綜合體。 271

黑巧克力 高品質的巧克力富含可可，可可內的黃烷醇可調控體內的一氧化氮，是讓血流、血壓與心血管健康不可或缺的成分。 272

蜂花粉、蜂膠與蜂王漿 含有維生素，以及所有我們叫得出名字的礦物質、微量元素、酵素和胺基酸，因此被喻為自然的完美食物。 274

綠色食品與飲品 從健康食品店人氣高居不下的小麥草汁，到綠藻和藍藻等藻類都有，共同都有的葉綠素是天然清血劑。 277

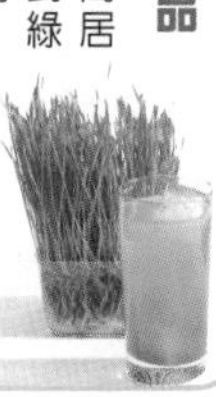

德式酸菜 是以微生物在分解食物中的碳水化合物和蛋白質之後的成品之一，能帶來「活菌」強大的健康功效。 280

韓式泡菜 是營養的寶庫，集合了三項明星食材：大白菜、洋蔥和大蒜，不但有顯著的抗癌效果，對心臟健康更有助益。 282

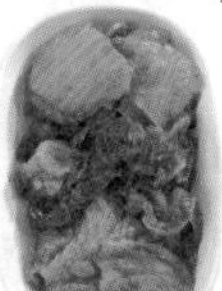

橄欖 遵從「古法」的過程，是用油、鹵水、水或鹽來處理，就有油漬、鹽漬、水醃或純鹽漬的橄欖。 283

叫我第一名 啤酒酵母 284

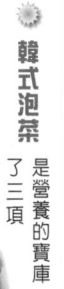

11 飲品

287

巴西莓汁 不是萬靈丹，不過被巴西人視為提供精、氣、神與高營養素的珍貴果實，味道很像是漿果與巧克力的混合果汁。

289

水 體內每一步新陳代謝都需要水，礦物質和維生素的消化與吸收不能缺水，多喝水對大部分的人是好的。

290

石榴汁 跟其他果汁、紅酒和綠茶相比，抗氧化能力最高，是紅酒、綠茶的二至三倍。內含的類黃酮素濃度比葡萄更高。

294

咖啡 它會提高血液中的抗氧化成分。適量飲用咖啡，好處多於壞處，但有高血壓的人也許得盡量避免。

296

紅酒 法國人之所以能「逃過」高油脂的不良影響，是因為喝了很多含有大量保護心臟、促進健康成分的紅酒。

299

蔓越莓果汁 可提供豐富的抗氧化植化物，比如花青素、兒茶素、葉黃素和槲黃素，可以補充體內排毒所需的能量。

302

諾麗果汁 因為它抗發炎的功效，還被稱為止痛樹。而且它還有驚人的抗癌能力，更具備悠久的藥用歷史。

304

新鮮蔬果汁 喝蔬果榨汁會吃不到大部分纖維，但一次就能全部吃到成千上百種營養素、植化物、酚類、抗氧化物和酵素。

306

茶 含有大量具保護效果的植物性成分「多酚」。多酚類物質是強效抗氧化物，其中有多項具有抗癌作用。

309

叫我第一名 蘆薈汁

314

12 香草與香辛料

319

丁香 在亞洲傳統醫學中被認為是能促進氣血循環、增加代謝率的香料之一。主要成分丁香酚可殺死細菌及病毒。

321

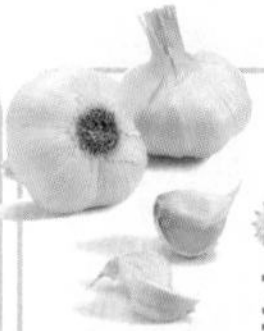

大蒜 是世界名藥，也是地球上最古老的藥用食物之一。可降血脂、抗血栓、抗凝血、抗高血壓、抗氧化、抗微生物、抗病毒、抗蟲害。

322

小豆蔻 整部《天方夜譚》裡面到處都有它的蹤跡。現在它還可以入菜、做為健康藥品，埃及人是加入咖啡調味，在法國和美國是香水的原料。

325

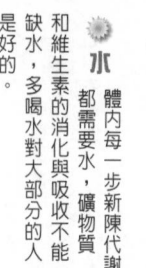

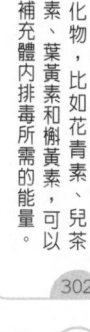

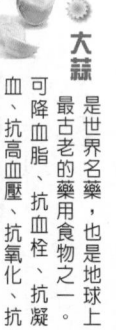

326

小茴香 含有可阻礙癌症生長的檸檬油精。是重要的藥草，許多阿拉伯和亞非洲國家都有用黑茴香油來治療疾病，特別是過敏症。

百里香 主要的香味來自百里香酚，是很強烈的抗菌劑、抗氧化劑與抗發炎劑，也能幫助消化。

327

328

肉桂 它具有神奇的降血糖功效，所含的花青素能夠改善毛細血管滲透性功能。買最便宜的肉桂就能得到最佳效果。

芥末籽 在科學家發現植化物之前，芥茉與芥茉籽就被作為藥草使用。品質好的芥茉可以增進食欲，中和體內毒性。

330

331

迷迭香 莎士比亞說：「迷迭香是為了幫助回憶。」它確實有助於增強記憶力與醒腦，能治療如暈眩等頭部或腦部疾病。

332

荷蘭芹 彼得兔偷吃太多麥先生菜園裡的菜，肚子不舒服時，就會去找些荷蘭芹來吃，因為它具有解毒的功效。

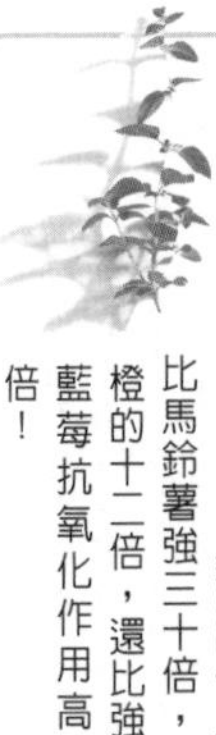

奧勒岡葉 抗氧化作用比蘋果強四十二倍，比馬鈴薯強三十倍，是柳橙的十二倍，還比強效的藍莓抗氧化作用高出四倍！

333

334

醋（蘋果酸醋） 內含多種有益健康的礦物質、維生素與胺基酸。未經消毒殺菌的醋所含的營養素甚至高達五十種，更不會漏掉製醋原料本身的營養。

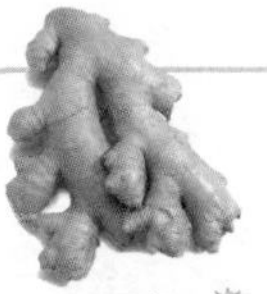

薑 在印度阿育吠陀醫學中被喻為「普世良藥」。它會刺激唾液分泌，所以有助消化；且具有預防噁心與嘔吐的功效。

336

338

薑黃 所含的類薑黃素有超強的抗發炎效果，在阿育吠陀醫學與中醫當中佔有特殊地位。它還是咖哩的重點材料。

340

鼠尾草 二千多年就開始被用來治療與調味。具有抗微生物與抗病毒功效，被視為可以淨化身體的香草植物。

叫我第一名 黑胡椒

341

13 油品

333

杏仁果油 有少許的維生素E與維生素K。它的發煙點很高，適合各種方式的烹調。用來按摩，具有非常棒的紓壓效果。

347

348

大麻籽油（大麻油） 是市售所有油品當中比例最平衡的。不是指毒品大麻，不過它們是源自同一種植物。

特別說明

本目錄的一百五十種食材，皆有簡要文字介紹，其中具備高營養價值的特殊食物，並以星號特別標記出來。有些沒有明星食材有那麼多的營養素，或者不夠普遍者，只能歸入「叫我第二名」，放在每類最後。

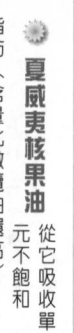

科學家與實踐者的健康飲食結晶

台北醫學大學保健營養學系助理教授　楊淑惠

生命能夠生生不息、永遠持續，是藉由食物獲得維持生命現象與成長的營養素，不正確的食物或營養素攝取促進了慢性疾病及老化現象發生。營養不是光靠一些元素錠劑即可符合身體需求，營養在乎食物的「本質」，除了營養素的含有量和各營養素之間的含量比例之外，更重要的必須注意到食物食用、烹調的方法，以及食物和食用者的身心靈契合方能達到最完美的平衡境界。如此說來似乎懸不可及。雖然不懂得營養理論依然也成長甚至活到百歲人瑞，但是如果能夠更正確的了解如何選擇食物，應用於生活當中和破除不正確的飲食迷思，可以幫助我們更健康。

誠如包登博士所言「沒有一種食物可以營養全包」，所以如果要做到均衡營養的健康飲食，就得先全方面了解食物中的營養成分，比較食物內各種必要維生素、礦物質和微量元素的成分與含量，看看哪些食物營養素比較豐富？如果食物的內在條件是熱量高但是營養素成分少，就會被歸屬在垃圾食物中。「沒有十全十美的飲食法」，其實每一種食物都有它的存在價值，如果吃東西都是本著「它不是好東西的」的心態，姑且不論食物營養與否，進食的心理就已經不健康，如此就算是好食物也會傷害健康，所以我非常喜歡包登博士以正向的態度來看待食物——「地球上最健康的一百五十種食材」。包登博士以科學的證據來說明食物的真相，教我們懂得珍惜好的食材與正確的吃法，「怎麼吃跟吃什麼一樣重要」，就是用更健康的方法選擇與進食食物。包登博士還提醒我們要注意的是：「吃下肚子的東西究竟含有多少加工成分。眞正的食物，也就是加工最少的東西，會帶給你各種營養素……」接觸自然原味永遠是最正確的進食方法。「要小心地吃、有意識地吃」，「仔細品嚐人生當中的每一刻和每一口」，「保持注意力絕對會讓結果有所不同」，看似用感恩和感動的心情去進食食物，不也就是強調正確的進食速度——「細嚼慢嚥」。

營養是一門科學，既然是科學，講究的是證據與統計資料。書中包登博士皆很仔細的提出對於各種食材的科學證據，提出「有機」或「生機」食物的個人科學性意見；也還原了飽和脂肪酸、膽固醇等營養素的眞相；更以亞麻籽油和魚油爲例，說明了在魚與熊掌不可兼得時如何比較。「咖啡」是許多人認爲的壞東西，其實在文獻中確實有不少的科學證據提出咖啡對人體有益的影響，但是任何食物都不可以「過與不及」，食物一但氾濫就會傷害身體。包登博士不是用靈性的懸疑說法或者是街坊鄰居的經驗値，以風趣手法在科學證據下提出健康食物一百五十種，維持了科學家的小心求證的客觀態度。

對於包登博士亦在每類食材篇後提出「聽專家怎麼說」單元，更可以讓讀者聽聽其他專家的說法，加強專業性與可信度。個人認同他本著作的見解，也在此推薦它爲一本値得閱讀的營養書籍！

但，最後仍想善盡個人的責任提醒讀者一件事情：因爲書中推薦的有許多是西方較常用的食材，近年來雖然貿易盛行，國內也許買得到較西方獨有的食材，但是在經濟的前提下，較不能被接受時，可以考慮用國內盛產的相似成分食材取代，較符合在地性、季節性與時效性的精神，更可以得到食材中最大的營養含量。

做自己的營養師

陳月卿

很高興又有一本有關食物的專書出版了。

食物最近已經成爲顯學，因爲越來越多的研究證實，食物與人體健康關係密切。其實這也不算新發現。早在兩千多年前，西方醫聖希克波拉底就說：「你的食物就是你的良藥。」有藥王之稱的唐代名醫孫思邈也說：「夫爲醫道者，當洞曉病源，以食治之。食治不癒，然後命藥。」可見東西方的智者早就知道，吃對飲食是預防疾病，強化身體自癒力的第一步，也是很重要的一步。

要吃對飲食，當然先要了解食物。拜科學之賜，我們對食物的營養成分越來越清楚，不過爭議仍然很大，譬如該不該喝牛奶？吃蛋會增加膽固醇嗎？大豆好不好？即使專家之間也莫衷一是；尤其昨是今非的情況經常發生，搞得大家頭痛不已，不知道還該不該信賴專家。

這本書的作者強尼包登，本身就是一位傑出的營養學家，所以他在書中提供許多最新的研究發現和建議，資料的可信度和實用性都非常高。最特別的是，他並不同行相忌，邀請了一、二十位專家列出他們心目中前十名自己實際會吃的食物，而這些專家不僅跨領域，同時也是實踐者，使讀者彷彿走進這些專家的餐廳，一窺餐桌上的奧祕，也讓我們有同時讀到好多本書的錯覺。

本書的另一個優點是，它包羅的範圍非常廣泛，從蔬菜、水果、穀類、豆類到魚、肉、禽、蛋、奶，以及香草、油類和特殊食品，幾乎我們日常生活會碰到的食物都包括在裡面，所以有了這本書你隨時可以查考食物的營養，久而久之，你也可以成爲自己的營養師，這是健康管理很重要的一步。

我特別喜歡作者的幾個觀點，第一是「吃眞正的食物」，這也是我在《全食物密碼》一書中所列健康飲食七大原則的第一條。第二是，「多吃蔬菜水果」，他認爲這是唯一可以被稱爲普世眞相的飲食法則，跟我的見解完全相同。但是如何攝取生鮮蔬果中好處多多的活性酵素？如何解決「沒時間煮菜」和「討厭吃青菜」的問題？作者認爲榨汁來喝是答案，他認爲榨汁雖然會損失纖維，但可以一次吃到成千上百種營養素、植物化學素、酚類、抗氧化物和酵素。不過纖維好處很多，而且榨汁後的渣事實上還夾裹著許多營養，幾乎三分之一到三分之二的維生素、礦物質、微量元素還殘留在上面，所以最好的辦法是喝「全蔬果汁」，不僅可以保留纖維，而且可以吃到完整食物的全部營養，尤其一部好的調理機能擊破細胞壁，讓你吸收到更多營養，這也是許多美國癌症中心採用的方法。過去十多年來我就是用蔬菜、水果加上堅果調理成的「精力湯」來照顧全家人的健康，擺脫了癌症和藥罐子的陰影，重拾健康快樂的生活。

這本書還有許多新觀點，譬如：養殖鮭魚和野生鮭魚是完全不同的食物，因爲養殖鮭魚並不含野生鮭魚體內所有的omega-3脂肪酸；吃草的牛肉比吃有機穀類的牛肉營養價值高好幾倍，因爲大量的玉米會使牛產生酸中毒。還有蛋和豆該不該吃？怎麼吃？作者都有獨到的見解。作者還細心的列出了哪些蔬果含農藥較多，哪些農藥較少的調查報告，可惜的是，這都是美國的資料。我們都知道土壤氣候不同，種出來的蔬果營養也不同，譬如作者提到加州酪梨就比佛羅里達的酪梨營養成分更高，所以我們盼望未來國內也能有類似的著作或報告，讓我們更瞭解本土的食物眞相。

健康可以信手拈來

台大預防醫學博士　陳皇光醫師

追求健康的生活是現代人最重視的課題，所以各式各樣的養生書籍及方法都變得相當熱門。當一個個體在未生病的狀態所做的任何預防疾病或健康促進的方法在預防醫學上稱為「初段預防」。不論是使用疫苗、正確的運動、注重休閒、追求心靈的平靜、改善職場工作環境、調整飲食習慣或補充營養品都可以算是初段預防的方法。

其中以調整飲食來促進健康是一般民眾接受度最高的方法，所以用食物來促進健康的任何方法都非常具有吸引力。進食的目的在吃飽及補充熱量的基本需求外，食物還能扮演不同的角色：食物可以帶來心靈的滿足，食物可補充如維生素、纖維素或礦物質等各種基本營養素，或者食物可能具有預防疾病及治療疾病的療效！

但我們關心的是，坊間各式各樣的飲食養生或飲食療法眞的有效嗎？證據在哪裡？到底可信嗎？疾病用藥物或手術治療可以很快驗收成效；但食物或營養補充品到底可不可以收到疾病預防的成果往往要歷經數十年才會見眞章，研究事實上也非常難做。所以很多無效甚至昂貴的方法往往矇混其中，並沒有證據可以有效預防疾病，但已經浪費掉民眾太多的時間及金錢，甚至有些方法還號稱可以治病，讓民眾延誤治療而喪失寶貴的性命。

以食物來促進健康的方法我們必須知道至少要符合一些重要的條件：應該要有科學證據證實其有效性、應該不具危害性或危害很小、價格不應該是昂貴的、取得應該是方便的，料理的方法應該簡單而容易實行的。畢竟很多讀者一定和我一樣為了養家活口每天忙於工作及照顧家人生活，我們為自己設身處地得去想一想：我眞的有錢去買昂貴的營養品養生嗎？我有空每天準備一大堆養生的食材打成果汁或花時間燉煮給自己及家人嗎？還有我們有很多時間去追求這些食材嗎？其實最好最簡單的手法就是學習辨認健康的食材！我們只要熟悉健康的食材，就可以在菜市場、超級市場、便利商店及餐廳為自己及家人準備及購買到健康的食物。而且購買符合時令的當季食材是最方便、最便宜及最可行的方法。

我們很高興看到營養學專家強尼·包登博士撰寫的

這一本非常實用的《地球上最健康的一百五十種食材》。包登博士將自己的專業知識結合多位營養學專家的研究結果，共同為一般民眾選出這一百五十種健康的食材，不但詳列了各種食材的營養成分，更重要的是還告訴我們這些好食物含有哪些特殊成分可以預防消化道、心血管及癌症等疾病。甚至還告訴我們一些非常重要的資訊，就是這些食材的來源到底安不安全？因為看似健康的食材往往因種植的方式（農藥）及加工的方法（不正當的加熱、保存及添加物）往往混入了很多不健康的因子，反而為健康帶來危害。

我建議讀者可以熟讀這本好書，從此無須刻意購買罕見的食材，就可以讓自己、家人及孩童經常可以食用及學習選擇這些健康食材，再也不必花費太多時間、精力及金錢去追求不實用及無科學證據的養生方法。

意在「食」外的智慧

加拿大自然醫學醫師　王宥驊

身爲一個自然醫學醫師，最常被病人問到的問題就是：

「醫師，請問我該怎麼吃、吃什麼才是對的？怎樣才是最健康的？」

其實，這也是我一直在思考並追尋的答案。困擾我的理由很簡單，因爲這個答案有太多可能性；俗話說「一樣米養百樣人」，每個人因先天體質上的差異，以及生活環境、飲食喜好的不同，身體自然會對食物產生不同的需求。

因此，自然醫學問診時會請病人作飲食日記，把一週內每天早中晚三餐的飲食內容、分量記錄下來，過程中若有任何身心上的異常反應或不適，也要仔細記錄；包括排便狀況、睡眠時間，以及運動量等等，再藉此日記上的訊息提出改善建議。

然而最令我頭痛的是，世界上的食材種類萬千，在有限的諮詢時間裡我沒辦法一一列舉，更何況還得注意病人身體酸鹼性、體質寒熱屬性、以及過敏源等潛在變數。此外，在食材選擇和採購上也是一道難題，有時身爲醫師可能給予了正確的飲食建議，病人卻因對食材的認識不足，而做了錯誤的採購。舉一個書中強尼．包登博士所提的例子來說：

養殖的鮭魚因爲是餵食飼料的，體內並沒有多少omega-3脂肪酸。野生鮭魚則因食物攝取源的不同，體內含有豐富omega-3脂肪酸。但是當我建議病人要吃鮭魚時，病人往往不知道養殖鮭魚與野生鮭魚的差異，因此再怎麼吃都吃不到應補充的omega-3脂肪酸。諸如此類雞同鴨講的案例還有很多很多，換句話說，醫師所傳達的訊息，有時和病人所接收的是兩回事；因此，如何選擇正確的食材，眞正做到吃得對又吃得健康，眞的是一門很大的學問。

「飲食」永遠是當代主流話題之一，因爲這是在日常生活中，最貼近我們並影響健康最深的因素。活在資訊爆炸的二十一世紀，每個人都能從生活周遭輕易取得關於飲食的知識與軼聞，但是到底哪些是可信的？現代人的飲食習慣又有什麼不足？我只能說，現代人的飲食除了熱量不缺，什麼都缺！因此當我拜讀強尼．包登博士寫的《地球上最健康的一百五十種食材》一書時，不禁覺得眞是遇到知音了！

打開這本書，喚醒了我在加拿大自然醫學院（CCNM）的求學回憶，除了有我熟記到連作夢都會背誦的植物名稱及功效資料之外，包登博士亦將乳類製品做出了一個新的詮釋；同時也有肉類、香料等經過詳細蒐證與訪問，所撰寫的臨床營養學精華。這本書完全地將我在短暫諮詢時間，無法詳盡傳達的理念清楚闡述；包登博士更以實用的分類方式，讓讀者認識特定種類的食材中，有哪些是特別對人體有助益。除了這些不可多得的珍貴資訊，更令人驚喜的是包登博士還提供了貼心又實用的食譜，透過簡單的步驟就能把健康的食材烹調得更加美味，連我看了都不禁躍躍欲試。

正確的飲食，就像呼吸一樣是維持生命不可欠缺的條件。

我認爲「飲食」是讓我們跟大自然維持連繫的一個關鍵；純淨的食材來自乾淨的空氣、水與土壤，因此唯有透過健康的食材，才能維持健康的身體，並同時讓我們學會尊重環境，熱愛地球生命。

我想，面對病人們千篇一律對「吃得健康」的提問，包登博士這本《地球上最健康的一百五十種食材》提供了最好的答案，它不僅專業客觀、資訊豐富，而且非常實用！我衷心推薦它給任何想要藉由飲食來促進身心健康的朋友們！

現代本草綱目啓示錄

曾育慧

翻譯此書之際，包括台灣在內的世界各國，無不陷入油價高漲、糧食危機、全球暖化的恐慌之中。本書雖然沒有討論上述議題，但如果我們仔細思考，會發現全球性的問題彼此環環相扣，可以發揮協同作用，往好的方向發展，也可以彼此牽連，一起走向毀滅。

這本「現代本草綱目」不只是逐項爲讀者介紹天然食物的作用與特性，作者不厭其煩地強調應師法自然、以自然爲本，大自然滋養萬物自有其理，如果自作聰明，恣意改變自然規律，終究會害了自己。根據作者的看法，從人類開始大量種植穀物，以米、麥爲主食以來，就是不健康行爲的開始；我們強迫草食動物改變飲食習慣，已經破壞了優質蛋白質的來源；我們爲原始食材做了太多加工，把反式脂肪和過多的糖和油吃下肚，引發各種健康問題；世界上小部分的人不思節制，吃得腦滿腸肥，而大部分的人卻處於饑餓之中；這些都是跟食物有關的問題。但健康食品跟全球問題如何產生關聯？

食品的每一道加工都會用到能源，我們吃得愈精緻、量愈多，也需要包裝和運送，耗費的能源更多。我們用大量穀物養牛、現在用更大量的穀物生產能源，變成人要與動物和汽車爭奪糧食，難道不會造成糧食危機？爲了生產更多糧食，我們把雨林與森林變成耕地，截河水灌溉，造成今日土地漠化和氣候變遷……這些都是食物影響環境的事實。

我相信作者鼓勵大家重視食物的自然面貌，背後的價值觀是回歸儉樸生活。這本書雖然提到很多我們不熟悉的東西，並不代表它只是爲了美國人或西方世界而寫。我想作者試著從美國看世界，要傳達的訊息，就是各地生產的天然食品都是健康食物：日本的海苔、印度的薑黃、巴西莓、大溪地的諾麗果、地中海的橄欖、沙漠中的椰棗、南美洲的可可、阿拉斯加的鱈魚、中國的茶葉，還有所有熱帶、溫帶、寒帶地區的蔬果，都是本書作者在蒐集古今中外的文獻與科學資料後的結論，有其可信度。在上述這些地方居住的人，很少聽過因爲沒吃到外地來的營養來源而長得不好。所以食品的國際貿易，除了讓企業獲利之外，並沒有爲人類帶來健康，許多國家甚至為了種植經濟作物賺外匯而無法種糧食作物來填飽肚子，其必要性與正當性令人質疑。

儉樸生活的實踐，在飲食方面，我們可以少吃過度加工，多吃自然食物；少買進口產品，多選本地及當令產品；簡化烹調手續，讓我們的生活不再充滿變質的油煙，還原食物本色；吃有節制，多運動。這些簡單的決定，在個人層次是常保健康，在環境層次是降低能源使用量。總而言之，珍愛自己，也珍愛地球，與大家共勉之。

獻給七位特別的女性

南茜．菲德勒（Nancy Fiedler）：由衷感謝妳二十年來，用美食與智慧來滋養我們的家。

費薇安．西蒙．包登（Vivienne Simon Bwwden）：我的母親，雖然這本書出版時她已經辭世，但她肯定會喜愛書中提到的食材，甚至請南茜爲她烹煮。

可琳．歐西（Coleen O'Shea）：出色的經紀人不只會談生意，還懂得栽培。她會鼓勵你、支持你，會委婉地告訴你寫得很差勁，也會即時地爲你喝采。而你會完全地信任她。歐西就是這麼一位難得的經紀人。

羅拉．露芙娜（Lora Ruffner）：她從不吝惜的友誼，以及在設計與行銷上的專業，是我職涯中無價的資產。她總是爲我打氣。公事上，她和她的伴侶，也是我的網站維護人尼爾．比提（Neil Beaty）給我莫大的協助；在私交上，她對我的肯定、情誼和永遠的支持，更讓我銘誌於心。

蕾琴娜．薇夏（Regina Wilshire）：她是一座永不枯竭、無私的健康營養知識寶庫，還爲即將出版的食譜提供許多私房菜。不管問題多麼艱深難懂，她有問必答，還提供我建議，幫助我做了不少難以取捨的選擇。

蘇．可普（Sue Copp）：營養之神賜給我全世界最棒的助理，沒有她的協助，我絕不可能及時完成這本書（即使完成了，品質也不會這麼好）。我覺得自己很幸運，能找到她這位聰明絕頂的營養學家協助這本書的誕生。

當然，還有……

安吉亞（Anja），願與妳分享所有的榮耀與光芒，只因一切有妳。

最後特別要提到亞麗格拉．克莉斯蒂．包登（Allegra Christy Bowden，生於一九九七年，卒於二〇〇六年五月二十九日）。她總是在我寫書時依偎在我的腳下，她的存在與精神陪伴曾經使我家充滿著愛。

作者序

「讓食物變成你的藥，讓藥做為你的食物。」——醫學之父希波克拉底斯（Hippocrates）

某日，有人問我蜂蜜算不算是好的甜味劑。

我回答：「不一定。」

如果「蜂蜜」是指在超級市場買到的，裝在可愛小熊罐子裡的東西，那答案是否定。如果「蜂蜜」是指未經加工、過濾、消毒的有機生蜂蜜，那麼我會毫不遲疑地給你肯定的答案。

這讓我想到一個小故事。

某天晚上，我跟著周五晚間看完電影的大批人潮，從紐約林肯中心的十六廳大樓走出來，想不到竟然在下去大廳的手扶梯碰到多年不見的老友，我們便決定到附近咖啡店敘敘舊。一坐下來，便先聊起剛才看的電影，「故事真感人，」我說。「感人？」她不可置信地回應，「我覺得那根本是灑狗血又幼稚。」我說，「才怪呢，電影很精采，而且編劇也不落俗套。」「什麼叫不落俗套？」她不屑地說，「好吧，也許你真的覺得亞當．山德勒演得很不落俗套。」

一陣沉默。

我們彼此對望……

……然後才發現……

……原來我們看的不是同一部電影。

這個小故事的啓示跟食物有關，跟用字也有關。問我「蜂蜜」的那個人並沒有區分小熊瓶裝蜂蜜和未經過濾的生蜂蜜，這是兩種完全不同的東西。如果我沒先搞清楚朋友講的是那一部電影就做回應，我們的對話就會像是討論同一場電影，一方講的是嚴肅的戲劇，另一方講的卻是喜劇。我跟你可能會針對養寵物展開討論，但如果你心中想的是「貓」，而我想的卻是「狗」，雖然我們以爲說的是同一回事，但重點絕對不會一樣。

這一點在我寫這本書時，體會更是深刻。舉例來說，鮭魚是很好的食物，大家都同意吧？所有的營養師都會推薦。可是有個問題：養殖鮭魚不等於野生鮭魚。讀了這本書，你會知道野生鮭魚富含 omega-3 脂肪酸，魚肉的鮮豔顏色是因爲鮭魚通常食磷蝦維生，而磷蝦提供有高營養價值的蝦紅素（astaxanthin），這是天然類胡蘿蔔素的一種，鮭魚肉的鮮紅外表就是這麼來的。而養殖的鮭魚壓根沒見過磷蝦，他們平常吃的是穀類，這有點像是用巧克力脆片餅乾來養獅子的感覺。因此這種鮭魚體內幾乎不含omega-3脂肪酸，魚肉的顏色是養殖工人染出來的。野生鮭魚和養殖鮭魚是完全不一樣的食物。只是，我們依然毫無所知地用相同的字眼來描述兩樣東西。

這問題很大。

我還是不要離題太遠，重點就是我認爲用語的問題，會導致我們在研究「葷食者」或「素食者」時，難以驟下結論。「素食者」可以是只吃奶油蛋糕跟白米的人，也可能是只吃青菜、全穀類、水果和蛋的人。同樣地，「葷食者」可以指餐餐吃熱狗，覺得每樣蔬菜都討厭的人，也可以指吃草食動物（如果有抓到）和大量野菜、野生水果與堅果的狩獵—採集部落民族。

知道我的意思嗎？

我認爲，在美國，我們試圖在蛋白質、碳水化合物和脂肪當中訂出完美的飲食組合，各式各樣的食譜和減重書寫的那些公式，多少碳水化合物，多少脂肪，多少蛋白質之類的，卻忽略了食物本身「質」的部分，但這可能遠比這些營養素的比例更重要。

這便是我提筆寫這本書的開端。

當我接下挑選地球上一百五十種健康食材的重任之後，我面臨不少棘手的抉擇。有些很好挑，用膝蓋想就知道（蔬菜一定不會被判出局，除非把薯條也算進來）。有些則是因爲用語的關係，像前面提到的例子，就必須詳加說明。牛奶如果是生的，沒有處理過，就是健康食物，可是我認爲現在很普遍的均質化（譯註：均質化指打斷牛奶中的脂肪球，破壞後令其解散的製作法）、經過殺菌後的牛奶，令我不敢苟同。

所以當你開始閱讀時，我希望你注意每一項食材入選的條件。你也許會訝異有些食材竟然中選了，有些卻不在榜內。（比方說大豆類食品，項目就很少。）

曾經有人建議我爲每一類食材「排名」，但最後我決定不採用這個作法。理由是因爲食物就跟朋友一樣，可以帶給我們不同的好處。你不可能只跟某個特定朋友去看球賽，而完全不跟他分享婚姻中的甘苦。有些食物含有大量的omega-3類脂肪酸，但不提供鈣質；有些給你各種維生素和礦物質，但沒有蛋白質。沒有一種食物可以營養全包，所以如果要排名，就得先比較各種必要維生素、礦物質和微營養素，看看哪些比較重要，但這同樣是做不到的事，因爲這些都是人體不可缺少的。話說回來，具備高營養價值的特殊食物，我還是會以星號特別標記出來。

看這本書之前，有四點關鍵概念，先熟悉這些概念會有助於你對內容的了解。因此我在此先簡略介紹，之後書中再提到時，很快就可以進入狀況。第一項是

omega-3脂肪酸，食物中只要有這個東西，幾乎就是上榜的保證；其次是纖維，再來是抗氧化劑，最後是升糖指數（glycemic index，以下簡稱GI值）。現在我們就一一來認識它們。

脂肪簡介：Omega-3脂肪酸

脂肪以多種形式出現，不同的形式對健康有不同的影響。大多數的人都知道飽和脂肪要盡量避免，也約略聽過單元不飽和脂肪（比如橄欖油所含的脂肪）和多元不飽和脂肪（比如蔬菜油、堅果類和魚當中所含的脂肪）。雖然我很想針對脂肪進行詳細說明，但由於篇幅限制，只能簡要列出，然後再針對omega-3這類特別的多元不飽和脂肪加以介紹。以下是希望你能記住的重點：

- 飽和脂肪並非一無是處。有些飽和脂肪，像是椰子油就很健康。所以既不必過量使用，也無需把飽和脂肪視爲洪水猛獸，眞的！
- 反式脂肪就完全不一樣，它是代謝的毒藥。餅乾、蘇打餅、烘培類食物和零嘴、甜甜圈、炸薯條，還有大部分的人造奶油裡所含的都是反式脂肪。不管標示內容說什麼，只要成分中有「半氫化油脂」，就含有反式脂肪。簡單一句話：不要碰反式脂肪。（只有共軛亞麻油酸CLA是唯一例外，它是在草食動物乳品和肉品當中自然形成，不是人造的。）
- 單元不飽和脂肪是很好的東西，存在於堅果類與橄欖油中，對心臟有益。
- 多元不飽和脂肪有二種：omega-3家族和omega-6家族。Omega-6雖然不錯，但是供應來源很充足，而omega-3卻是不夠的。

Omega-3家族有三名成員。其中包括存在於亞麻籽的ALA（亞麻酸）。ALA被認爲是必需脂肪酸，因爲身體無法自行製造，必須從飲食當中攝取（詳見第三五〇頁：亞麻籽與亞麻籽油）。另外兩種omega-3分別是DHA（二十二碳六烯酸）和EPA（二十碳五烯酸），可以從魚類當中攝取，如野生鮭魚。後兩者對我們的重要性可能比ALA還大。雖然人體理論上可以藉

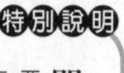

特別說明

關於星號✸

要不要給星星，真的很難決定，我知道你一定會不服氣，為什麼有些很好的食物竟然沒拿到星星。但換個角度來想，每一種被選到書裡面的食材就已經是受到肯定了。我在這本書裡，只把星號給了「超級明星」，也就是含有最多營養素、纖維、抗癌物，或者同時有上述這些東西的食材。即使在競爭激烈的蔬菜項目當中，有打星號的確值得我們特別提出來讓大家參考。

由ＡＬＡ製造另外二種omega-3，但實際上似乎不是如此。所以我們才需要從魚身上獲取這些重要脂肪酸「成品」，因爲它們對我們健康的好處眞的難以言喻。

那麼爲什麼人體需要omega-3？它的功效爲何？這得從細胞膜開始談起。Omega-3脂肪酸是細胞膜的重要成分，能增加細胞膜的流動，促進細胞的傳導功能。舉例來說，讓血清素和多巴胺等「好心情」神經傳導物質輕易進出細胞，就能帶給我們好心情。事實上，科學家正在努力研究omega-3對於憂鬱症的正面效果。

另外，科學家也想找出omega-3脂肪酸對於行爲、感覺與思考的影響。幾乎所有和問題行爲相關的研究，都發現研究對象的血中omega-3濃度非常低，不管是單純的精神不集中，或是受刑人的侵略行爲都是如此。這並不是說omega-3可以解決所有的問題行爲，不過在學術興趣之外，我們的確經常發現二者之間有相關。順道一提，魚肉中的omega-3對於胎兒的腦部發育有非常大的影響。因爲脂肪佔嬰兒腦部重量的六成，而腦部脂肪又多爲ＤＨＡ（儲存於魚肉中的omega-3），因此懷孕的婦女食用魚油（或是從健康的野生魚類當中攝取），對寶寶的發育最有幫助。魚類可說是頭腦的食物，孕婦飲食中的omega-3分量多寡，可以決定孩子的智力、精細肌動技能（比如操作小物件以及手眼協調的能力），以及反社會行爲的傾向。

Omega-3還具有消炎功能。幾乎所有的退化性疾病，從心臟病、糖尿病到阿茲海默症，都跟發炎有關，發炎一向有「沉默的殺手」的惡名。因此抗發炎食品和補充品對健康是很有幫助的。此外，Omega-3成員也可促進循環，幫助紅血球將氧氣輸送到各組織，預防血球凝結成塊。（不要忘了，血塊很可能導致心臟病和中風！）Omega-3與阿斯匹靈一樣，都有稀釋血液的功能，但不會帶來副作用。哈佛大學醫學院的安德魯·史托醫師（Andrew Stoll）估計，攝取適量的Omega-3，每年可以挽救七萬人的生命，致命的心律不整風險也可以減少三成。Omega-3可以降血壓，同時也能有效改善糖尿病人的胰島素與葡萄糖代謝。

纖維

纖維，特別是水溶性纖維，也可降低血中膽固醇並減緩血糖吸收，這對糖尿病患和血糖異常的人（代謝症候群）很有幫助。高纖飲食被認爲可以降低罹患第二型糖尿病的風險。豆子、覆盆子、麥麩、燕麥片、黑棗、酪梨、葡萄乾，還有大部分的綠色蔬菜，都是含有豐富纖維質的食物，跟馬鈴薯或小麥類食物相比，更能使血糖降低。

高纖食品也有助於減重，因爲纖維多，自然會增加咀嚼的時間，給身體額外的時間向腦部傳遞飽足感，減少吃得過量的機會。而胃裡的纖維也會延長飽的時間。賓州大學芭芭拉．羅斯（Barbara Rolls）博士的研究顯示，纖維的體積大，熱量低，很適合體重管理。我在上一本書也告訴讀者，纖維是減肥的最佳伴侶！

食物ＧＩ值：爲什麼它很重要？

升糖指數（ＧＩ值）是反映食物讓血糖上升的數值。很甜的東西或是會在體內迅速轉換成糖分的，就屬於高ＧＩ值食品。爲什麼要注意ＧＩ值？因爲血糖升高會刺激胰島素分泌。經常、大量而長時間的胰島素分泌，會導致糖尿病、心臟病並加速老化。吃低ＧＩ食品絕對可以保證你的健康，這是我一向強力推銷低ＧＩ食品的原因。

不過，不談分量，光是注意ＧＩ值可能會造成誤導，主要該關切的其實是食物升糖負荷（glycemic load）的數值。現在只要記住一點：少吃甜食，少吃會在體內迅速轉換成糖分的食品（也就是所有加工過的碳水化合物）。如果你對這個很有興趣，我也建議大家多去了解，有不少寫得很好的介紹。想知道一些基本資料，可以上網到：http://www.fatfreeitchen.com/glycemic-index.html.查詢。另外，Hormel Foods網站也有很好的介紹，網址如下：http://www.hormel.com/templates/knowledge/knowledge.asp?catitemid=108&id=767.

如果想獲得更深入的資訊，可以參考奧瑞崗州立大學（Oregon State University）網站（http://lpi.oregonstate.edu/infocenter/foods/grains/gigl.html）上的文章。最後，還可以上網（http://www.mendosa.com/gilists.htm）查詢各種食物的ＧＩ值與升糖負荷表，請注意，要特別看升糖負荷那一欄。

抗氧化物：究竟是什麼？

我在整本書裡都會談到食物中的抗氧化物，因爲它實在很重要。在此我只提一點，削皮的蘋果放在空氣中所產生的反應就是氧化作用。當體內在氧化時——事實上氧化每天都在發生——會對細胞和器官造成莫大的傷害。幾乎所有退化性疾病跟體內氧化（或稱氧化壓力）都脫不了關係。而抗氧化物就是在抵抗這種過程，抗氧化物一旦不足，便會導致心臟病、癌症、眼疾，和因老化帶來的記憶力衰退。所以當我推薦含高抗氧化物的食物時，你就會了解用意何在了。

膽固醇：想知道內情嗎？

我超愛吃蛋！蛋的好處實在太多，我在書裡還給它一個星星。我幾乎每天吃一顆蛋，這是大自然最美好的食物之一。我最後一次挑掉蛋黃，只吃蛋白煮成的煎蛋，已經是一九八五年的事了。

你也許會發現，我不會要你完全不吃飽和脂肪。

大家一定會問：「那膽固醇的問題呢？」

膽固醇大概是世界上被誤解最深的物質了。哈佛大學醫學教授約翰·亞布朗森（John Abramson）表示，「膽固醇本身對健康無害，而且還是身體許多必要功能不可或缺的必需品。膽固醇是組成身體大部分主要化合物的成分之一，包括性荷爾蒙和維生素D，也是細胞膜的主要成分。」

很多人不知道，人體內的膽固醇大多是由肝臟自行製造而成，從食物當中攝取的多，肝就製造的少，吃的少，肝就製造的多。沒有人不需要膽固醇，否則就會喪命。

要在這麼短的篇幅爲膽固醇平反是一大挑戰，不過只要記住重點就可以了。首先，是飲食當中的膽固醇，比如說蛋黃裡的膽固醇對於血中膽固醇（醫生幫你量的那一種）的影響就不大，可以說影響非常少。不僅如此，蛋對於心臟病的影響，不能只依膽固醇含量而定。蛋裡面有很多對身體有益的營養素，包括蛋白質、一些單元不飽合脂肪、葉酸，還有維生素B群。正如哈佛大學公衛學院的營養學系主任華特·偉利（Walter Willet）所說，「目前還沒有研究顯示，蛋吃多的人心臟病發作的次數，高於蛋吃少的人。」

第二點跟一般人污名化飽和脂肪有關。沒錯，飽和脂肪會使膽固醇上升，不過它是同時讓好膽固醇和壞膽固醇上升。雖然飽和脂肪和膽固醇有點關聯，但食物中飽和脂肪和心臟病或死亡的關係更是不清楚。

由瑞典傑出科學家烏斐·拉夫斯考（Uffe Ravnskov）醫師所帶領的研究人員、醫師和統計學家團隊，數年來一直在挑戰對於飽和脂肪和膽固醇的既定印象，並且還成立了「國際膽固醇懷疑者網絡」（The International Network of Cholesterol Skeptics, http://www.thincs.org/）。如果科學還嚇不倒你，那麼不妨參考「第二意見」。拉夫斯考還有一本著作《膽固醇迷思》（*The Cholesterol Myths*），也有網路版本http://www.ravnskov.nu/muth1.htm。

降膽固醇的市場很大。二〇〇五年佔據富比士雜誌最暢銷藥品排行榜前二名的立普妥（Lipitor）和素果（Zocor），成分都是降膽固醇的司它汀（statin）。這二種藥在市場上共大賣超過一百三十億美元。值得注意的是，很多研究者相信司它汀有效之處不在於降膽固醇，而在於消炎功能。發炎已經被確定爲導致心臟病、阿茲海默症、肥胖症和糖尿病的因素。本書所介紹的食物都富含類黃素這類的天然抗發炎物。香料也是抗發炎物，非常有益健康，比方說薑黃。如果多吃具有相同功效的食物，也許不必每年花掉一百三十億。

最後，我認爲我們過於關心降低膽固醇，卻忘記更應重視減少心臟病和降低死亡率。這完全是兩回事。里昂飲食暨心臟研究（Lyon Diet Heart Study）當中，讓二組曾經有心臟病發作病史的人分別吃地中海式飲食（以魚、水果、蔬菜、全穀類、橄欖油、堅果為主）和一般的癒後飲食（小心膽固醇，少吃飽和脂肪）。結果發現，吃地中海式飲食的人比遵循所謂「標準」飲食建議的人，發病率減少了百分之七十，降低未來心臟病發生的成效則是服用司它汀的三倍。整體的死亡率比起一般作法低了百分之四十五。但你會發現，他們的膽固醇並沒有太大的改變。也就是說，發生心臟病和心臟病致死的機率雖然大幅降低，但是體內膽固醇降低的幅度卻非常有限。

即使有些研究告訴我們，服用降膽固醇藥會降低罹患心臟病的風險，然而效果卻比改變生活方式所帶來的好處遜色多了。參與WOSCOP研究（一項司它汀藥品研究）的高風險男性心臟病發作機率雖減少了百分之三十，但是參與另一項護理人員健康研究（Nurses' Health Study）的女性，光是每周吃一次魚就能達到降低百分之三十一的效果。如同哈佛大學的亞布拉森醫師所說，「健康，多半是生活方式所營造出來的。」

有機不有機？

我在為書的撰寫做研究的過程中，才知道有必要釐清像是「草食」，「有機」，「放養」之類的用語。（我故意不講「天然」，是因為這是食品市場中最容易使人上當和最不老實的字眼，早就被濫用到失去意義。毒藤和汽油也都很「天然」，但不代表可以吃。）在肉類與禽類那一章會用到「草食」和「放養」的概念，所以我會加以闡述。從水果、蔬菜到巧克力脆片，現在幾乎所有的食品都貼上了「有機」字樣的貼紙，這到底是代表什麼？我們必須特別關切嗎？如果是的話，是為什麼呢？

雖然食品業者很努力地教育消費者，我們所吃的東西是來自超市，其他的都不用再懷疑，但事實上，這些食物絕對是其來有自。食物的來源，包括產地、植物類如何栽種、動物類怎麼養，都會影響到品質。我們就先從最基本的假設開始：食物的品質端視於它們是吃什麼長大的。

這個假設也可以用在蔬菜水果上面。早期就有研究指出，生長在不同地區的胡蘿蔔具有不同的營養成分。不過這類的研究激怒了農人，後來也就沒有人繼續做下去。甲地的葡萄柚果農當然不希望看到有人提出數據顯示乙地種的葡萄柚含有更多維他命C。農產業想要告訴我們的，無非是「紅蘿蔔就是紅蘿蔔，牛肉就是牛肉。」（這顯然不是正確的。舉例來說，加州酪梨和佛羅里達州的酪梨相比較，加州酪梨多了百分之七十七的單元不飽和脂肪、百分之四十四的鉀和百分之二十一的纖維。）

土壤品質影響食物品質

撇開產業考量不談，食物的來源會改變營養成分，生產方式同樣也會影響食物內部的化學成分（甚至對血糖作用的影響也會有所不同），這從GI值或升糖負荷表就看得出來，比如加拿大產和美國產的深咖啡色外皮馬鈴薯就有差異，紐西蘭和美國的玉米也是如此。在缺乏礦物質的土質中成長的蔬果，養分吸收一定不會比長在肥沃土地的蔬果來得高（最近就有研究指出，近半個世紀來，蔬菜、水果和小麥的維生素、礦物質和蛋白質含量都發現有百分之五到三十五不等的下降趨勢。）當

特別說明

殘餘農藥（受農藥污染）問題

美國的消費者權益促進與保護的非營利研究組織「環境工作小組」（The Environmental Working Group）在二〇〇三年列為殘餘農藥（受農藥污染）最少的十二種食物中，本書列入的有：綠花椰菜、洋蔥、蘆筍、木瓜、芒果、奇異果、鳳梨。而殘餘農藥（受農藥污染）最多的十二種食物中，本書介紹的食材中就有下列十種：芹菜、甜椒、菠菜、桃子與油桃、進口葡萄、覆盆子、櫻桃、草莓、蘋果、西洋梨。擔心吃到農藥的消費者，可改買有機種植的，或用專用清潔劑把蔬果徹底洗乾淨。

農夫在一顆蘋果的生長過程中，大量使用農藥，用人工方式讓它變得更大、更圓、更紅、外表更一致、更有光澤、看起來更漂亮，我們一定有理由相信，這顆蘋果的營養成分分析，會和在另一個果園中自然生長蘋果的結果大不相同。這些可被測量到的差異，跟健康究竟有沒有關係，目前仍有很大的爭辯。業者希望消費者不要相信這回事，但我則持質疑的態度，認為這些差異會對健康帶來影響。

有機農業運動是重返「天然」農作的呼聲

這讓我們想到有機飲食。其實有機食品運動的核心精神，就是重返原始的嚮往。這也是一般人極度想吃到來自永續農場、在寂靜的田園環境中成長的蔬菜、水果、豬、牛、羊、雞、馬……等這些健康食物的希望，不管是作物或動物，都是照著「老式」做法種植或畜養。有機農業運動所珍視的，是更早以前動物不靠生長激素、類固醇和抗生素長大，作物利用大自然賦予的自我保護機制，如抗氧化物和花青素來捍衛自己的生存，不依賴化學殺蟲劑和致癌物，在基因改造植物尚未出現的美好年代。支持有機飲食的人，主要是關心自己的健康，並且抗議市面上提供所謂的「優良食品」，其實都不是真正的天然食品，它們都不是從土裡長出來、樹上掉下來，不是吃草的健康動物，在不受污染河水生長的

野生魚……之類的天然食品。

至少這是一個希望。

當然，我盡可能購買有機食品，只是我會告訴自己，商標上寫的，絕不是我小時候撿雞蛋的穀倉所在的那種農場。

健康有機飲食費心思

如果你眞的想要吃到眞正的好東西，你就不能只到超市選購貼著「有機」標籤的食材。你可能要加入青果合作社、去農人自營的市場，或是直接上農場買自己要用的食材，看看食物是怎麼生長的，順道跟照顧這些食物的人說聲嗨！

如果你很幸運能做到這點，那無疑是給自己最好的禮物了。

結論

讀者一定會以為我寫完這本書後，就可以說出什麼是人類的最佳飲食，是嗎？

事實上，對於人類，沒有十全十美的飲食法。

唯一可以被合理稱為普世眞相的，就是多吃蔬菜水果。

歷史上有不同飲食習慣的人種，包括食用高蛋白質高脂肪、低蛋白質高碳水化合物，生牛奶與奶油、甚至連喝動物血液（如馬塞族人），都曾經繁盛一時。這些吃法都不會讓他們罹患現代生活常見的心臟病、糖尿病、肥胖症、神經退化性疾病、骨質疏鬆症、癌症等退化性疾病。

他們唯一不做的，就是吃上頭印有條碼的食物，以及能在一分鐘內隨手可得的東西。

這本書最重要、也希望大家牢記的重點，就是吃眞正的食物。老祖母認定可以吃的，最好是沒有包裝的食物才買。你得注意的是，吃下肚子的東西究竟含有多少加工成分。眞正的食物，也就是加工最少的東西，會帶給你各種營養素、植物化學物質、酵素、維生素、礦物質、抗氧化物、抗發炎物、健康脂肪，並且能讓你多子多孫多福氣。

還要記得，怎麼吃跟吃什麼一樣重要。要小心地吃、有意識地吃，就像你人生當中所做的每件事一樣，這麼做將對你整體的健康福祉有好處。

也就是說，不管你在開車、發展一段感情、或是吃一頓，保持注意力絕對會讓結果有所不同。

請你仔細品嚐人生當中的每一刻和每一口。

享受一段美好的旅程。

強尼．包登

二○○六年，寫於洛杉磯

專家票選十大明星食材

聽專家怎麼說

我的工作大多圍繞著營養與健康，經常發表相關言論，很多朋友，甚至是不認識的人一知道我是營養學家，都會問這個問題：「你自己都吃什麼呢？」

這讓我開始思考。

當然不是思考我到底吃了什麼，而是思考，對書中相關概念有研究的其他專家，他們每天會吃哪些東西？他們都知道哪些東西好，哪些不好，但是了解他們日常生活的飲食內容，也是件有趣的事。有一次我去參加世界知名的波爾德法斯營養醫學年會（Boulderfest annual conference on nutritional medicine）時，創辦人兼會議主辦羅伯．克雷洪（Robert Crayhon），要求每一位報告人寫下當天的早餐內容和每天常吃的東西。參加者對於「專家」每天的菜單，都感到興味盎然。

也因此讀者會時常在書中看到諸如「聽專家怎麼說……」的專欄。

我又是怎麼做的呢？我從電話簿裡找到這個領域中的權威人士，請他們寫下心目中前十名自己實際會吃的健康食品，而不是那些看似理想卻不常碰的東西。接受邀請的專家們都很慷慨地答應幫忙，這項調查結果將散見在這本書中。他們當中有很多是健康、飲食、營養等暢銷書作者，包括：安露易絲．吉特曼（Ann Louise Gittleman）、艾爾森．哈斯（Elson M. Haas）、史蒂芬．辛納屈（Stephen T. Sinatra）、麥克與瑪麗丹．伊德斯伉儷（Mike and Mary Dan Eades）、雪莉．里伯曼（Shari Lieberman）、弗瑞德．培斯卡托（Fred Pescatore）、達瑪星．喀爾沙（Dharma Singh Khalsa）、巴利．西爾斯（Barry Sears）、歐茲．格西亞（Oz Garcia）等；有些是備受尊崇的名醫：馬克．史丹勒（Mark Stengler）和安卓．魯曼（Andrew Rubman）；有一位是輔助醫學界的傳奇人物，同時也是《湯森醫病雜誌》（*Townsend Newsletter for Doctors and Patients*）專欄作家亞藍．蓋比（Alan Gaby）；有一位則是享譽國內的高血壓與代謝症候群權威，也是令人敬佩的醫學教育家馬克．休士頓（Mark Huston）；一位是在飲食界大名鼎鼎的學術研究者，同時也為《男性健康》（*Men's Health*）的專欄作家傑夫．佛勒克（Jeff

Volek）；還有一位是傑出的營養學家兼媒體人傑傑・維珍（J.J. Virgin）。他們很多都是跨領域專家，是作家也是實踐者，我個人認為他們都是一時之選。

我給他們的規定是：列出心目中前十名健康食物，然後再說明選擇這些食物的理由（甚至也可以增加一、二項）。讀者們看到這些結果應該會覺得很有趣，也會得到啟發。

喜歡看統計數據和圖表，也愛在辦公室下注、跟同事打賭的人，也許會想賭一賭哪些食物得到最多票數，哪些則完全被排除。最沒有爭議的贏家是藍莓（以及其他莓類）、菠菜（和羽衣甘藍）、堅果（特別是杏仁）、綠花椰菜，野生鮭魚及食草牛肉以些微之差居次。有些食物則是出乎意料地上榜（咖啡被提到兩次），也有食材中的大黑馬（石榴和海洋蔬菜），以及遺珠之憾（沒有人提到大豆，不過看了後面在「大豆篇」的解釋，這個結果也不全然有失公允）。不論如何，我覺得這些調查確實很好玩，希望你也是！

我本來想先公布我自己的排名，我提名了第十九種，每一種都不想放棄，很難刪去任何一種。最後是編輯提議，既然我已經在書中提出了全面的想法，就不需要再放上我的個人排行榜。如果讀者真的對我吃什麼感到好奇，現在就可以揭曉：燕麥片、芭樂、經過認證的有機生牛奶、蛋、藍莓、菠菜、沙丁魚、羽衣甘藍、乳清蛋白粉、放養牛肉、蘋果、野生鮭魚、薑黃、堅果、椰子油、酪梨、綠茶、新鮮蔬菜汁，還有綠色飲料。現在大家都知道了吧！

開始一篇一篇看吧，你會知道為什麼我和專家群們都熱愛這些食物。希望你也跟我們一樣。

1 蔬菜

我先開門見山跟各位表明：所有的蔬菜都很好，沒有不好的蔬菜！我應該再稍作解釋，大部分美國人認為蔬菜包括番茄醬、捲心萵苣和炸薯條。但我是指有葉子，咬起來脆脆的，顏色有綠、紅、橘或白色（如花椰菜和菇類）的食物。抓到重點了嗎？所以炸薯條絕對不會出現在這裡。

如果這本書叫做《地球上最健康的五百種食材》而不是一百五十種，也許所有叫得出名字的蔬菜都不會落榜（但只有蔬菜類是這樣，其他種類的食材像是乳製品、穀類或是書裡其他類食材就不可能全數上榜），甚至還會包含玉米和馬鈴薯（不過我很高興沒有人寫到這兩樣）。書中提到的，是我認為所有菜類當中最具代表性、營養價值最高的三十八種蔬菜。

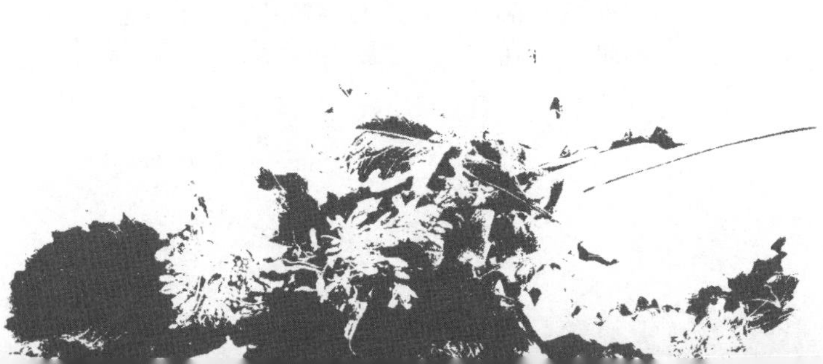

有吃了會變胖的蔬菜嗎？

在現今的西方國家（甚至在一些非西方國家），肥胖症和糖尿病已經算是流行病了，自然會有人問：有些蔬菜是不是吃了較容易發胖？要不要避免？確實一些有高GI值、許多人在進行低醣減肥時都不吃的澱粉類蔬菜，的確造成了不少困惑。如果你必須嚴格控制血糖，像蕃薯這類食物，還是可以有節制地吃。但我認爲，爭論蔬菜和糖的問題有點小題大作。

造成肥胖病的兩大元兇，首先是存在於麵包、麥片、麵條、甜點、蛋糕、蘇打餅和速食當中快速作用的碳水化合物和糖；其次則是過量食用每樣東西。我有一位愛說俏皮話的好友喜來·布羅赫斯博士（C. Leigh Broadhurst），他是一位出色的營養學家，也在美國農業部擔任研究工作，他就說，「沒有人會因爲吃豌豆和紅蘿蔔而變肥。」

大注意蔬菜中的糖分含量並沒有錯，但跟許多美式飲食中的壞蛋相比（馬鈴薯和玉米例外），大部分蔬菜的含糖量根本不算多。書裡面介紹的蔬菜，即使只吃一樣也很好，不過最好能有多樣的選擇。

以下就是我所選出的蔬菜大贏家。你當然不必全盤接受，可以加入自己喜歡的菜，刪掉令你厭惡的。反正蔬菜吃越多越好，對你的健康有益無害。

小白菜

小白菜是甘藍菜家族的亞洲種，葉柄長厚，其上是綠色菜葉。你也許知道它是菜肉雲吞的餡料之一，但是在著名料理之外，小白菜實際上是很健康的食物。

小白菜跟白菜是一家人嗎？

小白菜又稱中國白菜，對於是否該納入甘藍菜家族有一些爭議。從外表看，它並沒有結成球狀，好像不能算，所以又常被稱為青江菜。不過，這些都不重要！不管怎麼叫，它就是如假包換的芸苔屬，意即含有吲哚素（indoles）的植物。吲哚素被證明可以大幅降低罹癌風險。除此之外，小白菜還富含鈣、鉀、β-胡蘿蔔素、維生素A等，一碗的小白菜熱量不到二十大卡。而生吃小白菜，更是地球上熱量最低的吃菜法，一碗切碎的生小白菜只有九大卡熱量。而煮過的小白菜體積會變小，一碗分量比生的還多，鉀就多出了好幾倍，鈣、β-胡蘿蔔素和維生素A也都加倍，還有將近兩克的纖維質。不管是生吃還是熟食，吃小白菜準沒錯！

小白菜的水分很多，如果稍微煮久一點，馬上就會變老。所以建議在料理時，用大火快炒，讓葉子維持鮮嫩，葉柄保持爽脆。其實將葉柄切成小段，生吃也很爽口。

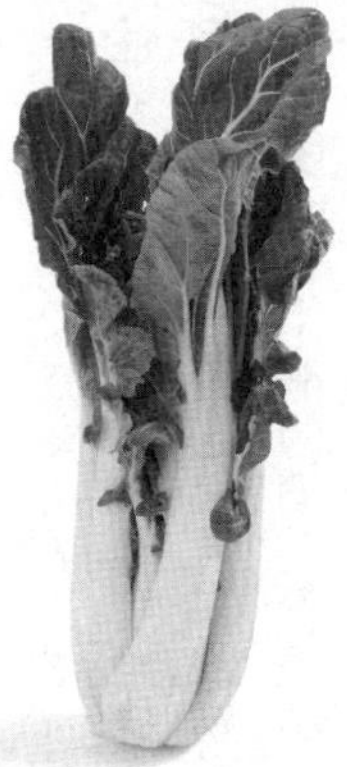

綠花椰菜

綠花椰菜是蔬菜之王。當我邀請一群頂尖營養學家、醫師、自然醫學保健師和學術研究者，請他們提供自己的「十大」健康食材排名時，我就猜到綠花椰菜會是上榜次數最多的。也難怪，綠花椰菜成為超級明星，是因為它的抗癌功效一再被證明，才能穩坐營養學界的寶座。

花椰菜是十字花科蔬菜中的芸苔屬植物，家族中還包括小白菜、高麗菜、羽衣甘藍、球莖甘藍和瑞士萘菜。這些蔬菜都含有名叫異硫氰酸鹽（isothiocyanate），具抗癌功效的植物化學物質，藉著中和致癌物來達到抗癌作用。異硫氰酸鹽會先降低致癌物的毒性，然後刺激分泌「致癌物殺手」，再迅速將其移出體外。有研究顯示，異硫氰酸鹽可預防肺癌與食道癌，並降低罹患其他癌症的風險，包括腸胃癌。目前已經發現有數種異硫氰酸鹽在化學致癌物的誘發之下，會發揮抑制腫瘤生成的特性。而綠花椰菜內含一種特別強效，可抑制乳腺腫瘤的異硫氰酸鹽。

爲什麼女性應多吃綠花椰菜？

綠花椰菜抗癌已被廣爲認可，即便是美國癌症學會（American Cancer Society）也推薦大家食用綠花椰菜和其他十字花科蔬菜。雖然綠花椰菜裡面有很多有益健康的成分，但其中的吲哚素啾最值得一提。吲哚-3-甲醇（indole-3-carbinol）本身除了是強抗氧化物和解毒酵素的催化劑之外，似乎也有保護DNA組織的作用，並且可以降低罹患乳癌與子宮頸癌的風險。

吲哚-3-甲醇對女性朋友特別重要。雌激素（或稱女性荷爾蒙）具有三種作用各異的基本代謝物，前兩種16-alpha-hydroxyestrone和4-hydroxyestrone會致癌，第三種2-hydroxyestrone則是良性，具有保護功效，而吲哚-3-甲醇正好能提高良性雌激素代謝物的比例。由於男性體內也有雌激素，因此可推測，綠花椰菜和十字花科蔬菜同樣也有益男性健康。除此之外，也有證據顯示，吲哚-3-甲醇能夠防止殺蟲劑和其他毒素的致癌影響。（現在市面上買得到吲哚-3-甲醇的補充營養品，不過我並不推薦使用。我會建議食用DIM（二吲哚甲

烷），這是吲哚－3－甲醇的代謝物，是比較安全可靠的營養補充品，效果完全不打折。）

綠花椰菜等十字花科類蔬菜還含有大量的蘿蔔硫素（sulforaphane），這是一種抗氧化植化物（phytochemical）。蘿蔔硫素會提高第二相酵素（phase-2 enzymes）的活性，幫助對抗致癌物質。一般認爲第二相酵素可以降低攝護腺癌的風險。根據美國史丹福大學泌尿學系發表在《癌症流行病學生物標記與預防》期刊（*Cancer Epidemiology Biomarkers and Prevention*）上的研究報告，蘿蔔硫素是目前已知，催化第二相酵素效果最好的抗氧化植化物。

營養強化中心

綠花椰菜除了上述公認的抗癌效果外，本身更是營養聖品。一碗綠花椰菜含有蛋白質兩克、纖維兩克、鉀二百八十八毫克、鈣四十三毫克、維生素C八十一毫克，還有葉酸、鎂、磷、β－胡蘿蔔素、維生素A，以及一千二百七十七微克、具護眼功效的葉黃素（lutein）和玉米黃素（zeaxanthin）。葉黃素和玉米黃素都屬於類胡蘿蔔素（carotenoid），已經有大量的研究證實，這兩種類胡蘿蔔素可降低或預防罹患黃斑部退化病的風險，這是造成老年人失明的頭號殺手。

順帶一提，綠花椰菜上半部是整株的植物花，莖部含有許多營養。營養食品專家、同時也是科羅拉多博爾德東西中心（East and West Center）創辦人蕾貝卡・伍德（Rebecca Wood）就建議大家，可以食用削掉粗皮之後的莖部，以及營養含量毫不遜色的綠花椰菜葉。

白色花椰菜

長久以來，大眾的營養概念都認為最好的飲食應該是色彩鮮豔豐富（如深綠色菠菜、藍紫色的藍莓、鮮紅的紅椒），最好不要是白色（糖、馬鈴薯、白麵包、米、海綿蛋糕、麵條之類等），我由衷贊成這個說法。不過在這場「反白主義」中，白魚、菇類和白色花椰菜屬於例外。

白色花椰菜是芸苔屬植物，跟高麗菜是近親，含有許多有益健康，如吲哚素等成分，使這類蔬菜享有「抗癌鬥士」的美名。

白色花椰菜除了吲哚素之外，還有蘿蔔硫素，這是菜中硫化葡萄糖的成分之一。雖然硫化葡萄糖本身的抗癌性不高，但是蘿蔔硫素卻有相當高的抗癌性。蘿蔔硫素最先是由美國約翰霍普金斯大學醫學院的科學家在花椰菜苗中發現，屬於一種名爲異硫氰酸鹽的植物性化學物質，是功能強大的抗氧化物，也會催化解毒酵素在體內自行生成。

白色花椰菜抗癌機制

白色花椰菜發揮抗癌的功能如下：吃下肚幾分鐘後，蘿蔔硫素會進入血液中，增強體內的抗氧化防禦系統。當它抵達細胞時，會啓動肝臟中的第二相解毒酵素，迫使致癌分子「棄械投降」，再將其排到細胞外。一般在解釋罹癌風險降低和食用十字花科蔬菜（如白色花椰菜、羽衣甘藍、高麗菜、花椰菜與花椰菜苗）之間的相關性時，都認爲關鍵在於蘿蔔硫素、其他異硫氰酸鹽類分子和吲哚素。

營養素停看聽

一碗白色花椰菜的熱量非常低，但是內含三克的纖維質、超過五十毫克的維生素C、一百七十六毫克的鉀和五十五微克的葉酸。

白色花椰菜所含的各種營養素當中，還包括了普林（Purine），這種物質也存在於其他健康食材當中，如沙丁魚和菠菜。這並不是大問題，因爲普林會被人體分解

成尿酸再排出體外。有些人可能會因爲體內分解機制沒有發揮作用，使尿酸沉積，引發痛風的疼痛症狀，所以必須留意飲食中的普林。雖然白色花椰菜的普林含量不是很高，但跟一般食材比較起來還是屬於高的一類，所以吃的時候得小心。達瑪星．喀爾沙醫師（Dharma Singh Khalsa）曾經提出一起病例報告，描述一位病人因爲食用過多白色花椰菜使痛風惡化的情形。

料理很簡單

最早是由亞瑟．艾加斯頓（Arthur Agaston）醫師將白色花椰菜取代馬鈴薯製成洋芋泥，它才開始大受歡迎。只要用少許奶油、檸檬和海鹽，就可做出這道美味可口的料理。

羽衣甘藍

雖然很多人不知道羽衣甘藍是什麼，但它可是貨真價實的蔬菜明星。（這是外觀很特殊的綠葉蔬菜，生長的方式跟高麗菜一樣。知道答案了吧！）千萬別被它特異的外形嚇跑，因為這可是營養發電站。

爲什麼叫它第一名

在所有的排名中，羽衣甘藍的確是高居榜首。美國農業部和其他單位近來開始採用一種測試程序來評估蔬果的抗氧化能力。這種檢測法是以每種蔬果內含的所有抗氧化物與抗氧化植化物的組合爲單位，看看哪個「團隊」對抗自由基（自由基會傷害細胞）的戰鬥力最高，用「氧自由基吸收力」（oxygen radical absorbance capacity，簡稱ORAC）總積分來看。結果，羽衣甘藍得到蔬菜類中最高積分，達一七七〇分（第二名蔬菜是菠菜，ORAC積分爲一二六〇）。

料理很簡單

羽衣甘藍的嫩葉很適合做成生菜沙拉，跟醬油口味的杏仁和紅椒絲等味道濃郁的材料一起拌，風味特佳。雪曼橡樹有機超市（Sherman Oaks Whole Foods）的熟食區把松子和小紅莓拌上羽衣甘藍，最後再滴上橄欖油使其軟化。這道菜很受歡迎。我實在太愛這道菜了，大概每周會吃五次，真是棒極了！

越嚼越防癌

羽衣甘藍是高麗菜的同宗，所以除了抗氧化能力外，還有更多對健康有益的成分。它跟其他芸苔屬植物一樣都有強效抗氧化植化物，比如可抗癌的吲哚素，可預防乳癌、子宮頸癌和腸癌。羽衣甘藍含有高量的硫成分，其中的蘿蔔硫素會促發體內的解毒酵素來協助抗癌。含有蘿蔔硫素的青菜在切或嚼的時候，蘿蔔硫素才會形成，啓動肝臟清除那些不利於DNA的自由基和其他化學物質。最近登在《營養學期刊》的研究，證明蘿蔔硫素能夠阻止乳癌的擴散。

羽衣甘藍富含鈣質、鐵，維生素A、C以及強健骨骼的維生素K。β-胡蘿蔔性的含量是綠花椰菜的七倍；可預防視網膜黃斑部退化的葉黃素與玉米黃質，在羽衣甘藍內的含量更是青花椰菜的十倍。兩碗量的菜可提供四克蛋白質與三克纖維。

硬花甘藍

硬花甘藍是綠花椰菜的遠房親戚，只是遠到快沾不上邊，反而跟蕪菁甘藍比較接近。不過從味道的角度來看，又很像打了類固醇的花椰菜，如果要中肯地說，就是味道濃烈帶有苦味。（中國的亞種叫菜心，味道比較不那麼強烈）。

千萬別搞錯，這種嬌小辛辣的植物，可是大型芸苔屬的正式成員，跟重量級的高營養價值蔬菜如高麗菜、綠花椰菜、高麗菜芽、小白菜和球莖甘藍是同宗，所以有許多相同的健康功效。硬花甘藍跟所有十字花科菜類一樣，含有類黃酮素、蘿蔔硫素和吲哚素，可預防細胞老化與癌症。以蘿蔔硫素為例，在齧齒動物的實驗中，發現蘿蔔硫素可誘發強效的酵素作用來防止腫瘤生成；而一般的類黃酮素則具有促進健康、使人少生病的生物特質。

強健骨骼與視力

高營養價值的硬花甘藍會增加人體免疫力，熱量卻很少。一份的熱量是二十八大卡，含鈣一百毫克、鉀二百九十二毫克、維生素C三十一毫克、葉酸六十微克、促進骨質生長的維生素K二百一十七毫克，還有超過三千八百IU（國際單位）的維生素A，其中包括二千三百微克β-胡蘿蔔素。不僅如此，還有明星級的護眼明目物質類黃素與玉米黃質一千四百三十一克，經研究發現可預防最易導致老年失明的視網膜黃斑部病變。在每份熱量低到只有二十八大卡的硬花甘藍中，纖維質有二點四毫克，真是不可多得的好菜！

料理很簡單

雖然有很多人喜歡這種菜的特殊味道，直接用來提味，不過在處理上，可以在煮之前先以熱水川燙過，稍微去除菜本身的重口味。《舊金山紀事報》（*San Francisco Chronicle*）的蘇菲．瑪考拉綺絲（Sophie Markoulakis）就建議，將川燙過的菜用橄欖油和蒜頭炒十分鐘後，跟部分炒菜湯汁一起加入煮好的義大利麵、切碎的無花果乾與松子當中，最後「再撒上義大利鄉村軟酪或鹹羊奶起士，來點現磨的胡椒」，聽起來是不是令人食指大動？

球莖甘藍

球莖甘藍是甘藍家族的成員，外型像是八爪章魚和太空艙的綜合體。它的英文名稱 kohlrabi 起源於德文的 kohl（甘藍）加上 rabi（蕪菁）這兩個字，原因就是它的莖跟蕪菁很像。吃起來多汁清脆，幾乎跟蘋果一樣甜，口感類似蕪菁，葉子和莖都可食用，可生吃（做法式蔬菜沙拉很棒）或熟食。「口味」有綠色和紫色兩種，紫色較為辛辣。

球莖甘藍既是十字花科蔬菜的一員，當然就自動取得最健康食材的資格。它和其他親戚（花椰菜、高麗菜苗、高麗菜）一樣，都含有非常重要的營養素，包括抗癌的吲哚素、蘿蔔硫素和異硫氰酸鹽。也是維生素C（每杯八十三毫克）和鉀（四百七十二毫克）的最佳補充來源。每杯僅三十六大卡的球莖甘藍就能給你五克的纖維，很划算的。

如果正好有人考你，你可以告訴他密西根州的漢堡鎮（Hamburg Township）自稱是「世界球莖甘藍首都」。沒騙你，這個小鎮在一九八〇年代舉辦的球莖甘藍節，還吸引了六百多人來參加呢！

孢子甘藍

孢子甘藍屬於甘藍菜的成員之一，菜葉緊包著肥厚拉長的菜梗生長，像是一顆顆迷你的高麗菜。

孢子甘藍最早的種植歷史是在十六世紀的布魯塞爾（Brussels，比利時首都），因此英文名字才被稱為布魯塞爾菜芽。它屬於十字花科蔬菜，所以也具備其他甘藍菜類的營養價值。孢子甘藍中所含的甘藍菜類抗癌營養素，可能高於其他蔬菜。美國癌症學會（American Cancer Society）飲食建議的其中一項，就是常吃十字花科蔬菜。

吃孢子甘藍，遠離大腸癌

孢子甘藍含有一種稱爲黑芥子硫苷酸鉀（sinigrin）的化學物質，可以抑制癌前細胞的發展。組成黑芥子硫苷酸鉀的成分中，有一種異硫氰酸丙烯酯（allylisothio-cyanate），這是使孢子甘藍具有特殊氣味的活性物質，會讓癌前細胞自殺（細胞凋亡〔apoptosis〕的自然過程），而且效果強大無比，只要偶爾食用，就能夠降低大腸癌的發生率。

孢子甘藍的異硫氰酸鹽類物質與蘿蔔硫素含量很高，以限制細胞擴散、中和致癌物質和環境毒素的方式達到抗癌功效。蘿蔔硫素是效力很強的異硫氰酸鹽類成員，可以促使「第二相酵素」的生成（參見「高麗菜」），不讓有害人體的自由基來搞破壞，並協助抵抗致癌物質。

難聞好吃的孢子甘藍

異硫氰酸鹽類物質的健康形象雖然很好，但是異硫氰酸丙烯酯，也就是孢子甘藍所含的硫成分，卻會讓菜的味道變得不太好聞，但還好聞起來跟吃起來不太一樣。此外孢子甘藍也含有許多葉酸、鉀和骨骼生長的維他命K，以及少量的β-胡蘿蔔素。

高麗菜

芸苔屬植物等於是蔬菜王國中的皇室，而在綠花椰菜、球莖甘藍、白色花椰菜、白菜和唐萵苣等菁英分子當中排名第一的，非高麗菜莫屬。講到高麗菜，就是指有兩百年悠久歷史，外型碩大的球狀植物。可以當成沙拉來生吃，也可以煮來吃，只是不小心煮太久會有雞蛋壞掉的味道，不過高麗菜其實是很好吃的。而且最值得一提的是從營養價值和抗癌功效來看，高麗菜可說是第一把交椅。

吃高麗菜預防乳癌

根據作家暨學者洛莉．摩吉安（Laurie Deutsch Mozian, M.S., R.D.）的研究，研究人員先是觀察到在波蘭與俄羅斯鄰近的東歐國家婦女罹患乳癌的機會低於住在美洲的女性後，才開始注意到高麗菜。在進行飲食習慣分析時，發現前者攝取高麗菜的量比後者高出許多。再去檢驗高麗菜，推測功臣應該是屬於抗氧化植化物的吲哚素。數年的研究結果證明，這些吲哚素會改變雌激素的代謝（參見「綠花椰菜」），能降低罹癌風險。

高麗菜的抗癌效果不是單靠吲哚素，還有一大堆其他的抗氧化植化物，包括 dithiolethiones、異硫氰酸鹽和蘿蔔硫素。

蘿蔔硫素是效力很強的異硫氰酸鹽類，可以促使「第二相酵素」的生成，不讓有害人體的自由基來搞破壞，也協助抵抗致癌物質。一般認爲第二相酵素會有助於降低攝護腺癌的機會。根據美國史丹福大學泌尿學系發表在《癌症流行病學生物標記與預防》期刊上的研究報告，蘿蔔硫素是目前已知，催化第二相酵素效果最好的抗氧化植化物。美國癌症研究協會（American Institute of Cancer Research）在「第十一屆飲食、營養與癌症研究年會」（11th Annual Research Conference on Diet, Nutrition, and Cancer）中發表的回顧研究，就指出「異硫氰酸鹽是眾所周知的抗癌戰士」。

中看也中用

紫色高麗菜是我們補充花青素（anthocyanin）的來

源之一。花青素是讓藍莓呈藍色、紫色高麗菜呈紫色的紅色系花色素，也存在於許多色彩鮮艷的水果，像是葡萄和漿果當中。不過花青素不單單只是蔬果的化妝師而已，它還是被稱為「類黃酮素」的植物性化合物中的其中一員（已知的類黃酮素高達四千種），具有良好的生物活性，可以抗氧化。在針對一百五十項類黃酮素的研究，花青素的抗氧化功效高居第一名。另一項研究紫色高麗菜中花青素的動物實驗結果顯示，它可以使受試動物不受到某項已知的毒素危害。從這裡我們可以相信，花青素對人類也能帶來相同的保護作用。

花青素能夠成為預防心血管疾病的最佳武器，主要是它具有抗氧化與抗自由基的能力。此外，它還有抗發炎功效，可抑制過敏反應，並保護人體，不使發炎現象危害到結締組織與血管壁。

高麗菜除了有數不清的抗氧化神效之外，還是我們每日需要補充的維生素與礦物質的來源，包括鈣質、鎂、鉀、維生素C、維生素K、β-胡蘿蔔素，還有一些護眼的類胡蘿蔔素、葉黃素與玉米黃素。纖維更是不能漏，一碗煮熟的高麗菜提供了四克的纖維（生菜一碗是兩克）。有這麼多營養素，它卻是熱量最低的食品之一。

小常識

許多甘藍家族成員都含有甲狀腺腫素（goitrogens），是一種會影響甲狀腺功能的天然成分，所以患有甲狀腺低能症（hypothyroidism）的病人在吃高麗菜時要有所節制。目前還沒有研究發現含甲狀腺腫素食物會對沒有甲狀腺問題的人帶來不良副作用。

芥藍

如果不太了解「美式非洲料理」（soul food）是什麼的話，其實它指得就是芥藍。它是甘藍家族成員之一，由非洲黑奴從家鄉帶到北美洲之後，便成為南方料理的要角。

芥藍的味道介於高麗菜和羽衣甘藍之間，是典型的「綠葉蔬菜」，通常綁成一把一把來賣，也買得到冷凍的。新鮮芥藍必須徹底洗過後才能下鍋。

芥藍一般會以文火慢煮數小時，等到軟了之後才起鍋。如果你能接受硬一點的菜，也可以只用水煮十五到三十分鐘。在美國南方料理中，很常看到培根芥藍或臘肉芥藍，不過這種菜不是只有一種煮法，也有人跟豆子（特別是米豆）配著煮。我個人覺得芥藍拌甜奶油和海鹽就好吃極了。

芥藍屬於十字花科蔬菜，含有珍貴的抗氧化植化物，可以抗癌。一碗芥藍可提供八盎司牛奶的含鈣量和五克的纖維。除此之外，還有鎂、磷、二百毫克以上保護心臟的鉀、維生素C和大量的維生素A與K，以及不少β-胡蘿蔔素，另外還有豐富的葉黃素和玉米黃素，這是最能保護眼睛的兩種類胡蘿蔔素。

芝麻菜

芝麻菜看起來沒有催情的效果，不過古埃及人和羅馬人都視它為春藥。這方面我沒有研究，但可以肯定的是，它的營養價值極高。一碗芝麻菜的熱量——聽清楚了——只有五卡路里！而且你可以吃到一些葉酸、維生素A，還有不少具有眼睛保健功效的類胡蘿蔔素、葉黃素和玉米黃素。芝麻菜的含鈣量跟菠菜差不多，但是內含會阻卻鈣質吸收的草酸鹽卻比菠菜少。

芝麻菜裡有維生素K：一碗的量就接近每日建議攝取量的一半（不過我認爲這個標準過低）。維生素K是凝血和強健骨骼的重要成分。著名的「富萊明罕心臟研究計畫」（Framingham Heart Study）發現，每天攝取二百五十微克維生素K的人，髖骨骨折的風險比起只攝取五十微克的人降低百分之三十五。你當然不用吃很多很多，在生菜沙拉裡面放個一些（三十三毫克）就是一個不錯的開始。

順道一提，這並不是我們補充維生素K的唯一來源。

芝麻菜跟其他十字花科植物一樣，含有硫化葡萄糖（glucosinolate），它在嘴裡咀嚼，跟酵素（myrosinase）混合時，會轉變成另一種名爲異硫氰化物具有抗癌功效的物質。異硫氰化物會中和致癌物，使其毒性減低，同時也刺激身體釋放更多抗癌物。異硫氰化物也會抑制細胞增生。有研究顯示它可以預防肺癌和食道癌，也會減低罹患其他癌症，包括腸胃癌的風險。

一碗只含五大卡，卻能帶給你一大堆好東西，非芝麻菜莫屬。

豆瓣菜

愛爾蘭修道士曾將豆瓣菜喻為「純潔的聖賢菜」，這並非沒有原因。這種刺激辛辣的菜常用來做成豆瓣菜沙拉，是名符其實的「超級食材」。

含鈣量是牛奶的四倍

在熱量相同之下，豆瓣菜和濃度百分之二的牛奶相比，前者的鈣質是後者的四倍，鎂則是六倍。每一克豆瓣菜的維生素C含量跟橘子相等，鐵質含量甚至高於菠菜。如果要吃沒有熱量的菜，非它莫屬。一碗滿滿的豆瓣菜只有四卡熱量，但是可以提供維生素A一千五百IU（其中有九百五十微克的β-胡蘿蔔素），有助於增強免疫系統。還有十四毫克的維生素C及超過一千九百微克的護眼營養明星葉黃素與玉米黃質。

豆瓣菜能中和致癌物質

人們很早就知道豆瓣菜對身體的好處。它是明星級的十字花科蔬菜中芸苔屬植物的一分子，有名的成員包括綠花椰菜、高麗菜、羽衣甘藍、球莖甘藍和瑞士菾菜，都具有功效強大的抗癌成分：異硫氰酸鹽。異硫氰酸鹽是靠中和致癌物質來對抗癌症，也就是減少這些體內「壞份子」的毒性，刺激身體派出「致癌物殺手」，加速體內排除壞份子的速度。研究顯示，異硫氰酸鹽有助於預防肺癌、口腔癌，並降低其他癌症如胃腸癌的風險。

豆瓣菜在十字花科蔬菜中獨特之處，在於含有高濃度的強效異硫氰酸鹽「異硫氫酸苯乙酯」（phenylethyl isothiocyanate）。除此之外，它還含有另一類屬於蘿蔔硫素的抗癌成分（也存在於綠花椰菜中）。《癌症研究》（*Cancer Research*）與《致癌機轉》（*Carcinogenesis*）兩份期刊上的研究，都證實異硫氫酸苯乙酯與蘿蔔硫素結合，所形成的抗癌攻擊力會提高三倍，讓癌細胞自行毀滅（細胞凋亡）、阻止潛在致癌物的活動，同時刺激細胞開始抵禦致癌物的侵犯。

豆瓣菜可生吃，也最常拿來生吃，但也可以用煮的。伍德告訴我們煮熟的豆瓣菜比較不刺激，可以吃到菜本身的甜味。如果用煮的，菜的分量會縮水四分之三，如果是生吃，也許會有更多酵素和活性能量。

四季豆

我們都知道四季豆不算蔬菜中的大明星，它的好處就像棒球賽中受到肯定的全能球員。如果用投資組合來比喻，它就是安全股或儲蓄債券，不會使你因此致富，卻很穩當、可靠，還是得把它放入你的投資組合裡。

昨日的長鬚豆，今日四季豆

爲了寫這本書，我查了Phaseolus vulgaris類的豆子名稱，幾乎被菜豆、肉豆、扁豆、四季豆、雲豆、敏豆……搞昏頭了！小時候，我記得人們把四季豆叫做長鬚豆，因爲「古早時代」（當然是在我還沒出生之前），沿著豆莢接合的地方長著一條豆鬚，要先摘掉才能煮。現在則拜基因工程之賜，那條豆鬚已經成了過去式。

而肉豆、菜豆、義大利青豆都是四季豆的近親。四季豆所含的葉酸佔建議每日攝取量（RDI）的一成（但事實上RDI的標準過低。RDI是新版的建議每日攝取量，過去稱RDA）。我在「認識碳水化合物協會」（Carbohydrate Awareness Council）擔任營運長的好友瑞琴娜．威爾夏（Regina Wilshire, N.D.）指出，在四季豆裡面，葉酸和兩種氨基酸以最適切的比例結合，這會提高葉酸的吸收率，效果比營養加強的麥片還好。葉酸是維生素B群當中非常關鍵的一種，不但可以預防神經管缺陷，還能減少高半胱胺酸（homocysteine），這是一種天然生成、對血管有害的氨基酸，使人容易罹患心臟病、中風、痴呆，以及周邊血管疾病（大腿與腳的血液循環不良）。

四季豆有很多其他維生素與礦物質，包括少許鈣質、維生素A，鉀的含量也不少。四季豆內含的鎂是公告之每日營養素攝取量基準值（簡稱Daily Value）的百分之二十。鎂是重要的微量礦物質，對生長、生殖、傷後恢復、腦功能，以及糖、胰島素和膽固醇的代謝都扮演關鍵作用。此外，還有少許β-胡蘿蔔素、一些顧眼的葉黃素與玉米黃質，以及強健骨骼的維生素K，含量達每日所需的一半。一杯四季豆可以提供四克的纖維（比一塊麵包和一堆奶油好多了）。可以生吃或煮來吃，煮過之後，豆子裡的維生素成分會稍有改變，對健康更好。四季豆最好是趁新鮮吃，否則豆質很快會老。

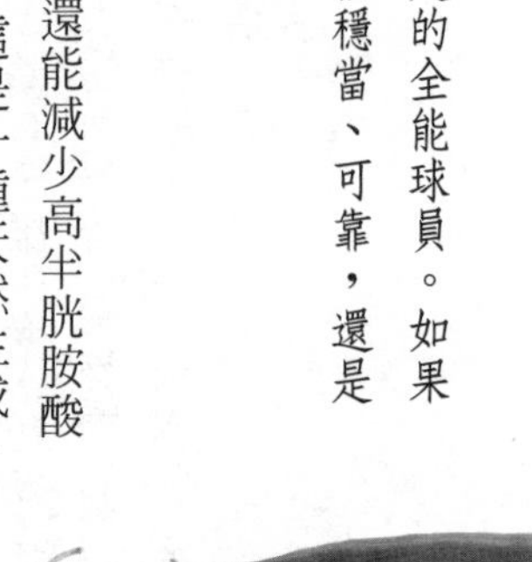

豆薯

我承認，如果不是我的好朋友安露易絲．吉特曼博士（Ann Louise Gittleman）把它列為十大健康食材，我還真的沒聽過豆薯。很巧地，隔天我去逛Whole Foods有機商店，正好看到裝成一袋袋切好的新鮮豆薯，擺在生鮮食品區的中央在販賣，可以現吃。我當然把它買下來，豆薯吃起來很鮮美又清爽，脆脆的口感，感覺好像一吃就變健康了！

什麼是豆薯？

豆薯是根莖類蔬菜，是墨西哥菜常見的主角。在原產地南美洲是街頭小吃，擠一點檸檬汁，再拌上少許辛辣的辣椒粉就可以吃了。豆薯是塊莖，肉質呈白色，每顆小則半磅，大的可達五磅。有些人覺得豆薯像是介於蘋果和馬鈴薯之間，看起來像蕪菁，削掉淡棕色的薄外皮之後，吃起來像蘋果，但又不全然一樣。豆薯本身的味道雖然有點淡而無味，不過就是因爲這樣，廚師反而很好將它調理成任何口味，烹煮的方式千變萬化。怎麼料理都吃得到它提供的營養素。

豆薯是低卡、低油、高纖食品，全身上下有九成是水分，但是一碗量的豆薯有高於六克的纖維！光是這點就讓它夠資格擠進地球健康食物排行榜，當然它還是擁有鈣、鎂、鉀、維生素C、維生素A和β-胡蘿蔔素。一杯只有四十九大卡的熱量。（一整顆豆薯只有兩百五十大卡的熱量，含纖維三十二克，是大部分美國人一天內攝取纖維量的三倍。）

料理很簡單

豆薯可以跟馬鈴薯一樣烤來吃，而且它所含的澱粉更少。它也適合用炒的，不過就像我那次吃到的，生吃真的很棒。吉特曼博士建議大家嘗試墨西哥作法，加點檸檬汁和辣椒當成零食吃，保證讓你吃得心滿意足。

秋葵

美國南方料理中使用秋葵已經有好幾代的傳統。這種營養豐富的綠色蔬菜在十七世紀中期傳到美國，成為殖民時代的重要食材。在美國內戰期南方咖啡豆短缺時，就是以秋葵的種子做為替代品。直到現在，它仍是廣受喜愛的「美式非洲料理」中不可或缺的一部分。

秋葵有十分特別而珍貴的營養組合。它所含的天然谷胱甘鈦，據說是體內最重要的抗氧化物，只存在很少數的食材當中。適量的谷胱甘鈦是免疫系統的重要支柱，它是淋巴免疫細胞在複製時的必要成分，也是協助肝臟把毒素排出的好幫手。

秋葵的纖維含量高於麥片

秋葵是高纖食品。一般飲食中通常很缺乏纖維質，所以常有人問我要吃什麼來補充。標準答案是水果、青菜和豆科植物，秋葵是最好的選擇。一碗煮熟的秋葵只有少少的三十五大卡，但有四克纖維，比一塊麵包或一杯冷麥片粥來得高。就蔬菜來說，它的蛋白質含量算很高，三十五大卡的一碗秋葵，其中含有三克蛋白質。

熱量少歸少，秋葵有豐富的鈣、鎂、鉀、維生素A、維生素K，還有預防成長中的胎兒神經管缺陷的葉酸。秋葵在印度傳統阿育吠陀醫學中被認爲可以平衡各種形式的代謝。料理的時候可用蒸、涼拌、烘烤，甚至可以炸來吃，也可以加番茄和當季青菜一起煮。秋葵很適合煮濃湯，因爲川燙時會產生黏稠物質，不論是煮湯或燉菜，都可增加濃稠度。

請注意，秋葵的豆莢粗而多纖，採買的時候盡量選擇光滑、結實、沒有瑕疵、色澤光亮，長度小於三吋的較好。

芹菜（西洋芹）

外觀平庸無奇、一向不受重視的芹菜，其實擁有很多優點，是我很喜歡的蔬菜。芹菜可以克制食欲，也可以在餐後當零嘴吃（其實任何時候吃都可以），解除想吃碳水化合物的渴望。芹菜沾上一湯匙的杏仁醬或天然花生醬，就是最棒的低糖、高飽足感零嘴。只要把芹菜放在保鮮盒裡，很方便攜帶。吃的時候，在嘴裡咀嚼會刺激唾液分泌，幫助消化，另外也很適合加在蔬果汁裡一起打。

降高血壓，叫芹菜第一名

在治療高血壓的藥性食材當中，芹菜可能是最有效的。好幾個世紀以來，中醫都建議用芹菜來治療高血壓病人，這確實有實證。

有一項研究顯示，把芹菜萃取後注射到動物體內，結果血壓降低了百分之十二到十四。用在人身上的話，大約四根芹菜的量可達到相同效果。納許維爾聖湯瑪斯醫院暨醫學中心的高血壓研究所（Hypertension Institute at St. Thomas Hospital and Medical Center）所長馬克．何斯頓（Mark Houston）在為高血壓病友開立飲食清單時，最先提到的就是芹菜。芹菜裡面有降血壓功效的植物化學成分苯酞（phthalide）。從臨床試驗可發現，這個物質可以讓動脈血管壁的肌肉組織放鬆，增加血流量。苯酞也有助於降低壓力荷爾蒙。

芹菜解宿醉

有個民間傳說：在古羅馬時代，人們習慣在羅馬特有的狂歡派對後，在隔天於脖子上戴芹菜來消除宿醉。這可能是在酒吧喝血腥瑪麗時，杯裡總是擺根芹菜的緣由。話說回來，這也許是起源於不可考的都市生活型態吧！

最近有研究發現硒是骨骼健康的重要關鍵，所以這項營養素吸引了不少關心的眼神。而芹菜是硒的供給來源，所以芹菜還能幫助關節、骨骼、動脈與結締組織的新生。

另外，芹菜還含有一種可阻礙癌細胞生長的炔類化合物（acetylenics），以及酚酸（phenolic acid），有阻絕前列腺素（prostaglandins）助長癌性腫瘤生長的作用。

料理很簡單

在亞洲，芹菜是少數可以跟果汁混合打的蔬菜。我非常喜歡以芹菜汁做為新鮮蔬果汁的基底。幾根芹菜，一顆梨，再加上幾片生薑，就是我最愛的組合。

洋蔥

說到洋蔥的功效，毫無疑問非抗癌莫屬。許多公開發表的精采研究都證實吃洋蔥（或其他蔥屬蔬菜）會預防胃癌。一篇刊登於《美國國家癌症研究所期刊》（*Journal of the National Cancer Institute*）的研究曾指出，吃洋蔥（和其他蔥屬蔬菜如大蒜、青蔥、細香蔥、蒜苗等）可大幅降低罹患攝護腺癌的風險。洋蔥（與其他近親）也被證實具有抗食道癌的功效。

美國喬治亞州維達利亞（Vidalia）是著名的維達利亞洋蔥產地，當地的洋蔥食用量非常大，而當地胃癌死亡率比全國胃癌死亡率少了百分之五十。有個說法是洋蔥內的二丙稀硫（diallyl sulfide）會提高體內一種重要抗癌酵素「穀胱甘肽轉化酶」（glutathione-s-transferase）的生產力。

骨骼強健靠洋蔥

關於洋蔥幫助健康骨骼生長的重要實證研究至少有兩篇。其中一篇是由備受各界尊崇的《自然》期刊所刊登，研究人員每日以少量乾洋蔥餵食公鼠，結果發現公鼠體內的鈣增加百分之十七，而先移除母鼠卵巢（因爲卵巢會迅速使骨質流失並發展成骨質疏鬆）再餵食洋蔥之後，發現母鼠骨骼也變得較健康。另一篇則是刊登在《農業與食品化學期刊》（*Journal of Agriculture and Food Chemistry*）的研究，研究結果發現洋蔥內含的某種成分會抑制蝕骨細胞（osteoclast）的活動。雖然暢銷藥品福善美（Fosamax）也有類似的抑制作用，但是洋蔥除了會讓你在親吻前煩惱口氣不夠清新之外，不會有任何副作用。

洋蔥跟蒜苗、大蒜和青蔥一樣，同爲蔥屬植物，內含多項健康成分，包括硫代亞硫酸鹽、硫化物、硫氧化物以及其他硫化合物。強烈的氣味代表它含有豐富的營養素，所以切洋蔥時流一點眼淚是值得的。在《歐洲臨床營養學期刊》（*European Journal of Clinical Nutrition*）刊登的一篇研究報告指出，洋蔥是少數可降低冠狀心臟疾病死亡率的食物組合（包括綠花椰菜、茶和蘋果）其中之一，降幅達兩成。

洋蔥有益過敏與氣喘患者健康

洋蔥不但能有效地抗氧化，也是抗發炎、抗菌、抗病毒的聖品。除此之外，我最肯定洋蔥中的消炎成分，而有益於癌症或心臟病等慢性疾病病患的槲黃素，在洋蔥裡面也是含量頗豐。槲黃素是類黃酮素的一種，具有抗過敏的功效，當營養學家選擇以天然方法治療過敏時，也常會使用槲黃素。

槲黃素會阻隔部分的氣管發炎反應，對紓緩氣喘與花粉症有所幫助。人體雖可輕易從洋蔥吸收槲黃素，但如果要以槲黃素做抗發炎治療的工具，建議應再藉助槲黃素營養補充品。最後，洋蔥跟大蒜一樣也含有可降低血脂與血壓的硫化物。

洋蔥的健康效果會受到品種的影響，味道越強，好處越多。

蒜苗

你可以把蒜苗想像成甜的洋蔥，這種菜很好吃，大部分的人都會在炒菜的時候加入蒜苗來提味。蒜苗當然也有嚴肅的一面，它是蔥屬植物，和洋蔥、蒜頭和青蔥是一家人，含有多種健康成分，包括硫代亞硫酸鹽、硫化物、硫氧化物以及其他硫化合物。

蒜苗含有硫化丙烯（allyl sulfides）等可預防癌症的活性物質，人體內促進癌細胞生長的激素或化學作用會被硫化丙烯切斷。經研究證實，攝護腺癌和腸癌罹患風險的降低，和經常食用蔥屬植物有關。此外，蔥屬植物的硫化物能讓血液不易凝塊，降低中風和心血管疾病的發生機會，還能減少LDL-C低密度脂蛋白膽固醇（壞膽固醇）的濃度。蔥蒜類的菜也有助降低高血壓。

從頭到腳都好

天然食物專家伍德表示，吃蒜苗不只是吃一般人常用來爆香的白色球莖段，她也會用上半段像小拖把似的支根，它們含有豐富的礦物質，同時為菜增添風味和營養。她建議切下這段高纖的支根，先泡在水中去沙，沖洗後切碎，再跟青菜一起炒或煮湯。

蒜苗含有兩種有益視力健康的類胡蘿蔔素：葉黃素與玉米黃素，一截五十四大卡的蒜苗就可提供一千六百九十一微克。由於葉黃素和玉米黃素具有預防成人視力第一號殺手「黃斑部病變」的功效，是目前當紅的營養明星，吸引許多科學家投入研究。蒜苗還有纖維、鈣、鐵、鎂、磷、鉀、維生素K和超過一千四百IU的維生素A。

苦白苣

苦白苣是菊苣家族的一員，跟菊苣是近親，吃起來特別爽口，略帶苦味，也叫做比利時苦苣、闊葉苦苣、法國苦苣，外型嬌小，由白色的葉片向內合抱呈圓柱狀。

縐葉苦苣（curly endive）常被誤以爲是菊苣，有綠色葉緣，葉片縐摺，摸起來刺刺的（嘗起來微苦）。還有闊葉苦苣，味道比縐葉苦苣和比利時苦苣溫和一點。

兩碗苦白苣的熱量只有八大卡，營養素卻非常豐富，共有鈣質二十六毫克、鐵質半毫克、鉀一百五十七毫克、葉酸七十一微克，超過一千IU的維生素A（其中有六百五十IU是β-胡蘿蔔素）和強健骨骼的維生素K。

料理很簡單

這是我最愛的食譜：苦白苣加上核桃和切片西洋梨，喜歡藍紋乳酪和橄欖的人也可以加一點。拌好之後再淋上橄欖油增添風味。

茴香

有時候，植物與生俱來的藥效會在我們意想不到的情形下發揮功能，茴香就是最好的例子。以嬰兒腹絞痛為例，雖然是常見的毛病，也非嚴重的惡疾，但仍是值得注意的嬰兒病，也會給父母帶來不少心理和生理上的負擔。目前鹽酸雙環胺（dicyclomine hydrochloride）是唯一有效的藥物，但約有百分之五的嬰兒服藥後會出現嚴重的副作用，甚至有致命的可能。所以如果有什麼植物性藥物可以用來治療就再好不過了。

茴香拯救小嬰兒

二〇〇三年第九卷的《健康與醫學的各種治療法》（*Alternative Therapies in Health and Medicine*）期刊中登載一篇檢驗茴香子油對嬰兒腹絞痛影響的報告，題目爲〈茴香子油對嬰兒腹絞痛之影響：以安慰劑做爲控制組之隨機研究〉。研究中，茴香治好六成五嬰兒的腹絞痛，大大提高實驗組的治療成果，也降低必須接受治療的人數，而且沒有觀察到任何副作用。

在得知茴香可以治嬰兒腹絞痛之後，我們可別忘記它還有其他好處。在《抗癌研究》（*Anticancer Research*）期刊上登出一篇研究報告，檢驗含各種天然草藥（包括茴香子在內）的營養補充品，發現茴香可以抑制某些腫瘤的生長。

乾燥後的茴香果實裡面含有香精油，具有各種促進健康的成分，包括茴香腦（anethole，有甘草味）、檸檬油精（limonene）、槲黃素（quercetin，一種消炎的類黃酮素）。實驗室的研究則發現茴香油可以解除腸道平滑肌的痙攣。茴香似乎可以幫助排氣和腹部絞痛。印度餐廳在客人用餐後，會提供一盤茴香助消化和恢復口氣清新。

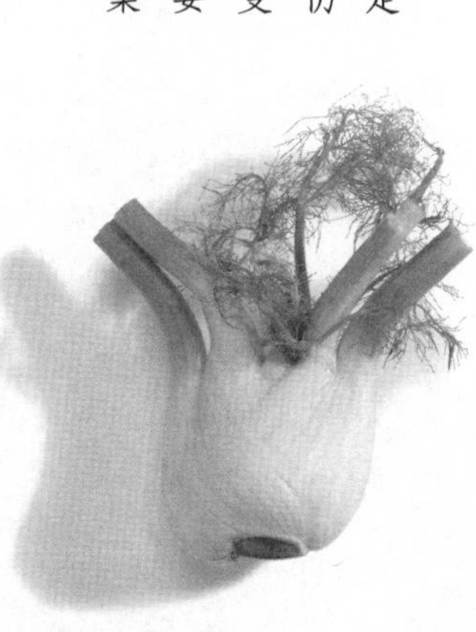

料理很簡單

泡杯茴香茶也不錯，作法是準備數湯匙的乾茴香果實，沖入滾燙的熱水，再把果實壓碎，泡十分鐘後瀝掉茴香再喝。

茴香小故事

茴香（fennel）是希臘文中「馬拉松賽跑」的意思。這應該可以追溯到西元前四百九十年，當時希臘人打敗波斯人的地點，正是在一片茴香田裡，傳令兵帶著戰勝的消息跑回二十六英里三百八十五碼遠的雅典。從此之後，馬拉松賽跑的距離就固定爲茴香田到雅典城之間的長度：二十六英里三百八十五碼。

小常識

著有《民衆藥房》的藥草專家喬與泰瑞莎．古瑞登建議懷孕婦女避免使用茴香油或茴香萃取物。對芹菜、胡蘿蔔、蒔蘿或大茴香過敏者也應禁食茴香。

胡蘿蔔

當有人提到「健康食物」時，最先浮現在你腦海中的會是什麼？很多人會想到胡蘿蔔。著名的自然療法專家麥克．莫瑞（Michael Murray）把胡蘿蔔視為「蔬菜之王」，而且理由充分。近來的人體研究也指出，每天只要吃少許胡蘿蔔，就有可能減低五成罹患肺癌的風險。

當然這不是鼓勵你一邊抽菸一邊吃胡蘿蔔，而是強調我們不該忽略這種優質蔬菜的抗癌效果。胡蘿蔔富含類胡蘿蔔素，是存在於植物中、具有抗氧化功能的化合物，對於健康有多方面的益處。

你也許聽過β-胡蘿蔔素，但這只是五百多種類胡蘿蔔素家族成員中的一份子，有些研究指出，其他的類胡蘿蔔素也許更值得注意。例如罹患膀胱、子宮頸、攝護腺、大腸、喉頭和食道等部位的癌症風險降低五成，和更年期乳癌風險降低兩成，都被認爲跟大量攝取類胡蘿蔔素有關。而胡蘿蔔也含有大量有益健康的α-胡蘿蔔素。日本的京都府立醫科大學一組生化團隊中的Michiaki Murakoshi博士，他在美國國家癌症研究所的《癌症周報》（*NCI Cancer Weekly*）中發表報告，聲稱α-胡蘿蔔素在抑制腫瘤生長方面，比β-胡蘿蔔素表現更好。

數年前曾有一項設計不良的研究指出β-胡蘿蔔素沒有任何抗癌的價值，主要是因爲該研究的研究對象全數是老菸槍，而且實驗使用合成的β-胡蘿蔔素，在人體內的作用與天然胡蘿蔔素大不相同。從這個研究中可以學到，我們必須單獨來看類胡蘿蔔素的效果，而且必須使用天然形式而非合成的產品。哈佛大學公衛學院營養學系主任華特．威立特（Walt Willett, Ph.D.）表示，有十幾項研究都證實多吃富含類胡蘿蔔素的蔬果，與心血管疾病的降低有關，更不用說降低攝護腺癌、肺癌、胃癌、大腸癌、乳癌、子宮頸癌與胰臟癌的罹患風險。

聽媽媽的話

如果列出「媽媽永遠是對的」清單，請記得加入胡蘿蔔。胡蘿蔔眞的對眼睛很好，因爲它提供了葉黃素和玉米黃素兩種類胡蘿蔔素，當它們同時作用時，不但可以保護眼睛，還可以預防罹患視網膜黃斑部退化和白內障。α-胡蘿蔔素和β-胡蘿蔔素都會在體內轉成維生素A。維生素A不但是絕佳的抗氧化物、免疫系統增強劑，更會強力促成眼睛產生「視紫質」（rhodopsin），這是眼睛適應微弱光線所需要的紫色素，具有提高視網膜感光區敏感度的作用。如果缺乏維生素A，最後則會導致夜盲症。

三條大小適中的胡蘿蔔，含鈣六十毫克、鉀五百八十六毫克、少量的鎂、磷、維生素C，當然還有含量高達三萬IU的維生素A，一萬五千單位的β-胡蘿蔔素和六千單位的α-胡蘿蔔素，以及五克的纖維。

小常識

由於胡蘿蔔的高GI值，使得低醣飲食控制者對它敬而遠之，評價也不是很好。但事實上GI指數並不是最關鍵的，該留意的應該是食物的升糖負荷。GI的測試，是根據五十克的碳水化合物來做，而負荷值則是根據真實生活會吃到的量所測出的結果。一條胡蘿蔔只有四克的碳水化合物，所以升糖負荷簡直低到不行（在零到四十分以上的尺度表上只有三分），這才是我們用來參考的指標。要讓血糖大幅上升，需要吃很多很多的胡蘿蔔。即便如此，有些我很敬重的治療肥胖症醫師還是以謹慎為上，叮囑病人注意胡蘿蔔的攝取量。至於一般健康的人，我認為可以安心地食用胡蘿蔔。

胡蘿蔔煮來吃

煮過的胡蘿蔔，營養成分會稍有改變，也會使一些營養素有更多的生物學效應。不管生吃或熟食，對健康都好。

因為類胡蘿蔔素和維生素A都是脂溶性，而且溶於油脂之後較好吸收，所以把胡蘿蔔搭配一點油脂來食用，可以讓你吸收到效益最高的類胡蘿蔔素。

胡蘿蔔也是打蔬果汁時常用的食材，排毒療程中也經常可以看到胡蘿蔔汁。打蔬果汁時會用到很多胡蘿蔔，它喝不到纖維，但會提高糖分濃度。這並不代表胡蘿蔔汁不健康，但還是必須提醒正在做血糖控制的讀者注意。（將胡蘿蔔和一些低糖蔬菜，如菠菜和綠花椰菜一起打成汁，可以減低糖分。）

南瓜

講到南瓜，美國人總是會聯想到感恩節和萬聖節，不過南瓜真的是一種很棒的蔬菜，只是常被忽略而已。不但熱量超低，還有含量相當的鉀和維生素A，更不用說所有橘黃色食物一定會有的β-胡蘿蔔素。

南瓜是重量級的含鉀食物，一杯南瓜泥熱量僅四十九大卡，卻有高達五百六十四毫克的鉀質（比一根中型香蕉多出百分之三十三）。

人體內鉀和鈉的平衡對健康有很大的影響，兩者一起作用可維持身體的水平衡。（關於鉀可預防高血壓的原因，可能是因為鉀的增加會促使體內也提高鈉的分泌量。）許多研究指出，鉀質攝取較多的人跟攝取較少的人相比，血壓相對較低。遠古時代的人吃進的鈉比鉀低七倍，在現代的西方社會則反過來，吸收鈉量比鉀量高出了三倍。

南瓜減少中風的機率？

有好幾項大型流行病學研究顯示，中風機率會伴隨著鉀質攝取的提高而減少。這很值得我們注意。有一項研究針對四萬三千名男性進行八十七年的追蹤研究後，發現前百分之二十鉀質攝取最高的人（每日平均約四千三百毫克），跟倒數百分之二十的人（每日平均約二千四百毫克）相比，只有百分之六十二的中風機會。這種反向關係，在高血壓的男性身上更加顯著。

有四項大規模研究的結果，證實鉀質攝取和骨礦物質密度之間具有顯著的正相關性。仔細思考，這個結果並不出人意料。當我們吃進酸性飲食時，身體必須想辦法中和，所以會釋出骨質中鹼性的鈣鹽來平衡體內酸質。因此多吃高鉀的蔬果（如南瓜）可以降低飲食當中的酸性成分，幫我們保住骨本。

運動員最佳選擇

最後，體育選手身上的鉀會在運動時從肌肉和出汗時流失，所以更需要補充。鉀不足易造成抽筋（以及心血管運作不規律），病患如果表示有肌肉抽筋的現象時，我馬上會推測是礦物質攝取不足所導致，特別是

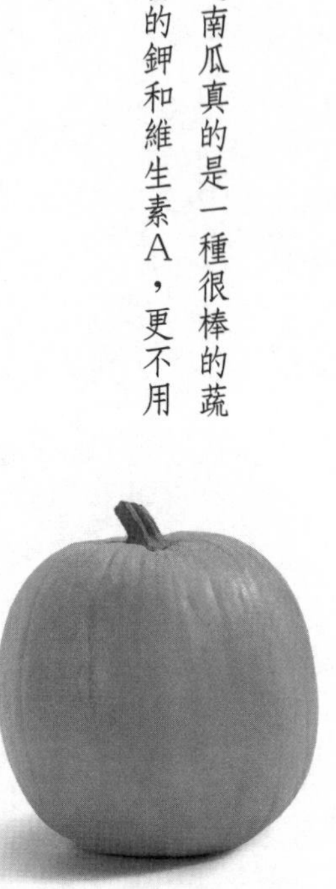

鉀、鎂和鈣不足。

南瓜光是有高含量的鉀，就足以突顯其重要性，不過它還有其他的好處。一碗南瓜泥含有五千微克的β-胡蘿蔔素，八百五十三微克的α-胡蘿蔔素，還有可以降低罹患肺癌與腸癌機會的β-隱黃質三千五百微克。有研究顯示β-隱黃質可使罹患肺癌的機率降低百分之三十以上，另外，降低類風溼性關節炎的風險達百分之四十一，似乎具備強力的抗氧化特性。

靈魂之窗向你致敬

同爲類胡蘿蔔素的葉黃素與玉米黃質，越來越受到矚目，保護眼部健康與視力的明星營養素，在南瓜的含量超過二千四百微克。南瓜另外含有維生素A一萬二千IU，以及少量的鈣、鐵、鎂、磷。一碗南瓜有超過二點五克的纖維。

別忘了我們需要油脂來幫助類胡蘿蔔素的吸收。加點奶油或橄欖油去煮，會讓人比較想多吃。至於喜歡甜食的人，可以加一點木醣醇，當成馬鈴薯泥的替代品，更健康也更好吃，至少我是這麼認爲。

瓠瓜

瓠瓜基本上分成兩種：冬季瓠瓜與夏季瓠瓜。這兩種瓠瓜雖然有很多相同的地方，但仍有相異之處。最早的瓠瓜是取種子來吃，一萬年前的瓠瓜沒有太多果肉，味苦且不可食，和現在我們在市場看到的截然不同。具有現代外貌的瓠瓜原是生長在南美洲的野生種，後來遍布全美洲，被哥倫布帶往歐洲。現在於世界各地都有種植。

夏季瓠瓜與冬季瓠瓜哥倆好

夏季瓠瓜品種很多，包括櫛瓜（zucchini）、曲頸南瓜（Crookneck）、扁圓南瓜（pattypan）。

夏季瓠瓜跟所有的蔬菜一樣，含有許多有益健康的礦物質鉀。一碗煮熟的夏季瓠瓜所提供的鉀質，是普通鉀質營養補充品的三倍多。此外還有維生素A、β-胡蘿蔔素，最棒的是有超過四千微克的葉黃素和玉米黃質，兩種成分都屬於保護眼睛的類胡蘿蔔素。

冬季瓠瓜也有許多品種，最常見的是小青南瓜（acorn squash）、冬南瓜（butternut squash）和魚翅瓜（spaghetti squash，南瓜也屬於此類）。冬季瓠瓜的碳水化合物含量較夏季瓠瓜高，而且幾種冬季瓠瓜之間，也有一些明顯的差異。小青南瓜纖維量最多，一碗煮熟的小青南瓜有九克纖維，是本書所有食材當中纖維含量最高的一種，每大卡提供的纖維量也是最高的（一碗小青南瓜熱量一百一十五大卡）。另有豐富的鉀，含量高達八百九十六毫克，以及二毫克左右的鐵質。魚翅瓜幾乎不含熱量（每杯四十二大卡！），纖維也較少（二點二毫克），鉀和維生素A則有少許。

料理很簡單

介紹大家一個絕妙的瓠瓜料理法：最好選用冬南瓜，首先削皮、去籽，切成薯條狀。再用噴霧式的油在烤盤上噴一層薄薄的油，或者輕塗一點橄欖油或奶油，接著放上「薯條」烤約四十分鐘（二十分鐘時翻面），最後以海鹽或其他香料調味（我是放薑黃粉，很瘋狂吧！其實我做什麼菜都會放薑黃粉，請見第292頁。）下次小孩子們吵著要吃速食的時候，就準備這道點心吧！不但有健康概念，吃起來風味絕佳喔。

冬南瓜是維生素A的巨人，每碗含量高達二萬二千八百六十八IU。另外，β-胡蘿蔔素與α-胡蘿蔔素也很多，α-胡蘿蔔素比較不為人知，但對健康有不少益處。冬南瓜在瓠瓜中比較特別，因為它有大量的β-隱玉米黃質，這是一種可能降低肺癌罹患機率的類胡蘿蔔素。

吃瓠瓜減重

瓠瓜的好處之一就是飽含水分。賓州州立大學的芭芭拉．羅絲（Barbara Rolls）做了不少研究，將體積大熱量低的高含水量食物歸為「高分量食物」。因為吃得飽，熱量又低，所以高分量食物是減肥計畫中的必備要素。雖然不同品種的瓠瓜纖維質有多有少，但整體來說，纖維量還是夠多，而且又不會讓我們吸收太多熱量。高纖飲食的好處多得不可勝數，可以降低心臟病和癌症的風險；一般都會建議患有消化系統毛病如憩室病的人多吃瓠瓜之類的高纖食品。

小常識

不曉得是什麼原因，很多控制血糖的人以為瓠瓜的GI指數或是升糖負荷很高，所以不敢吃。不過，包括頗具權威的Mendosa排名、雪梨大學（升糖研究先驅）或是著名的《美國臨床營養學期刊》二〇〇二年卷，都沒有顯示瓠瓜具有高升糖特性。基本上這都還只是猜測：冬季瓠瓜比其他綠色蔬菜（也許是中等升糖度）有較高的升糖負荷，而夏季瓠瓜的碳水化合物只有冬季瓠瓜的三分之一，所以它的升糖性會比較低。請注意，我只是跟大家一樣在推測。

即使在嚴禁攝取碳水化合物的情況下，瓠瓜高升糖性的說法我覺得過於小題大作。它是一種高纖、低卡、富含纖維的蔬菜，不管正在進行低醣或其他飲食法的人都可以盡情享用。正如我的老友布羅赫斯博士（營養學家，也是美國農業部研究員）所說的：「沒有人會因為吃豌豆和紅蘿蔔而變肥。」同樣的話可以套用在瓠瓜上。

茄子

當看到顏色鮮豔的蔬果時，我們可以立即確定，那是大自然所賜予的顏色，提供了保護，讓植物不會受到周遭環境因素破壞，例如像是曝露過量太陽光導致自由基的危害。藍莓的藍色素、小紅莓和西瓜的紅色素，還有黃椒的黃色素……等，都含有不少抗氧化植化物，這不僅能讓植物免受環境的危害，同時也為人類體內的細胞與ＤＮＡ帶來相同的效果。當然，具有深紫色外皮的茄子也不例外！

紫色的高營養價値

從深紫色素當中，我們可以分離出一種名爲茄色色素（nasunin）的物質，它是花青素的一種，是功效強大的抗氧化物。研究顯示，這種物質會吃掉人體內的惡棍「自由基」，自由基不但會傷害細胞與ＤＮＡ，身體的老化也跟它有關。茄色色素也會防止體內的脂質過氧化作用（lipid peroxidation），也就是不讓油脂變質腐敗（比如ＬＤＬ膽固醇）。大腦最容易因氧化而受損，而研究顯示，花青素對動物腦部組織具有高度的防護效果。

也有一些研究顯示茄色色素會綁住鐵質，不會因體內儲存過多的鐵質而形成危害。

熱量適中又吃得飽

茄子雖然不是營養界的大牌，不過擁有富含纖維質的優點，一碗的量就含有二點五克纖維，熱量只有三十五大卡，而且還吃得飽。我曾去過加州影城一家小而美的日本餐廳，看起來就像是東京街頭才會有的店，他們有一道茄子料裡，沾上味噌和薑混合的醬料，味道令人驚豔。用一根完整的茄子就可以做一餐，而且熱量只有一百三十二大卡。在茄子上撒點橄欖油也很好吃。如果要爲家人準備生菜沙拉，可以加上一整條茄子切片，這等同於在生菜中增加了十八克半的纖維和一千二百六十

料理很簡單

日式吃法是，茄子沾上味噌和薑混合的醬料。只要醬料沾得恰到好處，就是一道健康美味的料理；若再加上一顆蛋補充蛋白質，就變成營養完整、熱量適中又好吃的一餐。

毫克的鉀，還有菸鹼素（niacin）、葉酸、鈣、鎂、磷與植物固醇（phytosterol）。

有趣的是，茄子被視爲水果而非蔬菜，從植物學觀點來看，它其實是漿果類。有興趣的人可以動腦想想爲什麼吧！它跟馬鈴薯和番茄有親戚關係，是茄屬植物的一種。

小常識

茄子跟所有的茄屬植物一樣，都含有茄鹼（solanine）。理論上，如果茄鹼沒有在腸道裡被破壞，就會產生毒素，但這通常不會發生。不過園藝學家諾曼·齊爾德（Norman Childers）博士推測，某些骨關節炎患者可能無法自行摧毀茄鹼，導致茄鹼被身體吸收而加重病情。雖然目前還沒有嚴謹的臨床試驗證實，但我倒是支持有些個案在飲食方面的諸多毛病是起因於代謝和解毒能力問題。有人可以輕易排出不好的物質，有些人卻是怎麼樣都做不到（我認為含汞疫苗就是這類議題的最佳寫照，不過這又牽涉到另一番辯論）。提出「茄鹼會加重關節炎」論點的人，宣稱要完全脫離茄鹼長達六個月以上，才能觀察出好轉的趨勢。這個訊息也許只對小部分人有參考價值，不過仍值得一提。

番茄

從植物學來看，番茄是水果；技術上來看，它是漿果；就法律面來說，它是蔬菜。這可不是我隨便說說的，根據美國最高法院一八九三年的判決，番茄最常被當成蔬菜食用，所以應歸為蔬菜類。

多吃番茄抗攝護腺癌

煮過的番茄，尤其是跟油一起煮過後，會富含番茄紅素，這是類胡蘿蔔素的一種。有研究提出強而有力的證明，認爲番茄紅素跟攝護腺癌的風險降低有顯著相關。早在一九九五年，《美國國家癌症研究所期刊》登載一篇哈佛大學的研究，內容是觀察四萬七千多名年紀介於四十到七十五歲之間男性的飲食習慣。研究結果發現每周食用十份番茄、番茄醬、番茄汁甚至是披薩的人，罹患攝護腺癌的風險比只吃少於兩份的人少了百分之四十五。幾年後，位於底特律的卡瑪諾斯癌症研究所（Karmanos Cancer Institute）在另一次實驗中，提供番茄紅素補充品給三十名攝護腺癌患者服用，結果發現，食用番茄紅素補充品組別的腫瘤較小，擴散程度也較輕微。更令人驚喜的是，服用過番茄紅素受試者的腫瘤竟然開始縮小，而且也開降低腫瘤惡性。

番茄紅素不只是抗攝護腺癌而已，目前有清楚的證據顯示番茄紅素可預防肺癌和胃癌。另有初步研究結果發現，它也可以對抗胰臟癌、結腸直腸癌、食道癌、口腔癌、乳癌、子宮頸癌等。番茄紅素會保護心臟不受氧化作用的傷害，降低心臟病發作的機率。在《美國心臟期刊》（*American Heart Journal*）的一篇研究報告也指出，富含抗氧化物的番茄萃取物，可做爲第一級高血壓病患降低血壓的治療工具。

給我番茄，其餘免談

番茄紅素的抗癌特性是，如果跟油脂食物一起吃，如酪梨、橄欖油或堅果等，功效將會發揮地更徹底。因爲胡蘿蔔素是油溶性營養素，所以要充分吸收，最好要有一點油！

番茄除了番茄紅素外，還有許多抗氧化植化物來預防人體疾病，例如其他蔬果當中含有的號稱三巨頭的抗

氧化物：zera-胡蘿蔔素（zera-carotene）、八氫番茄紅素（phytoene）、六氫番茄紅素（phytofluene）。科學家相信這三巨頭有強力預防疾病的效果。如果這樣還不夠，番茄裡的酚酸也可以抑制體內亞硝胺（nitrosamine）的形成，達到預防肺癌的目的。

番茄裡的成分還包括保護眼睛的葉黃素，對眼部健康非常重要，因爲我們視網膜就有葉黃素，它的存在能確保視力健康。番茄素內含的葉黃素具有預防老人視力頭號殺手「黃斑部病變」的功效，也可以加強視力。葉黃素也可預防動脈硬化症或減輕症狀。

像這樣的水果，喔不，是漿果，或者應該說是蔬菜……在一百年前還被誤認成有毒的水果，現在總算可以平反了！

自然熟成的番茄最好

番茄是供應維生素C的良好來源，不過維生素C大多是濃縮在包覆種子外圍的果凍層中。番茄含有維生素C和B群、鉀和磷，不過請注意，在溫室熟成的番茄，維生素C只有在藤蔓上生長的一半。

有些番茄在青澀的階段就被採下，再利用乙稀來人工熟成，過度商業化處理的結果就是好看不好吃。可能的話，最好跟農夫直接購買自然熟成的番茄，味道會很棒。

小常識

番茄是茄屬植物。綠色番茄含茄鹼，可能會加重關節炎的病情。雖然有些人認為這個論點缺乏有力的研究佐證，不過許多醫師還是會建議關節炎患者不要吃茄屬蔬菜。關節正在痛的人也許應該停吃。有些權威醫師認為病患應完全脫離茄鹼持續六個月以上，才能觀察出變好的趨勢。專家通常會建議有胃酸逆流綜合症的人避免吃番茄。

甜椒

在洛杉磯和紐約兩個我待過的都市，在農人自產自銷的小市集中，都可以看得到堆積如山的各色蔬果。只要靠近細看，你會發現最亮眼的色彩幾乎都是來自甜椒。

甜椒有各種形狀和顏色，黃、紅、橘……以綠色最普遍，我甚至還看過紫色的甜椒，非常美麗。如果仔細找的話，也許還會發現罕見的黑色甜椒。

甜椒與辣椒的差別

辣椒和甜椒都是辣椒屬（capsicum）植物，拉丁文原意爲「盒子」。兩種植物最主要的差別在於，辣椒含有食用後會有如火燒般感覺的辣椒素，是用來調味的，而甜椒中沒有辣椒素，可以當成蔬菜來吃，越成熟營養素就越多，吃起來也會更可口。通常外皮薄的吃起來口感比較像辣椒，皮厚的甜度較高。很多甜椒剛長成時是綠色的，漸漸成熟後才會變色，其中以紅色最甜。事實上紅色才是熟透甜椒的顏色，口味也不像綠色未熟時那麼生。

吸菸者要多吃甜椒？

在營養方面，甜椒提供豐富的維生素C與A（β-胡蘿蔔素）和礦物質鉀，還有維生素K，最近有越來越多證據支持甜椒有助於強健骨骼。甜椒是少數含有番茄紅素（lycopene）的食物之一。番茄紅素是類胡蘿蔔素的一種，在許多研究中，類胡蘿蔔素的攝取跟攝護腺癌降低是有顯著相關。雖然番茄紅素在甜椒當中的含量不算高，但與其他食物相比已經很多，而且只要存在，再少量都有幫助。

雖然研究發現，吸菸者若服用β-胡蘿蔔素來治病，效果不佳，反而會增加吸菸者得到肺癌的風險，不

料理很簡單

甜椒熱量低，很適合當成零食，而且配什麼都好吃。我會把甜椒拿來當蘋果生吃，或是配點細起士。切絲之後拌上水牛起士和特純橄欖油也很好吃。不管是做成生菜沙拉或炒來吃都是秀色可餐。

過甜椒內含的天然維生素A與其他成分也許還是有保護作用。紅椒有內含的類胡蘿蔔素「β-隱黃質」（β cryptoxanthin）也許可以減少罹患肺癌的風險。

曾經刊登在《癌症流行病學生物標記與預防》的一項研究，追蹤超過六萬三千名中國人，結果發現，吃最多含β-隱黃質食材的人罹患肺癌的風險比一般人少了百分之二十七。還有一些研究也指出，不管是直接吸菸或是吸入二手菸，只要是有菸草致癌物暴露，都會導致缺乏維生素A。所以多吃含維生素A的東西將減緩菸對人體的傷害。此外，維生素A也是刺激免疫系統的好幫手。

甜椒的小缺點

甜椒是茄屬植物（與茄子和番茄相同），含有大量的生物鹼，這是一種對生理影響甚鉅的化學物質，許多藥物都有這種成分，包括咖啡、鴉片、瑪啡、海洛因、巔茄等。不過，成熟後的茄子、番茄和甜椒等蔬果，生物鹼的含量非常少，不會因爲吃了甜椒而產生迷幻感。而且經過烹煮之後，生物鹼成分幾乎會減少一半。但茄屬植物另一種成分「茄鹼」，對關節炎患者的影響比較大，許多醫師都禁止病患食用茄屬植物。雖然沒有非常具有說服力的研究來證實這個理論，但是很多病患在停止食用茄屬植物之後，症狀的確有改善。作家齊爾德醫師認爲，有些骨關節炎患者的腸道也許沒有處理茄鹼的能力。

辣椒（紅辣椒、紅番椒、墨西哥辣椒）

你可能會認為，當胃不舒服的時候，千萬不能吃辣椒。這個看法不一定正確。目前至少有一篇研究告訴我們，辣椒含有可以保護胃壁的活性成分。當然這個研究是以老鼠作為實驗對象，不過依然有參考價值。辣椒中的活性成分辣椒素（capsaicin，日本稱唐辛子），具有許多益處與功能。

辣椒富含多種營養素，包括β-胡蘿蔔素，兩種護眼類胡蘿蔔素「葉黃素」與「玉米黃素」，以及維生素C。高含量的維生素C也許是讓辣椒成爲治感冒與咳嗽的常用天然藥方。喀爾沙醫師認爲，食用辣椒會增加體內帶來幸福感的腦內啡（endorphin），因此吃辣椒絕對會讓你精神爲之一振。雖然還沒有足夠的研究證實，不過辣椒也許還能夠幫助降低「壞」膽固醇。

> **小常識**
>
> 從動物實驗與人體實驗中都發現，食用加有辣椒的菜會幫助燃燒油脂與熱量。《美國臨床營養學期刊》（*American Journal of Clinical Nutrition*）在二〇〇六年七月號刊登的一篇研究報告顯示，辣椒可以控制胰島素的濃度。研究對象在吃了拌入辣椒的食物後，血中胰島素降低，這表示辣椒裡有某種成分，可清除血液中的胰島素。胰島素過多會引發許多疾病，研究人員推測辣椒素應該是幕後功臣。順道一提，體重越重，得到的效果越好。

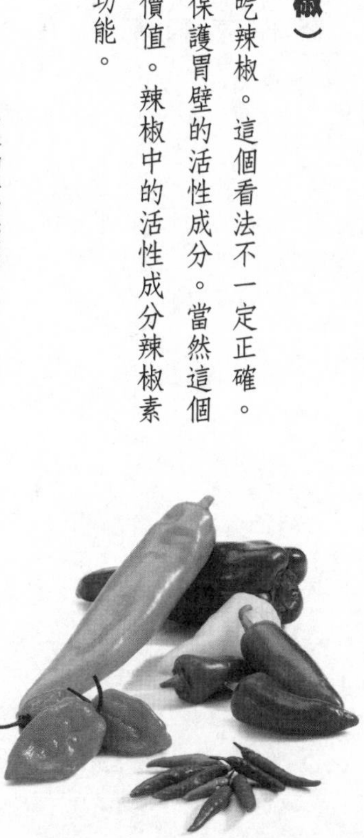

辣椒鎮痛？

把辣椒中的活性成分辣椒素抹在皮膚上時，會產生溫熱的感覺。因爲辣椒素會耗盡神經細胞裡的「P」物質，降低將疼痛訊息傳導至腦部的靈敏度，所以辣椒成了鎮痛膏的常見成分之一。辣椒素是血管擴張劑，能促進血液循環，提高體溫，增強新陳代謝作用。在一項（老鼠）實驗中發現，辣椒素會提高能量代謝並阻礙體脂堆積。這很有道理，因爲吃辣椒時確實會讓人流汗。

辣椒一向被用來幫助消化，促進食欲。雖然有點違反直覺，不過辣椒並不會刺激胃，反而會殺死引發胃潰瘍的細菌，刺激胃壁分泌保護液。印度的阿育吠陀醫療以辣椒來治病，但使用時很謹慎。而腸炎患者就不建議食用辣椒了。紅辣椒富含維生素A，它與青辣椒都含有纖維質、鉀、葉酸和鐵質。膚質敏感的人在處理辣椒時要戴上手套。外形小而尖的辣椒，味道會比較辛辣。

馬齒莧

在網路蒐尋「馬齒莧」，會出現許多有關農作類的網頁，教農夫如何清除這種被多數人誤認為雜草的植物。其實馬齒莧並不是雜草，它是營養價值很高的蔬菜。亞洲和歐洲人會在自家花園裡種，也可以入藥。好幾個世紀之前，馬齒莧在印度是糧食作物，目前則是遍布美洲的野生植物。美國散文作家梭羅（Henry Thoreau）的《湖濱散記》中有一段提到摘馬齒莧來燙青菜：「做了一道令人心滿意足的馬齒莧晚餐。」

馬齒莧富含omega-3脂肪酸

馬齒莧內含的omega-3脂肪酸之高，其他綠葉蔬菜遠所不及，因此才以健康食物的姿態一舉成名。一百克的新鮮馬齒莧（約一碗）約有三、四百毫克的α-亞麻油酸，跟亞麻籽中一樣的omega-3。馬齒莧另有少量的長鏈omega-3（DHA與EPA），通常只存在魚類和魚油當中。Omega-3脂肪酸可以消炎，對心臟很好，對高血壓、第二型糖尿病、冠狀心臟病和憂鬱症患者也有所助益。Omega-3攝取越多，越有益健康！（關於omega-3脂肪酸詳細介紹，請見第二十八頁。）

除了omega-3，馬齒莧還提供其他營養素。《Omega計畫》（*The Omega Plan*）一書作者亞特米思・西茂普羅斯醫師（Artemis Simopoulos）在《美國營養學院期刊》（*Journal of the American College of Nutrition*）就專文討論馬齒莧（篇名爲〈常見的馬齒莧：omega-3脂肪酸與抗氧化劑的供應者〉）。一杯煮熟馬齒莧可帶來九十毫克的鈣、五百六十一毫克的鉀，還有高於二千IU的維生素A。

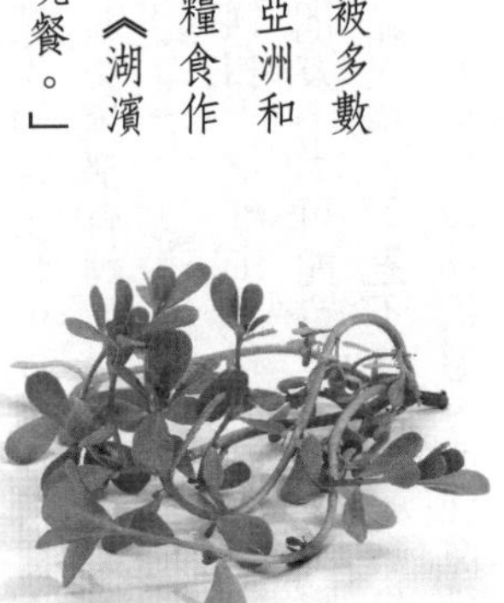

料理很簡單

馬齒莧的莖與葉都是生菜沙拉的好食材，也可以用燙的或煮湯、燉菜或跟其他蔬菜一起煮。我們常會在健康食品店的「綜合沙拉葉」裡看到馬齒莧的蹤跡，它的味道溫和，帶點酸甜，嚼起來頗有口感。

甜菜

許多注重全方位理論、整體法學及東方傳統觀念者，都認為甜菜具有養肝和清血的絕佳功效。甜菜之所以成為多汁蔬菜類的要角，並非浪得虛名。紫甜菜素（betacyanin）是使甜菜呈現紅色的成分，根據達瑪星・喀爾沙醫師的說法，紫甜菜素是一種非常有效的抗癌物質。

雖然有一篇研究報告顯示甜菜絕對不會引發癌症，但我還是無法提出證據加以確認。不過可以確定的是：甜菜是很不錯的紅色染料。（紫甜菜素也會使尿液變紅，所以喝完甜菜汁之後，可別以爲是內出血了，千萬不用大驚小怪！）

保羅・皮屈弗（Paul Pitchford）的經典之作《天然食品療法：亞洲傳統與現代營養》（*Healing with Whole Foods: Asian Traditions and Modern Nutrition*）一書中，便提出甜菜「補陰」的說法。又根據瑜珈的營養療法，女性可食用甜菜來補充血液中隨著生理周期而損耗的鐵質。

甜菜有益心臟

甜菜是飲食中甜菜鹼的重要來源，也可提供葉酸，這兩種營養素同時作用時，可降低高半胱胺酸的潛在毒性。高半胱胺酸是天然生成的物質，是一種對血管有害的氨基酸，易使人罹患心臟病、中風、痴呆，以及周邊血管疾病，例如大腿與腳的血液循環不良。

甜菜的鉀含量非常高，是確保心臟正常運作的重要礦物質。我們老祖宗的飲食習慣是高鉀低鈉，鉀高於鈉的比例對人體才是好的；可是在現代，鈉鉀在飲食中的比例卻反轉過來，而甜菜裡的鉀正好可以矯正這種不平衡。水果（如香蕉）和蔬菜裡都有鉀，但兩顆甜菜的鉀含量就高達五百二十八毫克，可說是最好的鉀供應來源。除此之外，它還有鎂和少量維生素C。

食用低醣減肥餐的朋友不太可能會讚美甜菜，因爲甜菜的糖分比較高。這點沒錯，不過不是高到一點也碰不得，除非你的身體對糖的反應極端敏感，或許像是理查．本斯坦醫師（Richard Bernstein，《糖尿病飲食》〔*The Diabetes Diet*〕作者）和其他糖尿病專家必須處理的病況，甜菜就被列爲「碰不得」的黑名單上。至於其他人，甜菜可是菜單上的一道佳餚，用烤的、水煮、蒸的，或是切絲加入生菜沙拉裡面都可以。甜菜的葉子含有鈣質、鐵質、維生素A和C，比根部更具營養價值。

料理很簡單

甜菜汁非常可口，不過因為本身味道濃烈，跟紅蘿蔔、蘋果、菠菜和薑一起打，是口感最好的組合。

✹瑞士菾菜

剛開始查詢瑞士菾菜的營養成分分析資料時，我必須反覆查證，因為它的營養實在太豐富了，讓我誤以為是印刷錯誤。但事實就是如此，資料沒有寫錯。瑞士菾菜可說是最佳的營養電力站，提供多項好處，卻幾乎不含半點熱量。

菾菜是藜屬植物的一種，跟甜菜是近親，有紅色跟白色兩種。市售的紅色菾菜很受歡迎，跟菠菜一樣快熟，所以千萬不要煮太久，以免流失營養素。伍德在她的天然食物專書裡提到，菾菜葉和莖可以一塊兒煮也可以分開煮成兩道菜，當生菜沙拉也很好吃。

吃菾菜護眼

一碗煮過的瑞士菾菜可以提供四克的纖維，超過一百毫克的鈣質，九百六十一毫克的鉀，還有超過三十毫克的維生素C。這只是前奏，這碗菾菜還含有超過一萬IU的維生素A，（沒錯，就是一萬！）還有六千多IU的β-胡蘿蔔素（加上一點α-胡蘿蔔素），以及高達一萬九千微克的葉黃素和玉米黃質，含量驚人！而且，一碗這麼營養的菜，只有三十五卡的熱量喔！

小常識

瑞士菾菜跟菠菜、甜菜、大黃和一些其他食物一樣，都含有草酸鹽。患有某類腎結石的人必須小心，鈣草酸鹽形成的腎結石，是因為體內過多的草酸鹽被膽吸收，再結合尿液中的鈣質，凝固之後變成結石。很不巧，菜裡的草酸鹽並不會在烹煮的過程中消失。所以罕見遺傳性代謝異常的高草酸鹽尿症（hyperoxaluria）患者，吃這類蔬菜會有更嚴重的結石問題。但在此我得重申，百分之九十九的人都沒有這個毛病。

菊芋

菊芋的英文叫耶路撒冷薊（Jerusalem artichoke），不過它跟朝鮮薊不同，更不是源於耶路撒冷，反而跟向日葵同宗，所以也被稱為向日薊，介於朝鮮薊和向日葵之間。

為什麼會被稱為耶路撒冷？很可能是因為它跟義大利文的向日葵發音傑拉索（girasol）很接近而產生的誤用。菊芋本身是塊莖，開花時有美麗的黃色大花朵，北美洲印弟安人在一八○五年曾經種來給西部探險家路易斯與克拉克（Lewis and Clark）吃，地點在今日的北達科他州。

給腸道提供益菌

不管它的奇怪名稱究竟怎麼來的，菊芋被選為健康食材的原因，主要是因為它富含果寡醣（fructoligosaccharide）和菊醣。你也許會很好奇那是什麼東西？這兩種都是腸道裡益菌需要的滋養品。你知道抗生素會把我們腸子裡所有的細菌一掃而空嗎？連好的乳酸桿菌也不能倖免。果寡醣對腸裡的益菌幫助很大，刺激益菌生長，幫我們進行腸道環保，因此果寡醣有時也稱為益菌生（prebiotics）。菊醣是一種可溶性纖維，在《營養學期刊》（*Journal of Nutrition*）曾經有一篇研究，顯示菊醣具有降低血糖、三酸甘油脂和壞膽固醇，以及抑制各種癌症生長的功效。

菊醣可能會讓部分的人產生脹氣，建議體質敏感的人避免生吃。

料理很簡單

長在地下的塊莖很像有節的馬鈴薯，或是像一段薑，味道很棒，用烤的就很好吃。

菠菜

菠菜的熱量很低沒有錯，而且它還營養豐富，地球上的其他綠葉蔬菜只能望其項背。菠菜富含多種維生素，更是維生素K的最佳補充來源之一。維生素K是骨骼強健營養素，不過幾乎沒人提起，得不到應有的重視。我們都在談論鈣質、鎂和維生素D，這些當然很重要，不過較不為人所知的維生素K對於造骨具有關鍵性作用，能啓動骨鈣素（osteocalcin），把鈣分子留在骨頭裡。

你可以盡量攝取鈣質，但如果沒有被骨頭吸收，對身體一點好處也沒有，有時還會造成反效果，使身體其他的地方鈣化。有了維生素K，就能確保骨頭裡面的礦物質在各自的崗位上盡忠職守。一碗新鮮的菠菜可提供每日營養素攝取量基準值的兩倍。

絕佳的牛奶替代品，補充維生素C

說到鈣質，菠菜是很不錯的供給來源，是不愛喝牛奶的人的替代品。菠菜也有維生素A、錳、葉酸、鎂、鐵、維生素C，以及抗發炎的槲黃素。

科學家發現，菠菜裡面至少有十三種不同的類黃酮素成分同時具有抗氧化與抗癌的功效。科學家對於菠菜裡的抗癌成分非常著迷，還提煉菠菜精來做研究，發現菠菜精可以減緩胃癌細胞的分裂；在老鼠實驗中也發現會減少罹患皮膚癌的機率。一九八〇年代一項以新英格蘭地區成年婦女爲對象的研究結果發現，食用較多菠菜的婦女乳癌發生率較低。它眞的很健康，不是嗎？

大力水手是對的

菠菜的類胡蘿蔔素在預防男性攝護腺癌的機制有兩種；頗富盛名的《營養學刊》在二〇〇四年九月號刊登的研究報告指出，菠菜當中的新黃質（neoxanthin）會使攝護腺癌細胞自我毀滅。不但如此，還會預防這些細胞停止複製和增加數目。光是這一點就足以相信大力水手卜派是對的。

菠菜是攝取維生素A與C很好的來源，都是重要的

抗氧化物質，也可以防止好的膽固醇氧化變質。氧化後的膽固醇會黏著在血管中，最後會導致動脈阻塞、心臟病或中風的發生。吸收大量的維生素C和β-胡蘿蔔素可以預防這些毛病。一碗水煮菠菜提供維生素A的每日建議攝取量高達百分之二百九十四；葉酸的含量也很豐富，幫助減少體內有害健康的高半胱胺酸，預防心臟病、中風和失智症。菠菜中也有大量的鎂，可同時降血壓和預防心臟病。對實驗老鼠餵食菠菜，二至四個小時之內就可看到血壓下降的效果。這個分量差不多是午餐前菜的菠菜沙拉，或是一份炒菠菜。

吃菠菜讓你變聰明

菠菜也可以預防腸癌，因爲它提供的維生素C和β-胡蘿蔔素會阻礙自由基危害人體腸細胞。維生素也可以消炎，並保護大腦免於老化帶來的功能退化。在二○○五年五月的《實驗神經醫學期刊》（*Journal of Experimental Neurology*）中一篇研究報告中，觀察在飲食中加入菠菜與藍莓的實驗組老鼠狀況，與控制組相比，即使中風，實驗組老鼠的腦部細胞死亡數量還是低了許多，而且恢復能力也顯著提升。更驚人的是，菠菜和藍莓只佔老鼠飲食比例的百分之二，就能達到顯著的防護效果。

菠菜能補充鐵質，對於生理期中的女性更爲重要。

最後，菠菜裡含的葉黃素，是一種可預防眼部疾病與視力減退的類胡蘿蔔素，使眼睛較不易罹患白內障和視網膜黃斑部病變。要注意的是，如果要吸收到葉黃素，一定要有油脂的存在（這就是爲什麼蛋黃裡的類黃素特別有益健康的原因）。所以要使葉黃素達到護眼的功效，建議菠菜應炒來吃，或是加點橄欖油，再撒上壓碎的白煮蛋做生菜沙拉。我個人則喜歡用椰子油來炒，討厭菠菜的人也會覺得很美味！菠菜是地球上熱量最低的食物之一，要吃上好幾桶才抵得上一份小號炸薯條。

菇類

菇類應用於東方醫學早有悠久的歷史，西方醫學在發現許多科學證據後，也開始注意到菇類的療效。其中，菇類最大的健康功效，根據喀爾沙醫師的說法，舞茸、香菇和靈芝這三種菇類對免疫系統很有幫助，皆可入藥。

只要稍微想一下，就會了解爲什麼菇類具有藥性。菇類屬於菌類，依賴有機質維生，它們生長於腐木中，甚至更差的環境（牛大便……要來一朵菇嗎？），因此可以得知菇菌類有能力吸收並排掉毒素。不知道你的看法如何，我倒很希望請它們在我的體內發揮這些功能。吃應該就是的最好的辦法了！

舞茸

舞茸在日文裡指的是「跳舞的菇」。根據傳說，採菇人發現這種菇的時候，會高興地跳起舞來。這小小的菇因爲本身的重量，據說以前還會用來交換貴重金屬。

舞茸除了富含維生素之外，還有β-1,6葡聚醣（beta-1,6 glucan），這是一種很特殊的多醣成分，跟香菇中的β-1,3葡聚醣很類似。β-葡聚醣會促進免疫系統的作用。菇類細胞成分當中，有許多都被歸類爲「宿主防禦增強物」（host defenses potentiator，簡稱HDP）的化合物，因此在亞洲被用來做爲加強治療癌症的補充品。事實上，日本政府已經正式許可將舞茸用於癌症治療。在放射線與化療當中，舞茸可以用來紓緩治療所產生的不適如疲倦或噁心感。我的好友，也是《*Immunotics*》一書作者勞伯．朗齊醫師（Robert Roundtree M.D.），指出舞茸萃取物可以讓實驗老鼠的腫瘤變小。他還指出幾項在日本做的研究，都顯示舞茸結合化療可以提高數種癌症的療效。雖然朗齊醫師會同時使用三種菇，但他個人相信在藥性菇類當中，效果最顯著的還是非舞茸莫屬。

香菇

香菇是世界上最廣爲栽培的物種之一，不但是因爲在醫學上的療效被普遍接受，本身也非常美味可口。香

菇提供給我們的酵素和維生素，在其他植物上算是罕見，它包含了人體所需的八種必要氨基酸，以及必要脂肪酸「亞麻油酸」。而香菇傘比莖部含有更多的營養素。

香菇這個菇類明星含有香菇多醣，這種化學成分之所以特別，是因爲在日本它被做成注射用藥品，幫助延長治療中的癌症病人生命。

香菇並沒有直接抗癌的功效，但可以預防抗癌用藥帶來的毛病。香菇多醣又名β-1,3葡聚醣，是一種可刺激免疫的多醣分子，跟舞茸的β-1,6葡聚醣很相近。當β-葡聚醣結合免疫系統細胞時，像是自體自然殺手細胞（natural killer，簡稱NK細胞）、T細胞和巨噬細胞，這些細胞的活動力就會增強。雖然目前還不知道其中的機制，不過朗齊醫師推測應該是β-葡聚醣會「欺騙」免疫細胞，讓後者誤以爲受到外敵侵犯（畢竟菇是菌類，所以細胞以爲這些小外星人是危險分子，誰知道呢？重點在於免疫系統開始被啟動了！）。β-葡聚醣多方面的保護功能，包括抗發炎、保肝和保護心血管等，已經得到許多研究證實。在抑制老鼠腫瘤生長上，β-葡聚醣也能發揮抑制作用。

日本科學家研究出香菇中有一種名爲普林化合物（eritadenine）活性成分，可以降低血中膽固醇，降幅達四成五。

靈芝

早在西元前三世紀，據說中國的秦始皇派遣樓船出海尋找「不死之草，草形如菇」。菇？其實指得就是靈芝，它的特殊化學組成被認爲是健康長壽的秘訣，在中藥裡，靈芝被視爲是最上等的補品。

康乃爾醫學院發現靈芝能夠減輕化療的副作用，讓病患保有較佳的生活品質。靈芝的有效成分，特別是屬於普林化合物的靈芝酸（ganodermic acids）和一些多醣類化合物，所帶來的好處包括降血壓、肝臟解毒、提昇腎上腺功能等。

靈芝抗癌

著名的史隆凱特林紀念癌症中心（Memorial Sloan-Kettering Cancer Center）作風雖然保守，但網站上的「關於藥用植物」一欄還是列入了靈芝，說明靈芝透過對巨噬細胞和其他免疫成分的作用，達到刺激免疫系統的目的。史隆凱特林紀念癌症中心還提出臨床研究數據佐證靈芝能提高抗氧化能力，並增加末期癌症病患的免疫反應。

靈芝也是天然的紓壓品。郎齊醫師表示，處在極度生理與心理壓力的人，最適合食用靈芝。此外，特別需要耐力的運動員也建議服用。靈芝含有豐富的抗氧化物質，主要是內含靈芝酸的緣故。

義大利蘑菇（cremini mushroom）

這種蘑菇（又稱為「白色未開傘菇」）差點被我從名單中刪除，這些平凡無奇的菇怎麼可能比得上其他菇類的藥用價值呢？我的好友兼自然醫學保健專家威爾夏在本書即將付梓之際，及時提供下面這則資料，因為十分完整，我便全文轉述：「義大利蘑菇所含的營養素之豐富令人驚嘆。一份五盎司（煮之前的乾菇重量）的菇在每日營養素攝取量基準值中，可提供有抗癌效果的硒達百分之五十，核黃素達百分之四十，銅百分之三十五，菸鹼素百分之三十，百分之二十至二十五的泛酸，磷和鋅，百分之十至十五的錳與硫胺素。除此之外，還有微量的鎂、鈣、葉酸、維生素B_{12}以及鐵質。」現在我眞心同意菇類應被歸為蔬菜。

吃菇減重？

一般菇類含有強抗氧化力的L-麥角硫因（L-ergothioneine），它會中和對人體危害甚鉅的氫氧自由基（hydroxyl radicals），也會增加抗氧化酵素。至少有兩篇研究顯示，菇類會刺激紅血球內糖分的分解，產生類似肉鹼（carnitine）的作用，將脂肪送到細胞的粒線體（mitochondria）燃燒產生能量，可說是能量代謝加強劑。這即是坊間大部分減肥產品所宣稱的功效，只不過大都效果不彰。還有三篇研究指出L-麥角硫因能夠預防環境紫外線傷害。

朝鮮薊

朝鮮薊可說是蔬菜中的龍蝦，得花一番工夫才吃得到有價值的部分。可食用的多肉部分叫做「心」，這是植物的底基。要把薊心挖出來並不好處理，它值得我們花時間去處理嗎？當然！

朝鮮薊具有清肝功效。如果你看過一些強調專門清肝解毒營養品的內容，朝鮮薊萃取物很可能就會出現在標示上。朝鮮薊中的水飛薊（silymarin）含量十分豐富，水飛薊是植物乳薊（milk thistle）當中的一種活性成分，很早就被視爲是具有護肝、強肝作用的植物成分。

朝鮮薊讓你跟胃痛說 bye bye

朝鮮薊的好處還不只如此，葉子的部分內含很多有益身體的活性成分。舉例來說，目前至少有一個有控制組的試驗可證明它有刺激膽汁分泌的功效，也就是在把朝鮮薊萃取物直接投到十二指腸之後，肝分泌的膽汁量有顯著增加。這也許是朝鮮薊常被用來治消化不良的原因。著有《民眾藥房》（*The People's Pharmacy*）的藥草專家喬與泰瑞莎．古瑞登（Joe and Teresa Graydon）告訴我們，有慢性腸胃不適的人服用朝鮮薊萃取物之後，病況改善很多。也有一項研究報告指出，八成五的病患在服用朝鮮薊之後，胃痛、噁心和嘔吐的情況都大爲緩和。

標準劑量的朝鮮薊萃取物也用來治療高膽固醇和高三酸甘油脂。在試管研究當中，朝鮮薊中的水溶性類黃素（特別是木犀草素〔luteolin〕）可以阻止膽固醇氧化成爲壞膽固醇，減少心血管疾病的風險。

以朝鮮薊萃取物做爲營養補充品已經有很久的歷史，但其實朝鮮薊本身就對健康非常好。一般大小的朝鮮薊，每顆含有七十二毫克的鎂、四百二十五毫克的鉀、微量的葉酸、顧眼睛的類胡蘿蔔素和玉米黃素，以及六克半的纖維（大顆的朝鮮薊，纖維量可達九克）。朝鮮薊含有這麼多營養，熱量卻只有六十大卡（最多也只有七十六卡）。而且，你要怎麼切、怎麼料理，養分都不會流失。

蒲公英

從蒲公英的拉丁文學名（*taraxacum officinale*），我們馬上可以對這種植物有所了解。簡單從字面翻譯，就是「公定的生病藥方」。（希臘文 taraxons 指「不適」，akos 指「療法」。十一、十二世紀首先以文字記載這種神奇植物的阿拉伯醫學家將之稱為 tarazacon）。全世界的傳統草藥療法，不管是在美洲印弟安、阿拉伯、中國和歐洲社會，都會用到蒲公英。

路易斯·范瑞能（Louis Vanrenen）在他那本寫得很棒的小書《能量草藥》（*Power Herbs*）中，把蒲公英列爲最有用的前五十名草藥當中。不要懷疑，現在談到的主角，正是被許多人視爲雜草的蒲公英。羅夫·瓦多·艾默森（Ralph Waldo Emerson）曾說過，雜草就是我們還不知道如何利用的植物。事實上，蒲公英在中國、日本、俄國和歐洲的藥學史中都有特別記載，被視爲解毒劑的時間已超過一百年的歷史。

料理很簡單

新鮮的蒲公英菜葉很適合做成生菜沙拉，無論是單吃或拌其他綠色蔬菜都好。天然食品專家伍德就教大家把蒲公英根當成胡蘿蔔來料理，快炒、煮湯或加上洋蔥與蒜頭油煎都可以。把蒲公英根拿來泡茶也是很棒的養肝解毒飲料。

蒲公英對肝好，對你的情緒更好

蒲公英在健康上的優點，影響最大的首推保肝。根據美國自然醫學學院（National College of Naturopathic Medicine）臨床副教授馬克·司丹格勒（Mark Stengler）表示，蒲公英跟乳薊的功能不相上下，都是最常用在需要解肝毒的病患身上。肝臟的工作就是解除我們暴露於或吸收到的化學物質、污染物還有藥品帶給身體的有毒物質，有專家表示，肝臟一天必須處理五千多項酵素反應作用，所以保持肝臟的強健，讓它運作正常，對健康是最直接有效的幫助。丹格勒說：「只要把肝顧好，就可以解決很多小病，從生理的消化不良、肝炎，到心理層面的易怒和憂鬱症等的情緒不穩定。」特別是蒲公英根，它是在許多預防C型肝炎中最重要的天然營養品。

蒲公英內含的蒲公英素（taraxacin）被認爲可以刺

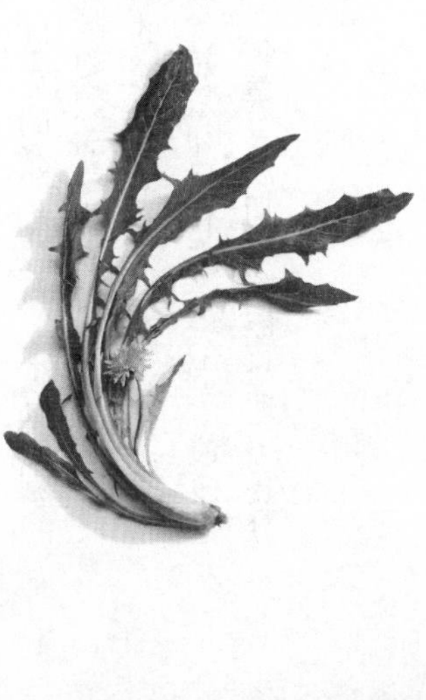

激消化器官，促進肝臟和膽囊分泌膽汁，膽汁流量一多，便可幫助腸道蠕動，對治療便祕和消化不良很有用。而且蒲公英不同於瀉藥，可以連吃好幾個月。

克里斯多弗・何布斯（Christopher Hobbs）是認證的針灸師、第四代草藥專家，也是植物學家，有三十幾年研究藥草的經驗，他曾經撰文寫過，針對蒲公英的臨床實驗與實驗室研究的結果發現：「蒲公英葉萃取物會使人體的膽汁分泌加倍，使用根部萃取物，則有四倍的分泌量。」因爲膽汁幫助消化和油脂吸收，這也許可以解釋爲何蒲公英在治療胃灼熱與消化不良上效果顯著。

蒲公英根可以治糖尿病

蒲公英根對於糖尿病治療也很有效果。蒲公英根部的菊醣（inulin）成分是一種天然生成、有助於血糖控制的可溶性纖維。菊醣另一項功能是增加鈣質吸收，鎂的吸收也可能在益生菌被啓動的同時而提高。蒲公英的果膠成分也是一種纖維，可紓緩便祕，降低膽固醇。

當覺得身體脹脹的，水腫（指四肢末端積存體液無法排出造成浮腫的情形）時，蒲公英就是天賜良藥，它可是天然利尿劑。用蒲公英來利尿，體內的鉀不會連同水分一起排出。蒲公英葉萃取物對於經前症候群的水腫也很有效。司丹格勒教授常建議有下肢或足踝水腫的老人服用蒲公英。蒲公英另含有蒲公英賽醇（taraxerol）與蒲公英甾醇（taraxasterol）兩種成分，可使荷爾蒙分泌平衡。司丹格勒表示：「蒲公英很早就被用來治療跟荷爾蒙有關的症狀，像是經前症候群。」因爲具有天然利尿功能，所以蒲公英葉也有助於降血壓。（請注意，降血壓藥沒有醫師許可絕對不可以自行停藥。）

爲什麼蒲公英高居綠色蔬菜前四名？

如果還不滿意上述提出的各種優點，蒲公英作爲地球上營養最豐富的蔬菜之一，仍是毫不遜色。美國農業部第八號公報（USDA Bulletin #8）指出，從整體營養價值來評估，蒲公英在綠色蔬菜中排名前四名。一碗煮過的蒲公英菜葉含有鈣一百四十七毫克、鉀二百四十四毫克、強健骨骼的維生素K二百零三毫克，還有高達三克的纖維。蒲公英是綠色蔬菜中，含β-胡蘿蔔素最多的，而維生素A的含量在所有食物當中排名第三，僅次於鱈魚肝油與牛肝，只要一小碗就有超過一萬IU的維生素A。不止如此，一碗蒲公英含有四千九百四十四微克的護眼營養明星：葉黃素與玉米黃素，最近才被證實可預防最易造成老人眼盲的視網膜黃斑部退化。

小常識

草藥專家范瑞能提醒有膽結石的人，以蒲公英入藥時，應該先詢問草藥醫師。對於懷孕或哺乳婦女則無治療禁忌。

辣根

第一次吃辣根是在我第一次參加猶太人逾越節家宴的場合，辣根是餐桌上五道必備苦菜之一，象徵猶太人過去被奴役的苦難。

辣根跟芥末是同屬，可以刺激消化，也可以清除塞住的鼻竇。它能抑制細菌感染，加速體內循環。（你也許有過吃很多辣根後會開始出汗的經驗！）

它的熱量非常少（兩大匙只有十四大卡），卻有很多綜合礦物質，特別是鉀。不過，熱量低是甘藍家族諸多好處當中最微不足道的。

辣根打敗綠花椰菜

辣根屬於鼎鼎大名的十字花科家族，也就是蔬菜世界的名門貴族，其他成員包括綠花椰菜、高麗菜苗、高麗菜、白色花椰菜、羽衣甘藍、蕪菁甘藍和蕪菁。如果你看過本書對上述任一種蔬菜的介紹，你會發現有數量龐大的研究報告，證實這類蔬菜所含的成分具有抗癌及多種健康功效。辣根內的異硫氰酸丙烯酯含量特別多，這種物質被認爲能夠預防腫瘤和抑制腫瘤生長。

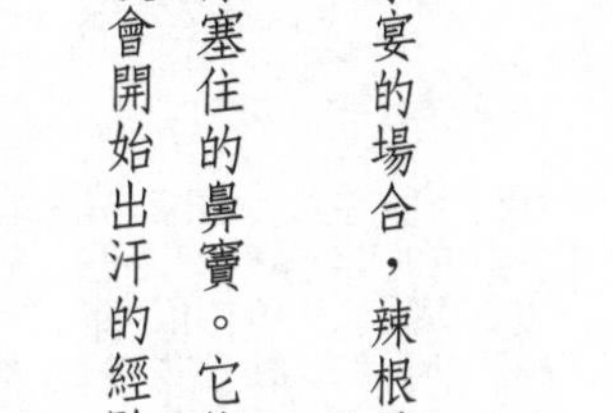

伊利諾伊大學的研究指出，辣根會提供大量的硫化葡萄糖，可以形成抵抗癌症的母分子。伊大副教授莫斯巴．庫沙（Mosbah Kushad）表示，食物當中的硫化葡萄糖會增強肝臟對於致癌物的解毒能力，壓制體內癌性腫瘤的生長。曾經參與許多十字花科蔬菜研究的庫沙醫師表示，辣根的硫化葡萄糖含量高出綠花椰菜十倍之多，所以並不需要吃很多。根據他的說法，「吃牛排時配一小片就可以攝取到跟綠花椰菜一樣的健康功效。」

辣根應該是這本書中少數在食物處理機加工後會變得更好的食物。辣根含有一種酵素，可以將這些珍貴的硫化葡萄糖分解成抗癌的異硫氰酸鹽。處理過程中，會釋出酵素，只要一接觸到硫化葡萄糖，就像魔術一般，轉眼間變出對你最好的異硫氰酸鹽。

小常識

吃壽司或生魚片的時候會沾山葵（哇沙米），又稱日本辣根，是口感很嗆、拌在醬油中的沾料。據說山葵含有具生物活性的物質，食物中毒時可以做為解毒劑，這大概跟日本人吃生魚片有關。山葵跟十字花科家族成員一樣，也含有重要的異硫氰酸鹽成分。有一項研究發現，山葵的異硫氰酸鹽有顯著的消炎功效，在試管中也能夠殺死許多人類胃癌細胞。

蕪菁

每次一想到蕪菁，就會回憶起田納西．威廉斯（Tennessee Williams）著名的劇作《熱屋頂上的貓》（*Cat on A Hot Tin Roof*）裡面，大爹地呼喚小孩時，叫著：「喂，沒脖子的外星人！」沒錯，蕪菁就是沒脖子外星人，而且到處都長得起來，很像是蔬菜版的鯰魚，即便是在貧瘠的土地上也是生氣蓬勃，受到窮人的喜愛，卻不得自恃高尚、不知其美味者的青睞。不過，千萬不要小看這不起眼的蕪菁。

蕪菁與蕪菁甘藍（見第九十六頁）都是常見的十字花科根類作物，芸苔屬植物。這類植物的共同特色就是含抗癌的吲哚素、異硫氰酸鹽，以及其他有益健康的抗氧化植化物。蕪菁與蕪菁甘藍一樣，都富含能抑制致癌物的活動或防止癌變的硫化葡萄糖。

蕪菁葉促進骨骼健康

蕪菁葉是另一種吃得飽、熱量又低的「高分量食物」。一碗煮過的蕪菁（不含葉子）總共只有三十五大卡的熱量，卻有三克的纖維、超過二百五十毫克的鉀、十八毫克的維生素C，以及五十一毫克的鈣。如果再加上強健骨骼的葉子，那麼鈣質將增為三倍，達到一百四十八毫克，另外還有高達一萬四千IU的維生素A，八千多IU的β-胡蘿蔔素，還有大量促進骨骼生長健康的維生素K。更棒的是，還有一萬五千微克的葉黃素和玉米黃質，這兩種類胡蘿蔔素成分具備保護眼睛、防止視網膜黃斑部病變的功效，最近很受到科學界的重視。有時候可以在市場上看見有人賣蕪菁葉，把它跟其他綠葉蔬菜（像是羽衣甘藍）擺在一起。但是在菜農經營的市場，有時候還是可以找到完整的蕪菁塊根與葉子，下次看到時，趕緊買下來吧！

根據天然食物專家伍德表示，生蕪菁泥有助消化，類似白蘿蔔泥或大根泥的作用，幫我們進行體內環保。

蕃薯

蕃薯的英文名稱叫作甜馬鈴薯，跟馬鈴薯皆為牽牛花屬植物，但屬於不同的作物。跟馬鈴薯相比，蕃薯有甜味，外表色澤深，是人類最早食用的蔬菜之一，甚至可追溯到史前時代。蕃薯的好處很多，應該常吃。

澱粉類蔬菜當中，蕃薯可說是我的最愛。以前我勤跑健身房的時候，常一次準備一周分量的烤蕃薯，分裝後放到冰箱冰起來，每次運動前就帶一份與一些烤雞出門，運動完後當成點心吃。冰過一天後的蕃薯吃起來更甜，美味令人難以想像。請注意，需要控制血糖的人不宜吃蕃薯。至於其他的人，這不但比販賣機裡的任何零嘴好吃上萬倍，而且又方便攜帶。

澱粉蔬菜蕃薯有很高的纖維質（一半是可溶性）和具抗氧化作用的類胡蘿蔔素，特別是β-胡蘿蔔素，另外還有豐富的維生素A和有益心臟健康的鉀，以及少許的鈣質。最近登載於《農業與食品化學期刊》的一篇研究發現，烤蕃薯具有預防癌症的功效。蕃薯也含有抗氧化植化物，包括抗發炎效果很強的槲黃素，以及一種名為綠原酸（chlorogenic acid）的抗氧化成分。一個中型的烤蕃薯，熱量只有一百零三大卡。（請注意，是「中型」的喔！）

低醣時代的吃法

在強調低油的一九八〇年代，馬鈴薯因爲不含油脂，在當時還是減肥菜單上的明星。不過當低醣飲食開始流行之後，人們開始（正確地）注意血糖控制，使得馬鈴薯變成不受歡迎的菜，因爲食用馬鈴薯，血糖會急速增加，產生會大量屯積脂肪的激素：胰島素。這就是馬鈴薯沒有出現在這份健康食材名單的原因。馬鈴薯確實沒有什麼很大的營養價值，值得我們忽略血糖上升所帶來的影響而吃它。馬鈴薯下肚後，在身體中只會有一大塊等待吸收的糖。雖然馬鈴薯不是很差的食物，但也並非好到值得推薦。

這裡提供需要血糖管理的人一個小建議：減重的人，特別是糖尿病患者和代謝症候群患者，應該注意食物影響血糖的情形。最能精準呈現食物對血糖的影響，

是看食物的升糖負荷值（負荷越高表示越容易使血糖和胰島素增加）。

雖然有些人宣稱蕃薯的升糖負荷比馬鈴薯來得低，但事實上只有一種澳洲產的甘薯（ipomoea batata）才算是「低」升糖負荷（指數爲十或低於十才稱得上「低」升糖負荷，而澳洲甘薯的升糖負荷指數是十一），其他品種的蕃薯約在十六到二十之間。沒有糖尿病或前期糖尿病的人，食用蕃薯並沒什麼不好。但是需要控制血糖，例如擁有頑固體重的人或是糖尿病患者，的確應該考慮蕃薯的升糖影響。

簡單來說，如果不必擔心血糖問題，那麼蕃薯是很好的食物。但即使要控制，只要食量適中就好，可以跟其他蔬菜或蛋白質一起煮，做爲正餐的其中一道菜即可。如果上健身房運動，或不知道運動後吃什麼好，那麼鮪魚、綠花椰菜和蕃薯會是你最好的選擇。總而言之，蕃薯的好壞，端視個人情況而定。

蕃薯跟山藥那裡不同？

基本上蕃薯有兩種：溼的（橘肉）和乾的（黃肉），兩種都很好吃。美國超市中最常見的是較甜的橘肉蕃薯，常被誤稱爲山藥。眞正的山藥（薯蕷科，Dioscoreaceae）是產於非洲與亞洲的大型根莖類植物，在西方很少見。

不管你怎麼料理蕃薯，要記得連皮一起吃，因爲那是最營養也是最高纖的部分。

蘆筍

告訴各位一個蘆筍的小八卦：它是少數可以明顯區別雌雄的植物。不止如此，雄株比較細瘦，雌株呢……會比較粉嫩。更過分的是，大家都比較喜歡挑選幼齒的來吃，因為吃起來口感最棒。然而，如果讓它再成熟，就會長得像蕨類植物一樣，不能吃，但是可以懸掛起來做成美麗的盆栽。

影響荷爾蒙與情緒

蘆筍可分成根群與嫩莖兩部分。印度傳統醫學利用蘆筍的根部作爲利尿劑，並強化女性的生殖系統。一般也相信食用蘆筍根部會帶來平靜、善良沉穩的個性和增強記憶力。中國傳統人家深信蘆筍根部會增進感情，因此會把蘆筍最好的部分留給親友。印度人則把蘆筍用來提高生殖力，減少生理痛，同時增加哺乳母親的乳汁分泌。這些傳統其實是有科學根據的，因爲根部所含的固醇醣類（steroidal glycoside）會影響荷爾蒙的分泌，也許還會改變情緒。印度的根類香料就是用來增加精蟲數和滋養卵細胞。

西方社會長久以來視蘆筍爲催情藥，但我找不到任何蘆筍能催情的科學證據，不過也許是因爲它本身的形狀類似男性器官，所以才一直存在著這種說法。有趣的是，印度人把蘆筍稱爲沙達瓦利（Satavari），意思是指「擁有上百名男人的女人」。請讀者自行想像吧！

熱量低，營養高

蘆筍跟大部分的蔬果一樣，含有大量的鉀和鈉。一碗的熟蘆筍就含有四百零四毫克的鉀，含量多得令人難以想像；還含有二百六十八微克的葉酸，葉酸可以預防神經血管缺陷，是一種減少血中有害健康高半胱胺酸的重要維生素B；能幫助凝血和強健骨骼的維生素K含量也很高；另外則還有「芸香素」（rutin），這是一種可以保護血管、抗癌、抗發炎的類黃素槲皮素。而且一碗煮熟的蘆筍能提供高達三點六克的纖維，熱量卻非常少，只有四十卡。

最棒的是，一流的科學研究報告證實了蘆筍的抗腫

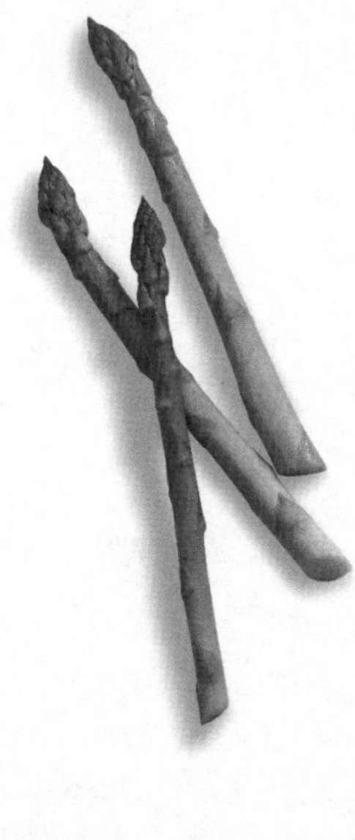

瘤功效。美國羅格斯大學（Rutgers University）發表在《癌症通訊》（*Cancer Letters*）的一篇報告指出，蘆筍裡面的粗皀素（crude saponin）會抑制人體血癌細胞的生長；其次是富含一種人體內重要的抗氧化物：谷胱甘鈦（glutathione）；最後還有一種稱爲「菊醣」的纖維，可以滋養腸胃內的益菌，促進腸胃道健康。

吃蘆筍唯一的缺點，就是小便會有怪味。這是因爲它含有一種氨基酸（天門冬胺酸〔asparagine〕），雖然不是很好聞，但完全無害。

叫我第二名

歐洲防風草

看起來不怎麼樣，不過風味絕佳的歐洲防風草在歷史上是備受尊崇的。西元一世紀的羅馬皇帝提庇留（Tiberius）還特地從外地進口，用蜂蜜酒小心翼翼地煮這道菜。歐洲防風草外型很像紅蘿蔔，但是色澤淡到近乎白色，吃起來味道也大不相同。

歐洲防風草：馬鈴薯泥替代品

歐洲防風草很甜。我個人覺得很適合作爲馬鈴薯的替代食品，因爲它有堅果味，香氣十足，跟馬鈴薯最大的不同，就是它富含營養素。把歐洲防風草搗成糊狀，就是最好的馬鈴薯泥替代品。加上少許有機奶油、檸檬、胡椒、一點海鹽，就可以大快朵頤了！

料理很簡單

我的獨家料理就是打汁來喝。它的堅果香氣很特別，跟普通的蘋果、紅蘿蔔、菠菜與生薑一起打成蔬果汁，喝起來更濃郁。很多廚師都知道歐洲防風草適合煮湯，不過因為有比較濃烈的氣味，煮菜時要注意搭配。

歐洲防風草屬於繖狀花科蔬菜類，被美國國家癌症研究所歸類爲可預防癌症的植物。歐洲防風草含有抗氧化植化物：苯酞，可刺激對人體有益的酵素出動，來抑制發炎的酵素，達到保護的功效。芹菜的成分當中有苯酞，不過也存在於歐洲防風草中。另外還有聚乙炔（polyacetylene），這是一種植物成分，具有對抗致癌物的功能。

歐洲防風草的葉酸、鈣、鉀與纖維的含量都很高，特別是纖維。一小碗煮熟的歐洲防風草就有五克半的纖維、五十八毫克的鈣、四十毫克的鎂、九十微克的葉酸，和豐富的鉀五百七十三毫克。熱量約一百大卡。

蕪菁甘藍

蕪菁甘藍是外型特殊的根類蔬菜，很像蕪菁和野生甘藍的綜合體。它是北歐斯堪地那維亞的佳餚，有時被稱爲瑞典蕪菁，可以蒸、煮、搗泥、烤、烘，炒、煮湯，也可以用來燉濃湯。

蕪菁甘藍是提供鉀質很好的來源，一杯煮熟的蕪菁甘藍含有七百八十二毫克的鉀，再加上鈣一百一十五毫克、鎂五十五毫克、維生素C四十五毫克，以及約四克的纖維。對於一碗只有九十四大卡的蕪菁，這麼多營養素實在很划算。蕪菁甘藍在亞洲傳統醫學中，被視為「性溫」食品，具增強消化與肝臟解毒的功效。

荷蘭豆

這個豆科植物的法語名稱，意思就是「全部吃光光」。它跟甜豆不同，豆莢是可以吃的，而且荷蘭豆豆莢跟裡面的豆子一樣好吃。吃過中國菜的人幾乎都會吃到這個外形扁平、內含五到七顆種子的荷蘭豆。

雖然大多數美國人都是從中國菜來認識荷蘭豆，事實上它已經存在好幾個世紀。鮮嫩清爽，翠玉般的荷蘭豆在一五九七年開始有史料記載，而最早的荷蘭豆種子是在土耳其的考古遺跡被發現的，時間可追溯到西元前五千七百年。

一碗煮過（冷凍）的荷蘭豆有五克的纖維，佔了美國建議每日攝取量的一半，（不過，這個建議量還是太少，我主張每天要有二十五到三十克！）還有葉黃素和玉米黃質這兩種保護眼睛的類胡蘿蔔素，再加上鈣九十四毫克，強健心臟的鉀三百四十七毫克，維生素C少許（三十五毫克）、葉酸（五十六微克），豐富的維生素A二千零九十八IU，其中有一千二百一十六IU是β-胡蘿蔔素。荷蘭豆是強健骨骼的維生素K良好來源：一碗煮過的荷蘭豆含有四十八毫克。這麼多樣的營養素，卻只有八十大卡左右的熱量，在蔬菜中很少見。

買荷蘭豆的時候，要挑色澤鮮豔、有新鮮豆莢和小葉片、豆子小的。買了之後盡快吃，或者放冰箱冷藏，但最多不要超過三天。要注意：用油快炒時，小心別煮過久，煮到最綠的時候最好吃，養分也最高。當生菜沙拉吃也很棒。

料理很簡單

有一道單身漢會喜歡的作法：先將蕪菁甘藍切塊，水煮到變軟，然後拌入切碎的核桃、葡萄乾和冷藏壓縮的有機蜂蜜。吃了這個你就不會想買巧克力蛋糕了。嗯，我是有點誇張，不過這道菜保證讓你驚豔萬分。

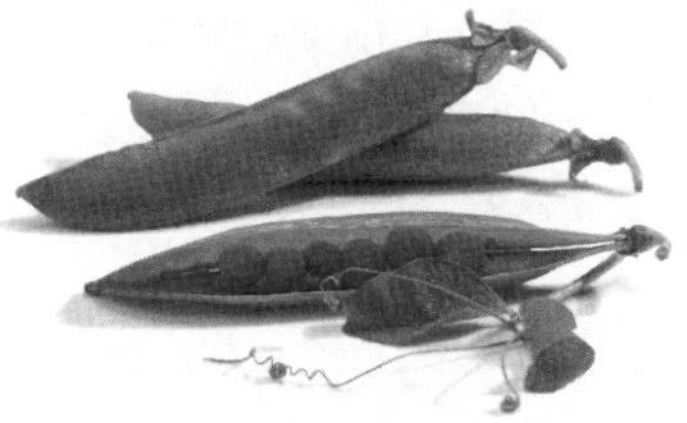

聽 專家怎麼說

安露易絲·吉特曼博士

吉特曼博士是紐約時報得獎作家，著有二十餘本專書，包括《油切計畫》（*The fat Flush Plan*）和《改變之前》（*Before the Change*）。十五年前我開始對營養學產生興趣時就在看她寫的書，現在我們是彼此的書迷。吉特曼博士思路與表達清晰，也很擅長激勵他人，所以有大批的死忠粉絲。她常上全國性的電視節目，包括著名的「菲爾醫師」（Dr. Phil）和「觀點」（The View）等，也是「安露易絲·吉特曼認證食品」（Ann Louise Signature Foods）的創辦人。

1. 亞麻籽粒：亞麻籽的抗癌木酚素（lignan）可預防乳癌和攝護腺癌。木酚素的含量高於其他食物達八百餘倍。做成生菜沙拉、凍飲或是撒在青菜上吃，非常美味可口。
2. 不加糖小紅莓果汁：富含植物營養成分，如酚類的抗氧化物，可促進心血管健康，預防尿道感染。果汁與水的比例是1：2。
3. 檸檬：有大量的檸檬油精，是稀釋膽汁、促進消化的傳統藥方。
4. 乳清：不經加工、加熱的乳清蛋白可提供氨基酸類物質，幫助人體自行製造重要的谷胱甘肽抗氧化物。
5. 食草牛肉：提供有益健康，促進脂肪燃燒的共軛亞麻油酸（CLA）和omega-3脂肪酸。吃草長大的牛沒有抗生素或生長激素，是鋅與維生素B_{12}的良好補充來源。
6. 魚翅瓜：我個人最喜歡的麵條替代品，適合不吃澱粉或碳水化合物的人參考。配上肉丸子好吃極了！
7. 豆薯：豆薯吃起來爽脆多汁，而且低熱量，生吃或切成蔬菜條沾醬吃都很合適。即使是挑剔的甜食愛好者，也會喜歡上它自然的甜味。
8. 花生醬：有機花生醬可以讓你迅速產生飽足感並滿足食欲，並含有克服壓力的泛酸（維生素B_5）。
9. 藍莓：農藥殘留最少的水果之一，富含原花青素，可預防退化性疾病。
10. 有機奶油：食草牛生產的奶油不但是人間美味，還含有促進脂肪燃燒的CLA！不但在功效上可滋養人體神經，從美食的角度來看，也是各類漿果的最佳配料。

2 穀類

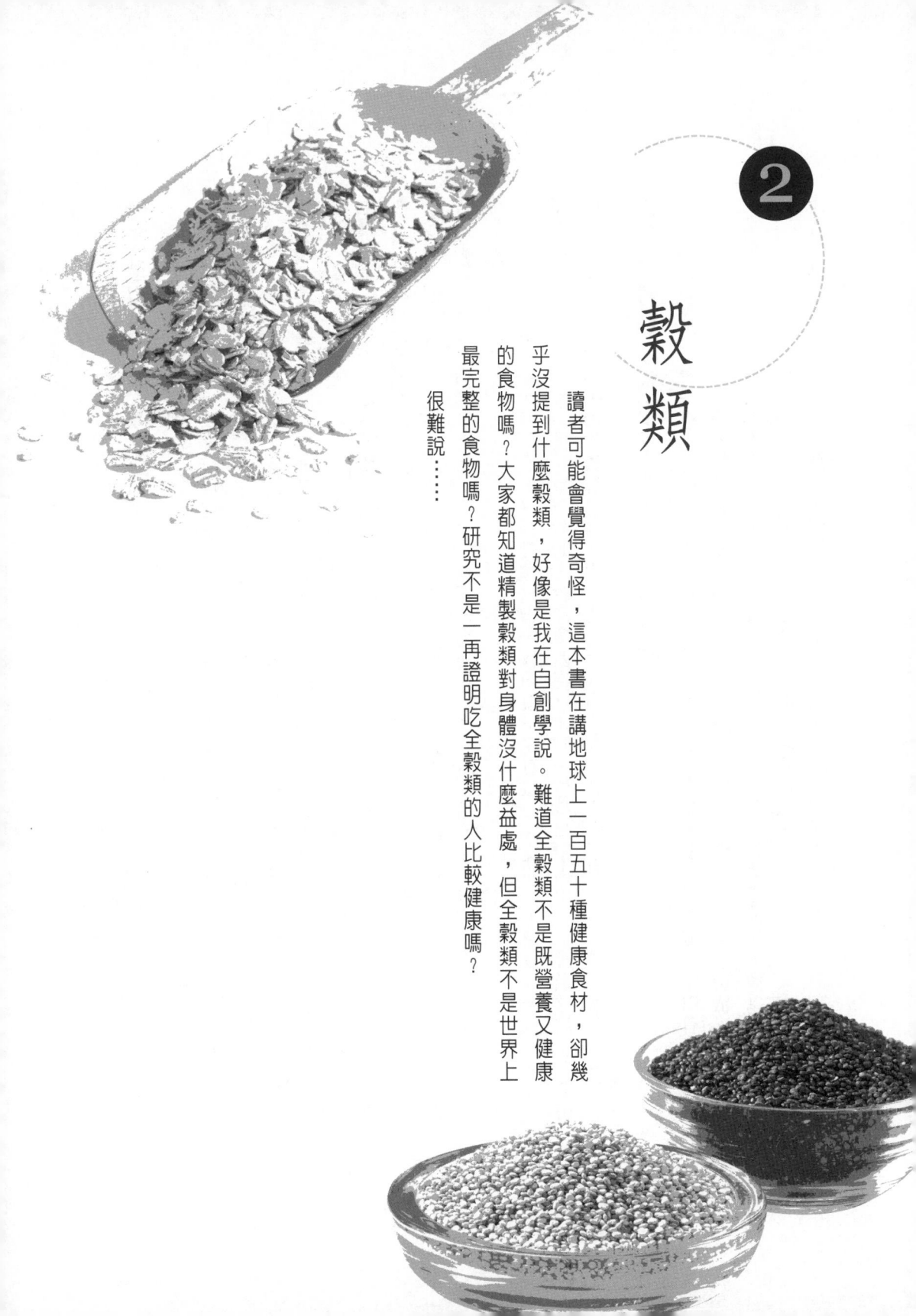

讀者可能會覺得奇怪，這本書在講地球上一百五十種健康食材，卻幾乎沒提到什麼穀類，好像是我在自創學說。難道全穀類不是既營養又健康的食物嗎？大家都知道精製穀類對身體沒什麼益處，但全穀類不是世界上最完整的食物嗎？研究不是一再證明吃全穀類的人比較健康嗎？

很難說……

穀類是現代文明發展的支柱

羅倫．柯丹博士（Loren Cordain）對原始人類飲食的研究有重大突破，是世界知名的科學家，目前在科羅拉多州立大學健康與運動科學系擔任教授，也是美國臨床營養學會的成員。一九九九年《世界營養學與飲食學回顧》（*World Review of Nutrition and Dietetics*）刊登柯丹一篇具開創性、長達百頁的論文，題爲《穀類作物：人類的雙面刃》（*Cereal Grains: Humanity's Double Edged Sword*）。其中最主要的訊息就是，人類的基因組成從過去四萬年到今日都是一樣的，並沒有改變。

人類很少吃穀類，最原始的食物是靠打獵、捕漁、採集或摘取而來。只要人口數量有限，自然生物豐富，人類可以按照這種方式過得很好。但隨著世界人口增加，野生資源有限，因此有必要找尋替代品或是營養補充的方式，所以農業於一萬年前誕生。有了農業，人們可以居住在都市，也得以發展文明。現今，在全球所消耗的能源當中，有百分之五十六的熱量和一半的蛋白質是由八種穀類（小麥、玉米、稻米、大麥、高粱、燕麥、黑麥和小米）所提供。沒有這些作物，地球不可能維持六十億人的生命。

這就是所謂的雙面刃：如果沒有穀類植物，我們就不會有城市、文明、工業或是今日的地球。如果沒了米、麥和玉米，世界有一半的人會沒東西吃（如同一位科學家指出，「穀類立於生存與饑餓之間」）。大自然的動植物資源日益減少，再加上人口成長，都突顯了農業對人類存續的必要性。

爲什麼穀類植物不是完美的營養來源？

其實穀類的營養成分不算好。既不夠健康，營養素也並非完整，雖然已經取代了原有的食物內容，但它並不是很適合人類的消化系統。而且現代飲食中穀類佔的比例之高，跟最初依人體需求與構造形成的飲食習慣大相逕庭，這種改變對健康的影響，直到今日，我們才開始去做全盤的了解。

就人類的飲食歷史來看，穀類其實是後期才加入的。（若用二十四小時來表示人類物種在地球上存在的二百四十萬年，一萬年的時間還不到十億分之一秒。）柯丹指出，農業革命在一萬年前才出現，但現今農產品就佔了主要能量與蛋白質補充的大宗，人體幾乎沒有時間來進行調整。

穀類食物有比較好嗎？

說實話，穀類有很多營養上的缺點。現在越來越多人知道，從營養觀點上看來，精製穀類，例如麥片、麵條和麵包等，是完全沒有價值的。同時，我也不是百分之百確定所謂「全」穀類會好到哪裡去。理由之一在於，所有的穀類或多或少都必須經過精製加工的過程才可以食用，沒有人能跑到田裡割完稻就直接吃吧！標準的穀類一定得經過碾和磨的工夫。要碾要磨，是因為在自然狀態下的穀類含有許多「抗營養」物質（如植酸〔phytate〕），這些物質會阻礙人體吸收穀類本身的營養，尤其是礦物質。所以問題不在要不要精煉或去雜質，而是要做到什麼程度。

表面上，「全穀類」與極度精製的無用穀類比較起來，加工與研磨的手續較少，因此含有較多的麩皮（穀類的外層），是飲食中的纖維來源。（燕麥與大麥、小麥和其他穀類不同，它保留了營養素最豐富的穀皮與胚芽層。）但如果仔細注意大部分「全穀類」麥片包裝上的標示，會發現所含纖維非常少。很少看到一份提供五克纖維的麥片，大部分都是一克、兩克，因此營養價值非常低。跟酪梨（十一到十七克）或豆子（十一到十七克），甚至芭樂（八克）比較，馬上相形見絀。

接著來看看麩質的問題。麩質是大麥、黑麥、燕麥，特別是小麥等穀類當中的主要成分。因麩質引發的過敏症，稱為腹腔性疾病（celiac disease，又稱為麩質過敏症），過去估計每兩百人當中就有一人對麩質過敏。現在的比例則接近一比三十三，有些專家相信這種症狀實際上應更普遍。傑姆士·布萊利醫師（James Braly）在著作《危險的穀類食品》（*Dangerous Grains*）中提到，腹腔性疾病只是麩質敏感性的其中一種症狀。還有許多人除了腹腔性疾病，還有未被診斷或延誤的食物過敏，主要都是受到小麥與麩質的誘發（前七名食物過敏源之一就有小麥）。我可以告訴各位，不管是營養學家、自然醫學治療師，還是整體功能醫師，對於身體毛病很多的病人，通常會建議他們不要吃小麥、乳製品和糖。雖然我無法提供科學證據，有力地主張這個論點，但是有成千上萬人在戒掉小麥（乳製品與糖）製品之後，各種身體不適得到顯著的紓解，還不只是體重或塑身而已。

傳統食物金字塔有問題嗎？

這讓我們聯想到飲食和肥胖症、糖尿病、血糖的關聯。傳統的食物金字塔（幸好已經被推翻了）最下層有六至十一份的穀類，不禁要讓人懷疑這根本是農夫餵牛的比例！希望養出肉多肥美的家禽家畜，養殖場就會餵食穀類，而不是草。很多人都認爲「全穀類」使血糖上升的速度並不會像精製穀類那麼快，但事實上GI和升糖負荷表提供的數據卻不完全支持這個看法。糙米和白米的升糖影響是一樣的，「全麥」麵包跟白麵包也是如此。基本上，穀類只是澱粉害蟲，而且幾乎都會讓你的血糖（與胰島素）迅速升高。

我的好友威爾夏是自然醫學保健專家，對於食品擁有如百科全書般的豐富知識，也對這本書的寫作指導甚多。她表示：「我還沒見過任何穀類食物在微營養素、熱量或纖維的提供，可以跟非澱粉類的蔬菜相提並論。即使穀類增加了飲食的多樣性和數量，跟其他的食材相比，仍然算不上很好的主要營養素來源。另外，我們也不可能只吃穀類，因爲它本身淡而無味，得加料來增添口味，最後反而讓人吃進更多熱量。眞是害人不淺！

愼選穀類

想到穀類平庸的營養價值，容易造成麩質與穀類過敏，會使（很多）人過量攝取碳水化合物，以及不符廣告內容的少量纖維，實在很難說它們是地球上的優良食品。這麼說來，是否要讓所有的穀類從地球消失？當然不是。許多關於健康飲食的研究，顯示食用「蔬菜、水果、魚、omega-3油脂和全穀類」的人比只吃傳統美式飲食來得健康，但是把這些成果歸功於穀類，就過於誇大。我認爲，如果有人吃很多蔬菜、水果、魚、omega-3油脂和巧克力，還是會比大部分的美國人健康。

如果你從現在開始，均衡攝取地球上最健康的一百五十種食物，但不碰任何穀類，你也不會缺少任何營養素。但是絕不能缺少蔬菜、水果、蛋、油脂、香料、魚肉當中的任何一項。

不過，至少加工程度最少的燕麥片是眞正值得吃的。

藜麥

藜麥也是被歸錯類別的食物！大家都覺得它是穀類，也都把它當成穀類來吃，但實際上藜麥是種子。不過，誰會管呢！反正看起來像穀類，吃起來也像，三人就成虎了！

「打仗丸」

印加人視藜麥爲「穀類之母」，它的種子是印加人主要的營養來源。傳說中，印加軍隊經常行軍數日，只吃藜麥和油脂混煮的「打仗丸」。還有，印加首領在播種季節，一向會依循傳統，用黃金鍬種下第一顆種子。

藜麥是高營養食品，也被視爲高蛋白「穀物」。藜麥種子當中的蛋白質，不管是質或是量，都明顯優於一般穀類。聯合國農糧署（FAO）也肯定藜麥營養價值可與全脂奶粉相提並論。藜麥中的離胺酸（lysine，一種氨基酸，在大多數蔬菜中含量非常稀少）高於小麥；藜麥種子中的氨基酸組成與酪蛋白（casein）很接近，不管對人類或其他動物的營養攝取，都算很均衡。

藜麥的鈉含量很低，內含的鈣、磷、鎂、鉀、銅與鋅等礦物質都高於小麥、大麥和玉米，還有多達五克的纖維。它的鐵含量特別高，半杯就有約八毫克的鐵，這是穀類當中最高的。

料理很簡單

藜麥可以磨成粉、煮湯或當早餐麥片來吃。在美國，藜麥通常當成全穀類食品來賣，可以煮成藜麥飯。著名的天然食品專家與作家伍德建議，一杯藜麥加上兩杯高湯或水煮熟，十五分鐘即可煮出三杯量的藜麥飯。藜麥跟米一樣，可以變換煮法（我認為在這方面藜麥比米更好），而且可以在任何的料理當中做為米的替代品，或是當成配菜。

燕麥片

燕麥片在每位醫師的「最佳食品」名單中，幾乎都佔有一席之地，可以說是食物之王，在各式各樣的飲食哲學中，受到大家一致的喜愛。即使恪遵低醣原則的人，面對燕麥片時，立場也會稍微軟化。被戲稱「世上沒一種碳水化合物是他不討厭的」糖尿病大師本斯坦醫師，還是容許他的糖尿病患每天吃一次燕麥粥。沒錯，燕麥片在數十年來，在愛吃高碳水化合物的族群中，佔有重要的主食地位。

我還記得在健身房裡勤練肌肉的人，便當裡總是裝滿燕麥片和炒蛋。

大家選擇燕麥片作爲健康食品，究竟是看上它的什麼優點？首先，從纖維來討論，燕麥片本身是很好的纖維補充來源，而且擁有兩種必要纖維質，組成比例也非常均衡（百分之五十五爲可溶性膳食纖維和百分之四十五爲不可溶性膳食纖維）。不過燕麥片中的可溶性膳食纖維：β-葡聚糖（beta-glucan），才是讓燕麥片具備高營養價值的關鍵成分。

燕麥片增強免疫力

β-葡聚糖是多醣類（長鏈葡萄糖分子）的一種，可以降低膽固醇並減低心血管疾病與中風的機率。根據美國農業部的規定，製造早餐燕麥片的製造商若符合特定要件，便可以在促銷內容裡聲稱產品能降低罹患心臟病的風險，其中一項規定就是一份燕麥片必須含有半克的β-葡聚糖。

β-葡聚糖可增強人體的免疫系統，促進系統對細菌感染的回應能力。β-葡聚糖會使名爲巨噬體的白血球開始活動，像是電動玩具中的Pac-Mac小精靈，把外來侵略者如黴菌或細菌，一一吞掉。目前有人在研究β-葡聚糖在降膽固醇和三酸甘油脂之外，是否能增強人體摧毀癌細胞的能力。有些研究成果似乎很有說服力。

燕麥片的升糖負荷很低，也就是說它對血糖的影響不大，而且它有助於穩定血糖濃度，對第二型糖尿病似乎還會帶來好處。這大概是本斯坦醫師破例讓病人食用的原因。

燕麥片特有的 avenanthramide 多酚抗氧化物質，被認爲具有抗發炎與心臟保健的功效。很多人認爲傳統的燕麥片浴療法，關鍵就在於 avenanthramide 帶來的療效。

燕麥片蛋白質是所有穀類之冠

燕麥片除了含有五克纖維質之外，它的蛋白質含量也是常見穀類當中最高的。三分之二碗的燕麥片可提供八克半的蛋白質，和磷、鉀、硒、錳，以及少量的鐵質。

但有兩種情況的人應該注意燕麥片的攝取。首先是有麩質過敏體質的人，很多對麩質過敏者並沒有嚴重到演變成腹腔性疾病，這是麩質過敏最嚴重的表徵。而大麥、燕麥片、黑麥和小麥都有麩質（其中小麥的含量最高）。其次是有尿酸相關毛病的人（如痛風和腎結石），燕麥片含有會在體內分解成尿酸的普林。

料理很簡單

不同的燕麥片，好處是有天差地別的。別再購買即食燕麥片了，完全不需要考慮！這些產品都有加糖，這讓燕麥片對糖尿病的好處消失殆盡。記得，加工越少，纖維越多，升糖負荷（血糖影響）越低，就是對你越好的選擇。

選擇最好的燕麥片來吃

市面上有各種包裝的即食燕麥片，我認爲都沒有買的必要，要吃到燕麥片有別的方法。全粒燕麥片的加工手續最少，不過很難買得到。另外，切段不壓平的燕麥片稱爲愛爾蘭或蘇格蘭燕麥片，不必像全粒燕麥片需要煮那麼久，卻能保留住燕麥片的健康精華。輾軋製燕麥片（rolled oats）也可以買，不過得確定是遵照古法製作，厚度要夠，才是加工最少的食品。

還有一件事：大家都知道燕麥片可以不用煮。我就告訴大家吧，你是否曾在超市看過瑞士口味（含有碾碎穀物、堅果與乾果混合而成）的燕麥片？那就是生燕麥片，味道眞是好吃！我幾乎每天都吃，只要加點生牛奶或果汁，甚至熱水就可以了。我會先把燕麥片混合生牛奶泡個幾分鐘，再丟進漿果和堅果，吃完就出門了。並不一定得照包裝上的作法「煮二十分鐘」那樣耽誤時間，雖然這樣吃起來感覺很豐富、溫暖，不過要吃到又健康又好吃的燕麥粥完全不用這麼麻煩。只要用爐子煮個五分鐘，吃起來也很可口。

叫我第二名

糙米

米的種類很多，作法更多，所以有時候是很棒的食物，但也可能成爲不值得一提的東西。目前，米的品種高達上千，有野生的和成爲農耕作物的。全世界稻米的年產量超過五億五千萬噸，亞洲就佔了百分之九十二。所以，當兩個人說到「吃飯」時，從營養學角度來看，他們吃的很可能是完全不同的東西。

大部分人吃的都是白米。糙米是完整的稻穀，白米則是去掉米糠層，所以前者的營養價值比後者來得高。碾去米糠就等於除掉穀類的纖維和許多維生素與礦物質成分。因爲糙米只經過脫殼這道手續，所以仍保留了菸鹼酸、維生素B_6、鎂、錳、磷、硒，甚至是維生素E。

一碗糙米飯有四克纖維質（是白米飯的四倍），其中的不可溶性纖維有助於預防各種癌症，包括腸癌、乳癌和攝護腺癌。糙米的纖維和植物營養素成分也可以降低膽固醇，預防心臟病。另外一種成分谷維素（oryzanol）也能讓糙米具有降膽固醇功效，存在於糙米的油脂當中，因此許多人對米糠油趨之若鶩，不過我一點也不推薦。米糠油也是高度精煉產品，而且其中omega-6和omega-3的組成比例（二十七比一）很差。要補充谷維素和其他營養，直接吃糙米飯就好。

小常識

飯是高升糖食品，幾乎是低醣菜單的拒絕往來戶。一般來說，吃飯會使血糖迅速升高，為糖尿病患或體重控制的人帶來很多麻煩。糙米中的纖維雖然會降低升糖指數，但是它還不能算是低升糖食品。

所以怎麼吃最好？如果要吃飯，就吃全穀米，不要吃白米，更不要吃「即食」米。把飯當成配菜，吃一球冰淇淋大小的量即可。米飯本身是不錯的食物，不過在高度開發國家，大都是極度精製的產品，這是兩種完全不同的東西。

聽 專家怎麼說

馬克・休士頓醫師

任何關於高血壓或代謝症候群的問題，我一定請教休士頓醫師。他是范德堡大學醫學院的臨床醫學教授，同時任職（田納西州）納許維爾聖湯瑪斯醫院與醫學中心（Saint Thomas Hospital and Medical Center）的血管生物中心（Vascular Biology Institute）與生命延續中心（Life Extension Institute）的醫學主任。他也是《美國保健食品協會期刊》（*Journal of the American Natraceutical Society*）的主編。我向大家推薦他的著作《醫師沒說的高血壓祕密：革命性的營養與生活規畫，幫你對抗高血壓》（*What Your Doctor May Not Tell You about Hypertension: The Revolutionary Nutrition and Lifestyle Program to Help Fight High Blood Pressure*），必讀佳作！我同意他的實踐哲學，「任何有效的方法，聰明的治療師都應該採用。」我很喜歡他！

1. 菠菜：含有十三種具抗癌功效的類黃酮素，對付攝護腺癌、皮膚癌、直腸癌和骨癌特別有效。它是天然抗發炎聖品，是良好的補腦食品，減少因中風導致的神經性傷害，改善視力，也補充鐵質。菠菜含有天然的血管緊張素轉換酶（ACE）抑制劑，幫助降血壓，還有預防骨質疏鬆的維生素K。
2. 羽衣甘藍：內含的有機硫化合物可以防癌、加強解毒效果。葉黃素和玉米黃質可使白內障縮小，同時也是含有纖維、鈣質和預防心血管疾病的有效抗氧化物。
3. 綠花椰菜：含有多種成分，如蘿蔔硫素和吲哚素（吲哚-3-甲醇與DIM），降低攝護腺癌、胃癌、皮膚癌和乳癌對健康的威脅。類黃酮素會減低心血管疾病的風險，還能降血壓。綠花椰菜內含抗發炎與抗氧化成分，也能強化免疫系統和視力。
4. 5. 藍莓與黑莓：藍莓的抗氧化效力在食物中最強，提供我們的心臟血管系統相當強的保護力。它內含的紫檀芪（pterostilbene）可降低膽固醇；花青素可改善視力與腦部功能，預防視網膜黃斑部退化病；鞣花酸（ellagic acid）有抗癌力。黑莓也有類似的成分與特性。
6. 草莓：草莓中的酚類物質有花青素和鞣花單寧酸（ellagitannin），都是強效的抗氧化與抗發炎成分。它有助強化腦功能，降低視網膜黃斑部退化病的風險，可改善類風溼性關節炎。鞣花單寧酸可預防直腸癌。

聽專家怎麼說

7. 覆盆子：覆盆子含有鞣花酸、槲黃素、山茶酚（kaempferol）以及其他類黃酮素，這些都是優質抗癌抗氧化物。此外，吃覆盆子也可促進眼部與心血管健康。

8. 深海魚（鮪魚、鮭魚、鯖魚、鱈魚、鯡魚）：這些魚的omega-3脂肪酸可保護心臟血管，降低心臟病、猝死和心律不整的風險。omega-3的成分具有抗發炎、增強腦部功能、增強記憶力、使皮膚健康和促進腎功能的特性。另外，吃深海魚可降血壓，減少三酸甘油脂，並降低罹癌和中風的危險。

9. 乳清蛋白：提高體內重要抗氧化物「谷胱甘鈦」的儲存量。乳清蛋白含有天然ACE抑制劑，可降血壓，增進心血管健康，同時提高免疫功能。

10. 野味（鹿肉、馴鹿）：野生動物是優質蛋白質的來源，含有完整氨基酸、低飽和油脂，以及大量多元不飽和脂肪，特別是omega-3脂肪，而且沒有反式脂肪。野味也含有天然的ACE抑制劑，可降血壓，還有促進皮膚、骨骼與心血管健康的成分。

3

豆類

我在寫書的時候，一直在思考豆類應不應該列入地球上最健康的一百五十種食材當中。你也許會好奇問題究竟出在哪裡？豆類有優點也有缺點，不過我仍認為豆類的好處多於壞處。為了平衡呈現，我決定把好的和不好的一起跟各位分享。

豆類的好處是富含纖維質，能降低罹患心臟病、糖尿病、肥胖症與癌症的風險。豆類的蛋白質消化很慢，可提供人體持久的能量，是使血糖穩定、不會忽高忽低的理想食物。吃豆子也可以降膽固醇，並能攝取保護人體的植物化學物質、抗氧化物和維生素。

植物凝血素是麻煩製造者

有這麼多好處，讓豆類進榜難道還有問題嗎？關鍵在於豆類中的植物凝血素（lectin）。這種物質存在於豆類和穀類當中，是植物爲了驅趕害蟲自我保護的演化結果。植物凝血素有一部分很容易跟人體組織結合，帶來一些毛病。廣受各界肯定的科羅拉多大學科學家柯丹博士在《英國營養學期刊》（*British Journal of Nutrition*）發表過一篇文章，主張乳製品、豆類、穀類以及酵母，也許是導致類風溼性關節炎和其他遺傳性自體免疫疾病的因素之一，而關鍵就在於這些東西內含的植物凝血素。根據柯丹的理論，食物中的植物凝血素會使腸道滲透增加，也就是讓膽裡面一些已經消化的食物蛋白和殘餘腸菌滲入體內血液當中。柯丹把植物凝血素稱爲「細菌版的特洛伊木馬」，它使小腸容易被滲透，削弱免疫系統的打擊力，無法對抗入侵血液的食物和細菌。他根據長年在「狩獵－採集式飲食」方面的營養研究結果，寫成一本備受重視的《史前飲食》（*The Paleo Diet*）一書，書裡把豆類全部列入「應避免的食物」類別，提供給你參考。

那麼一般人需要擔心嗎？其實很難說。如果不是對豆類食物有很深的成見，它們還是有很多健康上的好處。如果你正好是（難以避免的一小群）食物過敏卻找不出原因的人，也許還是先放棄豆子，等抓到眞正的禍首再說。

青豆

青豆是豆科植物，發源於西亞。在瑞士的考古遺址曾經發現青豆的遺跡，推測五千多年前青銅器時代的人就有食用這種豆子。青豆從希臘傳到印度，然後在七世紀時抵達中國，被稱作蕃豆。中古時期的歐洲人很喜歡吃豆子，主要是因為它容易栽種、價格便宜、吃得飽，又能補充蛋白質。

青豆的種類超過一千種，最常見的是超市裡的冷凍豆子。有些品種，像是荷蘭豆（見第九十七頁）的豆莢是可以吃的，有時會看到連新鮮豆莢一起賣，有人賣乾的（連豆莢或分開），有時是冷凍。還有罐頭豆子，不過我建議你絕對不要買，這種豆子缺乏生氣，有益健康的葉綠素和大部分的營養素都在製罐加工過程中消失了。

青豆富含維生素A與K

青豆的糖分比一般的蔬菜略高，不過每一百克（半杯稍多）就有五點五克的纖維質，可以中和這個小缺點。青豆內含的維生素A是公告每日營養素攝取量基準值的百分之四十二，還有五克植物性蛋白質，熱量也夠低（每一百克七十八大卡）。同樣一百克青豆的維生素K含量，佔每日營養素攝取量基準值的百分之三十，可將鈣質留在骨骼內，是重要的骨骼健康必需營養素。

乾燥的青豆仁外型會變，不像新鮮（或冷凍）的那麼圓滾滾，吃起來也沒有原本的甜味，適合煮濃湯、清湯，或是加入需要有點濃稠的料理當中。乾豆仁比新鮮的豆仁（含七成水份）濃縮，所以纖維量較高，只要二分之一杯纖維含量就超過八克。

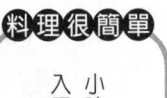

料理很簡單

小時候我最喜歡吃青豆，最常淋上融化的奶油，加點鹽巴，再拌入馬鈴薯泥。我愛死這道菜了！你也可以試試。

豆子

豆子是地球上最好纖維來源之一。大部分的人都沒有攝取足夠的纖維，所以我在寫作和談話時，只要是關於營養，就會不斷地強調纖維的重要性。我們也許還沒有完全了解纖維用什麼方式來保護人體，但我們知道，高纖飲食和癌症、心臟病、糖尿病與肥胖症的風險降低有關。

試想，我們的老祖宗以前每天會吃進五十到一百克的纖維。美國國家癌症研究所（這不是一間營養學激進機構）建議每日至少要攝取二十五克，美國飲食指標（U.S. Dietary Guidelines）也採相同標準。美國腸胃學會（American Gastroenterological Association）在一篇膳食纖維與直腸癌聲明當中表示，「根據現有資料提出的合理建議」每日纖維攝取量應訂爲三十到三十五克。你知道美國人一天平均吃進多少纖維嗎？答案是，十一克。

豆子可提供飲食中缺乏的纖維質

首先有兩個前題：纖維是好的，以及一般人的纖維攝取量都不夠。豆子的纖維質多的不得了，即使沒有其他好處，光是纖維含量，就有理由讓豆類出現在你的餐盤上。一般煮熟的豆子可提供的纖維，從十一克（菜豆）到驚人的十七克（紅豆）不等，眞的很驚人。我還不知道有什麼其他食物在這點比得上豆子。

豆子還有其他的營養素，不過都跟纖維有關。肯德基大學（University of Kentucky）營養學教育家派蒂·芭姿維爾（Patti Bazel Weil）表示，每天持續吃一杯煮熟豆子，連續六周，就可以降低百分之十的膽固醇。事實上，該校所做的研究結果顯示，男性受試者只要連續三個禮拜每天吃二分之一杯的海軍豆（白豆）和花腰豆（黑白斑豆），膽固醇的下降幅度可高達百分之十九。

豆子調節血糖

豆子——至少是豆子裡的纖維——對於糖尿病和血糖控制者的影響甚鉅。它的可溶性膳食纖維會改變葡萄糖吸收的速率。

一九七〇年代以來，有許多研究都證實，高纖飲食會改善血糖過高症。最新的營養學提倡低升糖飲食，對糖尿病患者和減重者，以及有代謝症候群的人更形重要。其實每個人都應該照這個原則來吃。

豆子是最佳的低升糖食物，因為大量的纖維會使血糖上升變得非常非常地緩慢，而且有不少研究顯示，吃豆子這類高纖食品能夠改善「升糖控制力」，也就是血糖和胰島素的調節力。

再來談到癌症。根據著名的「護士健康研究II」食品問卷分析結果，研究人員發現，多吃豆子或扁豆的女性，乳癌發生率顯著下降。不僅如此，研究還發現，不用吃很多豆子就可以有這個結果。只要每個星期吃兩次（以上），罹癌的風險就會下降百分之二十四。我們也可以合理推測，除了纖維質以外，豆子裡應該還有其他抗癌成分。其中有一種植物化學物質「薯蕷皂」（dios-genin），似乎就能抑制癌細胞的繁殖增生。

豆子裡的其他植物化學成分如皂甘、蛋白質脢抑制劑和植物酸等，似乎會保護細胞不受到基因損害而導致癌症。實驗室研究也證明，皀甘會抑制癌細胞的生殖並降低腫瘤生長的速度；蛋白質脢抑制劑也被發現具有降低癌細胞分裂速度的功效；而植物酸則可大幅減緩腫瘤發展。根據美國癌症研究中心的網站刊載的一篇研究，豆子吃最多的男性和吃最少的男性，罹患攝護腺癌的風險差距，高達三十八個百分比。

紅豆拔頭籌

豆子還有維生素和大量的抗氧化物。美國農業部針對食物抗氧化能力的排名，把小紅豆列為每份抗氧化能力最高的食物。事實上，前四名當中，豆類就佔了三名（紅豆，菜豆與花腰豆）。很多豆類都含大量葉酸（特別是紅豆、黑眼豆、扁豆和花腰豆），對心臟健康非常有幫助。另外還有鎂、鐵、鋅和鉀，以及一種重要的礦物質鉬（molybdenum），在紅菜豆中含量最多，能強化酵素作用。

豆子也是很好的蛋白質來源，一杯通常含有十五克，這跟其他商業化動物性蛋白質不同，沒有任何類固醇、荷爾蒙或抗生素。

扁豆

扁豆發源於中亞，一年生纏繞藤本植物，豆粒小，呈碟狀，有棕色、橘紅色或綠中帶棕等數種。地中海和中東地區都有人吃，在印度特別受到當地人喜愛，通常會煮成一道美味的咖哩扁豆濃湯（稱之為dahl）。印度人也會用扁豆粉做成香脆的餅乾（稱為papadam），美式煮法則是作成豆子湯。

吃扁豆不會放屁

扁豆一成熟，馬上就被曬乾出售。扁豆品種很多，除了西方社會最常看到的棕色系列之外，至少還有五十種，顏色從黃色、橘紅，到綠色都有。扁豆跟豆子不同之處在於不含硫，所以吃了之後不會放屁。想吸收高纖又不想在社交場合出糗的人，可以試試扁豆。

扁豆的歷史悠久，考古研究發現，位於今日希臘的弗蘭克希洞穴（Franchthi Cave）中，最早從舊石器時代和中石器時代就有扁豆（距今約一萬三千到九千五百年前）。另外，在敘利亞的姆列比特（Mureybit）和特拉布尤瑞亞（Tell Abu Hureya）兩地，也發現中石器時代末期的扁豆；西元前八千年巴勒斯坦的耶律丘（Jericho）也有扁豆遺跡。古代希臘人吃扁豆的方式很多，還包括扁豆麵包。在大齋期間買不起魚的天主教徒，就吃扁豆代替。而雙凸透鏡被命名為lenticular，靈感就是來自扁豆（lentil）的外形。

吃扁豆治高血壓和高血糖

扁豆之所以享有盛名，是因爲內含大量的可溶性纖維。纖維在經過消化道時會形成膠狀物質，吸附高膽固醇形成的物質。可溶性纖維也會延長胃部清空食物的時間，使糖分慢點進入血液，這就是扁豆等高纖食物的升糖負荷很低的理由。由於纖維使食物消化速度減慢，所以血糖和胰島素不會一下子就降低。血糖和胰島素經常很低的人也會有糖尿病，減重會更困難。不管有沒有糖尿病，高纖飲食跟較佳的「血糖控制」相關性很高，而且體重管理也會做得比較好。常吃高纖食品，罹患癌症

與心臟病的風險也比較低。

一杯扁豆的蛋白質含量頗爲可觀，約有十八克。還不只這樣，同一杯還可提供十六克的纖維質。扁豆的葉酸含量也非常高，同時還有七種以上的礦物質，一杯的鐵含量佔每日營養素攝取量基準值的百分之三十七，錳含量佔百分之四十九。錳是很重要的微量礦物質，對於成長、生育、傷口癒合、腦功能，以及糖、胰島素與膽固醇的正常代謝，都是不可或缺的角色。

前面提到，在印度特別受到當地人喜愛的印度扁豆湯，可惜它有一項缺點，就是他們會先將扁豆去掉外殼，這會降低扁豆的營養成分，特別是纖維質。

料理很簡單

烹煮扁豆時，不需要像其他豆類一樣要先浸泡，只要二十至三十分鐘就能煮好。棕色和綠色扁豆煮過之後也不會變形，適合拌在生菜沙拉裡，或是跟其他菜一起煮，以豐富菜色。紅色扁豆比較快煮，最適合煮濃湯，也可以跟其他口感較軟的菜一起煮。

鷹嘴豆（埃及豆）

鷹嘴豆有皮膚病！扁豆和其他豆類都有「光滑」的外表，唯獨鷹嘴豆凹凸不平，近看的話會發現它一塊一塊隆起來很像鳥嘴（名副其實!?）。千萬不要以貌取豆，它可是最早被人類耕種的作物之一，而且在全世界廣受喜愛。

豆類吃得越多，就越能降低冠狀心臟疾病的風險。曾經有一項嚴謹的大型研究，以一萬名美國男女爲對象，控制了受試者健康習慣等干擾變項，結果發現每周多吃豆子四次以上的人，跟每周吃少於一次的人相比，冠狀心臟疾病的風險降低了百分之二十二，心血管疾病發作情況降低百分之十一。

每杯鷹嘴豆的纖維含量可達十二點五克，是所有食材中的纖維巨人，僅次於扁豆（十六克）。根據歐盟癌症與營養追蹤調查（European Prospective Investigation into Cancer and Nutrition, EPIC）的結論，吃最多纖維的人跟吃最少量的人相比，罹患直腸癌的風險降低了百分之四十。雖然沒有其他研究提出相同的結果，不過大部分的營養與健康專家都認爲，高纖食品的益處非常可觀。鷹嘴豆很適合成爲你增加膳食纖維攝取的開始。

料理很簡單

自然食品專家伍德女士提醒大家，不要只吃沙拉吧提供的鷹嘴豆，因為你會錯過其他很棒的吃法。她建議把豆子跟蒜頭、乾燥的小茴香種子一起燉到軟，這是一道香濃可口的人間美味。鷹嘴豆用煮的、醃的或烘烤，都是替代堅果和洋芋片最好的零食。

鷹嘴豆讓你不再吃過量

纖維，尤其是可溶性纖維，也可以降低血中膽固醇濃度，並且降低血糖的吸收速度，這對糖尿病人和必須注意血糖的人（如代謝症候群）很重要。要降低第二型糖尿病的風險，應該嘗試吃高纖飲食。豆類比起馬鈴薯或其他小麥製食品，使血糖上升的速度都較低。另外，高纖食物也有助於減重，因爲高纖的東西會讓人咀嚼較久，給身體更多的時間下達已經不餓的訊息，所以不容易讓人吃過頭，也會拉長飽足感的時間。此外，高纖食物通常體積大，熱量少，很適合體重管理，賓州大學羅絲醫師的研究已經證實了這一點。

鷹嘴豆有一比一的鈣和鎂、適量的葉酸、大量有益心臟健康的鉀（每杯四百七十七毫克）、功效強大的抗氧化礦物質硒，還有二盎司的植物性蛋白質。

聽 專家怎麼說

史蒂芬・辛納屈醫師

辛納屈醫師是認證合格的心臟科醫師、生物能心理治療師、營養學暨抗老專家。擅長結合傳統醫學、替代醫學、營養學與心理學來進行心臟病治療。我推薦他所寫的經典之作《女性心臟感》(*Heart Sense for Women*)。他二〇〇六年還出了一本新書《速食減肥》(*The Fast Food Diet*)。

辛納屈醫師沒辦法從他十二項健康食品中刪掉任何兩項，所以我只好讓步。以下的食物全都是有機、天然、野生，或是放養的食品。以下就是他日常生活中的飲食內容。

1. 蘆筍：富含葉酸、維生素C和穀胱甘肽前驅質。
2. 酪梨：含有大量維生素E、穀胱甘肽以及單元不飽和油脂，身體不用特別分泌胰島素來回應。
3. 洋蔥：生菜沙拉可加入生洋蔥切片，含有重要的類黃酮素，包括可以支持免疫系統、促進攝護腺健康的槲黃素，也是造成「法國矛盾」（指法國人高脂飲食卻少罹患心臟病的特殊現象）的主要營養成分。
4. 菠菜：菠菜含有葉黃素，可預防視網膜黃斑部退化，有助肺臟與心臟健康，同時也是鈣質的最佳補充來源之一。
5. 野生藍莓：藍莓含類黃酮素，不只促進眼睛黃斑部和視網膜健康，也會使腦部神經元的訊息傳導更有效率。
6. 石榴汁：研究發現石榴內含強效的抗氧化物，會讓頸動脈和心臟的硬塊斑沉積慢慢消退。
7. 放牧水牛：水牛肉的飽和脂肪非常少，是極佳的蛋白質來源，肉質也沒有生長激素、抗生素或是其他化學物質的污染。草食的水牛肉有珍貴的omega-3脂肪。
8. 野生阿拉斯加鮭魚：提供蛋白質和必需類胡蘿蔔素-蝦紅素的優質來源。類胡蘿蔔素可預防脂質過氧化作用，還有助修補DNA分解產物。野生鮭魚肉比碧蘿芷（pycnogenol）的功效強大十七倍，比維生素E強大五十倍。鮭魚肉含類胡蘿蔔素，故呈橘紅色。
9. 綠花椰菜：綠花椰菜的硫類化合物可幫助人體排毒。它是蘿蔔硫素與吲哚-3-甲醇等防癌成分的主要供給來源。用新鮮大蒜和橄欖油蒸煮花椰

聽 專家怎麼說

荣，對心臟可帶來莫大的益處。

10. 杏仁果：杏仁果內豐富的單元不飽和脂肪裡，含有珍貴的營養素γ－生育醇，可中和對內皮細胞膜產生強大破壞力的過氧亞硝酸基（自由基的一種）。

11. 海帶：海帶含有全部的五十六種礦物質，其中最特別的就是甲狀腺所需要的天然碘質。另外還有身體運作必需的鎂、葉綠素與褐藻膠。

12. 大蒜：整顆烤大蒜不但有助於血壓與膽固醇控制，還能讓身體排除重金屬（如汞與鎘）帶來的毒素。大蒜在二次世界大戰時被俄國人用來當成盤尼西林，也可中和各種細菌、病毒與黴菌，是完美的保健食品。

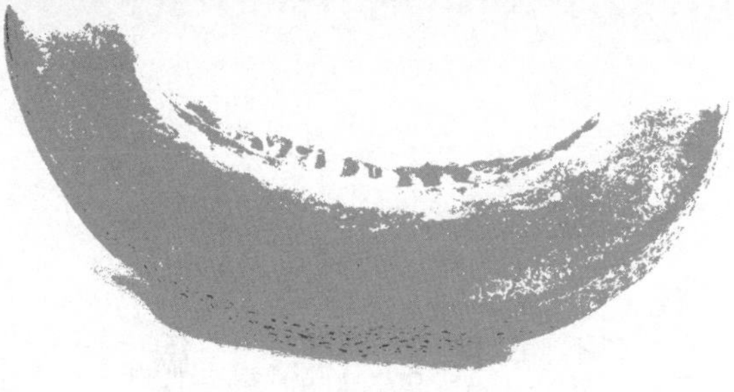

4 水果類

只要是水果都好，沒有不健康的水果。

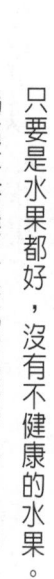

為這本書選水果就和選蔬菜篇的蔬菜一樣令我很頭痛，比選其他種類的健康食材更傷腦筋。令我左右為難的不是如何挑，而是要怎麼樣剔掉也很值得推薦的水果，才能讓篇幅保持在合理範圍內。沒錯，有些水果無庸置疑，即使只能選十種也一樣會進榜，比如蘋果、藍莓和芭樂。如果讓水果組成明星藍球隊前進奧運，那這些水果的等級就如同球星布萊恩（Kobe Bryant）。以藍球隊員來比喻，有些水果是屬於全能球員，雖然也很強，不過太多種，一時之間還選不出來。比方說楊桃，就沒有明星水果有那麼多的營養素，而且不夠普遍，外形也過小，所以只能委屈楊桃進入「叫我第二名」排行榜。

爲什麼落榜？

挑選哪些，有時候是看可得性和方便性，有時候則考慮最易取得的形式。以石榴爲例，這是很好的水果，可是吃的時候很麻煩，而且可食用的部分不多。另一方面，石榴果汁又很容易買得到，所以它在果汁類就值得推薦（見第二九四頁），在水果類則不幸落榜。諾麗果（noni）和巴西莓（acai）也是類似情況。諾麗果吃起來很可怕（可是諾麗果汁就不會，見第三〇四頁），而且只有在熱帶地區才吃得到。巴西莓眞的只有在巴西才有，但它的果汁就比較容易買得到。枸杞就不同（見第一三四頁），在美國不論是果實還是果汁都有。我最後決定選果實，因爲大家對於枸杞果汁比較不熟悉。

雖然「多吃蔬菜水果」已經被重覆說了無數次，早就是陳腔濫調，不過從血糖的角度來看，水果和蔬菜還是壁壘分明的。如果有人把刀架在我脖子上，逼我從中選一樣，我會毫不猶豫地選擇蔬菜。盡管水果很好，但是含大量糖分，對血糖和胰島素控制會是一場災難。因此，有些特別的菜單上（比如低醣菜單）就規定前幾周不能吃任何水果。水果裡的營養素，蔬菜也幾乎都有，但對血糖的影響非常地小。

血糖高，還是可以吃水果？

難道控制體重或血糖就等於不能吃水果嗎？並非如此，只是在這種情形下，水果不能無限量地吃。如果你擔心吃太多糖分，或是在減重、有糖尿病或代謝症候群，最好還是多去了解升糖指數和升糖負荷（詳見本書序）。體重正常、沒有血糖問題的人，吃水果一點也不需要擔心。直接吃、打果汁、生吃或入菜，讓水果變成你日常飲食的一部分（當然，還要吃更多的青菜）。如果體重超重、糖尿病或有其他需要控制血糖的情形，就不應該毫無節制地大吃葡萄和香蕉。

古代希臘人把「認識自我」四字箴言用黃金刻在德爾菲的阿波羅神廟入口，這是千古不變的道理。有些人的體質對糖分的反應比其他人敏感，這沒有辦法。套句莎士比亞的名言——「對自己坦誠」，就是：選對食物，也是做出正確人生選擇的重要關鍵。

桃

桃子符合我對於「真正水果」的想像。雖然它在水果圈裡，可能不是明星級的營養品，但健康食品的要件卻一樣也不缺：低卡，一克半的纖維，分量不多也不嫌少的鈣、鎂、磷，維生素A、C和K，β-胡蘿蔔素、鉀。除此之外，還有一些抗癌、抗發炎的類胡蘿蔔素：β-隱黃質，甚至有葉黃素和玉米黃質，是近來被認為有益眼睛健康的類胡蘿蔔素明星級成員。

大小適中，熱量只有三十八卡的水果，能做到這些算很好了！桃子的另一項優點是低升糖負荷，意指對血糖的影響很低。

桃子新世代

桃子在未來幾年中甚至可能升等為「明星級」水果。關於這點，德州農業實驗站（Texas Agricultural Experiment Station）有話要說：「目前的趨勢是開發更有健康概念的品種，因為現在的消費者越來越注重健康，買東西時也會考慮這點。」大衛．拜恩（David Byrne）醫師如此表示，他是實驗站的研究人員，栽種桃子有二十年的經驗。「二十年前，桃子講究的是要種得大又漂亮。雖然現在這還是很重要，不過我們更看品質，也嘗試開發更健康的桃子。」在某些抗氧化植化物的排名當中，桃子已經名列前矛，並展現絕佳的抗氧化、抗細菌，以及抑制腫瘤生長的活力。

這種水果也很好吃，我沒忘記講吧！

桃子源於中國，桃樹在古代中國被視為生命之樹。桃子與油桃都只能在成熟後摘取，否則難以熟成。處理的時候也要小心，只要稍微碰撞，很快就會爛掉。黏核桃是果肉緊貼於核；離核桃則相反，果肉與核可以分得開。

杏桃

如陽光般美麗、小巧又美味的杏桃，熱量低，卻充滿了豐沛的營養素，怎能令人不愛？兩顆中型杏桃有一克半的纖維，一千三百四十八IU的維生素A，胡蘿蔔素七百六十六IU、鉀一百八十一毫克，還有對健康帶來多項助益的植物固醇十三毫克。杏桃還含有稱為β-隱黃質的類胡蘿蔔素，具有強力抗氧化作用，似乎能降低肺癌與直腸癌的風險。

有些研究顯示，β-隱黃質可降低三成罹患肺癌的風險，其他研究也指出，可降低四成一罹患類風濕性關節炎的風險。飲食中必須要包含一點油脂才能吸收β-隱黃質，因爲它跟其他類胡蘿蔔素一樣都是油溶性的。所以杏桃和杏仁果眞是一組絕佳的健康配對，不是嗎？

杏桃來自中國，生長在中國大陸的時間長達四千多年，野史記載，杏桃是被亞歷山大大帝帶到西方。美國的杏桃大多數產自加州，不過還有許多來自中東與近東的品種，尤其是土耳其。我還記得我最早光顧的「天然食品」店當中，就是一家土耳其人經營的，他們對於來自家鄉、營養豐富的杏桃感到特別自豪。

乾杏桃或燉杏乾可以吃嗎？

乾杏桃是廣受喜愛的「健康食品」，也是綜合堅果棒這種零嘴裡常有的內容物。因爲極度濃縮的關係，所以糖分稍多，熱量也較高（半杯的乾杏桃有一百五十七卡，而兩個新鮮小杏桃只有三十四卡），而且不知什麼原因，裡面也沒有β-隱黃質。不過還是有很好的β-胡蘿蔔素和維生素A。另外的選擇是燉杏乾（半杯不添加糖的燉杏乾有一百零六卡），很好吃，而且鉀與纖維的含量更高，也富含β-胡蘿蔔素和維生素A，但依然沒有β-隱黃質。β-隱黃質只能自新鮮完整的杏桃攝取。

小常識

位處偏遠的喜瑪拉雅山區小國亨札（Hunza），以杏仁為主食，並以人人健康長壽而聞名於世。

木瓜

我小時候住在紐約，離木瓜的熱帶家鄉有千百哩之遙。還記得常光顧一家專賣熱狗和木瓜汁、叫做「Orange Julius」的店，看到店員把新鮮木瓜丟進果汁機裡攪拌後，才讓我品嘗到異國水果的滋味。那時沒有人不喜歡木瓜汁的，即使現在，我也還沒見過不喜歡木瓜的人。所以說，哥倫布把木瓜喻為「天使之果」，不是沒道理。

木瓜酵素助消化、紓緩疼痛和發炎

木瓜和鳳梨是消化酵素最佳的補充來源。木瓜含有木瓜酵素（papain），有助於分解或消化蛋白質，還可能具有抗發炎的功效，常被做成消化酵素補充品，或是治療關節炎、運動傷害的酵素補充品中的主要成分。

木瓜是鉀質巨人。一顆大小適中的木瓜含有七百八十一毫克的鉀，熱量卻只有一百一十九大卡，還有五克半的纖維。切塊木瓜一杯的熱量僅五十五卡，還有三百六十毫克的鉀、三十四毫克的鈣、二點五克的纖維、八十六點五毫克的維生素C、五十三微克的葉酸、超過一千五百IU的維生素A、三百八十六微克的β-胡蘿蔔素，以及一百零五微克、保護眼睛的類胡蘿蔔素：葉黃素和玉米黃質。因為有增進免疫系統的維生素C和A，所以我們也可以說，木瓜是強化免疫力的水果。

降低三成肺癌風險

優質的β-胡蘿蔔素近親——β-隱黃質，是木瓜帶給我們的另一項好處（一顆中型木瓜含有兩千三百一十三微克的量）。β-隱黃質似乎能降低肺癌與直腸癌的風險，可降低三成罹患肺癌的機率，也可降低四成一類風濕性關節炎的風險，也有強效的抗氧化特性。

木瓜品種大約有五十種，很多品種是不能吃也沒有在販賣的，重量從八盎司到嚇死人的二十盎司都有。最常見的商業品種是Hawaiian Solo，體型較小。紅肉木瓜跟橘肉木瓜的味道不一樣，後者甜度較高。來自厄瓜多的babaco木瓜是自然雜交種，通常做成罐頭或果醬。如果買硬的青木瓜，還沒成熟也可以煮來吃。要生吃青木瓜，最好挑沒有黑點、外皮沒有受損的。木瓜越來越黃表示正在軟化成熟，什麼時候可以吃？就看變黃的程度了。還有黑色的木瓜籽可以吃，味道略苦，有辣味。

西瓜

西瓜被列為世上最健康食物的理由有三。首先，西瓜含水量非常高；其次，它含有大量的番茄紅素；最後是豐富的維生素A與類胡蘿蔔素，包括較少為人所知卻很重要的β-隱黃質。

西瓜易飽，是減重良伴

沒有人不知道西瓜幾乎是由水所組成，不過它的重要性最近才開始受到肯定。賓州大學的羅絲博士做過無數關於食欲、飽足感和體重控制的研究，得到非常明確的發現：高分量食物（體積大熱量少）是減肥時最佳飲食選擇，食物中的水分可以達到飽足的效果，而水佔西瓜重量的百分之九十二。比如說，蔬菜湯可填飽肚子，而且跟你吃等量的蔬菜、喝等量的水相比，讓我們攝取的熱量較低。羅絲表示，「當你把水加到菜裡面煮成湯，你會得到比兩樣東西分開吃更大的滿足感。水分混在菜裡面，滿足感增加，食欲也就降低，因此會吃得比較少。」從這個角度來看，西瓜是最理想的食物。水跟食物混合之後，使吸收減緩，停留在肚子裡的時間拉長。羅絲的研究顯示，高分量飲食的減重效果比低油飲食法更佳。

西瓜裡的番茄紅素可降低攝護腺癌風險

西瓜的好處不是只有水分而已，它還是番茄紅素的優質來源，據多項研究發現，它可降低攝護腺癌的風險。位於威恩州立大學（Wayne State University）的卡瑪諾斯癌症研究所在一次研究中，提供三十毫克的番茄紅素給即將動手術治療的攝護腺癌患者，連續服用三周，發現病患的攝護腺特異抗原（Prostate specific antigen，簡稱PSA）的數值和腫瘤的惡性都比對照組低，腫瘤也比較小。

其他研究也顯示，多吃番茄和番茄製品的人罹患攝護腺癌的比例較低，主因即爲攝取大量的番茄紅素。在一篇整理七十二篇研究的回顧文獻中，有五十七篇是研究血中番茄紅素的濃度與癌症風險的相關性，其中三十

五篇的結論認爲有顯著相關，最顯著的是攝護腺癌、肺癌與胃癌，另外在胰臟癌、結腸癌、直腸癌、食道癌、口腔癌、乳癌與子宮頸癌等方面，也看得出番茄紅素可帶來保護性效用。

也有科學家指出，光吃番茄紅素營養品也許並不能展現應有的功效。這點讓我更加相信，這些奇妙的植物成分（各種類胡蘿蔔素）和其他營養素，在自然而非人爲的環境中才能發揮最佳的效果。我喜歡西瓜的另一項原因也跟這有關，它富含維生素A與其他類胡蘿蔔素，如β-胡蘿蔔素與較不爲人知的β-隱黃質。有研究顯示，β-隱黃質可使罹患肺癌的機率降低達百分之三十以上，使類風溼性關節炎的風險降低百分之四十一。用β-隱黃質做老鼠實驗，甚至發現具有促進骨骼生長的功效。

西瓜帶來快感？

跟大家分享一則趣味小故事：西瓜對我的朋友——偉大的整合醫學專家和瑜珈大師喀爾沙醫師來說，是排毒聖品。他回憶，某次利用訪問巴西的期間禁食，其間只吃西瓜，「三天之後，我的專注力開始集中，可以進行深入的冥思，讓我經歷到少有的快感。我在坐飛機回國時，享受到脫胎換骨的感覺。」

西瓜是低卡路里、高分量，提供飽足感、解渴，還有不少維生素A和類胡蘿蔔素，包括抗癌的番茄紅素，本身又非常好吃，怎能不愛上它？

小常識

西瓜跟胡蘿蔔一樣，因為它的高升糖指數（GI），常被減重的人視為拒絕往來戶。沒錯，西瓜的GI是高（七十二），但更重要的是它的升糖負荷只有四，非常地低。除非醫生特別叮嚀你不要吃，否則我還是建議把西瓜納入減肥計畫中。

哈密瓜

所有的瓜類都是高分量食物，也就是說，相同重量的食物中，瓜類的水分、纖維和空氣佔的比例都比較高（熱量卻較低）。這項特點何以重要？請見下面分曉。

高分量食物好處多

羅絲博士是賓州州立大學的營養科學家，做過無數關於食欲和食欲控制的研究之後，發現一般人每天攝取的食物不論熱量高低，平均重量約爲三英磅，超過這個量之後就會停下來。也就是，吃高分量的西瓜或低分量的起士蛋糕，只要是重量相等，不管是低卡餐或高卡餐，吃完之後的飽足感是一樣的。

總而言之，富含水分與纖維的高分量、低熱量食物，是你控制體重的最佳選擇。

哈密瓜是如假包換的高分量水果。一大顆哈密瓜的熱量只有二百七十七大卡，比多數的甜點少很多，而且一次還可能吃不完（通常是切一片或半顆）。哈密瓜有百分之九十是水分，但是羅絲博士從她豐富的研究中得到的結論是，瓜類的水分可以讓人的飽足感持續很久。（還有，不知道爲什麼，吃含水分的食物，比一邊吃東西一邊喝水的飽足感更能持久。也就是說，吃瓜果和喝湯，控制食欲的效果比吃固體食物配水喝還好。）

哈密瓜預防高血壓和中風

雖然哈密瓜的高分量和低熱量很重要，但讓它成爲最健康食物之一的原因不只有這些。它有非常豐富的鉀和維生素A。一小杯哈密瓜切塊就含有高達四百二十七毫克的鉀（另有少許鈣和鎂）。已經有大量研究結果證實，吃含鉀食物可能降低心臟病和中風的風險。鉀也是維持正常血壓不可缺的要角。最近的研究發現，常吃富含鉀的食物的人比不吃的人，血壓有明顯的降低。有一篇回顧文獻整理三十三篇針對鉀影響血壓的研究，發現每天從食物、補充品當中攝取二千三百四十毫克鉀質的人，罹患高血壓的機率降低百分之二十五。在已經有高血壓的人身上，降血壓的效果更明顯。

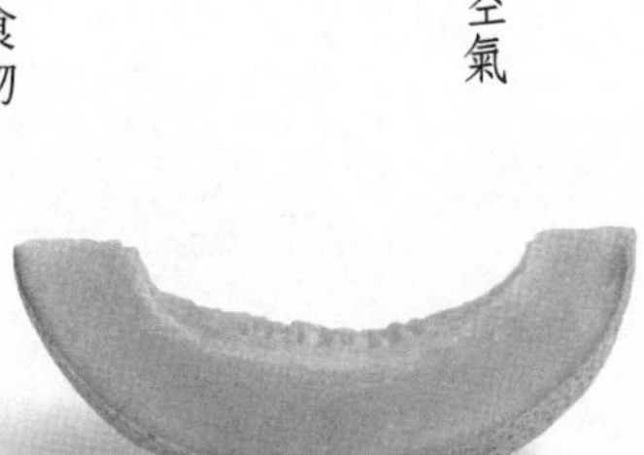

鉀還有另一項可能的貢獻，即預防中風。研究顯示，高血壓患者每日攝取足量的含鉀食物，引發致命中風的風險可降低四成。

比較不爲人知的好處：增強免疫力

此外哈密瓜還含有大量的維生素A與β-胡蘿蔔素。大部分的人都知道維生素A可增進眼睛、身體發育和骨骼的健康，但它對於免疫系統的好處卻不是普遍爲人所知。我認爲哈密瓜是增進免疫力最好的食物之一。

維生素A缺乏會導致體內抵抗發炎的能力減低。不過，這不表示沒有缺乏的問題就用不上維生素A。有證據顯示維生素A會增強免疫力，而且即使沒有不足，也帶來加強的效用。（只要我覺得快感冒的時候，就會連續幾天服用大量的維生素A，以及維生素C、鋅和N-乙醯基半胱氨酸〔N-Acetyl Cysteine〕）。前幾年還有研究證實，高劑量維生素A可預防幅射暴露和化療之後的免疫力降低。

在體內會轉化成維生素A的β-胡蘿蔔素（一種類胡蘿蔔素）本身就是健康成分（一杯切塊哈密瓜有超過三千微克的β-胡蘿蔔素），除了是絕佳的抗氧化物之外，還可以保護身體不因細胞受損而導致癌症發生，也可以預防心臟病。

雖然幾年前有一項「觀察人造β-胡蘿蔔素對吸菸者影響」的大型研究，但並未得到令人鼓舞的結果，不過還是有具說服力的流行病學證據支持，每日吃三份以上的蔬果，可以顯著降低罹患各種癌症與心臟病的風險，且膳食中的類胡蘿蔔素跟預防肺癌也非常有關。

料理很簡單

哈密瓜也可以做成果汁，如果果汁機夠力，可以不去皮。你可以用氣泡水打哈密瓜加西瓜成為綜合果汁，做成冰涼透沁的夏日冷飲。其他的組合，像是檸檬汁或薑也都可以參考。

洋香瓜

洋香瓜也許不像哈密瓜那麼富有維生素和礦物質，不過還是一種高分量食物，既營養又可以幫你減重。

吃洋香瓜控制體重

洋香瓜是眞正的高分量水果。半顆洋香瓜的熱量只有一百八十大卡，比大部分的甜點少很多（而且，人們通常是切一片或四分之一顆來吃）。洋香瓜有百分之九十是水分，而且瓜類的水分可以讓人的飽足感持續很久。

雖然洋香瓜的高分量和低熱量很重要，但讓它成爲最健康食物之一的原因不只有這些。它有非常豐富的鉀和維生素A。瓜切塊一小杯就含有高達四百零四毫克的鉀（另有少許鈣、鎂和三十一毫克的維生素C）。

已經有大量研究結果證實，吃含鉀食物可能降低心臟病和中風的風險。鉀也是維持正常血壓不可缺的要角。鉀還有另一項可能的貢獻，即預防中風（參見「哈密瓜」）。

補充說明：crenshaw和casaba這兩種甜瓜品種在營養成分上和洋香瓜差不多，富含鉀質，有少許鈣、鎂和維生素C，而且水分佔了大部分，低熱量，非常好吃。

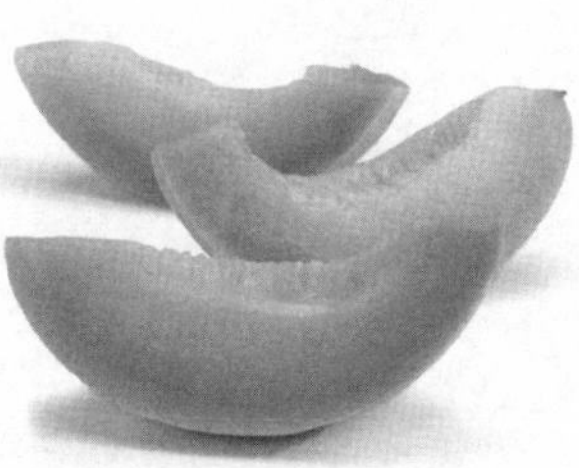

料理很簡單

洋香瓜可以做成好喝的果汁。它跟哈密瓜、西瓜一樣，都可以用氣泡水加其他瓜類打綜合果汁，做成冰涼透沁的夏日冷飲。加薑汁或薄荷也值得一試。

芒果

芒果被喻為「水果之王」的原因不難理解，因為它簡直就是人間美味！芒果來自東南亞，有四千多年的歷史。傳說中，佛陀在芒果林中找到平靜。芒果樹在印度象徵愛情，地位崇高而神聖，有些人甚至相信，向芒果樹許願，夢想會成真。東南亞地區的王室都有專屬的芒果林，代表他們尊榮的地位，所以才衍生出致贈上好芒果的送禮習俗。

芒果是高分量水果，含大量水分，你可以吃很多，但不會攝取到太多的熱量（一整顆芒果一百三十五大卡）。芒果富含鉀、維生素A、β-胡蘿蔔素，還有一些維生素C、維生素K、鈣、磷和鎂，以及少數其他營養素。一顆芒果的纖維超過三克半。很多人認為芒果富含酵素，具有讓食物軟嫩的成分，很適合做醃製的滷汁。

挑選芒果很簡單。成熟的果實會從枝梗的底部散發出濃郁果香。用手指碰觸芒果，如果覺得有點軟，外皮被輕壓後會稍微凹下，就表示可以吃了。使水果熟透的最好方法是置於室溫中，也可以放在紙袋裡以加快成熟的時間。（有些人會把蘋果跟芒果放在一起，讓自然生成的乙烯氣體縮短成熟的時間。）芒果雖然可以冰過再吃，不過常溫下的味道最棒。

需要控制血糖的人要注意水果的攝取量。芒果因為內含糖分，也是被低醣支持者列為不受歡迎的熱帶水果之一。雖然一顆芒果有三十克的（天然）糖分，不過它的升糖負荷其實不是很高，只有八（低於十是「低」升糖，高於二十才視為「高」升糖）。

料理很簡單

芒果肉可以冷凍起來，拿來打奶昔或做成有健康概念的思樂冰。在芝加哥有一家老饕餐館Aliena's有一道菜，由冷凍芒果肉做成的小圓盤墊底，中間放冷凍芝麻油，上面再擺一撮豆子，最後把柴魚片撒在整個盤面上。這道菜令人讚不絕口！

小常識

自然食品專家伍德女士表示，芒果跟毒葛、毒櫟以及毒漆樹一樣，都含有一種有毒油脂叫漆酚（urushiol），會導致接觸性皮膚炎。不過，有問題的部分是皮和汁液，而不是果肉。芒果吃過量可能出現皮膚癢或皮膚疹，不過並不常見。

奇異果

我的好友喀爾沙醫師是國際知名的整合醫學專家，也是《食物即藥石》一書作者。他認為奇異果是最被忽略的食物，還說，「因為它豐富的抗氧化物和植物營養成分可預防疾病，所以常被瑜珈營養治療法用來治癌症和心臟病。」

奇異果的維生素C是柳橙的兩倍

這我倒不驚訝。在紐澤西州新布朗斯威克的羅格斯大學，針對二十七種水果的營養價值進行評估，想找出每盎司營養素含量最多的水果，答案是得到十六分的奇異果，被認爲是所有受測水果中營養成分密度最高的一種。（第二名是木瓜，得十四分，接下來是同爲十一分的芒果和柳橙）。奇異果的維生素C含量最高，幾乎是柳橙的兩倍，還有不少的鎂。兩顆中型奇異果有五克的纖維。奇異果和木瓜、杏桃，在低納、高鈣項目，都超越了香蕉和柳橙。

另一篇刊登在《藥用食品期刊》的研究，檢驗九種不同的水果和果汁，結論是其中八種（含奇異果）可顯著降低血中的氧化壓力（此壓力來自自由基的侵害）。奇異果預防細胞受損的功能，也在更具公信力的《致癌機轉》中得到佐證。《致癌機轉》的研究當中，奇異果不但可以限制DNA的氧化傷害，還可以促使已經受損的細胞展開修復。更好的是，經過不同組別的實驗確認後，結論就是，只要在日常飲食當中增添奇異果，很快地就可觀察到奇異果對受損害細胞的修復功能。

奇異果可清血，不用擔心阿司匹靈副作用

挪威奧斯陸大學的一項研究發現，奇異果的清血功效可以促進心臟健康。現在很多人被建議每天服一顆阿司匹靈來達到同樣的效果，所以能找到替代品，可說是貢獻良多。

根據腸胃病學專家特倫·尼可斯（Trent Nichols）醫師的說法，每天吃阿司匹靈會使腸壁輕微的分解，導致各種問題叢生。挪威研究的主持人亞辛·杜塔羅（Asim Duttaroy）指出，服用阿司匹靈可能產生的副作用，包括胃痛、皮膚淤青或出血等，而吃奇異果幾乎沒有這些風險，奇異果本身也不會跟任何藥物發生交互作用。你可以想像，有一種天然食品，不但可以保護心臟，同時沒有藥物的副作用，是多麼棒的發現嗎？

奇異果連皮和籽打汁喝，可吸收酵素

奇異果外觀像一顆多毛的雞蛋，原生自中國，不過目前都種在澳洲、紐西蘭和加州，果實中的小粒黑色種子可以吃。奇異果打成新鮮果汁很好喝，如果連皮和籽打汁來喝，還可以喝到健康的酵素。

新鮮奇異果的維生素C含量，在水果中算是非常地高。維生素C可預防伴隨著孩童氣喘所發生的呼吸道症狀。

芭樂

許多美國人對於香氣四溢、味道甜美的熱帶水果芭樂的印象，是從果凍來的。芭樂果肉呈紅色（有時是白色），內含營養素之豐富，令人驚嘆。根據美國政府最新的研究，芭樂簡直是抗氧化物中的佼佼者。頗具公信力的ＯＥＡＣ抗氧化力排名系統中，芭樂甚至超前草莓、菠菜和綠花椰菜。（在所有被測試的蔬果當中，紅肉與白肉芭樂都排在前十名，但紅肉分數較高。）

芭樂為何一炮而紅，要先從大明星番茄紅素談起。

番茄紅素對抗攝護腺癌和乳癌

芭樂含有大量的類胡蘿蔔素：番茄紅素，而且高於其他任何的蔬菜或水果。美國人攝取番茄紅素的主要來源是番茄，不過芭樂比番茄更好（一杯量的芭樂和番茄相比，前者的番茄紅素含量高出百分之十七）。爲什麼這很重要？先看這份資料：經實驗證明，番茄紅素在類胡蘿蔔素家族（含β-胡蘿蔔素）當中，清除自由基、對人體的保護力最強。

番茄紅素也會救命。由於它是抗氧化物，一旦被吸收到體內，可以幫助預防細胞受損，若有受損則加以修補。抗氧化物是我們體內的保鏢，讓細胞ＤＮＡ不會遭到自由基的侵犯。自由基造成的退化影響包括癌症和其他病痛，還會使動脈阻塞、關節退化、神經系統遭破壞與老化。

已經有研究提出強而有力的證明，番茄紅素和降低罹患攝護腺癌的風險有顯著相關（參見「番茄」）。番茄紅素也能夠抑制乳癌細胞的生長，研究結果顯示，它可以壓制並延緩老鼠的乳癌腫瘤。針對立陶宛和瑞典人做的研究也發現，血中番茄紅素減少，會伴隨著增加冠狀動脈心臟病發生的風險。

芭樂煮不煮都很營養

煮過或是加工的番茄，比新鮮的更能幫助我們吸收番茄紅素，因爲新鮮番茄的細胞壁結構較粗，必須加熱或加工才能使其分解。但我在美國農業部的朋友布羅赫斯博士表示，芭樂跟番茄不同，它的細胞壁質地比較柔軟，所以不管煮還是不煮，都可以吃到芭樂所有的營養

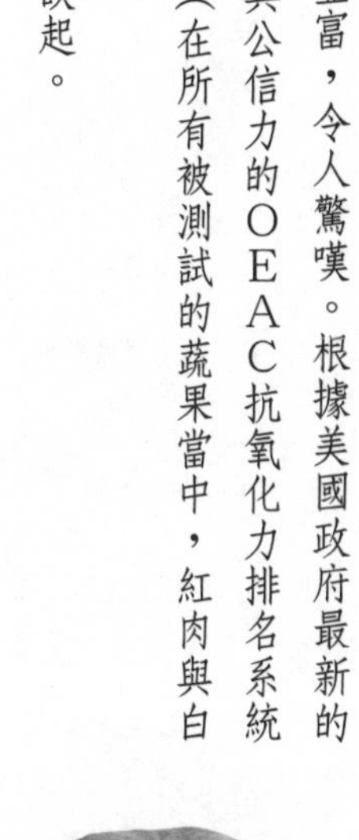

素。

芭樂變成營養之星，靠的不只是番茄紅素，還有鉀質，它可以說是鉀質大王。一小杯芭樂切丁就有六百八十八毫克的鉀（跟普通大小的香蕉一比，還高出百分之六十三）。有大量的研究指出，吃高鉀食物的人，罹患心臟病和中風的機率較低。鉀也是維持血壓正常的重要成分。最近的研究發現，經常吃富含鉀質的食物，血壓會比不吃富含鉀質食物的人還低（參見「哈密瓜」）。

鉀只是開場白，芭樂還可提供豐富的纖維與維生素C

關於芭樂的好處，三天三夜也講不完。它的纖維含量非常高（事實上，如果只看纖維，芭樂會立即登上一百五十名的榜首），一杯芭樂提供的纖維幾乎達九克，是本書纖維含量最高的食材。癌症、心臟病、糖尿病和肥胖症等罹患機率的降低，和食用高纖飲食很有關聯。

如果這樣還不滿足，一杯芭樂會帶來三百七十六毫克的維生素C，可說是維生素C的巨人。除此之外，還有八十一微克的葉酸、少量鈣與鎂，以及豐富的維生素A（一千零三十IU）和β-胡蘿蔔素（六百一十七微克）。就水果來說，已經沒有比這樣更好的了！

有這麼多功效強大的營養素，難怪印度的心臟研究實驗室（Heart Research Laboratory）的研究指出，每天吃五到九顆芭樂（約二至三杯），三個月之後膽固醇可降一成，三酸甘油脂降百分之八，血壓降9.0/8.0 mm Hg，同時HDL-C高密度脂蛋白膽固醇（好膽固醇）也增加了百分之八。

小常識

大家可能會覺得很有意思，就是芭樂樹的葉子雖然不能吃，應用在醫學上卻有很悠久的歷史。荷蘭藥典記載，芭樂葉可治療腹瀉。在今天的拉丁美洲、中非、西非和東南亞，人們拉肚子依然會用芭樂葉來止瀉。秘魯的草藥醫學將芭樂葉用來治療腹瀉、胃腸炎、胃不適和經痛。居住在亞馬遜河流域的印第安人在嘴破或牙齦出血時，會用芭樂葉煎藥來喝。另外，喉嚨痛、喉炎、嘴腫時，可用芭樂葉煎茶來漱口，如果是皮膚搔癢或流膿，芭樂葉煎茶也可以外敷。二〇〇四年在中國發表的一篇研究指出，芭樂葉含有非常高的酚類成分。

枸杞

支持者宣稱，枸杞是地球上最好的食物之一。這種深紅色的乾果，大小似葡萄，味道特殊，很像蔓越莓和櫻桃的綜合體。西藏人吃枸杞至少有一千七百年的歷史，而中藥也會用枸杞。西藏人和其他地方的人將其視為長壽、養生與促進性能力的聖品。

枸杞眞的可治癌症嗎？

充滿異國風情的漿果和果汁（枸杞汁、諾麗果汁、巴西莓汁）的問題，不是這些水果不夠健康，相反地，它們的營養價值非常高。用在傳統醫療長達數千年之久的東西，如果不是本身眞的很好，是不可能持續保有高名氣的。癥結是出在賣這些食品的直銷公司引起的混亂，每家都強調他們的產品是唯一「正品」，提出各種天花亂墜的健康訴求，做無意義的競爭，在你還沒搞清楚狀況時，就陷入他們的爭戰當中，最後反而變得什麼都不相信。我看過網站上廣告枸杞可以治療癌症，保證讓你多活二十年，還可以讓你變成性超人，這些全是胡說八道。

枸杞是八十種寧夏枸杞（Lycium barbarum）當中的一種，原產於西藏和蒙古地區。雖然有很多有關寧夏枸杞的研究出版，大部分也都有正面的結果，不過沒有一篇的證據足以支持枸杞可以治癌。

抗氧化力可以強化免疫系統

撇開直銷不談，這眞是很棒的食物。我蒐集到的出版品顯示，用寧夏枸杞萃取出的多醣在老鼠身上作實驗，可減輕胰島素抵抗，對動物細胞也有保護作用。寧夏枸杞萃取出的多醣也有很強的抗氧化能力，至少有兩篇研究顯示枸杞對於免疫系統有顯著的影響。有一篇研究指出枸杞可以降低腫瘤的重量，然後至少有兩篇表

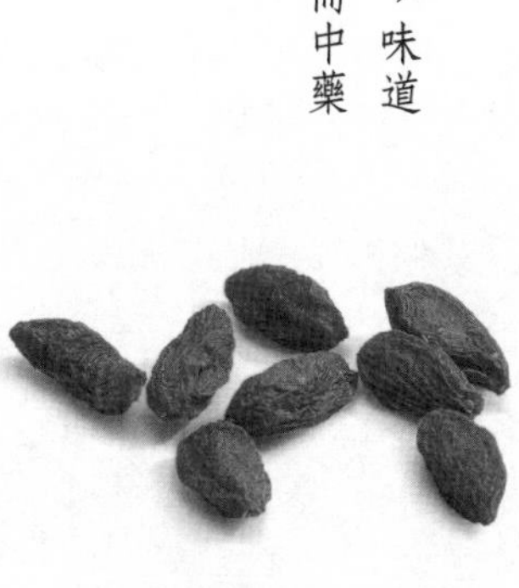

料理很簡單

我個人是會去天然食品專賣超市買有機枸杞果汁。我最愛的「生食」早餐菜單之一，就是生燕麥、杏仁，加上水果切片、椰子刨絲和枸杞。枸杞果汁可加一點石榴汁增添溼潤感，味道更好喝。

示，枸杞可以保護動物細胞不受到ＤＮＡ損傷的影響。

枸杞富含營養是不爭的事實，不過因爲沒有被列入美國農業部的資料庫裡，所以它實際的成分就難以確定。一般的共識，是枸杞含有十八種氨基酸，高達二十一種微量礦物質，還有大量的類胡蘿蔔素與維生素C，同時也是高纖（每分四克）食品。

小常識

枸杞跟中國枸杞是遠親，不過支持者執意反對這個看法，認為二者完全不同。塔納杜克植物研究所（Tanaduk Botanical Research Institute）的研究部主任吉米．多吉（Jigme Dorje）醫師曾經研究過四十一種寧夏枸杞，發現中國枸杞有嚴重的農藥污染。多吉醫師認為西藏的枸杞最好（也最純正），而且應買有機栽種的。

香蕉

香蕉雖然不是有些人想像中的營養藏寶庫，但它絕對是健康食物。大家都知道香蕉富含鉀和纖維質，這兩者對我們都很有幫助。每根香蕉提供的纖維約在三至四克之間。說到鉀質，你也許會第一個想到香蕉，可是如果算每卡路里的鉀質含量，香蕉還是比不上菠菜和花椰菜，也輸給一杯烤豆子、海軍豆、番茄汁、甜瓜或是兩個奇異果。

鉀的重要性

香蕉很容易吃到，熱量也相對較低（每根約一百大卡），最大的賣點就是纖維。雖然其他食物也有等量的鉀，不過每根一般分量的香蕉有四百二十二毫克的鉀，也不能等閒視之。不要忘了鉀在人體內扮演的重要角色，它可調節細胞內的滲透壓和體液的平衡，最重要的是使心跳穩定。

體內鉀質一降低，人會變得虛弱疲累。鉀質不足通常會導致肌肉痙攣。許多醫師也相信，鉀可以預防甚至改善高血壓。

瑞典曾做過一項腎癌的有趣研究，發現經常吃特定食物，包括香蕉、根類蔬菜如紅蘿蔔和甜菜、生菜和高麗菜等，都可以降低百分之五十到六十五的腎癌風險。這篇研究報告刊登在《國際癌症期刊》（*International Journal of Cancer*），受試的女性每周吃四到六次香蕉，跟沒吃的人相比，罹患腎癌的風險降低一半。我的好友喀爾沙醫師在著作《食物即藥石》當中提到，「想要青春永駐的女性，每天要吃一根香蕉。」

香蕉有一項不為人知的好處，就是含有果寡糖（FOS），這個成分基本上，就是要滋養腸道裡的益菌。讀者也許聽過益生菌，像乳酸桿菌就是益生菌的一種。這些都是我們消化系統中的好菌。要維持最佳的健康狀態，必須使益菌保持活力並得到滋養，也就是跟其他的菌種一樣都需要食物。益菌最愛吃的就是FOS，而香蕉就是很好的補充來源。

一篇登在《農業與食物化學期刊》的研究指出，香蕉是果寡糖含量最多的水果（菊芋是蔬菜中果寡糖含量最高的，第二名是洋蔥），最能活化體內益菌，所以香

蕉（和米）一直都是治療腸胃不適、特別是腹瀉的傳統藥方。

香蕉含糖量沒有想像中那麼高

在主張控制醣類攝取量的人（特別是低醣基本教義派）當中，香蕉因爲較甜而名聲不佳。這只能算部分正確，因爲香蕉眞的不像大家想像的那麼甜。

之前提到，食物對血糖上升的影響主要應參考升糖負荷數，十以下是低，介於十到二十之間是中度，大於二十算高。一根普通香蕉的升糖負荷是十二，只有輕微的中度升糖影響。香蕉被誤解的原因，我推測是受到八〇年代低脂早餐的牽連，包括劣質的商業加工麥片、脫脂牛奶、柳橙汁和土司，這些都是讓血糖上升的食品。偶爾吃一根不過熟的香蕉，對大多數的人都沒有問題。

香蕉在瑜珈營養菜單當中，還被視爲體內環保和恢復青春的聖品。

料理很簡單

香蕉的內皮營養豐富，你可以直接吃，或是打成凍飲來喝。

棗子

我聽人家說棗子是「大自然的糖果」，但覺得這個形容無非是賣棗子的行銷技倆，所以不想把它列在最健康的食物排行榜裡，雖然棗子提供的營養在別處是吃不到的……跟大家開個小玩笑！棗子的確有進榜，因為我們要承認，人真的很愛吃甜食。如果真的要吃糖的話，那就把棗子包裝起來賣，至少吃這個甜食對健康的危害最低，而且還有些許益處。那麼，我們就推薦棗子吧！

糖分高，營養價值也高

棗子並不是低熱量、低糖水果。一大顆去核棗子，熱量就高達六十六卡。如果只吃一顆還好，可惜沒人做得到。但這顆棗子，含有幾乎一比一完美比例的鈣和鎂（十五毫克和十四毫克），纖維一克半，超過一百六十毫克促進心臟健康的鉀質，以及少量維生素A、六種其他維生素和礦物質。一般糖果是不會有這些東西的。

還有！哈洛·米勒（Harold Miller）博士的研究團隊曾在《美國營養學院期刊》發表一篇綜合研究報告，採用一套精密的科學方法來分析麥片、水果和蔬菜的抗氧化成分，然後用TE（trolox抗氧化當量，測試食品的抗氧化能力）積分來為食物進行排名。結果卻很出人意料：許多受歡迎的蔬菜的抗氧化能力相對較低。在水果類當中，紅色的李子TE積分最高（二千二百分）。在漿果類當中，黑莓得到五千五百分。在整個TE計分中，棗子打敗強勁對手葡萄乾，得到六千六百分。

市面上買得到的棗子，加工乾燥的程度不一，最常見的半乾棗是德立努棗（Deglet Noor）。六顆德立努棗有一百四十大卡，四克纖維、少許鈣、鎂和頗多的鉀質，達三百二十七毫克。

誰不能吃棗子？

血糖不正常者，包括代謝症候群和糖尿病患，或者正在減重、控制糖分的人，最好別吃棗子。但如果是體育選手，在運動後想吃天然健康食品來補充糖分和熱

量，或是想吃糖的替代品，就可以在家準備棗子來吃。（棗子當中最有名的是加州蜜棗，原產於摩洛哥，大部分人覺得這種最好吃。）

料理很簡單

把棗子切碎，加一點高脂低糖食品，比如有機杏仁和其他堅果，就是很好的綜合堅果點心，補充你戶外運動的能量。

把幾顆去核棗子切碎，加入溫牛奶中混合攪拌，就成為令人放鬆的宵夜零嘴。這不是低醣、低熱量食品，什麼都不低，不過喝起來真的很讚！

無花果

我超愛無花果！不管是新鮮的還是無花果乾，都是肉多味美，口感佳、營養價值高、柔軟而結實，跟蜂蜜一樣甜美。跟棗子一樣，無花果雖然不是地球上營養最豐富的食物，卻是糖果最佳替代品。想吃糖的話，就買這種既甜又有營養的水果吧！

無花果纖維多

無花果除了好吃，並提供樹葉給亞當夏娃遮羞之外，它之所以成名還有幾個原因。

首先是纖維。跟我常常意見相左的美國糖尿病協會，在這點上倒是看法一致：人每天的纖維攝取量，應該達到二十五到五十克。美國國家科學院（National Academy of Sciences）則建議依據年齡和性別，應在二十一到三十八克之間。美國人平均的攝取量是多少呢？區區十一克。哈佛大學研究顯示，吃最多膳食纖維的男性（約每天二十九克）罹患心臟病的風險，比吃最少膳食纖維的人低了百分之四十。高纖飲食也會讓血糖和體重得到較好的控制。六顆無花果有將近五克的纖維，是本書中的高纖食品。

然後還有鈣質。六顆無花果（熱量約一百二十五大卡）給你八十二毫克的鈣（再加上三十四毫克的鎂），這樣的營養素是一杯柳橙汁的三倍之多。

無花果是高鉀食物，六顆的含鉀量是四百七十三毫克。大量研究報告顯示，吃高鉀蔬果可以降低心臟病和中風的風險。要降血壓，鉀是很重要的物質。根據最近的研究結果，常吃高鉀食品的人，血壓比不吃高鉀食品的人還低（參見「哈密瓜」）。鉀還有另一項可能的益處，就是預防中風。有一篇研究就發現，當高血壓的人每天吃高鉀食物（如無花果），出現致命中風的機會減少了百分之四十。

無花果也可以抗癌？

查一下網路，會找到上百筆未具名的資料提到，日本研究發現，無花果因爲內含苯甲醛萃取物，可使腫瘤變小。這只是假設。我找到兩篇苯甲醛的實驗研究，時間都是在一九八〇年間，但都沒有提到無花果可以預防癌症。不過它還是很值得吃，而且誰也不敢說，科學家不會在未來發現他們的確有抗癌成分。在這之前，我們就看在它的纖維、鈣質、鉀質和美味份上，放心地吃吧！

提醒大家：無花果乾較濃縮，含較多的卡路里。

另外，告訴大家一個很棒的點子：路易斯安那州立大學農業中心的營養學家卡翠內．史丹裘（**Catrinel Stanciu**）表示，煮菜的時候可用無花果漿作爲糖或油的替代品。

料理很簡單

自己動手做無花果漿很簡單，用八盎司的無花果和四分之一到三分之一杯的水，在果汁機裡混合打即可。

椰子

我真的很期待寫這一節，因為這正是為椰子洗刷世紀大冤屈的好機會。世人總以為含有飽和脂肪的椰子不是健康食物，其實是大錯特錯。

我先挑明告訴各位：椰子和椰子油都是超級食品，它們都是能讓人體吸收、最健康的食物之一。

小島研究證明椰子的珍貴之處

椰子的好，要從一九六〇到七〇年代的研究發現開始說起。有人觀察到，住在南太平洋島嶼和亞洲的人，飲食中攝取高量的椰子油，卻神奇地都沒有心血管疾病、癌症和其他退化性疾病。一項跨學科的長期研究因而展開，調查常吃椰子的普卡普卡（Pukapuka）和托克老（Tokelau）二座鄉間小島居民的健康狀況。結果出來之後，非常令人訝異。小島居民的飲食雖然以「高油脂」（攝取熱量的百分之三十五到六十是來自椰子中的飽和脂肪）爲主，卻幾乎沒有人罹患動脈硬化、心臟病和直腸癌。消化系統問題也很少看到，那裡的人既結實又健康，也沒有腎臟病和高膽固醇的跡象。不過當地人搬到「大都市」之後，飲食習慣改變，放棄椰子油，改吃理論上「較健康」的精製多元不飽和植物油之後，心臟病的發生率竟然急速上升。

半杯的切絲椰子肉有將近四克的纖維，一百四十二毫克的鉀，十三毫克鎂，不到三克的糖，最重要的是，含有十三克地球上對心臟最好、我們賴以維生的油脂。

椰子的飽和脂肪不必擔心

即使到現在，椰子的形象依然不佳，但這種不白之冤是怎麼發生的？你猜的沒錯，就是它含油脂，而且還是飽和油脂。因爲美國對於飽和脂肪莫名的恐懼和廣爲流傳的錯誤訊息，大部分的人都把含飽和脂肪的食物避之如洪水猛獸。（有位作家在一九六二年曾寫道：「一般美國人對飽和脂肪的恐懼，就好像看到女巫一樣。」我相信這個心態到今天還沒改變。）飽和脂肪不吃過量是正確的，跟反式脂肪相比，我反而不太擔心天然生成且存在於奶油、椰子和蛋當中的飽和脂肪，不過這又是另一個主題。重點是，像蛋（含蛋黃）和椰子這種眞正優質的健康食品，已經不存在美式飲食當中，問題在於人們——包括醫生——對脂肪根本一點都不了解。

我們人需要脂肪，要活下來更不能沒有它。細胞膜就是由脂肪構成，用來提供能量，保護器官。脂肪會製造必要的維生素A和D供人體之用。有些脂肪，如固醇，是性荷爾蒙之類的重要激素的基本分子，更是組成前列腺素的成分，對於人體健康不可或缺。

椰子的中鏈脂肪酸易代謝

我們所知的「脂肪」和「油」，大都是由較小分子的「脂肪酸」所構成。脂肪酸不管是飽和或不飽合，都有不同的組成長度。簡單分類的話可歸爲三類：短鏈、中鏈和長鏈。椰子內含的飽和脂肪主要是中鏈，又稱爲MCTs（中鏈三酸甘油酯），但從生理學和生化學的角度來看，跟「長鏈」飽和脂肪非常不一樣。首先，MCTs代謝比較容易（飽受油脂吸收不良或慢性腹瀉症狀而日益消瘦的愛滋病患，在進行十二周MCTs療程後，有顯著的改善）。其次，MCTs會優先提供身體能量之用，而不會囤積在臀部。第三點，也是最重要的，就是MCTs主要由月桂酸構成，具有抗病毒和抗細菌的功效。除了《醫師藥用指南》（*Physicians' Desk Reference*）之外，初步的證據顯示MCTs對某些癌症患者頗有益處，而且對免疫也帶來正面的效果。

椰子中的油脂有百分之五十是月桂酸，在人體當中會被轉化爲單元月桂酸甘油脂（monolaurin），幫我們殺死病菌。瑪麗．艾寧格（Mary Enig）博士是美國傑出的脂質生化學家，曾經寫過月桂酸和椰子的抗病菌效果，也引述多項研究來證明其免疫增強的好處。她也澄清椰子的飽和油脂會對心臟或健康不好的錯誤觀念。

椰子預防性病

椰子油脂另外有百分之六到七的比例是「葵酸」，在人體內會轉化爲單元月桂酸甘油脂，也具有抗病毒作用，經檢測可以預防皰疹，在抗細菌方面，可預防披衣菌和其他經由性行爲感染的細菌。

雖然有人相信MCTs有助於減重和運動表現（因爲MCTs較易作爲能量而代謝，不易屯積在臀部），但這個觀點還是有爭議（有研究估計出，熱量來源的比例要高於百分之五十才有減重效果，而其他的研究則認爲這個比例過高）。不過，有共識的部分是，MCTs可做爲囊腫纖維症、愛滋病、惡病質（嚴重度僅次於癌症的生理消耗）和兒童癲癇的治療用藥。

若沒有這些問題，從飲食攝取健康的MCTs還是對你有益，而最好的補充來源就是椰子和椰子油。還記得普卡普卡和托克老島居民嗎？他們吃一大堆椰子和幾乎不加工的食品，沒有人有心臟病。在今天，任何美味可口又能增強免疫力的食物，我們都應該要給予認可。

柳橙

好幾年前，當低醣風潮席捲全美時，支持這些論點的醫師們公開表示，柳橙只是糖水，讓柑橘果農大為不滿，揚言要上法院告醫師，這消息鬧得滿城風雨。當時我的書《低醣生活：教你選對最佳策略》正好大賣，所以福斯新聞（Fox News）就請我上他們的知性談話節目，要我跟另一位柑橘果農代表辯論。到攝影棚的途中，我在路上的7-Eleven買了一瓶大廠牌、一人份的柳橙汁。在「辯論」開始不久後，我拿出瓶子，把上面的成分標示大聲唸出來。我還記得，前兩項是水跟糖，而且全部的碳水化合物（醣）大概是五十克。不過，我的對手反駁：你看，這比汽水好多了！我說：「比汽水好？這樣就讓你的柳橙汁變『好』嗎？」當然不！它只不過「比汽水好」。比賽結束。

柳橙汁比不上眞正柳橙

千萬別誤會。眞正的柳橙榨汁不是完全沒有優點。哈佛大學針對八萬七千人所進行的護士健康研究中，每天喝一杯柳橙汁的人，中風的機率降低百分之二十五（雖然喝果汁的人可能是受到其他健康行爲所影響，才有這樣的結果）。果汁裡也含有許多抗癌的類檸檬素，不過和眞正的水果相比，柳橙汁只是二等公民，而且會讓我們吸收太多糖分，健康價値是比不上整顆柳橙的。

所以，我承認我不是很喜歡柳橙汁，特別是所謂的「柳橙飲料」。柳橙本身諸多令人喜愛的優點當中，最値得一提的就是維生素C，它是地球上最重要的抗氧化物之一，不但保持細胞健康，還保護細胞不受到自由基的攻擊（自由基可能會引發癌症、DNA受損與老化）。雖然柳橙因維生素含量高而成名（每顆中型柳橙含六十三點五毫克），它其實還有一百七十多種抗癌的抗氧化植化物以及六十種類黃酮素，具有完整的保健成分。

柳橙療法

柳橙跟其他柑橘類水果一樣，有豐富的抗氧化植化物——類檸檬素（許多用於傳統治療中的植物都富含類檸檬素，如印楝樹），這是使新鮮檸檬和柳橙果皮發出香氣的成分。目前有人在研究類檸檬素是否具有抗病毒、抗黴菌、抗細菌、抗惡性增生和抗瘧疾等各種療效。在實驗室裡做的動物與人體細胞研究中，可看出柑橘的類檸檬素有助於對抗口腔癌、皮膚癌、乳癌、胃癌和直腸癌。類檸檬素的代謝物之一是檸檬苦素，可留在血液中長達二十四小時，從這裡可看出其抵抗癌細胞的能力。早期的研究者曾經猜測，檸檬苦素也許有降膽固醇的功效。目前美國農業部農業研究署（Agricultural Research Services）的科學家正在針對檸檬苦素降膽固醇的功效進行調查。

除了類檸檬素之外，柳橙還有其他有益健康的多酚。如柳橙中最主要的類黃酮素橙皮甘（hesperidin），具有強化毛細管、抗發炎、抗過敏、保護血管和抗致癌物的效果。橙皮甘會與維生素C合作來保護心臟、打擊癌症和對抗感染。這二項強效的抗氧化物聯手，可以降低中風的風險，使高血壓降低，抑制發炎，減少壞膽固醇（LDL）並增加好膽固醇（HDL）。

另外，柳橙還有促進心臟健康的營養素，包括降血壓的鉀、降膽固醇的果膠纖維，還有降高半胱胺酸的葉酸。不僅如此，橘黃色的類胡蘿蔔素「β-隱黃質」也會保護心臟。有許多研究顯示，柑橘類水果會降低多種癌症的風險。最後，柳橙所含的鈣質可強健骨骼與牙齒。一顆大小適中的柳橙，纖維含量是三點四克，所以我們當然要吃柳橙，而不是喝柳橙汁。

切記，果肉是你的益友

要記住，上述這些像是類檸檬素的健康成分，是存在於包覆著柳橙果肉的白色物質裡，甚至是果皮裡。所以我建議大家在吃（榨汁）的時候，整顆都要用，不要忽略任何一部分。如果榨汁來喝，要記得果肉是你的益友，千萬不要丟棄。想榨柳橙汁時，如果有萬用的強力果菜機，就把整顆柳橙連皮一塊兒丟進去處理。

小常識

所有的柑橘類水果，如臍橙、橘子、柳丁、桔柚，都是柳橙家族的一員，儘管營養和類黃酮素的成分稍有不同，但都是有益人體健康。以橘子為例，它所含的柑橘類黃酮素稱為川陳皮素（nobiletin），有一篇研究就指出，「它可從血管壁來抑制巨噬泡沫細胞的形成，預防動脈粥狀硬化。」白語文就是說，橘子對你好有處，要常吃！

檸檬／萊姆

「若人生總是給你酸檸檬……不妨把它榨成檸檬汁，加入六盎司的水，然後一天喝兩回。」賈梭·克羅斯（Jethro Kloss）在他的經典之作《回到伊甸園》（*Back to Eden*）裡，首度提到這項古老智慧。其實他是有私下調查過的。

檸檬也是長久以來用在民間療法的水果之一，只是到現在我們才用科學方法呈現它的健康效益（每次這種事發生的時候，會讓我很興奮）。

當我還在玩樂器時，總記得所有的歌手都會喝熱檸檬水清喉嚨。「檸檬水減肥法」（Master Clenase）是傳統的排毒法，我的好友兼整合醫學專家哈斯醫師很認同這種排毒法，因爲它只有熱水、楓糖、辣椒和有機檸檬汁。另一位好友吉特曼博士，她所有的飲食計畫安排，都一定會放入熱檸檬水，它對肝、膽和消化系統都非常好。自然療法醫師安卓·盧曼（Andrew Rubman）表示，每天喝半顆檸檬擠的汁可提高體內的檸檬酸鹽，對清除腎結石有所幫助。（補充說明：其他的柑橘類果汁沒有這項功效；葡萄柚汁還會帶來反效果，如果易生腎結石者，請避免飲用。）

檸檬分爲酸的和甜的兩種。前者如里斯本檸檬（Lisbon）和尤利佳（Eureka）是最普遍的品種。甜檸檬現在比較能買得到，不過常做爲裝飾用水果。

檸檬皮加熱紅茶可降低皮膚癌風險

大部分的人都知道，檸檬跟其他柑橘類水果一樣，是良好的維生素C補充來源，具有超強的抗氧化和抗發炎功效。光是這項優點，就稱得上是健康水果。不過檸檬還有其他兩種成分——類檸檬素與檸檬油精，都是查有實據的抗癌物質。檸檬油精存在於檸檬皮中，對乳癌、肝癌、肺癌和紫外線引起的皮膚癌等癌症具有化學預防效果，對於乳癌和胰臟癌，也具療效。據亞歷桑納大學最近一項研究，結論就是，柑橘皮加熱紅茶一起喝，可以減少三成罹患皮膚癌的風險（這些傳統秘方眞是神奇：以茶和檸檬爲例，它們的療效一再得到科學的證實）。而且檸檬油精的量也不需很多，就可以

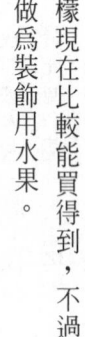

得到這些好處。根據研究人員的發現，只要每周吃一大匙碎檸檬皮，就有非常顯著的健康效果。在做檸檬汁的時候，最好連皮一起，用果汁機打新鮮果汁，不要怕，整顆檸檬連皮都可以放下去！

另一種類檸檬素叫做檸檬苦素，似乎可以降膽固醇。我們就靜待更多的研究證明吧。

萊姆救命

過去的海上探險家前進印度洋和太平洋時，很多水手因感染壞血病而喪命。瓦斯科・達伽馬（Vasco da Gama）在一四九九年航海前往印度時，船上三分之二的水手因此死亡。壞血病的症狀令人慘不忍睹：皮膚變成如墨水般烏黑、潰爛，呼吸困難、牙齒脫落，最可怖的大概是患者嘴巴會長出大片的牙齦組織。絕不會有人想嘗試這般滋味。

現在我們知道壞血症是維生素缺乏之故，主要是維生素C不足，有時還會因吃魚肝油導致維生素A過量，使病情惡化。只有當英國的庫克船長堅持讓船員吃德國泡菜和萊姆汁（採用一七四七年詹姆斯・林德〔James Lind〕醫師研究報告中提到的建議）之後，死亡率才開始降低。不過一直要等到一七九五年，英國皇家海軍才普遍提供萊姆汁給所有海軍成員以預防壞血症。到今天，英國海軍還一直被戲稱為「萊姆兵」（limeys）。

萊姆跟檸檬在營養價值上沒有太大的不同，雖然不能算是營養巨人，不過是很優質的維生素C來源，而且也是食物或飲料常用的酸味添加品，在大部分的料理中都可以加入檸檬，並產生交互使用。

小常識

柑橘易引發過敏症，雖然不像小麥和奶製品那麼劇烈，但對於體質敏感者，有時會帶來不良反應。

葡萄柚

幾乎所有曾經減肥過的人，都聽過梅約飲食（Mayo Clinic Diet）。這套飲食法已經流傳多年，久到連我都不清楚到底是什麼時候開始的。梅約飲食法強調每餐必吃葡萄柚，然後再吃改版（不太好）的艾特金斯飲食法（Atkins Diet）。

問題在於：這套飲食法既不是梅約醫學中心所推薦，也沒有經醫院認可。不管怎樣，葡萄柚減肥法行之多年，還是有很多人認爲葡萄柚具備神祕的減肥功效。我和其他營養學家一直在向大眾澄清這個概念，葡萄柚並沒有什麼神奇功效，因爲它是含有酵素、低熱量、高分量的天然食品，吃下去當然會有飽足感，其實這就是正確減重飲食法的其中一步。

葡萄柚減肥也許確有其事

剛才的話好像說得太早。二〇〇六年春天，位於加州拉賀亞的史格普斯醫院（Scripps Clinic）營養與代謝研究科的內分泌團隊在《藥用食品期刊》（*Journal of Medicinal Food*）發表過一篇研究報告。猜猜看結論是什麼？葡萄柚減肥的傳說也許眞的有科學證據！研究人員想要了解葡萄柚對於體重和胰島素抵抗的影響。代謝症候群（有時是糖尿病）的主要特徵就是胰島素抵抗。研究人員將九十一位肥胖症受試者分成四組。第一組在吃飯前吞一顆葡萄柚丸，第二組是葡萄柚汁，第三組是半顆葡萄柚，第四組是對照組，只吃安慰劑（沒有任何作用）。結果，安慰劑組減了三分之一磅，吞藥丸組減了一點一磅，果汁組減一點三磅，吃眞正的葡萄柚組則減了一點五磅。整體來說，只有新鮮葡萄柚組才達到所謂「統計上顯著」的效果。不過對於代謝症候群患者，跟葡萄柚有關的三組，體重減掉很多，而且每個人的胰島素抵抗情形都有改善。作者坦白他們並不了解其中機制爲何，不過即使如此，減重時吃新鮮葡萄柚不失爲好辦法。

吸菸者多吃葡萄柚

不過，即使不減重，葡萄柚還是很值得吃。德州農工大學（Texas A&M University）的研究人員指出，冷凍乾燥的葡萄柚果肉跟整顆葡萄柚很像，在動物實驗

中，可以降低早期結腸癌的發生率。葡萄柚似乎也可降低吸菸者罹癌的風險。夏威夷大學的研究發現，每天喝三杯六盎司的葡萄柚汁可以降低一種肝酵素的活動。這種酵素被稱爲CYP1A2，被認爲會觸發吸菸時的致癌物。既然可以降低使致癌物生長的酵素活動力，那麼不管致癌物來源是不是來自菸，自然對大家都是有幫助的。提到癌症，葡萄柚（依品種和季節的不同）含有一種類檸檬（limonoid）的物質，可抑制動物癌細胞和人類乳癌細胞的生長，並降低膽固醇。紅色（粉紅色）葡萄柚含有番茄紅素（參見「芭樂」和「番茄」介紹），這是一種類胡蘿蔔素，跟降低攝護腺與其他癌症的風險很有關係。

小常識

吃藥時避免與葡萄柚汁併服。為什麼？葡萄柚汁會使藥停留在血中的時間過長，有時會使藥品血中濃度過高，造成不良反應。會產生交互作用的藥包括抗過敏藥（Allegra，中文名艾來），充血性心臟衰竭藥毛地黃（Digoxin），降血壓與鈣離子管道阻斷劑（如Cozaar，Plendil普心寧錠、Procardia和Sular）、癲癇藥（Carbatrol與Tegretol）、降血脂藥（如路脂定Mevacor、Zocar和立普妥膜衣錠Lipitor）。其他也許還有很多，所以即使沒有服用以上提到的藥，還是小心為上，不要冒險。其中原因就是，葡萄柚裡含有三種物質，都屬於呋喃香豆素（furocoumarin，感光物質），對專司體內藥物代謝和調節的CYP3A4酵素產生抑制作用。科學家一直希望能利用這些酵素阻斷物質的特性，研發出可增強生物體利用率的超級藥品。不過到目前為止，我們還是先不要把處方藥和葡萄柚汁併服。另外，有多項研究也發現，葡萄柚汁會提高腎結石的風險。

紅的好還是白的好？

以色列的研究人員最近發現，飲食中加入葡萄柚可有效降低會導致心臟病的血中三酸甘油脂。這項研究把五十七名做過繞道手術、血中三酸甘油脂過高的病人分成三組。第一組給予一般的「有益心臟」飲食，其他二組吃的內容也是一樣，但一組吃以色列農業專家培育出來的紅葡萄柚（Israeli Jaffa Sweettie），另一組吃一般的白葡萄柚。結果只有吃紅葡萄柚那一組的三酸甘油脂有顯著降低。最令人興奮的，是這組的人之前吃降膽固醇藥都沒有效，吃葡萄柚竟然可以讓壞膽固醇降了百分之二十！「紅色葡萄柚內含的抗氧化物也較高，這可說明它爲什麼帶來不一樣的健康效果。」作者席拉．哥林斯坦博士（Sheila Gorinstein）如此表示。

吃葡萄柚除了有減重、降膽固醇和抗癌的可能性之外（其實這些就已經很吸引人了），也是一個低熱量卻提供鉀與維生素C的良好來源，甚至還有少許的鈣和鎂、二十毫克的植物固醇，和一、二克的纖維。紅色和粉紅色葡萄柚另有維生素A、β-胡蘿蔔素，以及前面提到有抗癌功效的番茄紅素。

葡萄

葡萄是我最喜愛的甜點之一，我的獨門吃法就是吃冷凍葡萄！要吃的時候再從冰庫拿出來，很像冰凍果子露，可以讓你一邊咯吱咯吱地吃，一邊看電視。

葡萄提供了完整、有益健康的營養素，其中很多都有延年益壽的功效。以白藜蘆醇（resveratrol）爲例，這是紅酒成分之一（正是使紅酒享有健康美名的大功臣），在葡萄皮裡也有。

白藜蘆醇屬於植物抗毒素化合物，是植物自行產生，以便抵禦病原性微生物的化學物質。不過白藜蘆醇的功能不是只有保護植物而已，在人身上，高劑量的白藜蘆醇可以降低心血管疾病的發生率以及罹癌風險。

位於芝加哥的伊利諾伊藥學院（Illinois College of Pharmacy）的科學家發現，白藜蘆醇在腫瘤形成的三個主要階段，都能產生保護預防的功能。白藜蘆醇也是可阻擋突變細胞、避免癌症生長的抗突變劑。同時，它也是強效的抗氧化劑，保護細胞，不讓會傷害DNA的自由基進行破壞。

葡萄使你長壽

白藜蘆醇可能是目前最有效的抗老成分之一。哈佛大學醫學院的病理學副教授大衛·辛克勒（David Sinclair）的研究提到，目前所有被實驗過的生物，包括酵母細胞、果蠅、蟲和老鼠，在給予微量白藜蘆醇之後，壽命都大幅延長，所以我和許多人都相信這是最優良的抗老化營養素之一。你完全不需要去吃營養補充品，只要飲食中常吃葡萄就夠了！深色葡萄（紅色、紫色）更好。

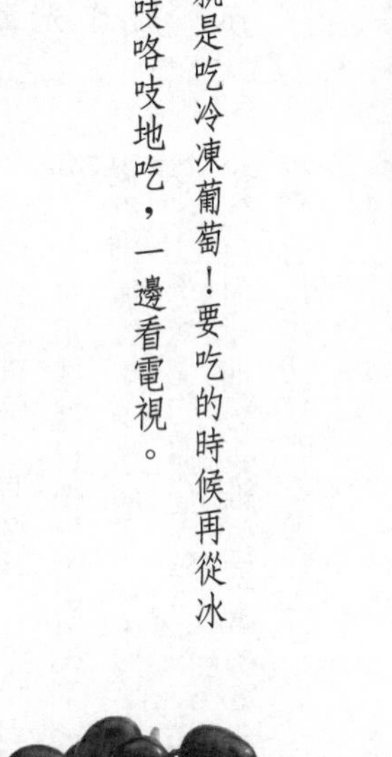

葡萄的好處還不只是白藜蘆醇而已。葡萄籽與葡萄皮，可大量提供一種被稱爲「前青花素」的類黃酮素。前青花素是強效的抗氧化劑，功效比維生素C和E高出好幾倍，會保護人體不受到內在與環境（如吸菸、污染）的壓力。

除此之外，研究也顯示，前青花素可抵消心臟與血管中高膽固醇帶來的影響，進而預防心血管疾病。《醫師藥用指南》中提到葡萄籽的花青素可「保護心臟」，這個說法最近得到西班牙的研究支持。研究團隊讓受試者每天喝一百毫升紅葡萄酒，連續二周之後，結果是壞膽固醇顯著降低，而好膽固醇增加，連發炎指數也隨之降低。前青花素還是絕佳的抗過敏藥。吉娜．妮可（Gina Nick）醫師在《唐森醫病通訊》（*Townsend Newsletter for Doctors and Patients*）中曾經寫過使用前青花素可紓解過敏症狀，也是自然的抗組織氨。

適量吃葡萄

很多朋友都擔心葡萄中的糖分。沒錯，如果你正在控制糖分的吸收，葡萄含糖的確稍高。不過它的GI指數適中，而且最應該注意的是升糖負荷，葡萄的升糖負荷頗低（不到十），所以葡萄以不吃過量爲原則（雖然很難做到）。

一杯葡萄有一〇六卡（而且一杯很快就吃完了），含少量的鈣、鎂、維生素C、A和K，以及分量適中的鉀質（二百九十四毫克），最好連籽帶皮一塊兒吃。很多有益健康的營養素，都是從本來要丟掉的葡萄籽萃取出來的！

不少賣葡萄籽油的廠商一再宣稱他們的產品富含前花青素。不過，獨立研究指出，葡萄籽油事實上是葡萄產品當中前花青素含量最低的。天然食品專家伍德表示，植物的毒素（跟動物的毒素一樣）都濃縮在油脂中，而且植物的脂肪酸集中在種籽，所以，除非有人可以用栽種期完全不接觸農藥的有機葡萄，也不加工精製的葡萄籽油，否則非常不建議買葡萄籽油來吃。

葡萄乾

葡萄乾和棗子一樣也可以稱為「大自然的糖果」。自然食品專家伍德表示，四磅的葡萄除去水分之後，就成為一磅的葡萄乾。她也指出葡萄乾的好處之一，就是採用在日光下曬乾的古法製作而成（雖然還是有一些廠商會用烤爐烘乾），日曬製成的食物都有獨特的能量。另一方面，伍德也提出葡萄乾另人擔心的缺點，那就是，大多數的葡萄乾，都是來自吸收過多化肥和農藥的葡萄。

基本上葡萄乾就是濃縮葡萄，所以一般認爲農藥殘留的情況會更嚴重，所以建議買有機的來吃。

葡萄乾裡豐富的酚類成分，已經一再被證實會產生抗氧化活動，預防體內細胞不受自由基分子的攻擊。史克蘭登大學（University of Scranton）的科學家發現葡萄乾（還有洋李乾、杏乾與蔓越莓乾）的酚成分甚至比新鮮水果時還高（紅棗和無花果乾燥後則比較低）。

硼增進停經婦女的骨骼健康

葡萄乾的硼含量相當高。在美式飲食當中，葡萄乾提供膳食硼的來源，位居前五十名內。我們雖然不常聽到這種礦物質，不過有必要知道，因爲有越來越多的研究發現，它是促進骨骼與關節健康的重要礦物質，特別是對女性。

有一項研究是針對十二名停經婦女，讓她們吃缺硼飲食一百一十九天之後，接下來的四十八天，每日添加三毫克的硼。在第一階段，婦女的鈣與鎂流失程度增加，但是在第二階段卻出現相反的結果。《醫師藥用指南》提到，「硼應是鈣質代謝的重要助力，因此可用於骨質疏鬆症的預防。」

葡萄乾也是重要的類黃酮素供應來源，其中之一爲楊梅素（myricetin），這是美式飲食中最普遍的一種類黃酮素。楊梅素會產生抗氧化活動，試管研究也顯示出抗腫瘤和抗氧化功效，還會抑制澱粉狀纖維（amyloid fibril）的聚集生成，阻止阿茲海默症發生。

各種營養素都有一點，控制血糖的人不要選

以葡萄乾爲例，也許能讓大家了解我的「好朋友謬誤」比喻。我們的朋友當中，總是有人適合一起做某件事，但做別件事就沒那麼好。比方說，某位朋友可以聚在一起談心聊天，但他也許不是最好的網球球友，打球時不會想找他。食物也像這樣，在某方面很好，別的方面又不見得如此。舉例來說，如果想吃低熱量零嘴或是甜的綜合堅果材料，又要好吃、各種營養素都有一點，比如鈣、鎂、磷、鉀、一克半的纖維、不錯的抗氧化能力……那到處都買得到的葡萄乾就可以考慮。不過，如果正在控制血糖、要少吃碳水化合物，那葡萄乾就不是最佳選擇。

酪梨

酪梨是令人讚嘆的水果！不過我們也是最近才有這個體認。它是一九八〇那個恐油脂年代當中的無辜犧牲品。雖然油脂揹的黑鍋還沒完完全全被平反，不過情況已經好很多了。這對一直試圖為酪梨（和其他優質）高油脂食物翻案的我們是好消息，因為它們對健康真的很有好處。

酪梨的油脂好在那裡？

是的，酪梨是高油脂食物，不過大部分都是omega-9油酸（oleic acid），它是單元不飽合脂肪，在橄欖油、夏威夷豆和其他堅果類當中很多。

單元不飽合脂肪其實有降低膽固醇的功效。位於墨西哥市的墨西哥社會安全研究所（Instituto Mexicano del Seguro Social）做過研究，讓四十五位志願者每天吃酪梨，連續吃一個禮拜，結果血中膽固醇平均降低百分之十七。事實上，我認為它更重要的功能是在於改變好壞膽固醇的比例：志願者的壞膽固醇與三酸甘油脂都有降下來，這二種物質跟心臟病都脫不了關係，而會保護人體健康的好膽固醇比例則是上升。

酪梨也富含天然的β-穀固醇，可大幅降低血中膽固醇，也可保護攝護腺。《美國醫學期刊》（American Journal of Medicine）在一九九九年十二月號刊載的一篇回顧文獻，指出有十六項研究證實β-穀固醇可降低膽固醇。

酪梨中的單元不飽合脂肪也跟降低罹患癌症和糖尿病有關。《內科醫學檔案期刊》（*Archives of Internal Medicine*）和美國糖尿病協會（American Diabetes Association）網站上都刊登過的一篇研究指出，採用「中度低醣飲食」搭配較多單元不飽合脂肪的人，減重效果比吃標準美國膽固醇教育飲食計畫的人更佳。順道一提，單元不飽合脂肪是地中海式飲食的主角之一。幾乎所有的重要研究都發現，這種飲食法與降低心臟病罹患風險是息息相關的。

視力、心臟與皮膚健康靠酪梨

酪梨含有葉黃素，這是天然抗氧化物類胡蘿蔔素的一種，可以保護眼部和皮膚健康。戴維·荷伯（David Herber）醫師是洛杉磯加州大學的人類營養學中心（Center for Human Nutrition）主任，也是我很肯定的營養學家，他表示，「加州產的酪梨含抗氧化功效的葉黃素最多，而β-穀固醇阻凝膽固醇的吸收，效果也遠比其他水果來得大。也因此，在保護心臟方面，酪梨在各種蔬果當中成為非常好的選擇。」

雖然酪梨中有幾克飽合脂肪，但我一點也不在意，因為這是天然成分，跟炸薯條用的飽合脂肪完全不同，它不是來自養殖場的動物，也不含大量毒素。許多營養學家跟我一樣，都支持「從飲食當中攝取少許飽和脂肪有益健康」這個看法。也許這聽起來跟主流看法相左，但是我想引用最近登在知名期刊《美國臨床營養學期刊》的一篇報告所說，停經後婦女採用油脂佔百分之二十五的飲食法，把單元不飽合脂肪和飽和脂肪的比例都提高，發現可預防冠狀動脈阻塞（食用高升糖的碳水化合物與冠狀動脈硬化有關）。

酪梨可提供豐富的纖維質（每顆約含十一到十七克）與鉀，還有葉酸、維生素A、β-胡蘿蔔素，以及另一種類胡蘿富素：β-隱黃質。讀者也許覺得我很大膽，不過我會把一整顆剝好皮的酪梨當成副餐吃掉。它只有幾百卡熱量，一大堆有益心臟健康的油脂，一日所需纖維量的三分之一到二分之一，既吃得飽也很好吃，更棒的是幾乎不會讓血糖升高！

小常識

加州的酪梨和佛羅里達的酪梨營養成分有點不同。根據美國農業部的食物資料庫，加州酪梨比佛羅里達酪梨的熱量較低（二百八十九卡比三百六十五卡）、脂肪也低了百分之十三，碳水化合物少百分之六十。而且加州酪梨是二者當中含最多葉黃素與玉米黃質的品種，可保護眼睛，預防視網膜黃斑部病變，最近有很多人在研究。不過，佛羅里達酪梨的鉀則高出加州酪梨百分之二十，鈣和磷的含量也較多。如果注意油脂或熱量攝取的人，可選擇加州產的。不過不管吃那一種都很好，應該要買來吃。

鳳梨

滋味甜美的鳳梨，不但看起來健康，聞起來也健康。最重要的是，它的確很健康，千萬別錯過！

從營養觀點來看，鳳梨之所以得到肯定，是由於它富含有益健康的鳳梨酵素（bromelain），包括幫助消化、讓傷口加速癒合，以及減輕發炎。整合醫學專家安德魯．韋爾（Andrew Weil）醫師表示，鳳梨酵素可消腫止痛，有效治療瘀傷、扭傷、拉傷。它還是天然清血劑，可預防過多的血小板凝聚而使血管堵塞。

鳳梨莖是精華

鳳梨酵素是一種強效的消化酵素，可治消化不良的毛病。鳳梨酵素是蛋白質分解酵素，會從蛋白質中分解出氨基酸。我們可以在藥房買到從鳳梨萃取出、以鳳梨酵素爲主要成分的消化酵素，不需要醫師處方。不過，鳳梨酵素帶來的好處，是多種因素綜合而成的結果，其中大部分我們仍不知其所以然。

澳州昆士蘭醫學研究中心（Queensland Institute of Medical Research）最近研究從鳳梨酵素中萃取出CCS和CCZ兩種分子，發現它們具有對抗癌症生長的潛力。研究主持人崔西．米諾（Tracey Mynott）醫師表示，「我們發現CCS和CCZ蛋白可封鎖許多腫瘤細胞的生長，包括乳癌、肺癌、直腸癌、卵巢癌和黑色素瘤。」特別說明，大部分的萃取物都是來自不能吃的鳳梨莖。

其他營養素也不少

鳳梨酵素大多是從莖部萃取，但是我們不太會去吃莖，而且大部分營養補充品的酵素都是來自莖的萃取。不過有人發現果肉裡也有這種酵素。證據？拿鳳梨來做膠狀甜點實驗一下，你會發現鳳梨酵素會讓明膠無法凝固，變成糊糊的一片。雖然如此，想用鳳梨酵素達到幫助消化、消炎或清血功效的人，最好直接吃鳳梨酵素成分較高的營養補充品。

一杯切塊的新鮮鳳梨，含有每日身體需要量幾乎達百分之百的錳。錳可以維持皮膚、骨骼、軟骨生成健

康，以及維持葡萄糖耐受度的正常，還會啓動超氧化歧化酶（superoxide dismutase，簡稱ＳＯＤ）進行抗氧化作用。依品種不同，鳳梨的維生素C可從二十五到五十毫克不等，還有其他零星的維生素和礦物質，包括鉀在內，一杯裡面有二克的纖維質。而且鳳梨的升糖負荷（測食物對血糖的影響參考值）相當地低。

小常識

一天最低只要攝取一百六十毫克鳳梨酵素，即可看到療效。不過對於大部分的毛病，建議每天分幾次吃，於兩餐之間服用，總量在七百五十到一千毫克，這樣的效果最好。

洋李乾

李子是很可口的水果，也是我們攝取水溶性纖維最佳也最簡單的途徑。水溶性纖維有助於排便順暢，而「排便順暢」這件事，雖然聽起來跟美麗、性感好像無關，但正常排便表示一個人有健康的消化，腸道更是免疫系統和營養吸收的前哨站，對於身體健康的重要性，比你想像的還大。

洋李乾即爲風乾歐洲李

所有的洋李乾都來自新鮮李子，不過並不是所有的李子都可以做李乾，只有歐洲李才能風乾做成洋李乾。多汁的李子沒辦法直接變成李乾，因爲發酵作用會使水果在變成李乾前就壞掉了。

洋李乾的出現要歸功於加州的淘金熱。雖然古代就有人種李樹，但是傳到北美洲時已經是西元一八五六年了，而且還是一名法國人帶來的。他的淘金夢破碎之後，便在加州開闢了九萬多英畝的果園，經營長達三十五年之久。

洋李乾含纖維量很高，具有降低結腸直腸癌風險的功效。纖維對於減少心血管疾病、乳癌、糖尿病和憩室病的危險因子也很有幫助。減重要成功，吃高纖飲食比低纖飲食更容易讓你達到目標。

洋李乾也是維生素A、維生素C、鉀和鐵質的優質來源，還包含大量酚類物質，具備多種健康功效，有很高的抗氧化活力。李子中有二種植物營養素：新綠原酸（neochlorogenic acid）和綠原酸，都是強效抗氧化物，對抗會傷害人體、摧毀細胞的自由基超氧陰離子（superoxide anion radical）特別有效。

洋李乾抗氧化成分最高

經研究證實，洋李乾的成分有助於防止體內的脂肪受到損害。我們的細胞膜和腦細胞多由脂肪構成，所以，能防止自由基攻擊脂肪，就是很大的貢獻。膽固醇也是脂肪的一種，而且只有在氧化（或是受到自由基的攻擊）後才對健康有害。所以只要能夠預防氧化，就會對我們的健康有益。洋李乾在ＯＲＡＣ——氧自由基吸收能力的名次最高，表示它所有的成分聯手，在所有受測食物中的抗氧化保護力最強。洋李乾的抗氧化能力高居第一，是同爲高分的藍莓和葡萄乾二倍之多。

草莓

草莓跟其他漿果一樣，是真正的健康之源。所有的漿果，從草莓、藍莓到覆盆子，都含有抗子宮頸癌和乳癌細胞、保護正常細胞的成分。克雷森大學（Clemson University）檢測各種冷凍水果萃取物對於兩種子宮頸癌細胞株和兩種乳癌細胞株的影響，發現草莓和藍莓顯著地降低子宮頸癌和乳癌細胞的生長。

美國農業部網站上的初步資料顯示，草莓（與藍莓）的抗氧化植化物可抑制腫瘤形成。此外，《農業與食物化學期刊》登載的一篇研究，分析八種草莓的植物性保護成分，包括酚類、花青素和抗氧化能力。八個品種的草莓都顯著地抑制人體肝癌細胞的擴散。還有許多研究分析也指出，草莓具有功效強大的抗氧化活動力。

草莓也有鞣花酸，這在櫻桃和覆盆子的介紹中有詳細討論。從一九六八年開始，就有研究觀察到鞣花酸抗致癌性和抗突變的活動。鞣花酸是許多植物中都可天然生成的酚類化合物，特別是草莓、覆盆子和黑莓。在動物研究和實驗室的模型中，都發現它能抑制特定致癌物誘發的腫瘤生長。美國癌症學會出版的《美國癌症學會替代癌症療法指引》提到鞣花酸是很好的天然補充品，理由是鞣花酸可使癌細胞自體凋亡，卻不影響到健康的正常細胞。

草莓提升暫時記憶力

草莓的成分也可以保護大腦，有助於記憶力提昇。塔夫茲大學和美國農業部在《神經科學期刊》（*Journal of Neuroscience*）上發表過一篇研究，指出動物每天攝取藍莓、草莓和菠菜萃取物，對於改善暫時記憶力有顯著的效果。被餵食蔬果萃取物的老鼠，學習力較佳，動作能力也有大幅增進。這項創新的研究首度讓世人知道，攝取蔬菜和水果可使行爲與神經細胞的官能障礙再度逆轉，出現改善。蔬果萃取物也可以保護老鼠的小血管不受損害。

一杯草莓只有五十大卡，卻有三克的纖維。另外還有鈣、鎂、磷、鉀，以及適量的維生素C（約八十五毫克）。草莓也含有花青素，雖然含量不像櫻桃或覆盆子那麼高，但仍然很可觀。

覆盆子

覆盆子是高纖巨人，光是這項優勢，就足以讓它在健康食品排行榜中名列前矛。一杯覆盆子的熱量只有區區的六十四大卡，卻提供我們高達（要看仔細！）八克的膳食纖維，可說是地球上單位熱量含纖維最高的食物之一（等量的纖維如果換成吃黑豆，會吃到一百多卡路里的熱量）。

當然覆盆子的好處絕不是只有纖維，它含有鈣、鎂、磷、鉀、維生素C和有造骨功能的維生素K。吃低醣飲食的人，一杯覆盆子的碳水化合物「淨」值只有七克。這些你都可以在營養標示上看到，但你看不到的還有更多。

覆盆子的鞣花酸打擊癌細胞，不影響好細胞

覆盆子是地球上最好的鞣花酸來源之一。鞣花酸也存在櫻桃和草莓中，在動物研究和實驗室的模型中，都發現它能抑制特定致癌物誘發的腫瘤生長。

美國癌症學會出版的《美國癌症學會替代癌症療法指引》提到，鞣花酸是很好的天然補充品，理由是，實驗發現鞣花酸可導致癌細胞自體凋亡，卻不影響正常細胞。其中的運作機制是這樣子的：健康細胞的正常生命周期約為一百二十天，時間到了就會自然死亡，這個過程稱為自體凋亡，接著由新的健康細胞來取代，使生命延續。癌細胞就不是這樣，它們不會自體死亡，而是會分裂呈倍數增加，一分為二，二分為四，四分為八，不斷地增加下去。鞣花酸在實驗室裡，被發現可以使癌細胞像正常細胞一樣自我毀滅，但不會對正常細胞產生任何影響。（化療和幅射治療也會殺死癌細胞，不過副作用很大。）

現在還沒有人說鞣花酸可以治療癌症，不過在實驗室可以看到這麼好的作用，不但值得繼續研究，也很令人振奮，也許它眞的可以帶給人類一些好處。

覆盆子是天然的關節炎良藥

覆盆子也含有花青素。花青素除了有顯著的抗氧化功能，還具有抑制環氧化酵素COX的能力。人體會自行製造二種（或更多）的COX，即COX-1和COX-2，後者專司疼痛與發炎的訊息傳導。關節炎用藥希樂葆（Celebrex）和偉克適（Vioxx），就是能夠成功阻隔COX-2傳導疼痛和發炎的訊息。很不幸，偉克適會造成危險的副作用，已經下架退出市場。花青素有類似的功效，卻沒有不良副作用。密西根州立大學針對多種蔬果，調查每一種青花素的活動程度。在所有被檢測的蔬果當中，覆盆子的純花青素僅以些微差距次於櫻桃。

覆盆子是很嬌嫩的水果，在手裡握太久會被捏爛。如果買的是新鮮覆盆子，要小心輕放，趕快吃完。冷凍的也買得到，做成奶昔很好喝！

藍莓

只要跟任何學者專家講到藍莓，一定會聽到詹姆士·約瑟夫（James Joseph）博士的大名。他是美國農業部設在塔夫茲大學人類營養研究中心的神經科學實驗室主持人，他的研究興趣是，人應該吃什麼才會在老年還保有活力。藍莓也因為約瑟夫慧眼識英雄，被公認是增強記憶力的健康食品。

藍莓是頭腦食物

約瑟夫博士將實驗室的藍莓研究戲稱爲老鼠運動大會。他用迷宮來測量牠們的運動神經功能和記憶力，用綜合測驗來評估肌耐力和協調感。老鼠跟人類一樣，從中年開始，就出現各種老化症狀。但是約瑟夫博士在給實驗室的動物吃了藍莓萃取物之後，神奇的事竟然發生了！更準確來說，應該是所有的壞事都沒有發生。

壞事是指心智退化。協調力和平衡力喪失的症狀也都不見了！吃了藍莓的老鼠，好像恢復年輕一般，行動變得靈敏。約瑟夫博士的實驗室，發現了「老鼠的青春不老之泉」。

藍莓的成分中，含有具抗氧化和抗發炎的花青素。發炎與氧化壓力，幾乎跟所有嚴重致命疾病脫不了關係，包括阿茲海默症、巴金森氏症、糖尿病和心臟病，更遑論一般的老化毛病，比如關節炎。光是這二種成分就足以說服大家，藍莓是健康食品大明星。但是它還有其他的好處，其中之一就是讓大腦裡的神經元之間，進行更有效率的訊息傳遞。

藍莓增強你的記憶力

約瑟夫博士說，「衰老的神經元，就像多年夫妻一樣，彼此再也不像以前那麼經常溝通聊天了。」隨著記憶力減退，負責協調和平衡的機制也逐漸衰竭，這就是腦部的訊息傳導，而藍莓成分當中的多酚有能力重新開啓「訊息傳導」這項功能。約瑟夫博士在一次訪談當中表示，「我們不但能夠讓這些神經元彼此交談互通，還可以讓大腦生出新的神經元。」

藍莓是最佳的記憶力強化食品。動物實驗已經證實，每天吃藍莓會大幅降低因爲老化而受損的動作協調能力和記憶力。還有，若想降低血中膽固醇、促進泌尿

系統的健康，吃藍莓可能也有幫助。

歐洲版的藍莓稱爲歐越莓，被認爲可以保護眼睛，預防青光眼和白內障。野生藍莓有大量的花青素、天然抗氧化劑和抗發炎成分，解除眼睛疲勞，改善夜間視力，因此被日本人稱爲「視力果」。目前有人在研究藍莓預防視網膜黃斑部病變的能力，視網膜黃斑部病變是六十五歲以上老人失明的主要原因。

藍莓穩坐衛冕者寶座

所有的抗氧化物和抗發炎化合物都可以預防心血管疾病。經過測試，證實藍莓是世界上具有最高ORAC值的食物之一。ORAC是什麼？ORAC意指氧自由基吸收能力，是抗氧化力的排名系統。科學家會測量各項食品當中不同的抗氧化植化物和抗氧化物的總合效用，根據表現出來的效用看積分排名次。用運動比賽來比喻，我們不會只看個別球員表現來斷定一個球隊好不好，所以即使是食物明星，我們也不會光在意它內含什麼營養素。不管是球隊還是食物，都是看整體的表現。

ORAC就是根據這個原則，告訴你某個食物內含的抗氧化團隊（抗氧化物與抗氧化植化物），帶給你的保護和它們的價值多寡。藍莓：每一次都拿到最高分！

在二〇〇五年五月四日發行的《農業與食物化學期刊》中，指出藍莓含有紫檀芪，降血脂的功能比白藜蘆醇（抗老化成分，也存在於葡萄中）和降血脂處方藥Ciprofibrate功效更佳。它跟白藜蘆醇的機制類似，可調節脂肪酸代謝和血中脂肪，還可以預防動脈血小板的沉澱。

還需要更多理由嗎？抗癌呢？伊利諾伊大學曾經測試水果中對促癌酵素具有抑制效果的特定類黃酮素，在所有受測的水果當中，野生藍莓的抗癌能力最活躍。

新鮮、冷凍，任君選擇

只要每天吃半杯野生或冷凍的藍莓，就可以攝取到這些驚人的健康成分，再棒也不過了。到目前爲止還沒有人做過研究，來比較新鮮、冷凍和罐頭藍莓。不過基本上不管那一種，都含有重要的花青素和花青素原，對健康有莫大的助益。其實，約瑟夫博士做實驗用的，都是冷凍藍莓，跟一般雜貨店冷凍櫃買得到的差不多，經濟實惠，也夠方便。

料理很簡單

你可以將冷凍藍莓撒在生菜沙拉上、泡營養蛋白粉，或是學我最喜歡的冷凍藍莓加優格。優格碰到冷凍藍莓會變得更冰涼可口，變成令你回味無窮，最健康的甜點。

櫻桃

《新聞週刊》（*Newsweek*）最近的文章寫著，「醫生告訴你『先吃十顆櫻桃，明天再打電話過來』的日子也許快來了。」如果從食品資料庫查櫻桃的資料，也許會奇怪為什麼作者這麼說，到底它神奇之處在哪裡？沒錯，它的熱量低，而且跟其他蔬果一樣，是豐富的鉀質補充來源。酸的櫻桃有維生素A。不過櫻桃真正的好處，光看營養標示是看不到的。只有當你真正了解之後，才會恍然大悟，原來《新聞周刊》的評價，是頗有道理的。

探究其因，櫻桃含有多項抗發炎、抗老化、抗癌成分，這些你在營養標示表中都看不到。櫻桃的抗癌成分包括槲黃素（一種類黃酮素）、鞣花酸和芥子醇。

神奇的槲黃素和鞣花酸

槲黃素被科學家視為強效抗癌物，也具有顯著的抗發炎功效，是我用來治過敏和氣喘的最佳補充品。鞣花酸是抗癌和抗細胞突變的天然酚類。

鞣花酸也存在覆盆子當中，在動物研究和實驗室的模型中，都發現它能抑制特定致癌物誘發的腫瘤生長。美國癌症學會出版的《美國癌症學會替代癌症療法指引》（*The American Cancer Society's Guide to Complementary and Alternative Cancer Methods*）提到鞣花酸是很好的天然補充品，理由是，實驗發現鞣花酸可導致癌細胞自體凋亡，卻不影響到正常細胞。史隆凱特林紀念癌症中心官方網站上的研究報告，也指出鞣花酸具有抗病毒與抗細菌的特性。

櫻桃的芥子醇抑制腫瘤生長

另一項成分就是芥子醇。雖然它的啓動機制還不完全為人所知，但它本身和其代謝物似乎可以抑制腫瘤生長。動物模擬研究可以觀察到其對胰臟、胃、直腸、皮膚和肝癌的影響。克里夫蘭醫院的塔席克癌症中心（The Cleveland Clinic Taussig Cancer Center）目前正在進行，多劑量芥子醇對於有乳癌病史健康婦女影響的第一期臨床試驗。

尿酸過多是引起痛風的頭號肇因。科學家也發現芥子醇可降低血中尿酸，戴維斯加大（UC Davis）的研究指出，每日一份櫻桃可降低女性血中尿酸濃度達百分之十五。

喝櫻桃汁也有效

櫻桃汁可帶來健康功效，關鍵在於花青素，這不單是讓櫻桃色澤鮮豔欲滴的色素，同時也可幫助體內消炎。花青素的其他功效，就是顯著降低美國第三大癌症：直腸癌的罹患風險。

醫師與科學家相信，櫻桃之所以會降低血中尿酸、紓解痛風疼痛，就是靠花青素。

花青素就像天然的COX-2抑制劑。COX全名爲環氧化酵素（cyclooxygenase），人體內有兩種類型，稱爲COX-1和COX-2，後者的作用是疼痛與發炎的訊息傳導。關節炎用藥希樂葆和偉克適，就是成功阻隔COX-2傳導疼痛和發炎的訊息，只留下非炎性的COX-1而大受歡迎。很不幸，偉克適會造成一些令我們非常不適的副作用，已經被撤下架，退出市場。花青素有類似的功效，卻沒有不良副作用，在櫻桃（與覆盆子）裡的含量最高，其對COX的抑制效果，跟非類固醇消炎止痛劑（ibuprofen, naproxen）簡直難分軒輊。研究人員還發現除了止痛和消炎之外，經常攝取花青素也可以降低心臟病和中風的機率。

料理很簡單

吃整顆酸櫻桃，或是打果汁來喝，都可享受櫻桃的健康好處。下面是我最喜愛的櫻桃點心，跟各位分享：先買好有機冷凍紅櫻桃放冰箱，要吃的時候再直接從冷凍庫裡拿出，丟入裝在小碗中的生牛奶或優格裡面，讓牛奶或優格瞬間變成半冷凍狀的牛奶冰。攪拌後會變成如Cherry Garcia（櫻桃加巧克力碎片口味）般的冰淇淋，但是營養價值提高了無數倍。這道甜點口味絕佳，是我對抗誘人冰淇淋的祕密武器。

蔓越莓

大多數美國人接觸到蔓越莓的唯一機會，就是在感恩節晚餐，但我們應該多去認識這個小巧可愛的酸漿果。

蔓越莓熱量很低（每杯四十四大卡），且高纖低糖。不過它跟葡萄一樣，很難從一般的營養成分標示當中讓我們見識到它眞正的好處。

蔓越莓預防尿道感染

在美國化學學會（American Chemical Society）第二百二十三屆年會發表的研究中指出，在一般水果當中，紅色漿果具有效果最強大的抗氧化物。蔓越莓具抗癌功能、抑制一般食物傳染的病原體生長，還含有抗病菌成分，幫助預防泌尿道感染（TIU）。

麻州大學達特茅斯分校（University of Massachusetts-Dartmouth）的助理教授凱瑟琳．妮特（Catherine Neto）發現，從蔓越莓當中分離出的數種具生物活性的化合物會殺死不同的癌細胞。她表示「在我們的分析結果中，可看出這些化合物能夠抑制的腫瘤細胞包括肺癌、子宮頸癌、攝護腺癌、乳癌與血癌。」蔓越莓富含酚類物質（又稱爲酚酸），這是可以預防許多疾病的植物化學成分。根據《農業與食物化學期刊》，在二十種常吃水果當中，蔓越莓的酚含量高居第一。半杯蔓越莓就有三百七十三份的酚，比紅葡萄、蘋果、草莓和藍莓還多。

你不知道的蔓越莓

很多人都知道蔓越莓可預防尿道感染，它是藉著不讓細菌附著在尿道壁達成預防的功效（詳見「蔓越莓汁」）。最近又有研究發現同樣的功效也能發揮在口腔裡，不讓細菌黏在牙齒，防止蛀牙的發生。另外，蔓越莓會阻止細菌附著在胃壁上，達到預防胃潰瘍的效果。

要注意，我們是指眞正的、新鮮的蔓越莓。如果買到乾燥和加糖的蔓越莓，你還是可以吃到它所有的健康成分，但是熱量會八級跳（從每杯四十四卡到三百七十卡），糖分也一樣。如果這對你不是問題，比方說你正要爬山五小時，那乾脆和堅果棒一塊兒吃！如果不是的話，乾燥和加糖的蔓越莓還是不要吃過量。你可以在超市的冷凍食品區買到整顆蔓越莓，這是做凍飲最好的材料。如果你不敢吃太酸的，那就加點天然甜味劑：木糖醇，它對血糖的影響很低，但是味道很像糖。

蘋果

「一天一顆蘋果，醫生遠離我」簡直是句老掉牙的話，歷經時間的考驗之後，證明這句語是對的。喀爾沙醫師表示每天吃一顆蘋果的男性，心臟病發作的機率可降低達百分之三十二。

大家對蘋果的最初印象，是被亞當與夏娃偷吃的水果，不過它已經扭轉這個禁果形象。如果要替蘋果寫一份健康履歷表，隨便都可以寫成一本書。流行病學研究發現，蘋果和癌症、心血管疾病、氣喘、糖尿病的風險降低是相關聯的。但蘋果的好處不只這些。

蘋果含有槲黃素，這是一種類黃酮素。根據二〇〇一年梅約醫學中心的研究，槲黃素可預防攝護腺癌細胞的生長。另一項康乃爾大學做的研究，也證實蘋果果皮的抗氧化植化物會抑制百分之四十三的直腸癌細胞繼續繁殖。此外，美國國家癌症研究所也提出報告，表示像蘋果這種含類黃酮素食物，可降低肺癌風險達百分之五十。

蘋果的抗氧化力高居第二名

蘋果的好處還不只這樣！它有一大堆的抗氧化植化物，包括上面提到的槲黃素，還有兒茶素、根皮苷（phloridzin），以及綠原酸，這代表什麼呢？就是特強的抗氧化力。因爲心血管疾病和癌症被認爲跟氧化性壓力（指氧化作用對細胞和DNA的損害）有關。食物之所以具有療效，主要就是它們可以對抗氧化作用的破壞性。總而言之，蘋果有強大的抗氧化力，在美國人常吃的水果中，它高居抗氧化能力的第二名（屈居藍莓之後）。

蘋果中的酚類成分含量也是排名第二。酚類物質是一群具有生物化學活性的物質，多屬於類黃酮素。類黃酮素的種類上千種，不過你只需要知道這對人體非常好就夠了。跟其他水果相比，蘋果含自由酚類的比例是最高的。這些酚類物質剛從牢裡放出來，才叫做自由酚嗎？實際上這是指它們不會結合水果中其他成分，比較容易被血液吸收，有效率地發揮健康與防癌功效。

吃蘋果會減低腫瘤生長、肺癌與心血管疾病的風險

我們現在可以從數以百萬計的研究中知道，多吃蔬菜水果可以預防許多疾病。以三萬四千四百六十名女性爲研究對象的「護士健康研究」發現，結腸直腸腫瘤（惡性腫瘤）生長風險的大幅降低，和平常常吃水果有顯著的相關。針對單一蔬果的研究並不多，但是在「護士健康研究」和「醫療人員追蹤研究」（Health Professionals Follow-up Study）中，每天至少吃一份蘋果和梨的女性，得肺癌的風險是較低的。另一項在夏威夷做的研究，蘋果、洋蔥和白葡萄柚吃最多的受試者，肺癌風險降低了百分之四十至五十。

其他的研究也都發現類黃酮素（尤其是槲黃素）和發生癌症之間是有相關的。「女性健康研究」中，類黃酮素攝取最多的女性，心血管出問題的風險降低百分之三十五。

吃蘋果和氣喘的關係是，蘋果吃越多，氣喘越少發作。在芬蘭做的研究則是發現，吃蘋果會使第二型糖尿病的風險降低。巴西的研究則是，吃蘋果跟減重有相關。

蘋果內含的果膠是很珍貴的可溶性纖維，可以減少壞膽固醇，同時調節血糖濃度。談到糖，是的，蘋果的確含有糖分（果糖），不過我倒不太擔心（除非你是糖尿病患，或是有嚴重的血糖問題）。因爲蘋果裡的糖，外面包覆著五克的纖維，還有許多營養素，和市面上那些垃圾食物使用的高果糖玉米糖漿完全不能相提並論。俄勒岡州立大學（ＯＳＵ）黎努斯・鮑林研究所（Linus Pauling Institute）的席維娜・蘿迪朵（Silvina Lotito）醫師的研究就認爲，蘋果的果糖也許就是讓這種水果如此有益健康的功臣之一。

骨質疏鬆症與蘋果

對了，好像沒有人提到這點，蘋果是補充「硼」最好的來源之一。礦物質硼具有造骨功能，是預防骨質疏鬆的重要角色。雷克斯・紐罕博士（Rex E. Newnham）最近刊登在《應用營養學期刊》（*Journal of Applied Nutrition*）的一篇論文指出，體內缺乏硼很可能導致關節炎的發生。

世界上不同的人種族群當中，都可以觀察到關節炎和硼的關係。硼似乎也可以提供能量。我的朋友約翰・荷南德茲（John Hernandez）醫師是位於德州聖安東尼整合健康中心主任，他提到一項研究提供三毫克的硼給愛打瞌睡的大學二年級生，立即見效，課堂上再也沒有人睡著了！

蘋果精華在果皮

順道一提，吃蘋果或打果汁時，不要忘掉果皮。蘋果皮具有強大的抗氧化力，可大幅抑制肝癌和直腸癌細胞的生長。只要是蘋果，都有珍貴的酚類和抗氧化成分，不過在抗氧化成分上，傳統品種的五爪蘋果似乎還優於其他品種。

蘋果汁好不好？

很抱歉，答案是否定的。我不會考慮把蘋果汁列入健康食物排行榜。不過爲什麼我還是喜歡自己打的果汁呢？（見第三〇六頁）道理很簡單，自己打的果汁跟超市賣的果汁完全不同。自己打的果汁會保留所有珍貴的維生素、抗氧化植化物質、活性酵素還有蘋果裡其他的好東西（除了纖維）。此外，大部分家裡自己打的，其實是蘋果和其他青菜水果（比如菠菜）的綜合蔬果汁，所以雖然含糖量稍高，但是想到有各種營養素，所以我是可以接受的。至於市面上的包裝果汁，只不過混合了糖水和蘋果香料。也許果汁裡有少許維生素，可是這麼少的營養換取一瓶高糖分飲料，付出的代價太高。也許蘋果汁比汽水好，但也好不到那裡去。我相信，如果大人們不要整天給孩子喝這些東西，絕對可以幫助孩童改正許多影響健康的不良習慣。

叫我第二名

苦瓜

苦瓜其實不是瓜，而是外型似黃瓜的夏日瓠瓜，生長在熱帶的非洲、亞洲和南美洲。英文名稱除bitter melon外，也稱balsam pear。苦瓜含有纖維、維生素A、維生素C、葉酸、鎂、鉀、鋅和錳，但最受重視的，是它降血糖的功效。

苦瓜在歷史上被用來治療各種毛病，從普通感染到糖尿病都有。中國、印度、斯里蘭卡和西印度群島的人都不約而同用苦瓜來治療糖尿病。事實上，它在科學研究中真的被證實含苦瓜素（charantin）等多種抗糖尿病成分。著名的自然療法專家莫瑞醫師表示，苦瓜素比口服抗糖尿病藥Tolbutamide還有效。不過，除了苦瓜素之外，至少還有兩種成分具有降血糖的作用，就是類似胰島素的胜肽和生物鹼類。這三種成分當中，哪一項最有效，或者是三者聯手才能有效降血糖，目前還不清楚，不過科學界幾乎可以確認未成熟的新鮮苦瓜汁可以降低血糖。

還未成熟的苦瓜通常被當成蔬菜來吃，煮的方式很多種，可清炒、蒸煮或煮咖哩。比較積極吃苦瓜的人會加上茄子和洋蔥，做成蔬菜咖哩。苦瓜用煮的方式比較吃不到奎寧的成分，所以苦味會減少。亞洲食品雜貨店裡都可以買到苦瓜，甚至是冷凍的苦瓜。

小常識

專家建議婦女懷孕期間最好避免食用苦瓜，若有吃，則應酌量。

西洋梨

對於香蕉的描述——熱量一百卡，可吃到纖維和鉀質，兼美味可口——也可以用在西洋梨。一個中等的西洋梨有豐富的纖維質五克、鉀質二百毫克，以及一些零星的鈣、磷、鎂、十三毫克的多酚，和保護眼睛的葉黃素與玉米黃質七十五微克。各個品種的梨，包括Anjou、Bartlett、Bosc還有亞洲梨，在營養成分上都沒有太大的差異。

還記得住在紐約時，我常去找全美知名營養學家兼抗老化專家歐茲．格西亞（Oz Garcia），他總是用西洋梨果汁做底，準備排毒飲料請大家喝。雖然目前沒有強而有力的科學證據支持梨子的排毒功效，不過許多自然療法專家認為，西洋梨不像其他水果可能會引發過敏症，所以都建議吃西洋梨或喝梨汁。我也提不出佐證，不過這是流傳很久的古老智慧。我自己最喜歡的蔬果汁，就是用芹菜、西洋梨和薑打成的（見第三〇六頁）。

梨子有豐富的纖維質，是很值得吃的水果。

柿

先告訴大家關於柿子不為人所知的小傳奇（假設很多人都沒聽過）：早期探險家和美國原住民補充熱量而吃的「肉糜餅」（pemmican），是用肉乾和乾果壓製成條狀的乾糧（非常好吃，用草食牛肉做成的味道，更是一絕），而柿子（persimmon）就是主要的水果類材料之一。

上雜貨店就買得到柿子，有分甜柿和澀柿兩種。知道你買到哪一種很重要，因為澀柿要等到果實變軟、成熟後才能吃，否則吃起來很可怕，這是因為有丹寧的緣故，紅酒和茶裡面也都有這類成分。

丹寧在果實成熟變軟之後，會逐漸褪掉，所以水果吃起來不會苦澀。（有個讓水果快速成熟的方法，就是先放在冷凍庫裡，隔天早上再拿出來解凍。）如果不小心吃到還沒熟的澀柿，你一定會覺得那是世上最難吃的東西。不過，千萬不要放棄嘗試柿子變軟的滋味，沒有丹寧酸的柿子，吃起來完全不同。如果是甜柿，則軟硬都可以吃。這兩種柿子，外表看起來都很像奶奶以前常擺在餐桌上的塑膠水果，但他們的味道可是比看起來好太多了（只要你不吃到還沒軟的澀柿子就好）。

市面上的柿子以蜂屋柿（又稱日本柿）和富有柿二種為主。蜂屋柿是美國最普遍的品種，不過是澀柿，所以要記得等到熟透再吃。富有柿是甜柿，軟硬皆可食。另外還有夏隆果（Sharon fruit，又稱以色列柿），外觀圓而味甜，跟富有柿一樣立即可食。

柿子降血脂

有好幾項柿子的研究，雖然用老鼠做實驗，但都非常有趣。其中一項是耶路撒冷希伯來大學哥林斯坦博士所領導的團隊所進行。兩組老鼠都餵食膽固醇，其中一組另外再加餵柿子。通常老鼠吃了膽固醇添加物，血脂會升高，不過有吃柿子的老鼠，血脂的升高幅度卻較低。這組老鼠的壞膽固醇、三酸甘油脂和過氧化脂質（測量受自由基攻擊的受損細胞），都比沒吃柿子的對照組還低。研究者認為柿子具有降血脂功效，同時也是強效的抗氧化物（可保護細胞不受自由基攻擊）。

柿子的果肉和果皮都富含纖維。期刊《植物療法》

（Phytotherapy Research）登載過一篇研究，指出柿子皮萃取物具有潛在的抗癌療效，而且柿子本身也有不少類胡蘿蔔素和多酚成分，對健康很有助益，同時也含有鉀、鎂、錳和鐵質。

最後，南韓曾經做了一項很有意思的研究。從柿葉萃取出的多酚成分，搽在皮膚上可以抗縐紋。我不確定直接吃水果會不會帶來同樣的功效，不過，就像大家說的，「吃了也無妨。」

小果花梨（姬花梨）

有沒有想過，夏娃用來誘惑亞當的也許不是蘋果？信不信由你，有些史學家認爲應該是小果花梨。事實上，有人認爲它才是《聖經．雅歌》裡提到的水果，而不是蘋果。這個推測不無道理，因爲小果花梨的栽種歷史早於蘋果，而且可能在西元前一百年就已經傳到巴勒斯坦。

雖然有這些民間傳說加以美化，但今天的小果花梨外型既不討喜，也幾乎不被拿來生吃，特別是在美國，因爲其中的丹寧成分讓它吃起來酸又澀（在西亞和赤道地區的人會用它做軟化劑和打果汁），所以它是少數要煮過才能吃的水果。燉過或烤過的小果花梨，味道完全不一樣，它在烹煮時會散發獨特的香氣，是煮肉或甜味菜餚最棒的調味料。小果花梨也很適合做成好吃的果醬，跟蘋果醬的質地與口感差不多。

它也富含果膠，果膠是一種可溶性纖維，可降膽固醇並延緩葡萄糖被血液吸收的時間。一顆小果花梨有超過一克半的纖維、一百八十一毫克的鉀和十三毫克的維生素C。雖然沒有明星級的營養成分，但也不妨把它加到健康水果清單上試試看。小果花梨的濃郁芳香，在室溫下可持續數周不散，所以在古代被用來做室內芳香劑。

> **小常識**
>
> 一九九〇年代有人開發出有甜味、可生吃的「蘋果小果花梨」。另外，法國諾曼地也栽培出西洋梨和小果花梨的混種passé-crassane，果肉呈粒狀而結實，很適合入菜，生吃也不錯。想動手做有健康概念的果凍、果醬或蜜餞的時候，小果花梨內含的果膠是不可多得的首選。

楊桃

這個金黃色水果原產於印尼，最特別的是橫切面呈完美的星星狀。目前主要產地爲台灣、馬來西亞、蓋亞那、印度、菲律賓、澳洲、以色列和美國的佛羅里達與夏威夷。

楊桃有酸和甜兩個品種。酸種楊桃稜與稜的間隔比較密，甜品種的稜則是厚而多汁。不過這兩種的差別並不那麼明顯，因爲酸的品種還是帶點甜味。甜楊桃可以直接吃、做成甜點或生菜沙拉；酸楊桃可以做檸檬或萊姆的替代品。楊桃是不折不扣的熱帶水果，在美國只有從七月到隔年二月才買得到。

楊桃是維生素C（每杯四十五毫克）、鉀（每杯一百七十六毫克）與纖維的優良來源。自然食品專家伍德女士表示，楊桃可以清涼、止血、解熱，還有治腹瀉的功效，熱量也非常低。

《食品化學》曾經登載的研究指出，楊桃具有抗氧化成分。楊桃從萃取物發現的成分中，最主要是前花青素成分，其中以表兒茶素（epicatechin）最受矚目，常跟綠茶和紅酒一起被提及，我們應該常吃。

聽 專家怎麼說

巴利・西爾斯博士

西爾斯博士是區域減肥法（Zone Diet）的發明人，是「食物引發荷爾蒙反應」領域中的國際權威。他有十一本關於區域減肥的著作，包括紐約時報第一名暢銷書《區域減肥法》（*The Zone*），以及最新出版的《抗發炎區域》（*The Anti-Inflammation Zone*）。西爾斯是頂尖科學家，專業背景爲生物化學。他任職於發炎研究基金會（Inflammation Research Foundation），進行有關飲食控制慢性疾病的全球研究。西爾斯醫師是我從私人健身訓練轉向營養學的推手。他在一九九五年提出「食物影響荷爾蒙」的理論，在當時是開創性非常高的理論和研究，現在則成爲普遍的知識。不過他的主張讓我逐漸脫離一九八〇年代高醣低脂的主流風潮，使我重新回到學校修習營養學。我們雖然在某些事情上看法不一致，比如對蛋黃及大豆的評價，不過我認爲他是這個領域當中最聰明也是最投入的大師級人物。

1. 野生鮭魚：是補充omega-3脂肪酸的絕佳來源，一道珍饈。
2. 雞胸肉：典型的低脂蛋白質食物，配什麼都合適。
3. 蛋白：方便取得的低脂蛋白質，能夠在任何一餐吃，中和碳水化合物。將水煮蛋取出蛋黃後，塡上鷹嘴豆芝麻沙拉醬，就是很棒的點心。
4. 綠花椰菜／白色花椰菜：兩種都富含纖維、維生素和礦物質，而且碳水化合物含量超低。白色花椰菜煮熟後搗成泥稍微烘烤，就是馬鈴薯泥的最佳替代品。
5. 菠菜：維生素和礦物質的寶藏。橄欖油炒菠菜能提供優質的碳水化合物。
6. 紅椒：紅椒是讓食物秀色可餐的祕密武器，不但含有大量的抗氧化物質與保護人體的抗氧化植化物，還有纖維質。
7. 大麥／燕麥：兩種很棒的穀類，含有豐富的可溶性膳食纖維，減慢碳水化合物進入血液的速度。
8. 黑豆：也是可溶性膳食纖維的良好補充來源。
9. 莓類：全世界最好的甜點，有大量的抗氧化物質，美味可口。
10. 特級橄欖原油：富含強效抗氧化的多酚，是我心目中第一名的油脂。丟掉奶油，改用橄欖油做沙拉醬，任何蔬菜蘸起來都會更加爽口。

5 堅果與種子類

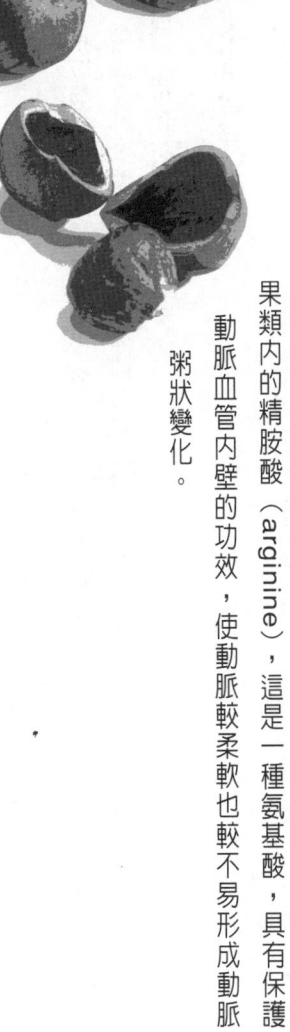

俗話說得好：一天一顆蘋果，醫生遠離我，事實上這句話用在一些堅果上也說得通。經常吃堅果的人，比不吃的人更不容易心臟病發作或死於心臟病。幾項重要的大規模長期研究，包括護士健康研究、愛荷華婦女健康研究（Iowa Women's Health Study）和安息日會信徒健康研究（Adventist Health Study）等等都顯示，每周吃堅果的人，心臟病發作或罹患心臟病的風險幾乎都比一般人低三至五成。

被視為當代最傑出營養學家的哈佛大學公衛學院營養學系主任威立特，表示這樣的結果應該來自一些特定機制，其中一項就是堅果類內的精胺酸（arginine），這是一種氨基酸，具有保護動脈血管內壁的功效，使動脈較柔軟也較不易形成動脈粥狀變化。

精胺酸是構成一氧化氮的重要分子，一氧化氮的存在，會使狹窄的血管再度放鬆，血流恢復順暢。除此之外，堅果有多種活性植物營養素，這些物質都具有強大的健康效益，其中一項就是抗氧化活動，可預防冠狀動脈心臟病。

堅果富含好油脂

堅果當中另外一項公認有益健康的機制，就是油脂。覺得訝異嗎？大可不必。堅果內含的是健康油脂，大部分是單元不飽和脂肪，及一些多元不飽和脂肪。以胡桃爲例，就含有大量 omega-3，好處多得不可勝數。（就我所知的食物成分文獻中，除了維生素C之外，最受歡迎的研究主題非 omega-3莫屬。）我個人認爲，堅果（和種子）中天然的飽和脂肪，對人體不成問題，甚至還有益健康。

堅果與種子所含的油脂，大部分是單元不飽和脂肪。地中海式飲食就是以這類油脂爲主，幾乎所有對這種飲食法的研究，都得到它能讓人長壽及降低心臟病與癌症發生率的結論。著名的里昂飲食暨心臟研究當中，讓兩組曾經在一九八八到一九九二年間有心臟病發作病史的人，分別吃一般的癒後飲食（減少攝取飽和脂肪）和地中海式飲食。經過四年的追蹤結果，發現食用地中海式飲食的人，心臟病發病率減少百分之七十，比服用司它汀的成效多了將近三倍！不僅如此，整體的死亡風險也降低了百分之四十五。

選對堅果

那些堅果最好？事實上，現在還沒有明確的答案。杏仁、榛果、美洲胡桃、胡桃、夏威夷豆和開心果都會改變血液的組合，降低罹患冠狀動脈疾病的風險。而且，不用吃很多就可以達到健康功效。每日一盎司或每周五盎司含有各種堅果的組合就夠了。即使比這個分量更少，應該也沒問題。

克里夫蘭醫院（Cleveland Clinic）預防心臟學與復健科的營養計畫協調人瑪莉沙．史蒂芬（Mellissa Stevens）曾經提出一些好用又有效的小祕訣，讓我們把堅果納入飲食習慣當中。這裡只列出一些我很喜歡的部分：

- 炒菜時加腰果或榛果。
- 大蒜番茄醬上面撒烤松果。
- 吃優格時加杏仁片。
- 菠菜和草莓沙拉拌胡桃。
- 自己動手做堅果棒（我建議用堅果、棗子、葡萄乾和燕麥片）。

當然，不要忘了我多年來一直大力推薦的零嘴：蘋果切片或芹菜條蘸天然花生醬或杏仁醬。

杏仁果／杏仁醬

杏仁果是最早被人類種來吃的堅果食物，也是自古以來最棒的食物之一。真難想像，不久之前杏仁果還被所謂具有「健康概念」的消費者嫌太油。可別小看它們，它們可是真金不怕火煉！

適量食用有助減肥

我們先拋開「吃杏仁果會變胖」這件事。諸如護士健康研究、安息日會信徒健康研究，以及醫師追蹤研究等流行病學研究，都一致顯示，堅果吃最多的人BMI（身體質量指數，測量體重過重的指標）最小。當然，杏仁果含有油脂和熱量，你當然不能一次吃上一大桶還想減肥，不過眞的有許多研究指出油脂（與蛋白質）可帶來高度飽足感，而且適量吃杏仁果的確有助於減重。有一項研究，比較正在減重的兩組，控制總熱量攝取相同之後，從杏仁果當中吸收五百二十大卡熱量的人，減重效果較佳。初步研究指出，杏仁果的細胞壁會抑制部分膳食油脂的消化或吸收，所以杏仁果的熱量中，很有可能有一小部分沒被吸收。無論如何，研究結果很清楚地證實，飲食當中的熱量，如果有部分代換為熱量相等的杏仁果，不會造成等量的體重增加。

若撇開體重的議題，吃杏仁果有諸多好處。美國食品藥物管理局（FDA）在二〇〇三年七月核准一項健康聲明，內容為「在低飽和脂肪與低膽固醇的飲食中，若每日添加一點五盎司包括杏仁果在內的常見堅果類，可降低心臟病的罹患風險之宣稱，雖無法百分之百確認，但有科學證據支持。」讀者不要被「無法證實」的警語嚇到，因為這項聲明背後代表著大量的研究，都指出杏仁果可降低心臟病的風險。有一篇統合分析研究，分析了七篇關於杏仁果的研究報告，結論是杏仁果會使膽固醇降低百分之五點三到七點二，更重要的是，高膽固醇患者的壞膽固醇降幅竟達百分之六點八到十。

杏仁果有益心臟健康

杏仁果雖然可降低膽固醇，但比這更重要的是它含有大量單元不飽和脂肪，對心臟的好處遠超過降膽固醇。杏仁果的油脂中約有七成屬於單元不飽和脂肪，地中海式飲食就是以這類油脂爲主，幾乎所有研究這種飲食法的結論都是，它不但使人長壽，心臟病與癌症發生率也隨之降低。著名的里昂飲食暨心臟研究當中，發現食用地中海式飲食的人，心臟病發病率減少百分之七十，整體的死亡風險也降低了百分之四十五（參見第三十二頁）。雖然受試者的膽固醇沒有太大改變，但這個驚人的結果告訴我們，心臟病絕對不會只跟膽固醇畫上等號。里昂研究的結果太顯著，以致於出現道德爭議，只能中途喊停，請所有受試者改吃地中海式飲食，以大量單元不飽和脂肪爲主，這跟杏仁果內含的油脂是一樣的。

糖尿病患放心吃

一盎司杏仁果含有高達三克的膳食纖維，六克左右的蛋白質，以及八十毫克的鈣質。另外還有磷、維生素E，與豐富的鎂。杏仁果幾乎不含碳水化合物，很適合糖尿病患和必須控制血糖的人食用。

料理很簡單

用杏仁果和水，可以做成好喝的「杏仁奶」。幾大匙有機杏仁果和一杯水，放入果汁機一起打，一下子就做好了！想喝甜一點的杏仁奶，就放一點未過濾的生蜂蜜或是木糖醇粉。

一盎司杏仁果（或是一小撮杏仁醬）再加上一片水果，比如蘋果，就是美味可口的零食，也是我最喜歡的運動前點心之一（西洋芹蘸杏仁醬也很配）。不管是蘋果還是芹菜，熱量都不算多（約二百五十大卡），而且營養也很足夠。

芝麻／芝麻醬／白芝麻

說芝麻是古代食物絲毫不為過，它是史上最早為了取其種子和油脂開始以人力栽種的植物，在東方、地中海與非洲地區特別受到重視。芝麻莢果在成熟時會裂開，《天方夜譚》中有名的「芝麻，開門！」就是源於此。

在坊間一般的健康食品書跟網站上，對於芝麻和芝麻油裡的健康酚類化合物的名稱，有諸多混淆。這不難理解，我們稍後就會知道為什麼。芝麻的油脂中，有五至六成是木酚素類（lignans）的芝麻素（sesamin）和芝麻林素（sesamolin）。芝麻精製時（如榨油時），會再形成芝麻酚（sesamol）與芝麻素酚（sesaminol）兩種酚類抗氧化物。現在清楚了嗎？

芝麻燃燒脂肪

植物成分的木酚素對健康真的很好，這就是重點。芝麻木酚素（包括前段提及的芝麻素與芝麻素酚）會增強維生素E的吸收與可得性、改善血脂成分，維持血壓正常。動物實驗結果顯示，芝麻木酚素藉由提高數種可分解脂肪酸的肝酵素，達到促進脂肪燃燒的作用。（健身營養品製造商當然也不會錯過這項研究發現，立即開始在網站上推出芝麻補充品。有效嗎？我不知道。）

芝麻木酚素也能降膽固醇。最近發表在《血脂研究期刊》（*Journal of Lipid Research*）的一篇研究指出，芝麻能降低血中與肝臟的膽固醇，並建議應針對這個「可能的天然降血脂藥物」進行更深入研究。同樣也是最近在《營養學期刊》的研究發現，二十四名健康的停經婦女在每日食用五十克芝麻粉連續五周後，在總膽固醇、壞膽固醇、膽固醇比例與抗氧化狀況都有改善。研究人員注意到受試者的性荷爾蒙的分泌改善，故提出芝麻對停經婦女也有幫助的建議。

芝麻植物固醇最多，可降膽固醇

因為芝麻富含大量可降膽固醇的植物固醇，所以吃芝麻降膽固醇並不令人驚訝。維吉尼亞理工暨州立大學

的研究團隊曾經針對二十七種不同的堅果與種子進行研究，芝麻（與小麥胚芽）似乎是所有受測產品中植物固醇含量最高的（每一百克含四百毫克）。在所有堅果與種子樣本中所發現的植物固醇，主要是β-穀固醇，它不但可降低膽固醇，還可促進攝護腺健康。

鈣質的爭議

芝麻含鈣量很高，不過是否能被身體吸收，還有一些爭議，因爲芝麻的鈣有一大部分會結合草酸，降低鈣質的生物孳效性。天然食物專家伍德女士認爲芝麻去殼（除去外皮的過程）雖然可把草酸去掉，但同時也會去掉大部分的鈣質、纖維、鉀與鐵質。全芝麻在日本某些地方是飲食當中不可缺少的一部分。他們把未去殼全芝麻加粗海鹽，用高溫烘烤，做成芝麻鹽來調味。全芝麻用高溫烘焙會除去草酸鹽，改善人體對鈣的吸收。

除了鈣質以外，芝麻也是豐富的礦物質、纖維和蛋白質營養素來源。兩大匙芝麻含有鐵、鎂、磷、鉀和錳、銅，佔每日身體需要量的百分之三十五，另外還含

小常識

遺傳性的威爾遜氏病（Wilson's disease）患者，因為無法代謝已被身體吸收的銅，銅會累積在肝臟，所以應該避免攝取過多含銅的芝麻。

有兩克的纖維、三克蛋白質，是堅果或種子類當中蛋白質比例最高的。

試試看把芝麻放在不加油的平底煎鍋上，用中火烘到變成金黃色，可增添堅果風味。芝麻有黑色、咖啡色、黃色，和常見的米色，其中黑芝麻氣味較強烈。芝麻醬是最好的花生醬替代品，而且也常用烘焙過的全芝麻爲原料。白芝麻是去殼的精製產品，也很好吃。傳統的芝麻料理包括鷹嘴豆芝麻沙拉醬，這是中東風味的前菜，用磨碎的鷹嘴豆、大蒜和白芝麻做成。另外還有用烤茄子搗碎加上白芝麻、檸檬汁、大蒜和鹽製成的麵糰，稱爲baba ghanoush。

花生／花生醬

美國前總統卡特應該是第一位告訴你花生不是堅果的人。花生其實是豆科植物，跟豌豆同宗，生長於土裡。因為營養成分跟堅果很類似，看起來也像堅果，所以我猜許多想要在本書中查閱花生的讀者，應該會先從堅果篇找起。

花生抗氧化物含量跟草莓一樣高

花生內含的抗氧化物出奇地高。佛羅里達大學的食物與農業科學研究所（Institute of Food and Agricultural Sciences）在《食物化學期刊》發表的研究報告中，指出花生的抗氧化物含量比許多水果還高。研究團隊成員之一史堤夫．塔考（Steve Talcott）表示：「講到抗氧化物含量，花生跟草莓是並駕齊驅的。花生有很高的抗氧化物，含量還跟許多水果一樣，這讓我們有點意外。」

佛羅里達大學的研究人員也發現花生有一種濃度高的多酚物質，稱爲P-香豆酸（p-coumric acid）。已經有人在研究P-香豆酸的抗氧化與抗癌能力，不過理想的分量是多少，還需要更深入的研究。《美國生理與細胞生理期刊》（*American Journal of Physiology-Cell Physiology*）的文獻顯示，P-香豆酸在老鼠實驗中，是功效強大的抗氧化物，尤其會顯著抑制體內壞膽固醇的氧化。另一篇文獻（發表在《藥理學研究》），在結論提出可考慮「以P-香豆酸做爲癌症輔助治療的效果」。不過，研究用的P-香豆酸在分量與濃度上絕對比花生高許多，我們現在只要先知道這種物質也可從食物中取得就夠了。研究還顯示，烘焙過的花生會提高P-香豆酸的量，整體抗氧化物含量增加的幅度可高達百分之二十二。

吃花生趕走心臟病

千萬別會錯意，花生不是藍莓或羽衣甘藍，當然也比不上抗氧化物群裡的其他群強，我只是說它的抗氧化物跟黑莓或草莓一樣多。然而，花生之所以好，並不是只靠最近才被發現、還不甚了解的P-香豆酸。普度大

學的研究人員對於吃花生影響飲食品質做了一番調查，主要研究者之一理查‧梅茲（Richard Mattes）說：「我們發現飲食中添加花生，可顯著提昇鎂、葉酸、纖維、銅、維生素E和精胺酸的吸收，這些都是預防心臟病的重要成分。」這項研究結果刊登在《美國營養學院期刊》時，還用了非常引人注目的標題：「吃花生改善健康成年人的心血管危險因子」，結論與之前賓州大學的研究結果一致。賓州大學比較吃花生與花生醬，和一般美式飲食的兩組人之後，發現前者的三酸甘油脂減少了百分之十三。

花生也富含菸鹼素，是一種可維持消化系統、皮膚和神經健康的維生素B，藉由釋出碳水化合物的能量，來幫助身體調節血糖濃度。

花生約有一半的油脂是來自單元不飽和脂肪，這是地中海式飲食的主要油脂，幾乎所有研究這種飲食法的結論都是，它不但使人長壽，心臟病與癌症發生率也降低。

近來新品種「高油酸花生」的出現，真是一大福音，油酸就是鼎鼎大名的單元不飽和脂肪的正式名稱。新品種的高油酸花生經過改良後，就含有八成（而不是五成）的油酸，大幅提升單元不飽和脂肪的含量。

小常識

我在自己經營的天然食品店的農產品區，放了一台小型研磨機，你可以把花生丟到篩網中，下面放個容器，開關一開，全世界最濃純可口、營養豐富的花生醬就做成了！這是最純的花生醬，沒有任何添加物，只有花生的種種益處。你也可以在天然食品店裡買店家做好、上面標示天然或是有機的花生醬。不要把天然花生醬和那種糖很多、常用反式脂肪製作的大廠牌花生醬搞混。你吃的花生醬裡，除了花生本身成分之外，絕不能含糖，而且成分更不能出現「部分氫化油脂」（意指反式脂肪）。

南瓜子

市面上男性專用的維生素補充品，特別是「攝護腺強化」配方，在成分中一定少不了南瓜子萃取物。這是因為南瓜子含有β-穀固醇，是治療良性攝護腺肥大頗有功效的植物固醇。雖然攝護腺肥大並不算很危險的病症，卻是十分惱人的症狀，會讓四十歲以上的男性半夜上好幾次廁所。此外，科學家也發現β-穀固醇具有降膽固醇的能力。

揭開南瓜子神祕面紗

諷刺的是，大家對於南瓜子的好處有很多說法，但其實它並沒有那麼多β-穀固醇。維吉尼亞理工暨州立大學的生物化學與化學系的科學家，測試了二十七種美國人常吃的堅果和種子類產品之後，發現南瓜子的β-穀固醇含量相對較低（每一百克的種子含量只有十三克）。不過，這不表示南瓜子對攝護腺健康沒有幫助，事實上有好幾項研究都指出，它可能會和其他像是鋸棕櫚等植物性藥物發揮協同作用。

南瓜子中的葫蘆素（cucurbitacin）被認為可阻礙男性睪丸酮的代謝副產品二氫睪固酮（DHT）的生成。過多的DHT是禿頭和良性攝護腺肥大的原因之一，所有男人都希望DHT越低越好。相信我，這點我最清楚不過！

有沒有烘焙過的南瓜子都好

除了攝護腺之外，好吃的南瓜子也有不少很棒的營養素。維吉尼亞理工暨州立大學的研究團隊刊登在二〇〇五年《農業暨食品化學期刊》中的研究報告，指出南瓜子的植物固醇含量相當高（每一百克有二百六十五毫

料理很簡單

你可以輕鬆地自己烘焙南瓜子，再拌上好油和香料，讓健康加倍。作法是先將一點有機奶油融化（也可用夏威夷豆或橄欖油替代），拌入南瓜子，再全部抹在烤箱油紙上，用薑黃粉、大蒜或辣椒調味後，再放進烤箱烤到脆為止。南瓜子也可以作為綜合堅果棒、炒青菜或生菜沙拉的材料，更不用說我最愛的燕麥粥了！

克），在常見點心類的排名僅次於開心果和葵花子。植物固醇有非常多的健康效益，而降膽固醇只是其中之一。

南瓜子的礦物質含量也很豐富，特別是鎂、鉀和磷。有趣的是，烘焙過的南瓜子蛋白質含量竟然變多（熱量也一樣上升），至少美國農業部的資料庫上是這樣寫的。烘培過的南瓜子有更多的鎂、硒、鉀、鋅、纖維和可抗癌的硒。

不管是生的還是烘培過的，都含有錳，這是很重要的微量礦物質，在發育、生殖、傷口癒合、大腦功能，以及糖、胰島素和膽固醇的正常代謝等，都扮演重要的角色。總之，生（乾）的跟烘焙過的南瓜子，營養一樣豐富。

胡桃

「形象學說」（Doctrine of Signatures）是非常古老、存在長達數百年的草藥學概念，基本信念是，神創造的一切事物都有其獨特的形象特徵，代表著它存在的目的。因為胡桃形似人腦，所以根據形象學說，它存在的目的就是為了保護器官。胡桃和魚類一樣，是真正的「大腦食物」，這是現代科學認同古老智慧的寫照。請接著讀吧！

吃胡桃改變情緒？

胡桃是所有堅果當中omega-3脂肪含量最高的。omega-3有諸多好處，包括降低三酸甘油脂、使血管不易形成斑塊等，還對各方面的大腦功能有好處，其中包括情緒和感覺。哈佛大學醫學院的史托醫師在其著作《Omega-3關聯》（*The Omega-3 Connection*）中，針對「吃omega-3真的能增強情緒嗎？」提出答案：「根據目前的科學與臨床證據，答案是肯定的。」

幾項說服力很強的人口研究結果都發現，大量攝取魚肉（omega-3脂肪酸）和低比例的憂鬱症有關。許多研究中心目前都在進行規模不同的omega-3控制憂鬱症的臨床研究。已經有生化證據顯示，憂鬱症病人（以及其他行為與認知異常者）體內的omega-3濃度都不高。我們可以這樣解釋：我們從飲食攝取的油脂會形成細胞膜，質軟的流體omega-3脂肪可以帶給細胞足夠的靈活度，來進行良好的傳導溝通工作，使負責愉快感覺的神經傳導物質如多巴胺和血清素，能夠在細胞內外通行無阻，並且幫助記憶與思考。所以，omega-3真的是「大腦食物」，而胡桃可以提供很多的omega-3。

胡桃是兒童最好的點心

很多研究都指出在給予學童omega-3補充後，會使他們的注意力集中、減少行為問題，類似注意力缺失症（ADD）的行為也比較少發生。讓小孩吃魚本來就很困難，更別說要他們帶到學校當午餐吃，所以最聰明的辦法就是替他們準備專用點心：胡桃。

胡桃也是體重控制的好幫手。根據洛瑪琳達大學（Loma Linda University）的專家意見，餐前吃一點胡

桃（四到六個半顆）可以降低飢餓感，正餐就會少吃。該校營養學系主任瓊安．沙芭博士（Joan Sabate）表示：「胡桃能解除飢餓感，而且是天然的營養補充品，讓你可以在不吃很多東西、攝取很多熱量的前提下，獲得很多必要營養素。」

不過，如果你的飲食已經是高熱量，千萬不要以爲多吃胡桃可以減肥。你可以做的，就是用你常吃的東西，代換成相等熱量的胡桃。胡桃除了提供營養之外，甚至還會自動幫你控制食欲。

胡桃幫助發育、生育和腦功能

胡桃跟大部分的堅果類一樣，都是營養豐富，而且礦物質特別多。營養素包括蛋白質、纖維、鈣質、鎂、磷和鉀。胡桃的錳佔每日身體需要量將近一半，對於發育、生育、傷口癒合、腦功能，以及糖、胰島素和膽固醇正常代謝都很重要。

自然食品專家伍德女士提醒大家，買胡桃時要挑帶殼的，要吃之前再敲開。不過這樣做太麻煩了，我們可以買去殼的整顆胡桃，只要確定果仁是白色沒有變黃即可，黃色表示果肉已經腐敗。伍德也說，有機胡桃的殼比較偏深咖啡色，不過外表的顏色會依樹枝受到日曬程度多寡而異。

常見的胡桃有英國胡桃（但幾乎來自美國加州）和黑胡桃（Black Walnut），黑胡桃才是原生於美洲。兩個品種只有在營養成分上有些許差異，英國胡桃的蛋白質較少，油脂稍多。不過兩種都很棒！

小常識

胡桃與胡桃油裡的omega-3脂肪和魚肉中的omega-3不一樣。提出omega-3具有保護心血管功效的研究，都是談到魚裡面的EPA和DHA兩種omega-3脂肪。而胡桃（與亞麻籽）裡面的omega-3則是ALA。理論上，人體可以從胡桃提供的ALA產生EPA和DHA，但實際上效率不高。話說回來，胡桃的ALA還是一種非常好的omega-3，本身也有特殊的健康功效，我建議大家可以從飲食中的魚或魚油補充品當中，直接攝取EPA和DHA。

美洲胡桃

美洲胡桃之所以享有健康食物的盛名，主要歸功於單元不飽和脂肪。單元不飽和脂肪跟有益健康的橄欖油成分是一樣的。美洲胡桃還有鉀、維生素E、植物固醇等豐富的營養素，以及可降膽固醇的植物性β-穀固醇。一份美洲胡桃有將近三克的纖維質。

哈佛大學曾經做過三項研究，證實美洲胡桃等堅果是健康食品，有兩篇研究報告還登上素有名望（也相當保守）的《美國醫學期刊》。其中一篇提到，食用堅果可能會降低第二型糖尿病的風險。另一篇則提到多吃含有水果、蔬菜、堅果、全穀類的飲食，少吃精製穀類，是有效預防冠狀動脈心臟病的方法之一。我還在唸書時，大家會以「ＰＡＷ」這個單字來記美洲胡桃（pecans）、杏仁果（almonds）和胡桃（walnuts）這類很健康的堅果。

美洲胡桃是美國原生植物，主要產於德州、路易西安那、密西西比和喬治亞等州，而且品種高達三百多種。美洲胡桃要趁新鮮（收成後三周內）吃完，否則很快就會臭掉。美洲胡桃容易臭掉，以及它之所以健康，關鍵都在於高含量的油脂。但未剝殼的美洲胡桃，不像剝殼的果仁，會很快變質。裝在真空盒拿去冰箱或冷凍庫冰起來，則可以放上一年。

吃堅果小心別過量

要非常注意堅果的食用分量，它雖然很健康，卻是高熱量（一盎司的堅果＝一百九十六大卡），很容易引誘人多吃。我完全不怕吃堅果的油脂，因為那都是好油，從好油攝取應有的熱量，又何必耿耿於懷？所以油脂含量高不高，對我不會有任何影響。但是，當我看到有人一包接一包的吃，就很替他們擔心了。請注意：如果你的意志力不夠堅定，那就從家庭包拿出剛好一份（每份約二十個半顆）的量，其餘的則先藏起來吧！

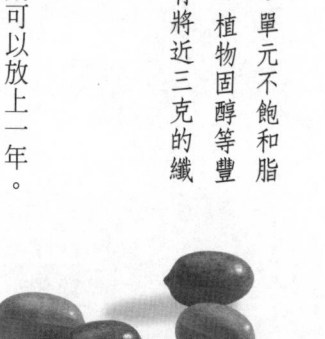

巴西栗

巴西栗的含硒量，在我所知道的食物中是最高的。正因為如此，它才可以穩居健康食品的地位。有大量的研究顯示，硒這種微量元素具有保護人體、對抗癌症的作用。根據《醫師藥用指南》的記載，硒具有「抗氧化、免疫調節、抗致癌性與抗血管粥化的效果」，簡單來説就是可以保護細胞、增強免疫系統、抗癌，也有助於預防心臟病。硒的健康履歷真的是非常有看頭！

除非特別補充含硒營養品或是吃巴西栗，否則只能在一般飲食當中，像是魚、菜或是吃到硒的動物（牛、雞）中吸收。不過透過這種方式攝取到的硒，會依青菜賴以生長的土地含硒量（以及我們吃多少魚）而異。住在土壤缺乏硒的地區，人的硒攝取持續不足，會出現各種毛病，癌症病患也較多。早在一九八四年，芬蘭就開始在肥料中添加硒，以提高國民硒的攝取量。美國北部內布拉斯加和達科塔州的高原區，因爲沒有火山沉積，土壤含有非常豐富的硒。其他地方就沒這麼幸運了，更何況許多美國人吃的蔬菜量本來就不夠，所以可以推測，很多人體內這種會保護健康的礦物質是不夠的。

硒攝取過低，會伴隨著增加攝護腺癌、肺癌、結腸癌、胃癌和皮膚癌的發生率。它也是健康的免疫功能不可或缺的物質。還有，硒似乎也有助於穩定精子結構，至少在老鼠實驗是如此。不過研究發現，不孕男性的體內硒含量也偏低，所以對人類來説也許眞的適用。

硒也有助於中和有毒金屬的影響。硒似乎會附著一些有毒金屬，阻止它們活動，最後幫助人體將其排出。硒有助於將活性較低的T4（甲狀腺素）轉爲活性較高的T3（三碘甲狀腺素），是讓甲狀腺維持正常的重要成分。如果你正在服用一般的甲狀腺藥，如左旋甲狀腺素（Synthroid），它是純的T4，這時就需要硒來轉化。硒缺乏症一旦發生，可能會使甲狀腺功能受損。

巴西栗是補充硒的最佳選擇

無庸置疑，巴西栗是補充硒的最好來源。一盎司（六到八粒果仁）就有高達五百四十四毫克的硒（蛤蜊、牡蠣、鮪魚、火雞和牛肉也是不錯的選擇，不過都遠不及巴西栗）。此外還有蛋白質、鈣質、每盎司兩克的纖維，以及有益心臟健康的單元不飽和脂肪。

夏威夷豆

我在還沒寫這本書之前，艾特金斯博士就與世長辭了，所以沒有機會請他提供前十名健康食材名單。不過我很確定，如果他有給名單，夏威夷豆一定會上榜。他曾經說過：「我一直在找尋一種營養完整、可以當正餐吃、當零嘴又令人放心的食物。現在我只需要準備一罐夏威夷豆就好了，只要正餐有延誤，我就先吃這個來墊肚子……這是我搭機必備的東西。」（羅伯特．艾特金斯，《健康啓示錄》，一九九六年十一月）

我不會說夏威夷豆是「超完美食物」，不過可以確定它是非常好的食物。夏威夷豆的油脂中，有八成以上是單元不飽和脂肪，比例高於所有其他堅果類（橄欖油七成五是單元不飽和脂肪）。單元不飽和脂肪是地中海式飲食的主要油脂，幾乎所有研究這種飲食法的結論都是，它不但使人長壽，也能降低心臟病與癌症發生率。大家對於單元不飽和脂肪有益健康，幾乎沒有爭議，而夏威夷豆正是富含這種脂肪。

夏威夷豆有助降膽固醇、促進攝護腺健康

一盎司的夏威夷豆含有鈣、磷、鎂（可強健骨骼和牙齒）、有益心臟的鉀和好幾克的纖維，也有少量具顯著抗癌功效的微量礦物質硒，以及「β-穀固醇」這種植物固醇，β-穀固醇經研究可降膽固醇，維持攝護腺健康，可能還有抗發炎功效。

夏威夷豆熱量很高，每盎司約有二百零四大卡，所以想減肥的人不要瘋狂地把整罐都吃光，一個禮拜之中，建議有兩三次換吃一盎司熱量相等的夏威夷豆。

開心果

一篇刊登在《美國營養學院期刊》的文章，特別以開心果為研究對象，得到結論，以開心果來取代從其他膳食油脂攝取的熱量，可以改善血脂，也會降低冠狀動脈的罹病風險。另一篇刊登在《營養、代謝與心血管疾病》期刊上，指出健康的志願者食用開心果後，氧化壓力降低、總體膽固醇與好膽固醇都有改善（三酸甘油脂和壞膽固醇也有降低的趨勢，但並未達到統計上顯著的結果）。一般相信，總體膽固醇和壞膽固醇的比例，最能預測罹患心血管疾病風險，在本研究當中，開心果組的比例降了百分之二十一。

如果開心果有公關經理人，那麼近來登在《農業與食物化學期刊》上的研究結果，鐵定會讓這位經理人雀躍萬分。這篇研究檢驗了二十七種不同的堅果與種子，是目前為止關於這類食物最完整的分析。雖然開心果的植物固醇含量不是最高（最好的是芝麻和小麥胚芽），但是在一般人會當點心吃的食物當中，它在植物固醇的含量上還是登上寶座（每一百克含有二百七十毫克）。維吉尼亞理工暨州立大學所組成的研究團隊表示，「由於植物固醇影響膽固醇代謝有許多可能的機制，所以有必要對不同食物做出植物固醇的含量估計。」在所有堅果與種子樣本中所發現的植物固醇，主要是β－穀固醇，不但可降低膽固醇，還可促進攝護腺健康。

吃開心果，免疫力立增

不加鹽開心果的鉀納比例很高，有助於維持血壓正常與體內的水平衡。開心果也含有功效強大、具抗氧化作用、還會增強免疫系統的維生素E。（開心果中的維生素E幾乎都以γ－生育醇〔gamma-tocopherol〕的形態存在，比一般營養補充品中最常見的α－生育醇有更好的健康功效。）開心果含鎂、磷，以及少量其他礦物質與維生素和植物固醇。開心果核萃取物在實驗中也展現顯著的抗病毒活動。而且，開心果很好吃！

不過要注意，有些種開心果的農夫或進口商會用染劑把開心果染紅，使果仁暴露於化學物質中，所以購買時盡量選擇外觀平實的就好。

腰果

我愛極了腰果，誰不愛呢？但曾經在短暫的低醣風盛行時期，腰果的碳水化合物因為比其他堅果類來得高，所以成為不受歡迎的食物。但是除了忠貞奉行低醣飲食的人，這點不足以阻止你去享受這種美食。

常吃堅果，少得心臟病

除了吃的時候讓人心花怒放之外，腰果的好處跟一般的堅果類食品很類似。經常吃堅果的人比不吃的人，比較不會心臟病發作或較少死於心臟病。幾項很重要的大規模長期研究，包括護士健康研究、愛荷華婦女健康研究和安息日會信徒健康研究等，都顯示每周吃堅果的人，心臟病發作或罹患心臟病的風險幾乎比一般人低三至五成。

腰果所含的油脂有一半是單元不飽和脂肪。地中海式飲食就是以這類油脂爲主，幾乎所有研究這種飲食法的結論都是，它不但使人長壽，也使心臟病與癌症的發生率降低（參見第三十二頁）。跟碳水化合物相比，單元不飽和脂肪具有降低壞膽固醇的功效，並提高可保護人體的好膽固醇。

腰果熱量低，礦物質含量高

腰果和其他堅果比起來熱量稍低，但碳水化合物的比例較高。它跟其他堅果一樣都富含礦物質（鎂、鈣、磷、鉀、銅和硒），高蛋白質（每盎司五克），還有一克的纖維。

有一些小常識供你參考：「生」腰果不是眞的是生的。腰果仁外面有一層含苛性油的保護層，會刺激皮膚，所以被歸類爲毒葛植物。苛性油可在傾斜、外有排孔、會轉動的圓桶中（噴出來的油會使皮膚起泡，故不用淺鍋），經加熱去除。當苛性油去除之後，剝殼工人會灑水使其冷卻。最靠近熱源的腰果容易焦掉，成爲較便宜的次級品，不過還是一樣營養好吃。（等級一的腰果是白色的，等級二則稍有烤焦。）

小常識

熱菜加腰果時，應該等上桌前再加，因為腰果一下子就會軟掉。

榛果

榛果是個大家都不愛的小可憐，至少你不會想把它擺在好萊塢華麗盛會的點心桌上。當然，你還是會看到碗裡面幾顆沒人拿的榛果，這是因為商人還是會把榛果放入整包綜合堅果中。這真令人遺憾，因為它對我們真的很好。

榛果有助控制膽固醇和良性攝護腺肥大

榛果跟美洲胡桃很像，含有β-穀固醇這種植物固醇，研究發現它有兩項非常重要的功效，其一是降膽固醇，第二是減緩良性攝護腺肥大的症狀。幾乎每一名四十歲以上的男性都有類似的困擾，讓他們半夜起來上好幾次廁所。男性攝護腺肥大對身體雖無害，卻是件惱人的毛病。權威醫學雜誌《刺絡針》（*Lancet*）刊出一篇研究報告，研究人員給予攝護腺肥大的男性每日三次二十毫克的β-穀固醇，結果排尿不便的情況大為改善。當然，這個分量比一份榛果來得多，不過只要有吃，還是會讓人安心。

榛果也含鉀、微量的鎂、磷和維生素E。一盎司的榛果含有大約三克的纖維質。任何食物加上一點榛果，就可增加清脆的口感與香醇的氣味。

榛果在好萊塢成名

近來榛果上了歐普拉脫口秀，公關形象馬上提昇不少。歐普拉節目的常客歐茲醫師跟另一位全美知名的醫師，在節目中的「讓你更加青春美麗的祕訣」單元中，對著電視機前的全國觀眾表示榛果是很好的omega-3脂肪酸來源。也許下次榛果就會出現在那些好萊塢的宴會中了。

葵花子

根據維吉尼亞理工大學生物化學系的凱瑟琳．菲莉普博士（Katherine Phillips）的研究，葵花子擁有許多能夠預防疾病、抗氧化與抗致癌性的成分，所以是一種機能性食品（functional foods，意指可提供基本營養素以外的功效）。這對曾經只能當作鳥食的葵花子來說，已經是很大的突破了！

葵花子降膽固醇

葵花子具有多項營養素與捍衛人體健康的植物化合物「植物固醇」，植物固醇具備降膽固醇和其他健康功效。維吉尼亞理工暨州立大學所組成的研究團隊表示，「由於植物固醇影響膽固醇代謝有許多可能的機制，所以有必要對不同食物做出植物固醇的含量估計。」他們的研究檢驗了二十七種堅果與種子的植物固醇含量，結果出來之後，對葵花子協會應該是一項利多。在一般人會當點心吃的食物當中，葵花子的植物固醇含量高居前二名（另一項是開心果）。

在所有堅果與種子樣本中所發現的植物固醇，主要是β-穀固醇，它不但可降低膽固醇，還可促進攝護腺健康。

葵花子內含的硒與維生素E，是堅強的抗氧化組合，可抗癌並預防心臟病。維生素E是體內最強的抗氧化物之一，只要四分之一杯的葵花子即可提供每日身體需要量的百分之四十以上（我個人依然認為這個建議量標準太低）！不只如此，這四分之一杯還可給我們每日身體需要量百分之三十的硒。硒是非常重要的抗癌微量礦物質，跟維生素E一起會發生協同作用。

葵花子也富含蛋白質與纖維。四分之一杯可提供八克以上的蛋白質、將近四克的纖維，還有二百四十八毫克的鉀、一百二十七毫克的鎂、二百五十四毫克磷、兩毫克以上的鐵，另外也有錳、銅與鋅。

葵花子減低心臟病風險

這些小小的果仁也是甜菜鹼（betain，又稱三甲基甘氨酸〔trimethylglycine，簡稱TMG〕）的來源。有助於減少可能會引發心臟病的高半胱胺酸。葵花子的精胺酸含量比杏仁果、榛果和美洲胡桃來得高，精胺酸是一種氨基酸，具有保護動脈血管內壁的功效，使動脈較柔軟、較不易形成動脈粥狀變化。精胺酸是構成一氧化氮的重要分子，一氧化氮的存在，能使狹窄的血管再度放鬆，血流恢復順暢。

我常吃全種子，就是連殼都吃，也許你會覺得我有問題。但全種子可以嚼很久，消化時間也就會拉長，也許這些種子堅果殼還有更多沒被發現的神奇功效呢！

再說，這些東西還可以跟鳥兒分享，我猜牠們應該不會介意吃到帶殼還是去殼的。

小常識

不管有沒有殼，我是葵花子的忠實粉絲，但我可不會大力推薦葵花油。眼尖的讀者也許會注意到，這本書裡並沒有納入葵花油，原因是因為葵花油的 omega-6 脂肪太多，組合很不平衡。

聽 專家怎麼說

達瑪星・喀爾沙醫師

達瑪星・喀爾沙醫生是我唯一認識在美國土生土長、信奉錫克教的合格醫師。十三年來，他長期擔任阿茲海默症預防基金會（Alzheimer掇 Prevention Foundation）的董事長暨醫學主任。該基金會設於亞歷桑那州的土桑市，積極推動以整合醫療來預防並治療記憶的喪失，而喀爾沙醫師也曾在美國國會聽證會中，報告他在生活型態與阿茲海默症方面的先驅研究。他有許多著作，包括我很喜愛、有關腦部健康的《讓頭腦長壽》（*Brain Longevity*）、還有《冥思即良藥》（*Meditation as Medicine*）與《食物即良藥》（*Food as Medicine*）等書。喀爾沙醫師很大方地提供本書許多健康料理法，多出自《食物即良藥》一書。對他的廣播節目「治療區」（The Healing Zone）有興趣的朋友，可上網（HayHouseRadio.com）進行線上收聽；喀爾沙醫師的聯絡方式請參閱www.drdharma.com。

1. 奇異果：含有豐富的維生素C與E，能增強免疫系統，保護DNA的完整。
2. 藍莓：大腦最佳食品！科學家證實藍莓可以活化部分逐漸退化的腦細胞，所以每天補充二分之一杯的藍莓，能使腦部保持年輕活力。
3. 番茄：擁有大量的抗氧化物，幫助減低癌症的風險，煮過後食用效果更佳。
4. 綠花椰菜：絕佳抗癌營養素的新發現。
5. 羽衣甘藍：這類深綠色蔬菜可治療心臟病和中風，也有助視力保健。
6. 菠菜：提供葉酸的最佳天然食品之一，可預防心臟病，滋補大腦。
7. 海帶：礦物質含量是綠花椰菜的十倍！
8. 杏仁果：地球上歷史最優久的藥性食品之一，含有蛋白質、好油脂和纖維，老少咸宜的好食材。
9. 綠豆：富含蛋白質也易消化。
10. 綠茶：強效抗氧化物，在眾多優點中還包括增強免疫系統與打擊癌細胞。

6 大豆類

大豆食品好嗎？

我幾乎可以聽到讀者們不約而同的疑問：在本書中收錄地球上最健康的食物中，幾乎見不到大豆，總得要給個說法吧！是印刷錯誤嗎？不，不但沒有錯，而且坦白說，我對大豆實在沒有特別偏好。很多讀者也許不知道，大豆在營養學界裡是一項很有爭議的食品。支持者咸信任何大豆製品都是健康食品，對於這項所謂的「事實」，許多科學家、營養學者和研究者都不會提出任何質疑。另一方面，反對者的言論有時卻過於偏執、憤怒（也許是因為不受重視所致），甚至過於誇張大豆的負面影響（和危險性），反而越容易被刻意忽視。

大豆的負面消息

這並不表示反對派的意見不成立。大豆裡有大量天然毒質，或稱「抗營養素」，其中最主要的是強效的酵素抑制劑，會阻礙蛋白質在消化時所需的酵素活動。（當然，有些人相信蛋白質脢抑制劑具有保護人體免於癌症的功效，這也是爭議點之一。）大豆裡還有會導致紅血球凝集的酵素，以及會抑制甲狀腺功能的甲狀腺腫素。此外，大豆裡的植酸是所有被研究的穀類和豆類當中含量最高的（植酸會阻礙礦物質的吸收，但經過發酵作用後，效力會減弱）。雖然大豆有植物性動情激素，但對人體是好是壞，會受到許多因素的影響，不只是年齡和性別而已。以色列健康部在最近公布的健康建議中，強烈建議孩童與大人攝取大豆的分量應加以限制，而且應避免用大豆配方奶粉餵食嬰兒。《小兒醫學、腸胃病學與營養學期刊》（*Journal of Pediatrics, Gastroenterology and Nutrition*）近來刊登一篇以大豆蛋白嬰兒配方的研究，文中提出大豆蛋白奶粉的營養價值並沒有優於奶粉，而且，「其高含量的植酸、鋁和植物動情激素（大豆異黃酮）……可能帶來不良影響。」

FDA調整對大豆的評價

包括大型機構在內，各界對於大豆即健康的堅定信念已經開始動搖。美國心臟學會營養委員會在二〇〇六年四月，就不再支持食用大豆能降低膽固醇的看法。美國食品藥物管理局（FDA）最近也正在檢討大豆的健康效益。還有，哈佛女性健康觀察中心（Harvard Women's Health Watch）在二〇〇六年四月也以此撰文，標題為〈大豆：不再是奇蹟？〉

亞洲飲食中的大豆，和在美洲被視為健康食品的大豆，其實是截然不同的角色。亞洲用的是經過自然發酵的豆製品，如大豆天貝（譯註：soybean tempeh，原本是印尼傳統發酵食品，為肉類替代品，且為當地人主食之一）、味噌，以及經古法釀造的醬油。不但如此，在亞洲飲食中所佔的分量並沒有想像中那麼多。其實亞洲人從飲食得到的健康效果，究竟是因為吃大豆還是經常食用魚和海帶，到目前為止並不清楚。

大豆策略

其實，在現今薯條、速食、反式脂肪與高果糖玉米糖漿泛濫成災的世界裡，吃一點大豆蛋白還算不上是最糟的。但因爲上述原因，我並不認爲大豆製品是地球上最健康的食品之一。

我對大豆的看法可總結如下：

- 發酵大豆製品如味噌和天貝（遵從古法發酵的亞洲做法）跟大多數傳統發酵食品一樣（如德式酸菜），是非常健康的。
- 每日一份優質的大豆蛋白粉不但無害，對某些人反而有利。
- 大多數的「大豆製品」，如大豆洋芋片、豆奶、大豆冰淇琳、豆腐冰淇琳、大豆漢堡、大豆起士、大豆拿鐵等等，都是垃圾食品，根本不是健康的替代食品。
- 除非沒有其他選擇，否則我不會買大豆奶粉餵食嬰兒或小孩子。
- 不管在任何情況下，大豆都不會是我唯一的蛋白質來源（素食者請特別注意這點）。
- 我不建議吃大豆異黃酮補充品。

大豆的正面資料俯拾即是，若想知道它另一面的訊息，則要多花點力氣找。想更了解關於大豆的爭議，我建議先在網路上蒐尋瑪麗．艾寧格醫師（Dr. Mary Enig），再閱讀她以此爲主題的眾多著作，包括《大豆計謀》（*The Ploy of Soy*）和《大豆警戒：悲劇與宣傳技倆》（*Soy Alert: Tragedy and Hype*）。如果想找簡明、饒富趣味，同時亦有大量學術根據的，那就要看凱拉．丹妮爾博士（Kayla Daniel，艾寧格的博士指導學生）所寫的《大豆全記錄：美國健康食物的黑暗面》（*The Whole Soy Story: The Dark Side of America's Health Food*）。最後，你可以再看凱瑟琳．戴絲瑪森（Kathleen DesMaison）回顧五百篇關於大豆的正反面研究之後，整理出來一份公正的客觀結論。這篇文章有網路版（www.radiantrecovery.com/soy4303html. htm），結論十分合理，我由衷贊同。

順道一提，在十五位提供自己「十大健康食物」名單的專家（如果認爲我也是專家的話，那就是十六位！）當中，沒有人提到大豆。

毛豆

略讀過這本書後，你也許猜得到我不是大豆迷（理由請詳見前頁），不過我倒很願意將毛豆納入前一百五十名最健康的食材中。在亞洲，毛豆被當成一道點心，日本人稱毛豆作青豆，他們會喝啤酒配毛豆，跟美國人配花生差不多。毛豆是很棒的零嘴，鮮嫩甜美，吃起來不像在吃蔬菜，也沒有苦味，而且大豆裡面一些我不大認同的化合物，像是蛋白質脢抑制劑、胰蛋白酶抑制劑和植酸，在毛豆裡的量都沒有那麼多。

毛豆沒有經過可怕的加工過程，通常是連豆莢水煮或蒸煮後，加上辣椒和鹽，當成開胃菜，也可以快速冷卻包裝，送到食品雜貨店裡賣。在加州有一家全國性的大型食品雜貨專賣店喬市超商（Trader Joe's），不久前也開始賣冷凍毛豆，現在的銷售量已經超過冷凍玉米了。

毛豆是健康點心

跟抗癌的高麗菜或綠花椰菜等十字花科蔬菜，或是覆盆子或扁豆這類高纖巨人相比，毛豆似乎算不上是營養界巨星。不過沒有人會把毛豆拿來當正餐吃，因此它可以作爲高營養、高蛋白的素食點心。如果毛豆能在美式足球賽期間完全取代洋芋片，也許球迷的平均健康就會大幅提昇。三點五盎司的毛豆仁可提供蛋白質十二克、纖維四克、鈣一百四十五毫克、鎂六十毫克、葉酸一百一十一微克，還有少許的維生素A與C。每一百克的毛豆含有五百毫克以上的鉀，是含鉀的重量級供應者。當然，很多人不會一次吃這麼多。

登載於《農業與食品化學期刊》的研究發現，毛豆有不少大豆異黃酮和類胡蘿蔔素。煮過的毛豆有甜味和堅果香，在中國和韓國的傳統做法是炒來當菜吃。如果當點心吃，只要把毛豆仁直接塞進嘴裡即可。

發酵大豆（天貝與味噌）

大豆食品中，我認為最健康的是天貝與味噌。天貝是印尼人將煮熟毛豆經過發酵做成的傳統食品，一般是用根黴模（Rhizopus mold，又稱天貝酵頭）將大豆加上發酵粉來進行發酵。天貝發酵會產生天然的抗生素，據信可增強人體對於感染的抵抗力。

天貝紓緩更年期症候

天貝含有大豆異黃酮和皀甘等植物性化學物質，大豆異黃酮不會因為發酵而被破壞。研究大豆蛋白的文獻指出，大豆異黃酮也許有助於紓解更年期症候群。天貝所含的大豆蛋白與大豆異黃酮可能會降低心臟病和某些癌症的風險。皀甘則是蔬菜與豆類當中的健康成分，有很活躍的生物活動，包括抗菌。有些人推測皀甘具有抗癌功效。皀甘會保護大豆不被外來者和昆蟲掠食，不過根據伊利諾伊大學的凱絲．星格塔麗（Keith Singletary）博士的研究，這種物質也可以預防結腸癌。

天貝同時含有堅果和菇類的香氣，切片後炒至表面呈金黃色即可食用，也可以煮湯、做生菜沙拉或三明治。所有適用菇類的作法都適合天貝。

小常識

味噌的鈉含量相當高，每四分之一杯就有超過二千五百毫克的鈉。所謂的鈉並非氯化鈉（食鹽），若（從蔬果當中）有大量的鉀質來平衡體內的鈉，對大多數人並不會造成什麼毛病。

味噌

味噌是大豆醬，從西元七世紀起就是日本烹調的主角之一，由煮熟的大豆混和鹽、米或麵等任一穀類，以及發酵用的麴菌製成。味噌種類很多，「八丁味噌」只用大豆，「納豆味噌」則添加了薑，其他大部分都是以大豆和一種穀類做成。

雖然我對大豆整體上採保留態度，不過從很多關於特定大豆製品健康效益的研究可看出，味噌是能補充蛋白質的一項傳統健康食品。四分之一杯的原味味噌含有八克的大豆蛋白，雖然不是很多，但仍值得一提。另外還有五微克具抗癌功效的礦物質硒、一百四十四毫克的鉀、一百零九毫克的磷、少量的鈣與鎂，最後是高達三點七克的纖維。西方人大都會喝味噌蔬菜湯，這是一道好吃、低卡、健康的前菜。

納豆

納豆是日本傳統食品，很多人得慢慢練習才能接受它獨特的味道。它的主要原料是大豆，再由納豆菌（Bacillus natto）發酵，變成黏稠、味道非常……強烈的成品，這也是它沒有在美國大受歡迎的原因之一。然而，人類食用號稱「素食起士」的納豆已長達數千年，都是為了健康而吃。

納豆因富含納豆激酶（nattokinase）而享有盛名。納豆激酶是一種纖維蛋白溶解酵素（fibrinolytic），有助於溶解並預防血塊產生。它的運作機制在於，人體會製造許多可能導致凝血的物質，其中一種爲纖維蛋白（fribin），是具有黏性、避免流血過多的網狀纖維構造。纖維蛋白會維持正常的血液濃度，但過量時則會使血流受阻，提高血壓。身體本來有自然生成的纖維蛋白分解酵素，但會隨著年齡而減少。納豆中的酵素「納豆激酶」跟「纖維蛋白分解酵素」的結構很相似，可以直接分解纖維蛋白，預防血栓，使血流順暢，因此納豆被視爲促進血液循環的食品。

研究指出納豆有助血流正常

有關納豆激酶的研究很多，其中還包括兩項人體試驗，其中一項是請十二名健康的日本人在早餐前先吃二百克的納豆，結果發現血塊溶解的時間減少了百分之四十八，溶解血塊的能力可維持二至八小時。

最近一些維生素補充品製造大廠開始銷售納豆激酶補充品，有些觀念很先進的營養學家也經常建議納豆激酶是清血藥物的替代品，可幫助預防中風。（請注意：除非有合格醫師的指示與監督，否則請勿自行停止服用清血藥。）

納豆的確可以將凝血因子控制在健康的範圍內，不過要記得它也含有維生素K。維生素K雖能強健骨骼，但卻會干擾可邁丁（Coumadin）或其他抗凝血劑的作用。平常希望血流循環順暢而吃納豆，並不會有什麼問題，但對於正在服藥的人，則可能有潛在的問題。有鑑於此，有些製造商在製造納豆激酶補充品前，會先去除維生素K。

納豆使你容光煥發

把納豆列為地球上最健康的食品之一，是恰如其分的，但我並不期待會有一堆人開始狂吃納豆。很多人，包括日本人在內，對這種軟軟爛爛、黏答答又有怪味的發酵大豆敬謝不敏。不過只要敢吃，納豆不但能幫助血液循環，還會使肌膚亮麗。吃納豆會增加皮膚中天然潤溼因子，功臣正是使它變黏稠的聚麩胺酸。

聽 專家怎麼說

安卓・盧曼

我只要碰到艱深複雜的醫學和營養學難題，盧曼醫師絕對是我諮詢的口袋人選之一。他在康乃迪克州執業二十五年，經常受邀至國家衛生院（National Institutes of Health）、各醫學院和其他商業機構提供諮詢或講課，也擔任多種期刊的編輯諮詢委員，同時也是《健康日報》（*Daily Health News*）的醫學顧問。

1. 新鮮成熟的鳳梨：含有多種抗發炎酵素，促進免疫功能，延緩老化。
2. 水煮放山雞蛋：水煮蛋最好，可增加好膽固醇，同時控制整體的血中膽固醇。
3. 切段不壓平燕麥片：低麩質的優質全穀類，幾乎不影響血糖濃度。燕麥片是預防結腸直腸癌的重要食品。
4. 泡菜：韓國人常吃的醃製辣味白菜，是胃的健康刺激品，也是治胃病良藥，對於患有胃炎、逆流，甚至是幽門桿菌感染的人，都頗有幫助。
5. 野生鮭魚：補充omega-3脂肪的絕佳來源，也含有易消化蛋白質與微量礦物質，放入調到華氏四百五十度的烤爐和一小壺水一起烤，是我很喜歡的作法。我個人最喜愛的是銅河阿拉斯加鮭魚，只在春天買得到。
6. 葉門摩卡瑪坦莉咖啡：咖啡是很棒的抗氧化物補充來源。我最喜愛的是單一而濃郁、剛從冷凍庫拿出來的新鮮咖啡豆，現磨後，將清泉水用義大利比樂第摩卡快煮壺（Bialetti Moka Express）煮出濃縮咖啡。
7. 野菜沙拉：富含植物性化學物質與抗氧化物。將蒲公英、硬花甘藍、小紅蘿蔔、芥菜、皺葉酸模（yellow dock）、菊苣，混合到貝比生菜（bibb）、奶油和紅葉萵苣中。不要切，只要用手將根部摘，用你最喜愛的橄欖油、海鹽和新鮮現磨的各種胡椒調味即可。
8. 新鮮野菇：菇類跟葡萄酒一樣，不同的品種和煮法都有驚人的豐富口感，對免疫功能很有幫助。
9. 維達利亞洋蔥：低升糖指數、有甜味，富含硫的美味蔬菜。
10. 綜合豆子與豆芽菜：富含酵素和其他輔酶，加在生菜沙拉裡可增添爽脆口感，也會幫助身體吸收飲食中的營養素。

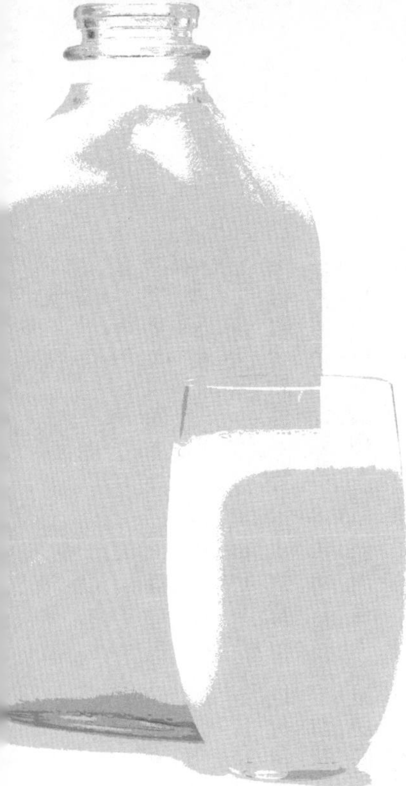

7 乳製品

對於乳製品，我開門見山告訴各位，我不是牛奶迷。這需要解釋一下，只有在秉持永續農業理念經營的小型牧場裡，吃著天然牧草長大的乳牛所生產，未經殺菌與均質處理的有機生牛奶，我才會認同。事實上，我相信全脂的生牛奶只要符合以上的條件，便是全世界最好的天然食物之一，但一般超市所賣的，完全不是這麼回事。

我知道這個說法跟主流觀點有出入……

長久以來，乳品業者營造出牛奶具有百般優點，簡直具有神效的公關行銷手法，包括請健美、性感、唇上還留著喝過牛奶痕跡的廣告明星，面帶微笑問：「喝過牛奶了嗎？」此外還警告你，如果不每天喝一夸脫牛奶就會有骨質疏鬆症等（錯誤訊息）一籮筐的壞處。但我們這本書講求事實，不做擴大詮釋。關於牛奶的資料可以有很多解讀法，這是很複雜的議題，牽涉到的不只是食物，還包括農企業、經濟、政治與營養學，而我的職責是提供大家對這些資料的解讀，那就是：牛奶對小牛是很棒的食物，對人類而言，如果是直接來自食草牛，未注射抗生素、類固醇、生長激素，也未經消毒與均質化處理過的牛奶也很不錯，但如果是超市賣的，恐怕連小牛也不想碰。

強調效率導致營養缺乏

在現代的工廠式牧場（牧場眞是個諷刺的名稱），牛只是生產牛奶和牛肉的機器，牠們存在的目的是爲了把玉米和穀類（現在是牠們的主食）用最快的速度轉換成奶與肉。牛的主食本來應該是草，現在卻形成一場生物鬧劇，就像用巧克力片來養活獅子一樣。麥可．波藍（Michael Pollan）在他的巨著《雜食動物的抉擇》（*The Omnivore's Dilemma*）中，描述這個現象：「動物經過大自然精心的淘汰，最後以草爲主食，我們人類必須遵守這項自然法則，這對動物本身、對滋養生物的大地、對以牠們爲食的動物都有好處，是值得我們考慮的成本。只用玉米來養活牠們，充其量不過是提供廉價的熱量。」

「值得考慮的成本」用詞太含蓄了！大量的玉米會使牛產生酸中毒，進而降低牛隻的免疫能力，讓牛隻容易受到各種飼育場嚴重疾病的感染。光靠玉米維生的牛隻很少能活超過一百五十天，而且在屠宰場待殺的牛隻當中，有百分之十五到三十的比例，肝臟已經長滿膿瘡，有些估計的數字甚至比這個更高。

還有，爲了趕上密集的生產期程（果眞是名副其實的「工廠」式牧場），乳牛必須生產遠超過自然產量許多倍的牛奶。生長激素（荷爾蒙）和違背自然的擠奶容易使乳牛的乳房疼痛、沉重、發炎。牧場爲了預防這種情形發生，會定期給予牛隻高劑量的抗生素，再加上類固醇和生長激素，最後這些物質將難以避免地殘留在牛奶和牛肉當中。

如果你覺得這些生長激素對人類的健康不會有影響，那就看看二〇〇五年二月出刊的權威雜誌《美國皮膚學期刊》（*Journal of the American Academy of Dermatology*）登出的一篇研究，指出喝牛奶和青少年青春痘有正向的關聯。研究人員指出最有可能的解釋，就是牛奶中所含的荷爾蒙和「生物活性分子」。

殺菌和均質化的眞相

如果生長激素、類固醇和抗生素還不夠可怕，那我們再來談談牛奶的殺菌和均質化過程。牛奶中最重要的健康成分經過這兩道手續後，會被摧毀殆盡。喬．馬克拉醫師（Joe Mercola）說得好，「牛奶的殺菌過程會破壞酵素、使維生素消失、改變結構脆弱的奶蛋白、破壞維生素B_{12}和B_6，殺死益菌，也會刺激病原體的活動。」

牛奶與癌症？

發現乳製品（尤其是牛奶）的攝取跟攝護腺、卵巢癌罹患風險的上升有顯著相關的研究報告不在少數。《美國臨床營養學期刊》在二〇〇五年五月號的一篇研究指出「乳製品可能會藉由鈣質相關路徑，致使攝護腺癌的風險增加」，還有「乳製品與鈣質可能提高攝護腺癌風險的機轉，應再釐清並確認」。哈佛公共衛生學院在二〇〇〇年四月四日也曾發表一篇題爲「食用較多的乳製品可能增加攝護腺癌風險」的新聞稿。還有，在二〇〇一年十月號的《美國臨床營養學期刊》刊登一篇題爲「醫師健康研究中，乳製品、鈣質與攝護腺癌之相關」的報告，結論是：「結究結果支持我們的假設：乳製品、鈣質和攝護腺癌風險的提高有關。」

牛奶與卵巢癌的關聯仍有爭議

科學家在乳製品（特別是牛奶）與卵巢癌之間，同樣也發現令人十分不安的相關性。瑞典的科學家發表在二〇〇四年十一月號的《美國臨床營養學期刊》報告中指出：「攝取大量乳糖與乳製品，特別是牛奶，會伴隨著嚴重卵巢癌的風險上升，但不包含其他次類型卵巢癌。」正當本書即將付梓之際，哈佛大學公衛學院也正在回顧過去曾經出版的相關研究，企圖整理出一個趨勢，結果發表在二〇〇六年二月出刊的《癌症流行病學之生物標記與預防》中，表示並未發現，特定乳製品、鈣質和卵巢癌之間有顯著相關，但是發現「相當於每日三份牛奶的乳糖攝取，會伴隨著卵巢癌風險的微幅上升」。研究人員補充，「因爲三份牛奶正好是建議攝取量，所以食用這麼多乳製品和卵巢癌的關係，值得深入研究。」

我眞希望直接跳過因果相關，從這麼多相異的研究當中整理出確定的結論，很可惜現在做不到。我現在可以做的，只是把這些研究告訴大家，希望可以提醒各位，讓各位再想想，是不是應該全然接受乳品業者創造出來「牛奶神話」，還是該存有一些或者是更多的質疑。

另外也值得一提的是，這些研究對象應該都不太可能喝我所推薦的，未經殺菌、均質化的有機生牛奶。這會帶來不同的結果嗎？我的答案是肯定的，也因此不向大家推薦工廠式牧場牛隻所產的牛奶或肉品。

不過我倒是很肯定優格。在最理想的情況下，應該自己製作優格，或是用草食牛生產的有機生牛乳來做。不過即使是一般的商業化優格，還是擁有大量有益健康的益生菌，光是這項優點，優格就足以上榜。另外，我也認爲有機奶油和酥油（ghee，指精煉奶油）有諸多有益健康的好處，兩者都是我非常肯定的好油。

奶油／酥油

撰寫到本段時，一想到這會讓減肥權威、傳統飲食家、醫師和其他飲食機構成員從椅子跌下來，不禁讓我莞薾一笑。事實上，來自有機方式飼養、草食牛的奶油，是極好的健康食品。驚訝嗎？請接著讀。

奶油

想了解爲什麼眞正的奶油是健康食品，得先忘掉原本各界對飽和油脂塑造的印象。關於飽和脂肪的爭論，已經到了非常複雜的地步，我只做摘要說明，不在此細談。有興趣知道更多的人，我也會建議一些參考方向。

首先，奶油的確含有飽和脂肪；其次，飽和脂肪會提高膽固醇，不過是同時提高好的膽固醇與壞的膽固醇，因此對健康的淨效應如何，是簡單的計算問題；第三，高膽固醇是否可被直接解讀爲心臟病高風險或高死亡率，爭議非常大，其中牽涉到的勾心鬥角、政治陰謀和派系分化……，這恐怕連《達文西密碼》的故事情節都會相形失色。想多加了解的人，我會建議先讀莎莉．法倫（Sally Fallon）著作《營養的傳統》（*Nourishing Traditions*）中關於脂肪的那篇文章，或者是上網（www.westonaprice.org）瀏覽威士敦．普萊斯基金會（Weston A. Price Foundation）的資料，另外，在http://chetday.com/healthy-butter.htm網站上有一篇史蒂芬．白恩斯醫師（Stephen Byrnes）所撰寫的〈健康的奶油〉（*Healthy Butter*），也是非常出色的一篇文章。

有些飽和脂肪對人體有益

沒錯，奶油含有飽和脂肪，但是我們先別在這裡辯論。我只想說，我同意《美國臨床營養學期刊》在二〇〇四年九月號一篇研究報告所提出的審愼結論，內容是，在我們決定全面禁吃飽和脂肪之前，應該等到有人提出證據來說清楚、講明白，告訴我們吃多少分量的飽和脂肪才是最理想的。當然，我個人以及諸多我非常尊敬和信賴的專家，都認爲有些飽和脂肪對人體有益，也是飲食當中所必須的。如果只因爲飽和脂肪就拒絕奶油、酪梨和雞蛋這些健康食品，我認爲這是極度不智的舉動，更不用說到目前為止都還沒出現合理的研究證明。

既然如此，我們就來談談奶油好的一面。奶油是補充維生素A的優質來源，我們人體許多功能都需要用到維生素A，包括維持免疫系統正常與良好的視力。奶油也有其他脂溶性維生素，如維生素E、K與D。維生素D缺乏症已經被許多營養學家視為現代「沉默的流行病」，他們認為一般人所攝取的量根本不夠用來抵抗癌症或是強健骨骼。

優質奶油的CLA給你苗條體態

吃到來自健康草食動物的產品時，你也會間接從動物的飲食中獲得好處。牛隻真正的食物是青草，不是穀類。來自食草牛隻的奶油，富含健康的油脂如omega-3，這是吃穀類長大的牛所沒有的。食草動物產品亦含有一種特別健康的油脂，經實驗證明那就是具有抗癌功效的CLA（共軛亞麻油酸）。研究也發現CLA可控制體重增加的幅度，特別是小腹周圍的脂肪。CLA潛力之大，讓科學社群特地以它為主題舉辦一場學術研討會「展望共軛亞麻油酸：現況與未來發展」（Perspectives on Conjugated Linolenic Research, Current Status and Future Directions），會議資料可在國家衛生院的膳食補充品局（Office of Dietary Supplements）的網站上查閱。吃穀類的牛所產的奶油、牛奶和肉品，幾乎完全不含CLA，只有草食牛隻才能夠提供大量有益健康的脂肪酸。

奶油裡面的油脂有多項健康功效。多年來，我一直和減重權威唱反調，大聲疾呼奶油是「好油脂」，堅果、雞蛋、魚、椰子、酪梨和某些油品也都一樣值得食用。美國最受人敬重的脂質生化學家艾寧格醫師，以油脂為題勤寫不綴，也寫過教科書，她指出人類食用奶油長達數個世紀，奶油裡面有三成是單元不飽和脂肪（跟橄欖油一樣）。她還提到奶油的油脂會抑制病原體的生長，有好幾種抗菌成分，包括可癱瘓多種病原病毒的月桂酸。艾寧格醫師接著補充，奶油內的糖脂質（glycolipid）可抗感染，CLA可防癌。她在教科書中是這樣寫的：「奶油絕對具有促進健康的功效。」

這點我再同意不過。

酥油

奶油所製成的澄清奶油稱作酥油，簡單來說就是去除奶油中的乳固形物成分。不過，單單把酥油視為奶油的「另一種形式」，還不足以適當呈現它在幾千年來深受傳統醫學所看重的特殊療效與健康功效。

酥油具有優良的歷史傳統，被流傳近五千年的印度阿育吠陀醫學視為具有藥性與療效的食品。《食物即良藥》一書作者喀爾沙醫師表示，酥油在瑜伽營養療法中佔有重要地位，不但本身提供營養，也可用來保存食物與藥品。阿育吠陀醫學相信，酥油可強化我們健康與免疫系統中最深層、維持生命的支撐力。

牛快樂，酥油也健康

記住，牛在印度是神聖的象徵，所以印度沒有圈養牛隻的「工廠式牧場」，所有的牛都是吃草維生。因此，前段提到草食牛所產的奶油種種好處，完全適用於酥油。正如亞曼達．莫寧史塔（Amanda Morningstar）在她那本絕妙好書《西方人專用之阿育吠陀料理》（*Ayurvedic Cooking for Westerners*）所描述的牛：「牠的乳汁、牠的奶油，澄清如酥油，如同阿育吠陀裡母親的乳汁，爲我們帶來健康與安適，因此牛一定要純淨無瑕。許多西方人擔心酥油會讓膽固醇升高，或食用的是不必要的油脂。若依照阿育吠陀的生活方式，這些事完全不會發生。」安瑪莉．柯賓醫師（Annemarie Colbin），在她的書《食療》（*Food and Healing*）當中，也認爲酥油是品質最好的三種油品之一。

阿育吠陀醫學相信酥油能促進體液在全身的正常流動，是使心靈、頭腦與神經系統恢復活力的聖品。由於不含乳固形物，酥油可以高溫烹煮，是阿育吠陀中最上等的油品，它會增加食物的「消化之火」，提昇食物的營養價值。酥油也不會腐敗，我家廚房的流理台上就放著一罐酥油，不用放冰箱冰，幾乎每天都會用上一匙。

酥油跟奶油都含有丁酸（butyric acid，又稱奶油酸），具有抗病毒和抗癌功效，同時也會提高體內抗病毒干擾素的濃度。

小常識

喀爾沙醫師提供製作酥油的簡單作法就是：不加鹽奶油先用文火慢煮約十到二十分鐘，直到表面形成一片近乎透明的油皮再熄火。取出這層油皮後，再過濾容器內的金黃色液體，記住沉在底部的白色沉積物也要丟掉。如果不自己做，也可以像我一樣到外面買，大部分的天然食品店都有賣做好的酥油。酥油不用冰起來，一些傳統的看法是常溫下的酥油療效更佳。

有機生乳

未經殺菌與均質化處理、且經過認證的有機生牛乳，是地球上真正的健康食物之一，它提供了優質的蛋白質與鈣質，內含的油脂完全適合人類食用，而且風味絕佳。

生乳富含營養素，還包括嗜酸乳桿菌（Lactobacillus acidophilus）等益菌。這些好菌和好酵素不受高溫影響，不會在殺菌過程當中被破壞。而且根據馬克拉醫師的說法，生乳是鈣質的最佳來源。

生牛乳應該來自吃草的牛隻，才會含有較多的抗癌CLA和更多完整的維生素與礦物質。維持生命的必需維生素A與D，在草食牛的牛奶中含量最高。生乳中的健康酵素會幫助人體消化吸收這些優質養分，當然也包括鈣質。《傳統食物是最佳良藥》（*Traditional Foods Are Your Best Medicine*）、《你不知道的牛奶故事：青草、滿足的牛與生乳製品》（*Untold Story of Milk: Green Pastures, Contented Cows and Raw Diary Products*）等書的作者，康乃迪克州自然療法醫師朗．許密德（Ron Schmid）表示，生病後要恢復健康、培養並維持強健的體魄，都要靠酵素，「我越來越相信喝生乳對各個年齡層的人都有莫大的助益。」

食草牛所生產的牛乳有較多Omega-3

有機飼養食草牛生產的牛乳，其油脂含量和工廠式牧場生產的大不相同。研究發現放牧飼養、吃青草的牛隻生產的牛乳，omega-3脂肪比工廠式牧場生產的高五成（事實上，後者幾乎沒有任何omega-3可言）。在英國蘇格蘭的亞伯丁大學（University of Aberdeen）和威爾斯亞伯里斯特威斯的草原與環境研究院（Institute of Grassland and Environmental Research）所做的研究顯示，有機牛奶的omega-3，比一般非有機的牛奶高百分之七十到二百四十，而且omega-3對omega-6的比例也比一般牛奶高出許多。這也許是因為食草放牧牛隻除了天然牧草之外，飼主還餵食紅三葉草（red clover）青貯料的緣故。

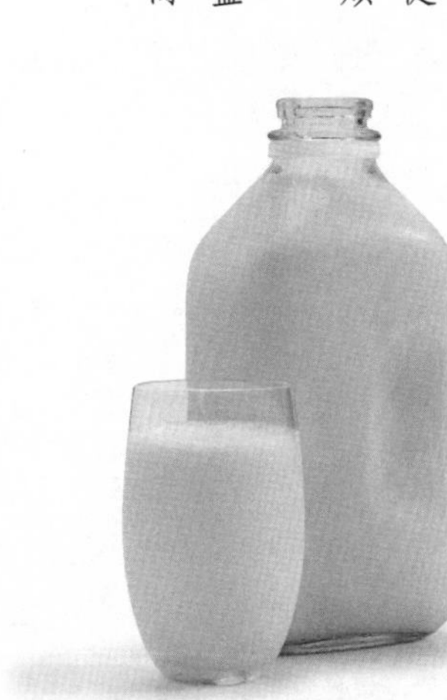

只要看報紙就知道，食物污染導致牛隻生病的情況很常發生，生乳常被視爲危險分子，被不公平地排擠。以下是威士敦．普萊斯基金會網站的部分內容：

除了在一九九〇年短暫的特例之外，在加州的健康食品店都買得到生乳，曾經有一陣子甚至在雜貨店也有販賣，成千上百萬的人在這段時間都喝過商業化販賣的生乳，即使衛生部門虎視眈眈地想要蒐集生乳有害健康的證據，當時卻沒有任何意外發生。而在同一段時間，殺菌牛奶反而傳出多起污染案例，有些甚至還導致消費者死亡。

在美國，除了少數幾州（加州是其中之一）之外，很難買到有機生乳。不過，有越來越多人開始向小農場採購或是集體農莊共同購買（在寫到這段的同時，光是賓州已經有將近四十座取得販售生乳許可的農場）。爲了買到生乳還是值得花時間找找看。

關於山羊奶

山羊奶的油脂和蛋白質比牛奶更容易被人體消化吸收（蛋白質吸收率較佳，對於嬰兒、體質虛弱，或調養中的病人很重要），而且鈣質多了百分之十八、鎂多了百分之四十一、磷百分之二十二、鉀百分之四十二，以及將近兩倍的維生素A，但葉酸和B_{12}不算多，如果要做爲嬰兒的主要營養來源時必須注意。很多對牛奶過敏的人可以改喝羊奶。還有，羊奶的味道眞的很棒。

但是，前面提到牛奶必須注意的事同樣也適用羊奶。許多商業化羊奶不只是殺菌，還是「強化殺菌」，目的是爲了保存更久。套句許密德醫師的話，（這道手續）「只是把很好的食物變成一無是處的東西。」

小常識

想購買真正的有機生乳，請至網站查詢 www.realmilk.com。

起士

關於起士，我只有一句話：來源決定它的命運。起士這個名稱已經被濫用，就好像認為「碳水化合物」包括棒棒糖和白色花椰菜一樣，熟食店的「起士」也是無所不包，從未經消毒生羊奶做成的天然極品起士，到根本不值入口的「起士食品」切片都有。

有些起士無法上榜的原因何在？

事實上，由於產品多樣性與容易產生混淆，所以我決定不把「起士」列在地球上最健康的前一百五十名食物當中。光是整理這麼多種類與不同來源，就可以寫成一本專書，如果每一「種」健康的起士都放進來，篇幅就不夠了。所以我只會在這個項目做一般說明。

起士根據生產技術和成熟度，分成以下四大類：

- 未熟軟起士（如鄉村起士、麗可塔起士）
- 成熟軟起士（如藍黴起士、白黴起士）
- 半軟起士（如切達起士、瑞士起士）
- 硬起士（帕馬森起士、珮可理諾起士）

所有起士都有的營養素包括鈣、鎂、鋅、硒與葉酸。天然起士也有完整的四種脂溶性維生素：A、E、K與D。至於礦物質的含量，會依鹽和其他添加物、凝結方式、凝乳處理與酸度而有所改變。

法國起士更能抗癌減肥

再次強調，起士是看品質，不是看種類。就如同我一直不厭其煩告訴大家的，動物產品的品質（在此處是起士）會直接受到動物吃什麼東西所影響。舉例來說，根據多項研究證實，草食牛隻比一般吃穀物的牛所生產的起士，含有高出四倍的CLA，其抗癌與消脂的功效也較佳。而法國起士的CLA含量特別高。根據一九九八年的調查，每克法國起士的CLA含量介於五點三到十五點八毫克之間，而來自傳統乳品業的美國起士僅有這個的一半。原因就在於法國的畜牧業者比較習慣用牧

草餵牛，所以CLA自然就比較高。

健康動物生產的起士，好處不僅止於CLA。未經殺菌處理的卡門貝爾軟質起士（Camembert），是有益健康的乳酸桿菌的天然補充來源之一，在優格和天然發酵食品裡也有。我的好友威爾夏醫師在她經營的「證據力」（Weight of the Evidence）部落格上，指出「高山起士的omega-3脂肪量非常高，原因就在於，它是來自吃北方阿爾卑斯山上牧草成長、而不是在大型飼育場的牛所生產的牛奶所製成。」

來源最重要

我再次強調：來源最重要。綿羊和山羊較不易被集體圈養，所以牠們的乳品（和起士）殘留的藥劑和抗生素較少。經由天然生乳製成的起士（不管是牛奶或其他動物的奶品）會有較豐富的健康油脂，像是omega-3和CLA，如果是草食動物，含量會更多。

關於品質，雖然我們常說沒有立即而明確的規則，不過現在就有個例外了：如果任何食品包裝上標示著「起士食品」（cheese food），請務必把東西放回去，立即走開，不用再考慮。

優格

我還記得小時候，聽過不少關於住在保加利亞山區的人的事，那裡的人生得健壯，壽命也長，據說他們能夠健康長壽的祕訣，就是常吃一種奇怪的白色食物。我後來才知道所謂的白色食物就是優格，而且印象中，它的味道可怕極了（這當然是我五歲大時的味蕾反應）。幾十年後的現在，優格已經有各式各樣的形態（包括「冷凍」優格），而且幾乎已經成為一種主食，不必再跟別的商品爭奪上架機會。當然，這跟粗礦健壯的保加利亞人吃的是不是同一種東西，又另當別論了。

二十世紀初，俄國科學家米契尼可夫（Metchnikoff）在他一九〇八年出版的《長壽》（*The Prolongation of Life*）一書中，道出優格的好處。他認為腸道細菌產生的毒素會使人生病，壽命也會縮短，而優格裡的「好」菌能汰換「壞」菌，達到促進健康的目的。一百年以來，有大量的研究顯示米契尼可夫的看法是有根據的。許多健康和營養學專家相信所有的健康來自腸道，因為這是營養素消化與吸收的所在地，也是人體免疫系統中的重要部分。米契尼可夫直覺的猜中，腸道是「好」菌和「壞」菌廝殺的戰場。雖然無法完全消除「壞」菌，但是可以用「好」菌來平衡，創造一個健康的環境來促進消化、提高免疫力、防止念珠菌（一種「壞」菌）過度成長，強化免疫系統。

優格的益生菌促進腸道健康

許多對人體有益的「好」菌都可以從優格補充，但我指的是眞正的優格。所謂的「好」菌就是益生菌，從字面上可以很清楚知道它對生命有幫助。益生菌對於我們的整體健康扮演關鍵性的角色，但是大多數人的攝取幾乎都不夠，所以營養學家才會建議，益生菌是我們應該每天吃的營養補充品。這也許沒錯，不過我們還是可以藉由吃富含益生菌的食品，慢慢為腸道建立一個健康的環境。

首先介紹優格的起源和定義。「優格」是英譯

（yogurt或yoghurt），很可能是土耳其語中描述「濃稠」的形容詞。基本上它是發酵乳，所以不管是山羊奶、綿羊奶或牛奶，都可以用來發酵。乳糖轉爲乳酸的發酵過程會讓優格帶有特殊的微酸口感。優格、德國酸菜和味噌等傳統發酵食品，都是非常健康的食物，含有豐富的酵素與微生物，爲身體帶來數不盡的各項好處。

體魄強健的保加利亞人吃的優格裡，有非常豐富的保加利亞菌（bulgaricus）。根據亞歷桑那州的宋妮亞．蓓塔生醫師（Sonja Pettersen）所言，保加利亞菌可抗病毒、抗細菌和抗黴菌，它又名雙歧乳桿菌（B.bifidum，俗稱比菲德氏菌），是好的益生菌種之一。另一種益生菌是比較廣爲人知的嗜酸乳桿菌。優格之所以是健康食品，就是因爲這些活性菌所帶來的功效。

優格提升免疫力

優格的健康功效太多了！有大量的研究都證實，成員眾多的乳酸桿菌家族可支持並改善免疫力。最近發表在《營養與代謝年鑑》（*Annals of Nutrition and Metabolism*）上，由澳洲學者做的研究，發現每天吃優格可刺激提昇健康年輕女性的細胞免疫力。另一篇發表在《美國臨床營養學期刊》的報告顯示，優格的乳酸菌和比菲德氏菌會阻礙幽門螺旋桿菌的生長。蓓塔生醫師說：「腸道菌叢若保持健康，人體就可預防各式各樣的毛病，尤其是慢性退化性疾病。發炎是許多退化性疾病的主要特徵，而益生菌（活性菌）有助於控制發炎。像是在保加利亞優格中所發現的益生菌，會使免疫系統的武器，也就是自然殺手NK細胞的數目增加。當感染出現時，他們會促使抗體增加，另外可改善消化、抗癌，也會增加好膽固醇、減少壞膽固醇。」

注意CLA標示

美國超市裡什麼樣的優格都有，但不是所有的品質都一樣，只有內含活菌的產品才有健康概念。美國優格協會（National Yogurt Association, NYA）發展出「含活性菌CLA」（Live and Active Cultures）標示，告知消費者產品內含的活性菌數量是否達特定標準。要注意，如果是寫「以活菌製造」，就跟CLA標示的意義不同。所有的優格都是從活菌製造而成，重點在於經過加工後的成品內是否還留有活菌。CLA標示是指，每克優格在消毒殺菌之後，出廠時成品至少含有一億個活性菌。

小常識

喜歡吃冷凍優格或「添加花生與葡萄乾」優格的人請注意，這些都是美味可口的甜點，吃吃無妨，不過要認清真相，你吃的是偽裝成健康食品的甜點，是不是真正的優格，自己心理有數囉！

有些產品雖然沒有標明CLA，但也許眞的有活菌。要如何確定購買的是含有活菌的產品，可以看成分表，如果有寫含「活性優格菌」（active yogurt cultures或living yogurt cultures，或是contains active cultures）的產品也可以買。美國有兩家優格廠牌（Stonybrook Farms與Dannon原味）的產品就含有活性菌。你只要記住，所有的優格都是用活菌製造，不要被「以活菌製造」矇混，一經高溫處理，所有活菌都會死光。

優格的成分項目越少越健康

原味優格營養價值最高，而且成分只有兩種：活菌和牛奶（全脂、低脂或脫脂）。成分表的清單越長，就表示熱量越高、優格營養素越少。有些添加太多糖的產品中，糖分的熱量甚至高於優格，所以要仔細看營養成分表裡面列出的蛋白質和糖的含量。蛋白質越高、糖分越低，表示該產品中有較多眞正的優格。

美國優格協會一直在要求美國食品藥物管理局，禁止讓不含活性菌產品使用優格的名稱。CLA標示可以讓消費者確認他們買到的優格眞的含有促進健康的活菌，而不是製造時才有活菌的優格。

乳糖不耐症患者也可以享用優格

優格除了活菌外，也可提供豐富的蛋白質、鈣與鉀。有些因爲廠牌和種類不同，還會有一點維生素B跟重要的抗癌礦物質硒。

優格活菌裡，含有可分解乳糖的酵素，所以很多飽受乳糖不耐症所苦的人也可以享用優格，不會出現不適症狀。

此外，我不主張在飲食中不含油脂，優格也是一樣。許多維生素和礦物質（包括鈣質），還是要有一點油脂才能幫助人體吸收。前面我提過好幾次，如果沒有攝取多餘的熱量，也就是說從飲食中獲得的總熱量控制在身體需要的水準，那麼油脂佔總熱量的比例是多是少完全不重要，當然前提必須是油脂不能來自油炸食品或可怕的反式脂肪。

帶有油脂的優格可以塡飽肚子，比無脂食物更能帶來飽足感，而且通常含糖較少，不會讓血糖一下子上升。如果你眞的很在意油脂的攝取，那至少可以選擇「低脂」而不是「脫脂」。

你可以買到下列的優格產品：

- 保加利亞優格：以氣味特殊聞名，含有重要的保加利亞菌。
- 希臘優格：最經典的希臘優格是由牛奶與乳脂混合製成，使脂肪含量提高到剛好百分之十。不過現在已經買得到標準（百分之五）、低脂（百分之二），甚至脫脂的希臘優格。傳統的希臘優格黃瓜醬（Tzatziki）就是由優格、小黃瓜和大蒜做成。

- Lassi優酪乳飲料：來自印度，以優格爲主要成分製成的飲料，分甜、鹹兩種口味。鹹味Lassi通常會加上美妙的小茴香與辣椒，甜味則是加果汁。
- 克菲爾（Kefir）：是另一種發酵乳品，有時稱爲優酪乳。
- 山羊奶與綿羊奶優格：具有山羊奶和綿羊奶所有的好處，如果買得到，絕對值得一試。

聽 專家怎麼說

艾爾森・哈斯醫師

哈斯醫師在排毒與體內環保療法上，投入長達三十年的時間與精神。他是七本暢銷書的作者，包括《重視營養保健康：飲食與營養醫學完全手冊》（*Staying Healthy with Nutrition: Complete Guide to Diet and Nutritional Medicine*），與《最新排毒吃法》（*The New Detox Diet*）。他還有一本書叫做《不實減肥菜單》（*The False Fat Diet*），我常引用書中的內容。哈斯醫師是瑪林郡預防醫學中心（Preventive Mèdical Center of Marin）的創辦人兼主持人，這是一家位於加州聖拉斐爾的整合醫療中心，詳細介紹可上網查詢：http://www.elsonhas.com.

1. 藍莓：絕佳的抗氧化物，也是低GI食品。
2. 羽衣甘藍／莕菜：營養豐富，能清除體內毒素，富含維生素B與礦物質。
3. 蘋果：一天一顆（有機）蘋果，醫生（帳單）遠離你。
4. 杏仁：優質的油脂來源、營養豐富。
5. 紅扁豆芽：優質的蛋白質來源，營養、美味，還帶有清脆的口感。
6. 鮭魚：好吃！含有最上等的油脂（omega-3）、蛋白質和營養素。
7. 酪梨：我最愛的油脂食物之一；哈斯酪梨是我的唯一選擇。
8. 糙米：提供人體所需的纖維、微量營養素與能量。
9. 芒果：含有類胡蘿蔔素的水果極品。
10. 海藻：補充海洋礦物質，也是有效的排毒劑，適合每個人！

8 肉類、禽類、蛋類

選擇使用天然食品店常用的「放養」、「有機」、「食草」等詞彙，要非常小心，否則可能會觸法。美國農業部公告實施的國家標準，對有機食品的定義如下：

有機食品是強調農作物在生產過程中，使用再生能源，注意水土保育，提升未來世代的環境品質。

有機肉類、禽肉與蛋奶製品應來自未使用抗生素或生長激素的動物。

有機食品的生產過程中，幾乎不用傳統殺蟲劑、不用化學合成或廢水污泥做成的肥料，也避免生物工程或游離輻射。在政府認可的檢驗員到農畜產品生長所在地，確定養殖與種植者符合所有農業部頒定的有機標準後的食品，才能貼上「有機」標籤。另外，處理有機食品的公司行號也要經過認證核可，才能讓有機食品上架或做成餐點。

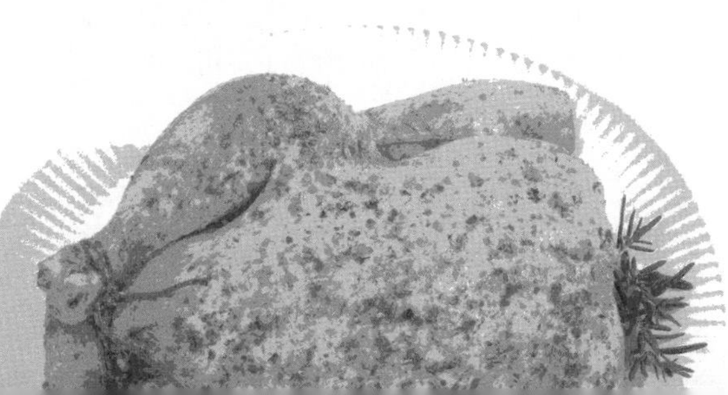

這當中究竟提供了什麼訊息？我們總算可以吃到「有機」巧克力脆片，在我的健康食品店也擺了一堆「有機汽水」。但是肉怎麼跟「有機」扯上關係？當然，從以上的定義就能知道，要這類動物不含抗生素或是生長激素，是很難得的事。但是這樣夠嗎？「有機」這個詞的含意，和其他諸如「放養」、「不圈養」、「草食」等，內涵相同嗎？哪些是眞正有意義，是我們必須注意的呢？

有些有機肉類依然來自食穀牛

我很高興有機食品有了專用的標準。只要買得到，我都會買有機的，只是我會更留意這些東西跟以前有什麼不同（參見第三十二頁的「有機不有機？」）。現在買得到有機肉品是值得開心的，可以放心，不會把荷爾蒙、類固醇和抗生素，和蛋白質一起吃進肚子裡。然而，難道這樣就能保證它是健康食品嗎？我倒不這麼認爲。

原因何在？因爲我們無法改變一項事實：牛不是吃穀類的動物，穀類不是牠們原本的主食。你當然可以讓牛吃穀類，或是餵獅子燕麥片，只是這並非牠們本來會吃的東西，所以勉強吃下去之後，健康便會每況愈下。

吃穀物增肥，被圈養在飼育場或「工廠式牧場」的牛隻，牠們的肉品或乳品都跟吃牧草長大的牛差異甚大。除了蛋白質之外，不管是脂肪含量或營養素，這兩種牛肉都是完全不同的食物。雖然我覺得，來自吃有機穀類的牛的一塊牛排，只比吃非有機穀類的牛好一點，不過如果跟吃草的牛相比，馬上優劣立見，好壞差很多。

食草牛隻是永遠的贏家

有機肉品也許沒有我們害怕的化學物質，但是在營養價值上和食草肉品相比，還是相形失色。如果把反芻動物帶離牧草地，只用穀物來養肥，很多珍貴的營養素便會消失。舉例來說，穀類飼養的肉跟牧草飼養的肉相比，只含有四分之一的維生素E，八分之一的β-胡蘿蔔素和三分之一的omega-3脂肪酸。改變吃草動物的主食，不論是用普通穀物、基因改造穀物或是有機穀物來餵食，都沒有太大不同，因爲這些營養素在穀物中的含量本來就比新鮮牧草來得少。穀類飼養的動物也會製造較多容易導致發炎的omega-6，較少抗發炎的omega-3。這兩種脂肪的比例平衡對人體健康很重要。我們本來就攝取太多的omega-6，而omega-3一直是不夠的。食草動物的脂肪比例比較接近健康的平衡狀態，如果再吃穀類飼養的動物的肉，則會使我們的失調更加嚴重。

有機穀類飼養的肉品跟牧草飼養的肉品相比，抗癌脂肪CLA（共軛亞麻油酸）比較缺乏。CLA的抗癌、抗腫瘤功效已經被廣泛地研究過，它也有減少腹部脂肪屯積的作用（CLA是市面上最受歡迎的體重控制產品）。如果以穀類飼養反芻動物，即使每日餵食的分量減少到只剩下兩磅，牠們體內的CLA製造依然會急速下降。CLA很可能是我們飲食當中效力最強的抗癌物質。動物實驗顯示，飲食中CLA的比例即使只佔百分之零點五到百分之一，就足以降低一半以上得到腫瘤的風險。

有機土雞與雞蛋的好處

我一向會買放養的土雞跟土雞蛋，因爲好處太多了！對人類來說，最符合生理與自然的食品是自己去打漁、捕獵或採集而來的，動物也一樣，應該在草地上吃著青草或是在地上覓食（如昆蟲、蟲子、野生植物、雜草）。柯丹博士和其他科學家都認爲，自然形成的飲食習慣有最健康的omega-6和omega-3的平衡比例。只吃穀類明顯違反了牛的自然飲食習慣，對雞也是一樣。

土雞理論上應該要能隨意跑、四處覓食，找自己該吃的食物（啄食著小蟲、昆蟲，在體內將之轉爲有益健康的omega-3）。因爲牠們有運動，所以不會有多餘脂肪。我們可以假設土雞的生活品質比終其一生關在狹小黑暗籠子裡的雞更好，所以會比較健康。有機飼養的土雞體內應該也比較不會殘留養雞場常用的生長激素和抗生素。而且如果你生性善良，有顆好心腸（跟我一樣），關心動物的福利，那麼讓動物健康、快樂、宰殺時受到較少痛苦，吃到這樣的肉會比較心安。

不過，這些僅限於「理論上」的假設！

「放養」值得相信嗎？

最近，關於土雞放養到底「放養」到什麼程度，引起不少爭議。被養來做爲食用肉品的禽鳥類（肉雞等），在經過美國農業部認證過，只要是有接觸戶外的管道，就可被認定爲「放養」。請注意「管道」這個字眼。根據波藍的經典之作《雜食動物的抉擇》（想知道我們吃下肚的東西究竟從哪裡來，這本書是必讀之作），幾乎沒有任何雞隻會自己到室外闖盪江湖。「既然食物、水和同伴都在養雞場裡，」他在書中寫道，「而且雞隻從孵出來之後至少前五周都是被關在籠子裡，早就養成足不出戶的習慣，牠們當然不會到外頭陌生而可怕的世界去探險。雞隻通常在養七周後就面臨被屠宰的命運，所以兩周點綴式的放養，當然也不是這些雞的主要生長型態。」

今日的「放養雞」跟我小時候去過的永續小農場裡，到處遊盪覓食、會下新鮮雞蛋、幾乎不含毒素的雞很不一樣。《華盛頓郵報雜誌》（*The Washington Post Magazine*）曾經報導過，「放養」這個詞，「根本不會讓你知道動物的……生活情況，動物甚至也不見得眞的會走出戶外。」連美國養雞協會（National Chicken Council）的發言人理查・羅伯（Richard Lobb）都承認，「基本上，大部分的雞即使在放養的環境中，還是常待在養雞場裡面，不會出去。」

有機飼養沒保證

既然如此，爲什麼還勸大家選購有機肉（最好是草食）與放養土雞呢？雖然有很多反證，我還是「希望」企業能夠堅守「有機」產品的標準，供應的雞肉和其他肉品、蛋類，至少會比那些可怕的工廠式牧場產品好一點。我知道這也許事與願違，因爲如果是動物產品，「有機」並不能保證什麼，飼養品質更不是我希望的那樣，不過我還是期待買到有機肉類、omega-3營養強化蛋，或是吃有機飼料長大的雞生下來的蛋（養雞場主人至少試圖給雞隻天然飲食中的營養素），總比什麼都沒有好。如果找得到小型的永續農場，不騙你，我絕對會去買。

如果你跟大多數人一樣，不知道去哪裡購買有機和放養的肉品，該怎麼辦呢？又如果太貴，或是根本買不到呢？如果你是單親媽媽，帶著兩個小孩，沒辦法大老遠去天然有機超市、付更多的錢買營養價值差不了多少的東西？那麼，是否還應該永遠拒吃「傳統」方式飼養的雞肉或雞蛋呢？

只吃放養土雞，還是乾脆別吃？

當然不！因爲雞肉還是重要的蛋白質補充來源，雞蛋依然被認爲是地球上營養最完整的食品（或是最完整的其中一種）。所以我們只能接受現有選擇當中比較好的。我的重點是：改變食物製造或生產方式，需要非常多的人願意投注時間，做出跟過去迥然不同的重大改變，不能只是罵一罵「有機」或「放養」的濫用情況，另一方面卻放任食品業者大玩文字遊戲，規避法令後面的精神。

我相信做這些努力是値得的。

同時，我們也還要靠食物維持生命。

小常識

想知道更多關於牧草飼養與草食肉品的健康效益，可以在www.eatwild.com網站上得到初步的訊息。另一個參考網站是威士敦．普萊斯基金會的網站（www.westonaprice.org）。

土雞（雞肉與火雞）

雞肉是補充蛋白質的絕佳來源，也含有多種營養素。此外，你還可以做世界上最健康的料理：雞湯。

當然，我絕不是指成分不明的雞塊，我指的是真正的禽鳥類。我喜歡有機飼養的土雞，不過以下有關雞和火雞的訊息，也適用於一般商店裡賣的傳統雞肉。

四盎司去皮、去骨雞胸肉含有近三十五克優質蛋白質，以及少量的鈣、鎂、鋅和鐵。同樣的四盎司雞肉還有二百五十五毫克的磷和二百八十七毫克有益心臟健康的鉀。一大塊雞胸肉（六盎司）的營養素當然更多，它的鉀含量高於一根中型香蕉，還有高達五十三克的蛋白質。去皮雞腿肉含的熱量與油脂較雞胸肉多，如果帶皮吃，那麼就要注意油脂和熱量的攝取量。

火雞肉跟雞肉的營養價值差不多。雞肉（不含火雞肉）也提供優質的菸鹼素，這是一種維生素B，對於能量代謝、維持皮膚健康的生化功能，以及消化道和神經系統的運作，都扮演重要的角色。它也是油脂代謝過程中所需的物質。四盎司雞肉可提供ＲＤＩ（飲食參考攝取量）菸鹼素建議量的四分之三。

雞胸肉 vs 雞腿肉

去骨去皮雞肉的油脂多半是單元不飽和脂肪。每四盎司的去骨去皮雞胸肉約有四克的油脂，其中只有一點一克是飽和脂肪，其他多為單元不飽和脂肪，還摻有少量的多元不飽和脂肪。火雞胸肉比雞胸肉的脂肪更少，但火雞腿肉跟雞腿肉的油脂量差不多，只是前者的飽和脂肪比例稍高。

另外還有硒。我認為微量礦物質硒是我們飲食當中最重要的營養素。首先，硒是強效抗氧化物；其次，流行病學資料清楚地顯示，硒的攝取過低，跟數種癌症發生率（包括肺癌、結腸直腸癌、皮膚癌與攝護腺癌）有關聯。動物與人體研究結果也發現，飲食在添加了硒之後，可預防癌症。目前有很多人非常關心這些研究發

現，主要也是因爲有越來越多的調查顯示，有些地區（包括美國、英國和其他歐洲國家）的硒攝取量有下降的趨勢。我認爲如果每天最少吸收到二百微克（目前RDI建議量是七十微克），很多人都會比現在更健康。四盎司的雞胸肉提供的硒是三十微克，一大塊雞胸肉四十七微克，所以雞肉的確是補充抗癌礦物質「硒」最好的途徑。火雞肉含量更多：四盎司火雞胸肉有三十六微克，四盎司火雞腿肉有四十五微克的硒（火雞腿肉的鋅含量也比火雞胸肉更多）。

素食主義者的錯誤觀念

提到蛋白質，每次我聽到素食主義者宣稱動物性蛋白質會「導致」骨質流失和骨質疏鬆症，都覺得很好笑。事實正好相反！

富萊明罕骨質疏鬆研究計畫（Framingham Osteoporosis Study），花了四年的時間追蹤六百一十五

料理很簡單

大家都以為吃完感恩節大餐之後又累又睏，是因為火雞肉含有色胺酸（tryptophan，一種氨基酸）。錯了！四盎司的火雞肉的色胺酸含量不到一克。我們吃完想睡覺，是因為吃太多了，腦中的血液全都集中到消化道來支援大量的消化工作，造成腦部血液缺乏而昏昏欲睡。

名平均年齡七十五歲的年長男女性的蛋白質攝取情況。受試者每天吃的蛋白質從十四克到一百七十五克不等，吃最多的人，不管是腿骨或脊椎骨，骨質流失情況較不嚴重，而吃少的人則相反。研究結論：「較高的動物性蛋白質攝取並沒有對骨骼造成不良影響。」高蛋白質飲食者的鈣質吸收也比較好，雖然尿中鈣濃度似乎也有提高。最近兩項研究都顯示，高蛋白質飲食比起低蛋白質飲食，鈣質的吸收有顯著提高。在《肥胖症研究》（*Obesity Research*）的一篇文章中，比較低蛋白質與高蛋白質飲食者的骨礦物質密度是否差異，結果是肯定的。低蛋白質組的骨礦物質流失的情形比攝取量高的組別還嚴重。

因爲工廠式養雞場常泛濫著各種毒素、抗生素、類固醇、殺蟲劑和生長激素，我比較不建議大家無限量地食用非有機飼養的肉品。但是我們也不能欺騙自己，不承認蛋白質是健康飲食的關鍵，只是要盡量從健康的管道（不包括速食店）攝取肉類。吃素當然也可以很健康，只是對營養的攝取更需用心，這個任務絕對比想像中更困難。很多人（不是全部，但數量的確很龐大）只吃動物產品就可以過得很好。其實人類一開始就是這樣，除非我們的消化「油箱」歷經重大的基因改變，否則我認爲人類還是會維持原本的飲食習慣。

羔羊肉

對於吃肉的人來說，羔羊肉很值得推薦。第一項理由：幾乎所有的羔羊都是吃草的（在美國某些地區，如果羔羊因為不夠重而賣不出去時，飼主會用穀物讓羊增肥；這種情形在其他國家也有可能發生，特別是當地發生旱災時）。青草是牛、羊的天然飲食，吃青草長大的牛或羊，肉品會含有較多的omega-3脂肪酸。依天性而攝取牧草的動物，在營養價值上會比只吃穀類、在工廠式牧場長大的動物更高。

其次就是羊長大不需要用到生長激素（羔羊是指不到一歲的綿羊）。如果買得到有機羔羊肉，建議你馬上買下來，因爲這是從裡到外都沒有受到化學污染的肉品，最接近舊石器時代人類打獵時吃的肉。還有，所謂的「有機」，眞的沒有什麼太大的保證。根據《如何選購天然肉品》（*The Natural Food Guide to Commonly and Occasionally Eaten Animals*，網站www.natural-hub.com）的說明，我們能買到最接近理想的肉品，應該是「有機認證肉品」，意指飼養過程中沒有接觸過藥品和殺蟲劑，而且連種植牧草也都不用化學肥料。

我們可以藉著知道不同部位的羔羊肉，以及肉的軟嫩度，來分辨油脂含量多寡。羔羊肉的分量比牛肉少。一般來說，沒運動到的部位，如羊腰或羊排，會比瘦肉（像是羊腱肉或是部分腿肉）吃起來更嫩。不過，羔羊肉即使是瘦的部分，還是比同部位的牛肉更嫩。

低熱量、高蛋白質的羔羊肉

羔羊肉不是高熱量食品，卻有豐富的蛋白質。一塊四盎司的新鮮羊腰肉，脂肪切到只剩下八分之一吋厚，煮熟之後，熱量只有二百一十七大卡，其中有三十克品質優良的蛋白質，還有一些鈣質、鎂、磷、硒，還有達每日膳食營養素建議量一半的菸鹼素，以及相當於一根香蕉中九成的鉀！這四盎司的肉，有九克的脂肪，佔不到一半的飽和脂肪。大部分的脂肪是促進心臟健康的單元不飽和脂肪，還有少部分的多元不飽和脂肪。

四盎司羔羊肉含的鋅，佔每日膳食營養素建議量的

四分之一，維生素B_{12}佔三分之一以上。鋅是必要礦物質，幾乎是每個細胞必備的成分，它可以刺激近一百種酵素積極開始活動，以提昇體內的生化反應。鋅也是健康的免疫系統不可或缺的物質，即使有輕微的鋅缺乏也會影響免疫力。（男性請注意：鋅是製造健康精子的必需品，這也是為什麼含鋅量高的牡蠣常被視為春藥的間接因素了！）維生素B_{12}會減少體內的胱胺酸，降低胱胺酸引發心臟病和記憶力喪失的風險。來自動物食品的維生素B_{12}最易被人體所吸收；素食者，不管他們怎麼辯解，都很容易缺乏維生素B_{12}。

羔羊肉是部分歐洲地區、北非、中東和印度等地的主要肉品，在美國卻比較不普遍。美國人通常一人一年只吃一英磅的羔羊肉，跟牛肉比起來簡直是小巫見大巫（紐西蘭人剛好相反，每人的羔羊與山羊攝取量，平均一人一年超過六十英磅）。

草食牛肉

牛肉就是牛肉，紅蘿蔔就是紅蘿蔔，不對嗎？

錯了！

不管你的食物是動物、蔬菜、植物、魚或水果，食物從哪裡來、怎麼養（長）、吃（餵）什麼、在什麼樣的土壤（牧場）上、如何加工、處理、烹煮（或是沒煮）……和食物的營養成分都有很大關係，而且也絕對會影響你的健康。

所以現在我們來談牛肉。

牛的天然食品是青草，肯定不是穀類。只不過我們從傳統行銷通路買到或吃到的牛肉，都是百分之百穀類飼養的產品。當牛這種反芻動物被迫放棄原本吃草的習性，只吃穀類增肥，牠的營養價值就會消失。根據可靠的資料來源，穀物飼養的肉，只有四分之一的維生素E、八分之一的β-胡蘿蔔素，最重要的omega-3脂肪酸也只有三分之一。（這個資料很合理，因爲穀類在這些營養素的含量的確少於新鮮牧草！）

食草牛肉各種營養素含量均高

食草牛肉和食穀牛肉吃的東西不同，所以對兩者的脂肪酸組成也有顯著的影響。以牧草爲主食的牛，omega-3含量可提高六成。已經有非常大量的研究指出，omega-3脂肪酸會減輕發炎症狀，有助於預防心臟病等慢性疾病，而omega-6與omega-3的比例，對人體健康的重要性更是無法言喻。如果這些必要脂肪酸的比例失衡（與omega-3相比，omega-6過多時），容易使人致病，如果能維持均衡，不但可以保持健康，甚至還會促進健康。人類老祖宗在舊石器時代的飲食，omega-6與omega-3的比值從一比一，最高到不超過四比一。一般美國人飲食的比例，是十一比一到三十比一，表示促使親發炎的omega-6分量過高。食草牛肉的脂肪中，omega-6和omega-3的比值，大幅優於吃穀類飼料的牛隻。

食草牛隻的好處還不只是omega-3比較多。像牛這類的反芻動物會製造一種非常重要的CLA油脂。目前

已經有很多科學家在研究CLA的抗癌活動和減少脂肪堆積（尤其腹部）的功效。在一九九四年首先提出，CLA具有抗動脈粥狀硬化（antiatherosclerotic）的能力。從那時起，各項研究也不斷提出CLA促進健康的證據。CLA主要來自反芻動物（牛）的肉品與乳品。問題在於穀類飼養牛隻，沒辦法像吃草的牛一樣生產那麼多的CLA。至少有四個研究發現，反芻動物當中，自由吃草比圈養的食穀牛群製造高出二至三倍的CLA。

牧草養牛符合有機精神

希望大家選擇牧草飼養肉品的最後一項原因就是，大多數以牧草養殖的畜牧業者會避免使用化學藥劑、生長激素和抗生素等這些我們不希望在食物裡出現的東西。雖然他們不一定會去爭取「有機」認證（他們常在牧地上施以氨肥，或是用比較無害的藥物來治療動物疾病），但基本上他們已經符合「有機」的精神（請見第187頁的說明）。我認爲用「有機」穀類餵牛沒有太大的意義，因爲牛本來就不應該以穀類爲主食，有機穀類只是污染較少的替代品而已。如果要選有機穀或是牧草，我絕對會投牧草一票。如果還有選擇的話，有機牧草當然最好。

雖然牛肉的營養成分是看肉質，不過所有的牛肉都是蛋白質、維生素B（尤其是維生素B_{12}）和血鐵質（飲食中最容易吸收的鐵）的良好來源。牛肉油脂中有一半是健康的單元不飽和脂肪。牛肉的鋅含量很豐富，不管是那一種牛肉，三盎司的肉都可以提供每日建議量一半以上的鋅。

想知道更多關於牧草飼養與草食肉品的健康效益，可以在 www.eatwild.com 網站上得到初步的訊息。另一個參考網站是威士敦．普萊斯基金會（www.weston-aprice.org）。最後要大力推薦波藍的傑作《雜食動物的抉擇》。

小常識

最早的「能量棒」原本叫做肉糜餅，是印第安人和其他地區的原住民（如居住於格陵蘭的伊努人）開始做的，是易攜帶、易保存的高熱量食品。作法是將水牛肉乾（有時會用北美麋鹿或馴鹿肉乾）搗細後，加入動物油脂和漿果類，這是很適合旅行時隨身攜帶的高卡路里、高營養糧食。因為肉都是來自野生動物，也是完全吃「牧草」長大，所以非常健康。肉糜餅是我常吃的零食，想買的人，可以去我買的那一家：在我的網頁上「購買健康食品」（Storefront: Shop for Healthy Foods）選項中可找到連結，這是一家只提供食草肉品的美國健康肉品（US Wellness Meats）公司。

肝（小牛肝）

肝在某些社會，具有至高無上的地位，連手都不能碰，還要用特製的用具來處理。在中國漢朝時代（西元前二〇二年至西元二二〇年），描寫規章制度的《禮記》甚至把肝列為六大珍饈之一（我知道這個說法還是難以說服家中正值青春期、恨死肝料理的孩子）。不過肝真的是很棒的食物。事實上，它每克所含的營養素，比其他任何食品都來得多！

隨便翻開一本大學教科書，查一下每種維生素B最好的補充來源，你會發現無論是那一種，肝都名列前矛。不管是維生素A、核黃素、銅或維生素B_{12}，只要吃上一塊重三盎司、煮熟的肝，就可以補充每日所需；同樣一塊肝，還可補充佔一日所需百分之九十三的硒（珍貴的微量礦物質硒是地球上少數強效抗癌的營養素）和百分之五十五的鋅；還有，這塊肝也有佔每日所需百分之五十的菸鹼酸、百分之五十的葉酸、百分之四十的硫胺素和B_6，以及每日所需量三分之一的鐵。更神奇的是，它竟然還有少量維生素C！當然，肝也是蛋白質的超級供應來源。

接下來，我們來談談懷孕女性不要吃肝（因爲含有維生素A）這個普遍的說法。

懷孕婦女禁吃維生素A？

知道爲什麼搭飛機時，航空公司嚴格要求旅客關掉手機嗎？關於這件事，我問過的每一位工程師，看過的每篇負責任的學術文章，答案是很明確的：電氣用品店裡面沒有一樣產品會讓七四七墜機。事實上根本就沒有什麼危險，只是沒有人想「冒險」，因爲如果有哪裡弄錯而墜機，這個代價是沒有人承擔得起的。（我眞的盼望飛機上禁用手機的規定能被取消而走入歷史。）但這和維生素A、和懷孕有什麼關係？早期是有幾篇研究，在老鼠實驗中發現維生素A和畸胎有關係。之後的數年，大家一再告誡女性朋友，大量的維生素A可能含有毒性，對胎兒不利。假設這個說法爲眞，沒有任何一個懷孕的人願意冒險。我當然不怪她們。我個人認爲這個理論的準確度，跟坐飛機不能使用

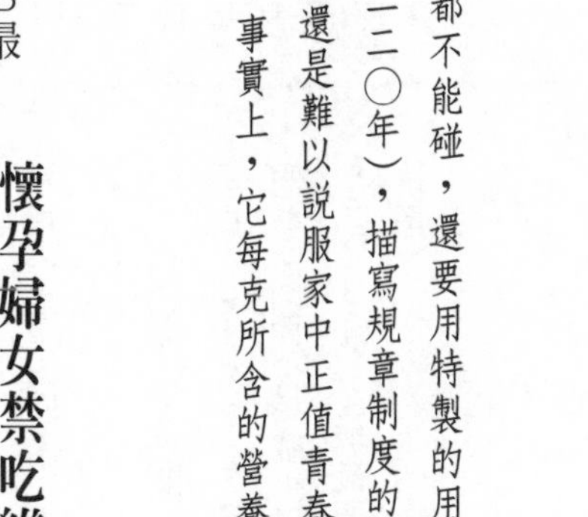

手機不相上下。話說回來，誰願意以身試法來證明它是錯的呢？

重新檢視

為什麼我認為維生素A的危險被誇大了呢？有幾個理由。首先，我找了原始的老鼠實驗來讀，發現研究人員用的維生素劑量之高，讓我和助理完全沒辦法轉換成IU（常用來測量維生素分量的國際標準單位），零多到連計算機都處理不了（許多這類研究，常用大量的化學合成維生素A對動物進行靜脈注射）。沒有人，我再重覆，沒有一個人會吃那麼多維生素A，這種情況絕對、絕對不會發生。其次，肝裡面的維生素A是天然的，沒有化學合成維生素A的毒性。而且一片肝的維生素A含量還比兩根紅蘿蔔少！第三，有一項在羅馬進行的研究（發表在一九九九年一月的《畸形學》〔*Teratology*〕期刊）發現一百二十名每天暴露在五萬IU以上維生素A的胎兒，出生後並沒有先天性畸形。第四點，一九九八年瑞士學者發表在《國際維生素與營養學研究期刊》（*International Journal of Vitamin and Nutrition Research*）的研究報告，指出他們測量懷孕婦女血中維生素A含量，發現每天三萬IU維生素A跟新生兒缺陷並沒有關聯（一片肝含有維生素A二萬一千IU；一根紅蘿蔔含一萬二千IU。）

安全為上

不過，即使我真心相信飛航系統根本不用擔心手機問題（以及懷孕婦女一周能放心地吃幾次含維生素A的天然健康食品），不過我坐飛機時還是會關掉手機。總之，不怕一萬，只怕萬一……

有趣的是，在二次世界大戰之前出版的營養學教科書，其實是建議婦女要經常吃肝。我每次覺得快要感冒前，都會吃高劑量的維生素A（五萬IU），我知道有好幾位營養學家也會這樣吃。重點是小牛肝的維生素A含量（比我們現在講的量少更多）對任何人都沒有威脅。不過，這只是我的看法。（讀者諸官只會在這裡看到，因為這個說法是我提出的。）

小常識

談到肝，不管是小牛肝、雞肝，還是火雞肝，最關鍵的還是這句老話：看來源。只要是商業化飼養的動物，都有前述的問題：飼養方式和化學合成的荷爾蒙與抗生素都會污染到動物肝臟。因為肝是所有動物（包括我們人類）的「解毒工廠」，所以是體內廢物的集散地。我的建議是，去買有機或是牧草飼養的動物肝，這能降低污染物的風險。如果買不到，那麼就買還沒長大的動物肝。如果超市是你的唯一管道，小牛肝是最好的選擇，因為美國的牛在出生後的最初幾個月是吃牧草長大的。

野味（水牛肉、鹿肉）

前面提到所有關於食草、放牧牛肉，也都適用在野味。人類在基因組成上，還是適合吃舊石器時代老祖宗出去捕獵來的東西，也就是可以在野外打獵、捕漁、摘採到的食物。科羅拉多州立大學健康與運動科學系教授，也是《史前飲食》作者柯丹表示：「人類在五百代之前，以及之前的二百五十萬年間，都是這樣吃的。這種飲食最適合我們。這種一生的營養計畫才會讓你的體重恢復正常，同時也會促進你的健康。」

信不信由你，舊石器時代的人都很結實苗條，也沒有心臟病、糖尿病，和其他嚴重困擾西方社會的健康問題。但他們壽命不是都很短嗎？沒錯，不過他們應該是受到惡劣的環境和長毛象威脅所苦。我們平均壽命是延長了，這要拜新生兒死亡率降低、不必再暴露在惡劣環境中，還有現代醫學所賜。然而，比較一下老祖宗和現代人的飲食，再看看那一長串現代人引以爲苦的各種退化性疾病，不管是現在還是幾百年前，依然是解不開的謎。重點在於，如果你想知道哪些食物最適合人類消化系統，只要看這幾百年來人類依靠那些基本食物維生就夠了。這些食物其實就是人類可以獵得到的野生動物，還有可以採集到的、像是根莖類、漿果、堅果、野菜和水果等天然食物。

吃野味可降低膽固醇與心臟病的風險

舊石器時代的人究竟吃什麼？答案是野生動物的肉。這些肉品跟現在商業化販售的肉相較，好油脂的比例較高（也包括一些飽和脂肪）。牧草飼養的肉比穀類飼養的肉，有高出二至四倍的 omega-3 脂肪酸。野生動物是良好的蛋白質來源，還有大量的維生素B群，包括 B_{12}，與易吸收的血鐵質。還可提供鉀（有助身體細胞正常運作）、磷（健康骨骼與牙齒必須營養素）、鋅和可抗癌的珍貴礦物質硒（三盎司的野牛或水牛肉佔每日鋅攝取建議量的四成）。野生動物肉中的飽和脂肪比例較低，而 omega-3 對 omega-6 更是達到健康的平衡比例，

對於降低膽固醇和心臟病的罹患風險都很有幫助。野生動物不是在圈養的工廠式牧場長大的，所以也沒有一大堆抗生素、類固醇、生長激素和其他商業化飼養動物體內常有的毒質。

現在超級市場上賣的東西：所有的冷凍乾燥食品、濃縮果汁、快煮餐、電視餐、「起士食品」、包裝零嘴、高比例的鈉、糖、反式脂肪、人口色素和增甜劑……等，都是在二十世紀末期才出現的。一九六一年以前還沒有人聽過麥當勞，從最早的人類到現代，都一直食用野味。我要問個簡單的數學問題了：綜合以上，你認爲那種才是人類的自然飲食呢？

雞蛋

關於雞蛋的好處，我只能說難以用筆墨形容：這是大自然賦予的超完美食物。雞蛋供給充足、便宜，煮法多變，含有豐富的維生素，也是地球上最佳的蛋白質來源之一。過去幾十年科學家常用來評估蛋白質品質的四項標準裡面，其中三種（蛋白質效率、生物價與蛋白質淨利用率）都顯示雞蛋遠優於牛奶、牛肉、乳清蛋白和大豆等其他蛋白質來源，得到最高分。（在第四項蛋白質消化率校正之胺基酸分數中，上述五項都得到滿分。）

吃蛋黃的一百個理由

蛋黃究竟哪裡值得大書特書？除了上面提到它是最佳的蛋白質來源以外，所有九種必要氨基酸全都集合在蛋黃裡，而且蛋黃還富含維生素以及會保護眼睛與心臟的營養素。蛋黃是提供膽鹼（choline）最好的來源之一，雖然膽鹼不是維生素，卻是非從飲食當中攝取不可、以維持健康的必需營養素。膽鹼對於維持心血管與腦功能正常，和促進細胞膜健康都很重要，它也是磷脂膽鹼（磷脂質的一種，是很受歡迎的卵磷脂營養補充品的重要成分，約含百分之十到二十的磷脂膽鹼）的重要成分。如果沒有適當的磷脂膽鹼，肝臟會開始累積脂肪和膽固醇。你是否意識到這個弔詭之處？很多人不吃蛋黃是因為擔心膽固醇問題，但是蛋黃中的膽鹼卻能夠預防肝臟累積膽固醇和脂肪！蛋黃與牛肝都是含量非常豐富的磷脂膽鹼膳食來源。一顆大一點的蛋可以提供三百微克膽鹼（全都在蛋黃裡）和三百一十五微克的磷脂膽鹼。

膽鹼還有很多值得一提的優點。它在體內的代謝過程中會形成甜菜鹼，有助於降低可能引發心臟病的胱胺酸。磷脂膽鹼是地球上對肝臟最好的營養素之一，在歐洲，它被用來治療肝病，許多營養學家也建議治肝療程應將其納入。肝臟代謝的地點通常是在細胞膜，而磷脂膽鹼又是所有生物細胞膜的主要成分之一，也可以保護肝臟不受到各種毒素的侵害。另外，人體主要神經傳導物質乙醯膽鹼（acetylcholine）的生成，也需要用到膽鹼。我們的記憶力和思考功能，更是不能缺少乙醯膽

鹼。根據《醫師用藥指南》一書，腦中有適量的乙醯膽鹼，可預防包括阿茲海默症在內的幾種失智症。所以雞蛋跟魚一樣，都是極佳的大腦食物！

雞蛋促進眼部健康

蛋也是「眼睛」的食物。蛋裡面含有葉黃素和玉米黃質，是最新發現的護眼超級營養素。葉黃素即視網膜中的黃斑，會過濾陽光與室內光線當中有害的藍光。一名紐約驗光師麥可・吉傑（Michael Geiger），也是《眼睛自然保健法》（*Eye Care Naturally*）一書作者表示，葉黃素和玉米黃質是最有效的眼睛健康營養素，這一點也沒錯。二〇〇四年八月號《營養學期刊》登出一篇研究，比較蛋黃和葉黃素補充品中的葉黃素，發現蛋黃的葉黃素生物利用率（指營養素的吸收率）較高。

油脂的存在，會提高類胡蘿蔔素的吸收率。葉黃素本身是類胡蘿蔔素，所以即使蛋黃中的葉黃素含量比菠菜略少（菠菜也是補充葉黃素的來源），但生物利用率卻比較高。如果你想特別加強眼睛健康，建議你同時吃菠菜和蛋，便可從這兩種營養巨人攝取到最大的功效，而蛋黃的油脂也會提高吸收率。在自然狀態下，葉黃素和玉米黃質像是連體嬰一樣共同存在，也經常被視爲同一單位來測量，比較大顆的蛋，含有二百一十五微克的葉黃素和玉米黃質。

吃蛋預防乳癌

最近有一項研究發現，在兩種能預防乳癌的主要飲食型態中，吃蛋就是其中之一。在二〇〇五年一月出刊的《癌症流行病學生物標記與預防》中有一篇研究，發現華人女性在移民到香港再到美國之後，乳癌發生率陡升爲兩倍。這個研究觀察了飲食改變和兩項顯著的型態：其一，蔬果攝取最高的女性較不易罹患乳癌。這個發現並不令人驚訝，但是第二個發現就比較引人注意：吃蛋最多的女性也一樣，最不容易發生乳癌。每周吃六顆蛋的女性跟只吃兩顆蛋的女性相比，乳癌發生率風險降低了百分之四十四。

蛋除了有優質的蛋白質、葉黃素和玉米黃質、膽鹼和磷脂膽鹼之外，還有十五種微量維生素與礦物質。如果以每日身體需要量百分比來看，一顆大顆蛋提供的核黃素（維生素B_2）佔百分之十八、維生素B_{12}佔百分之十四、重要的抗癌微量礦物質硒佔百分之二十九。不僅如此，吃蛋還會讓你變美！它的高硫含量會強健毛髮與指甲。很多人如果攝取太少的硫或維生素B_{12}，在飲食中添加蛋之後，常發現頭髮生長的速度變快。

Omega-3營養強化雞蛋好嗎？

最近，超市上湧入大量的omega-3營養強化雞蛋，如同我在本篇開始關於肉品的介紹，能夠自由活動的雞所生的蛋，omega-3含量較高，而且有些公司也推出omega-3營養加強蛋。如果買得到，一定要買。

坦白說，我常吃生蛋，就加在凍飲或是蔬菜汁裡面喝下去。在你倒抽一口氣之前，我必須聲明那是來自健康母雞的雞蛋，很少受到沙門氏菌的污染。事實上，根據美國農業部的研究（《風險分析》，二〇〇二年四月，22(2)：203-218頁），在美國年產六百九十億顆雞蛋中，只有百分之零點零三的感染比例。我的好友馬克拉醫師（www.mercola.com）表示，如果你買的是高品質、有機飼養的omega-3強化土雞蛋，感染的風險幾乎等於零。沙門氏菌通常是來自生病的雞隻，如果不把雞關在擁擠、暗無天日、令人作嘔的環境中，家禽致病的機會比較小。

小常識

還有一件事，算是拜託大家，不要再只吃蛋白了！要是看到任何一個健康、朝氣蓬勃、肌肉發達、運動型的年青人，在早餐時點一客蛋白蛋捲，我一定會跳起來！請聽仔細：蛋黃對你很好，它是營養的一部分。《哈佛健康飲食指南》（*The Harvard Medical School Guide to Healthy Eating*）提到，「從未有研究顯示，多吃雞蛋的人比少吃的人更容易得到心臟病。」每個人對於膳食中的膽固醇各有不同反應，而雞蛋對健康的影響，更是無法以膽固醇含量來做判斷。

你也許注意到了，不少提供本書十大健康食品的專家提到雞蛋，但是也都特別註明特定的煮法。那是因爲煮的時候，越少去翻炒或讓蛋黃接觸到越少的氧氣，膽固醇氧化的機會就會越少。對於要求完美、有健康概念的運動員，最健康的方式就是使暴露於氧氣中的機會減到最低，水煮荷包蛋跟水煮蛋都能使氧化作用達到最低，當然，另一個方式就是生吃雞蛋（雖然我跟那些專吃生蛋的人還是差一大截）。不過我寧可大家食用炒蛋，也不要因爲害怕生蛋而完全不吃蛋。但是我建議不要吃放了好幾個小時的自助式炒蛋，新鮮的還是最好。

聽 專家怎麼說

傑夫・佛勒克

康乃迪克大學人類表現實驗室的佛勒克助理教授，是我認識的營養學家中，少數的傑出運動員。他學養豐富，有人體運動學碩士與博士學位，並擔任《運動醫學與科技期刊》（*Medicine and Science in Sports and Exercise*）以及《體能及狀態研究期刊》（*Journal of Strength and Conditioning Research*）的編輯委員。他發表過的學術文章超過六十篇，也是廣受歡迎的《男性健康》專欄主筆。

1. 全雞蛋：單位養分最高的食品之一，亦指每卡所含的必需營養素比例比其他的食品相對地高。蛋黃含有膽鹼，這是油脂分解、人體所有細胞的細胞膜，以及製造神經傳導物質生成所需的重要成分。
2. 鮭魚：鮭魚可提供優質蛋白質，也是omega-3脂肪酸最佳來源之一。
3. 優格：優格是高品質、易吸收的蛋白質來源，具有牛乳所有的營養價值，乳糖不耐症的人也能接受。優格會提升免疫系統，維持腸道健康，也具有抗癌功效。購買優格時盡量選擇糖份最少的產品。
4. 堅果：多攝取堅果會降低罹患心臟病的風險。每盎司堅果含有二至三克的膳食纖維和數種維生素與礦物質，包含維生素E。
5. 牛肉：牛肉是生物可利用性非常高的蛋白質來源，並含大量必需維生素與礦物質，比如菸鹼酸、硫胺素、核黃素、維生素B_6，生物素、葉酸與維生素B_{12}。牛肉也是血鐵質與鋅的良好來源。
6. 橄欖油：橄欖油的油脂主要是單元不飽和脂肪，是地中海區居民的主要飲食項目，當地的慢性疾病發生率非常低。如果橄欖油成爲油脂的主要供應源，即使佔人體四成以上的攝取總能量，依然能使人享受健康，沒有不良影響。
7. 水：水是僅次於氧氣的維持生命必需品。即使體內水分比例發生微小的改變，也會影響我們的表現。
8. 地瓜：一塊烤地瓜提供超過八千八百IU的維生素A，但熱量只有一百四十一卡。營養豐富的地瓜可提供五成身體所需的維生素C，另外還有少量的鈣、鐵與硫胺素。它的鈉含量低，是纖維與其他重要維生素和礦物質的良好補充來源。

聽 專家怎麼說

9. 葡萄：葡萄最珍貴的部分，也許就是它豐富的抗氧化物含量，可以幫助人體對抗自由基。葡萄也是數種抗氧化物的良好來源，包括維生素C、植化物和類黃酮素。這些營養素對預防心臟病與癌症很有幫助。

10. 咖啡：咖啡具有大量促進健康的植物性營養素。雖然大家意見不一致，不過有大量的研究指出適量飲用咖啡和攝取咖啡因，不會對健康帶來負面影響。

9 魚類與海鮮

「健康專家」提供的建議經常令人混淆，甚至互相衝突，很少有意見一致的時候。只有少數幾點是大家互有共識的，第一點：多吃蔬果，第二點：海鮮是地球上最健康的食物之一。

魚是高蛋白低卡路里的食品，對健康的好處很多，其中有些還是營養界超級明星。非營利機構環境保衛基金會（Environmental Defense Fund）的海洋生命處（Oceans Alive）表示，富含omega-3脂肪、污染程度低，來自野外或是人工養殖，符合生態原則的魚種，包括阿拉斯加野生鮭魚（新鮮、冷凍或罐頭）、大西洋鯖魚與鯡魚、沙丁魚、黑鱈、鯷魚和養殖牡蠣。

在所有動物性蛋白質中，油脂最少的當屬被稱為白肉的魚類。魚肉含有大量的維生素和礦物質，而且熱量非常低。大部分魚類的油脂當中，親發炎性的omega-6脂肪非常少，不過養殖鮭魚是可能的例外。

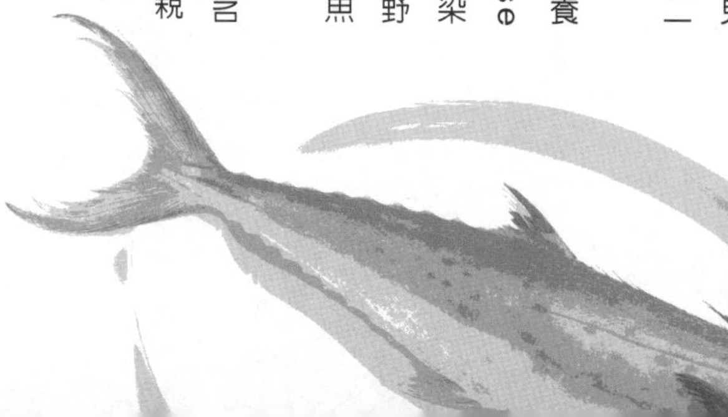

吃魚，生個聰明寶貝

在一場由美國、挪威、加拿大、冰島政府贊助，聯合國糧農組織（FAO）協辦的會議中所發表的數篇科學研究報告都建議，即便現在有海洋污染的問題，所有的美國人，特別是懷孕和哺乳婦女與兒童，每周都應該吃兩次海鮮（見第二五九頁「汞污染隱憂？」）。

鮭魚、蝦、綠鱈、鱈魚、罐裝輕鮪魚和鯰魚等魚類，都是富含omega-3脂肪酸、碘、鐵與膽鹼等對腦部發展很重要的營養素。科學家發現這些營養素可能有助於降低讀寫障礙、自閉、過動與注意力缺失的影響。也有研究發現這些營養素跟嬰幼兒智力也有關聯。

最低目標：一周吃兩次

美國心臟協會提出一周至少要吃兩餐魚的建議，也被美國政府納入二〇〇五年飲食指引中。海產的營養素有助於降低心臟病死亡風險，並預防許多慢性健康問題或重大疾病。吃海鮮能減少罹患心血管疾病、癌症、阿茲海默症、中風、糖尿病以及發炎性疾病如類風溼性關節炎的風險。對了，我會不厭其煩地重覆吃魚的好處，但希望大家不要誤會，我絕對不是指那些「在回鍋蔬菜油裡油炸，成分不明的魚排」，或是速食店、美食街上類似炸魚排的基因改造食品。我講的是眞正的魚。研究指出，用烤的魚會比加工和油炸的方式更能留住營養素。（這個大家應該都知道，不是嗎？）處理跟烹煮生鮮海產時，不管是魚類或貝類都要和處理生肉一樣很小心，才能避免不必要的病毒或細菌污染食物。

有名的富萊明心臟研究計畫主持人威廉．卡斯特里醫師（William Castelli）在一九八〇年代曾說過：「我很樂見美國人一周可以吃三到四餐魚。」我也是。

✹野生阿拉斯加鮭魚

這個名稱大有玄機？當然，尤其是講到鮭魚時更是如此！如果討論到鮭魚對健康的好處，我腦中會出現「野生鮭魚」，而你想的可能是「養殖鮭魚」，我們以為在談論同一個東西，事實上卻是雞同鴨講。野生鮭魚和養殖鮭魚根本就是兩種不同生物。

我會把這個段落分成兩小段來談，第一小段要告訴各位野生鮭魚的神奇之處以及爲什麼應該吃，第二小段則告訴大家爲什麼不要吃養殖鮭魚，不要把兩種東西搞錯。我們可以把貓跟狗都講成「寵物」，但這不表示貓狗是相同的動物。鮭魚也是如此，請接著往下讀。

鮭魚可說是最健康的食物之一，其中一項主因就是它飽含一種非常特殊的油脂，其健康價值比地球上任一種食物都來得高。鮭魚體內含的油脂屬於omega-3脂肪，這類脂肪總稱爲omega-3，事實上包含三類脂肪酸（三類只是巧合）。關於omega-3脂肪對人體健康帶來的好處已經有十幾本書介紹，包括哈佛大學醫學院教授史托醫師所著的《Omega-3關聯》。（關於omega-3的詳細介紹以及對人體的好處，請見本書第二十八頁。）

地球上最完美的omega-3補充來源

Omega-3脂肪可促進心臟與腦部健康，也有助於消炎、體內循環、記憶、思考與血糖調節。我們都知道鮭魚是地球上最好的omega-3來源之一，但是不是可以毫不懷疑地，不管是不是野生的或是從養殖場來的，只要多吃鮭魚就對了？

這當然是錯誤的！如果眞的想要吃到十六種omega-3，這可不能不管。

鮭魚跟全世界所有生物一樣，「吃什麼像什麼」。鮭魚體內的omega-3是從食物中轉化製造而成，其他動物也是如此，身上各個組織也都是從食物中產生。野生鮭魚依循原本的飲食習慣，吃著天然的食物，於是身上便充滿著奇妙的omega-3脂肪。養殖場的鮭魚所吃的東西跟野生鮭魚差很多，所以製造出的omega-3脂肪很少。養殖場鮭魚肉所含omega-3的分量，根本無法和野生種相提並論。

養殖鮭魚含較多親發炎脂肪

鮭魚是經一炮而紅、至今成爲日常商品的最佳例子。養殖場的鮭魚，身處於成千上萬條魚塞在一起、用繩子隔出來稱爲「箱網」（net pen）的小地方，對魚群健康和附近水域生態，都會造成嚴重的不良後果。鮭魚活在如同沙丁魚罐頭那麼狹小的環境，很容易感染疾病，因此養殖者會在飼料中添加抗生素，同時施打抗生素針，以雙管齊下的方式來做預防。

鮭魚原本的飲食是如鯖魚、沙丁魚、磷蝦和其他魚類等，但是養殖業者對箱網裡的鮭魚做的事，跟畜牧業者對牛隻做的事一樣，就是用穀類來餵養。穀類對魚，跟對牛、雞一樣，都不是牠們原來應該吃的東西，所以養殖場的魚和野生魚內含的脂肪成分當然截然不同。吃穀類長大的結果，就是養殖鮭魚會有高比例的親發炎omega-6脂肪，這種我們原本就已經過度攝取的成分。消費者以爲能在養殖鮭魚身上，吃到鮭魚所有的營養成分，但事實上只是在吃穀類養大、富含抗生素、一大堆親發炎性的omega-6。至於omega-3呢？即使有，分量也會少到令人難以相信。

更糟的還在後頭。

野生鮭魚肉會呈現美麗的粉紅色，這是因爲吃了富含天然蝦紅素的磷蝦和蝦子之故。蝦紅素是類胡蘿蔔素家族的成員之一，其抗氧化作用比β-胡蘿蔔素高出十倍。（辛那屈醫師曾提到他把鮭魚納入十大健康食品的主因，就是魚肉中所含的蝦紅素。請詳見第186頁。）但是養殖鮭魚吃不到磷蝦和蝦子，要讓魚肉呈粉紅色只能靠其他方法。養殖業者會拿出在文具店買得到的水彩調色盤，像在畫畫一樣，替鮭魚染色。這可不是我隨便捏造的故事，我曾經親眼看過一種養殖鮭魚專用的染色用具，不管是紅色或粉紅色，都可以把「產品」變成想要的樣子。

PCBs：選擇野生鮭魚的另一項原因

如果這樣還不能說服你相信野生鮭魚和養殖鮭魚完全不同，請參考這份數據：根據非營利研究組織「環境工作小組」獨立進行的檢測結果，一般超級市場賣的養殖鮭魚，十隻中有七隻，體內多氯聯苯污染程度已經高到可危害健康的程度。在這之前還沒有人做過這種測試，結果顯示，美國的養殖鮭魚已經成爲多氯聯苯污染最嚴重的蛋白質供應來源。養殖鮭魚體內所含類似戴奧辛的多氯聯苯，平均是野生鮭魚的十六倍，牛肉的四倍，其他海鮮的三點四倍。也就是說，美國消費者吃了養殖鮭魚之後，ＰＣＢ暴露的程度將會上升。

所以，想得到大自然珍寶鮭魚帶來的健康禮物，眞的要買野生魚。我現在上餐館吃飯時已經養成習慣，一定會問：「你們的鮭魚是野生的嗎？」如果不是，我就不會點。雖然要找到阿拉斯加鮭魚比較費工夫，不過還是值得的。

鮭魚不僅是 omega-3 脂肪的絕佳來源，也含有優質的蛋白質。三盎司的野生鮭魚可提供超過十八克的頂級蛋白質，還有三百六十毫克的鉀，以及每日身體所需五成的重要抗癌微量礦物質硒。另外也含每日身體需要量百分之五十以上的維生素 B_{12} 和百分之三十的菸鹼酸。

小常識

有些人會問，野生鮭魚的好處是否會被潛在的汞污染所抵消？這個問題很難回答，不過我的答案是否定的。我所持的理由是，理論上我們不能免除汞污染的疑慮，但根據我的判斷，鮭魚對於健康的好處非常多，相較之下是利多於弊，而且鮭魚也是汞污染程度最少的物種之一。

有一些賣鮭魚的公司，會定期做各種可能的污染或感染檢測，這也是降低吃魚風險的額外保證。我特別喜歡一家叫做 Vital Choice 的公司，他們專門從阿拉斯加原生水域捕捉無污染鮭魚和其他「乾淨」海產，再直接送貨到府（你可以在我的專屬網站「www.jonnybowden.com」上，點選「健康食品」找到這家公司的連結）。

沙丁魚

沙丁魚是裝在罐頭裡的健康食品。

有一次我和傑出的紐約營養學家兼作家格西亞到邁阿密海灘，為一群個人健身教練共同主持一場營養座談，兩人在空檔開著車在飯店四周繞，想找點健康的東西吃，但什麼也沒有。好在格西亞是土生土長的邁阿密人，他把車開到一家當地的酒窖，到店裡買了兩罐沙丁魚罐頭和兩支塑膠叉子，既好吃又吃得飽。從那時起，我便把沙丁魚列入我的十種最健康食品清單上，它也是地球上最方便的食物。（值得常搭飛機的旅行者參考。）

沙丁魚飽含健康的omega-3油脂

沙丁魚內含豐富的omega-3脂肪，而omega-3的好處更是多的不得了。在美國做的流行病學研究指出，只要每天攝取半克omega-3，就可以顯著降低心血管疾病的風險（美國人的平均攝取量只有五分之一，也只達到世界衛生組織目前建議量的五分之一）。Omega-3有助於提昇情緒、思考、血液循環，還有葡萄糖與胰島素的代謝；能降血壓和預防心臟病。我在《改變人生的二十三種方法》（*23 Ways to Improve Your Life*）的CD當中，甚至把omega-3稱爲「健康分子」。事實上，已經有很多著作介紹過這種油脂的健康效益，有些人估計沙丁魚的omega-3油脂跟鮭魚一樣多，有些估計沙丁魚只以些微差距落居第二名。不管排名如何，這一小罐沙丁魚還是能帶給你足夠的美妙油脂。

這罐完全無毒無害的魚罐頭，除了健康油脂之外還有鈣質，不同魚種可提供每日身體需要量從百分之二十五到三十八的鈣質。沙丁魚也有鐵、鎂、磷、鉀、鋅、銅和錳，當然也還有完整的維生素B群，更是非肉類維生素B_{12}的來源。只要一小罐就有高達身體需要量百分之一百五十的B_{12}。

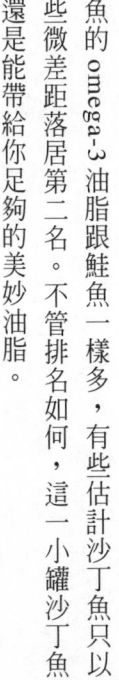

沙丁魚是補充硒很好的來源。這種具抗癌功效的微量礦物質非常重要，許多研究都發現只要硒攝取量提

高，罹患癌症的風險便隨之降低。一罐沙丁魚罐頭可提供每日需要量百分之五十八到七十五的硒。而且沙丁魚是海洋食物鏈的前端生物，所以比較不會累積像是汞之類的毒素。

小常識

要吃沙丁魚，最好購買用沙丁魚油保存的罐頭。雖然比較難買到，但花時間尋找是值得的。千萬別怕油脂，因為沙丁魚的油是很棒的東西！如果買不到沙丁魚油做的魚罐頭，橄欖油做成的魚罐頭也可以。千萬不要，再次強調，千萬不要買泡在蔬菜油裡面的魚罐頭，因為過度加工處理的蔬菜油含有大量親發炎的omega-6脂肪，對人體一點好處都沒有。如果真的想少吃油，就買番茄醬或芥末醬口味的沙丁魚罐頭，只要不是蔬菜油都好。

甲殼類

兩種主要的有殼水生動物中，一種是甲殼類（另一種是貝類），指有節附肢、身體由若干體節所構成的節肢動物。

螯蝦

螯蝦又稱小龍蝦，是龍蝦的淡水版，幾乎世界各地都有。根據「甲殼愛好者」網站的資料，到目前為止，我們至少已經認出五百九十三種螯蝦，而沒有被發現的大概還有好幾百種。美國東南部有世界上最豐富多樣的螯蝦品種，可以當成龍蝦來料理，蒸、煮、炒、炸、烤皆可，在路易斯安那州是廣受喜愛的食材。

大蝦

「大蝦」基本上就是大型的蝦子，不過各地有不同的區分法。歐洲和一些亞洲國家認為大蝦是長鬚、嘴呈鋸齒狀的大型十腳類動物，有些品種比較細長，尾巴向下彎曲的幅度也比較不明顯；而美國人只是把大隻的蝦子稱為「大蝦」。有一種是大家很喜歡的草蝦（又稱黑虎蝦〔Black Tiger〕），可以長到一呎，黑殼鑲黃色條紋讓它贏得「黑虎」的名稱。美國人最常買到的，是來自亞洲草蝦養殖場的冷凍草蝦。

蝦子

在四萬種已知的甲殼類當中，蝦子是唯一的海生節肢動物。它是全世界最受歡迎的甲殼類，可能也是最受喜愛的海鮮之一。這不是沒有原因的，蝦子沒有什麼脂肪、高蛋白質、營養豐富，又很美味，對有些人來說是最理想的食物。

首先，蝦子是補充蛋白質非常好的來源，而且熱量很低。一份三盎司的蝦子有十七克的蛋白質，熱量只有九十大卡。九種必需胺基酸，蝦子全部都有，另外還有少量到適量的九種重要礦物質，其中包括具抗癌效果的硒，每三盎司就可供應每日身體需要量的百分之四十六，以及百分之三十以上的維生素D（但我認為維生素D的每日身體需要量四百IU的標準太低）。但話說回來，三盎司的蝦子提供一百廿九IU有效抗癌又強健骨骼的維生素，而這只是它眾多營養素的其中之一。

另外還有蝦紅素。也許很少人聽過這個東西，不過蝦紅素是水生動物專有的天然色素，屬於類胡蘿蔔素的一種，是使鮭魚肉呈粉紅色的物質。鮭魚獲得蝦紅素的主要來源就是吃蝦子這類甲殼動物。蝦紅素爲什麼值得我們重視？原因在於，這種橘紅色素跟其他廣爲人所知的類胡蘿蔔素（如β-胡蘿蔔素和葉黃素）都具有相當活潑的抗氧化作用（而且蝦紅素的抗氧化能力在三者當中最高，是β-胡蘿蔔素的十倍）。有研究指出，蝦紅素的抗氧化效果甚至是維生素E的一百倍，而蝦子正好含有豐富的蝦紅素。許多水生動物體內都有的蝦紅素，有多種重要生物功能，包括抵抗必需多元不飽和脂肪酸的氧化作用、抗紫外線影響、維生素A先質活動、免疫反應、色素沉著、傳導，還有助生育。鮭魚和蝦子體內的蝦紅素被認爲是：幫助魚蝦正常發育和延續生命，具有類似維生素功效的物質。我們對於蝦紅素促進人類健康的潛能才處於探索階段，不過我有充分的理由相信它對我們的健康是有幫助的。

小常識

蝦跟其他貝類都因為高含量的膽固醇而聲名狼藉。不過你必須知道，食物中的膽固醇對大部分的人血中膽固醇影響不大。反式脂肪比吃入嘴裡的膽固醇更容易使血中膽固醇升高（飽和脂肪在某個程度上也是如此）。有一項非常著名，發表在一九九六年《美國臨床營養學期刊》上的研究，是在洛克斐勒大學一項以蝦為主要飲食內容的實驗。受試者每天吃三百克的蝦，血中膽固醇微幅升高，但是好膽固醇增加的程度遠高於壞膽固醇，整體的膽固醇比例因而有所改善。另一個附加效果就是，吃蝦子的人三酸甘油脂（心臟病的顯著危險因子）竟然大幅下降。結論是：蝦子和蝦類食物裡的膽固醇，對大多數人的健康都不會帶來負面影響。

龍蝦

是大型的甲殼類動物，外殼堅硬，十足當中的前兩足演化成螯。在今日被視爲上等食材的龍蝦，十九世紀時卻因爲供應充足，被用來做爲魚餌或是施放在田裡當肥料。龍蝦的身體、尾巴和腳都有豐美結實的肉，龍蝦肝跟龍蝦卵也都可以吃。

就每盎司的營養含量來看，龍蝦跟蝦子很相似，只有一點小差異。三盎司的龍蝦肉有九十五大卡左右的熱量，含有將近十九克的優質蛋白質，還有全套九種必需胺基酸。龍蝦內可抗癌的微量礦物質硒含量比蝦子更高（三盎司可提供每日所需百分之五十六的硒），還有每日所需百分之三十二的鋅，以及其他七、八種礦物質。跟蝦子不同的是，龍蝦沒有維生素D，不過有不少維生素B_{12}，只要三盎司就能提供達百分之五十的每日需要量。蝦子和龍蝦的脂肪都很少，每三盎司只有一克。

食用軟體動物，得留意過敏反應。不過要注意，海鮮中毒經常被誤認成過敏。所以千萬要記住，最好跟值得信賴的店家購買，食材不但要新鮮，烹煮時也要有正確的衛生清潔觀念。

白肉魚

想得到專家一再推薦、種種有關吃海鮮的好處，白肉魚會是最好的選擇。雖然沒有像高油脂魚（如鮭魚、沙丁魚等）一樣可提供豐富的omega-3脂肪酸，但是白肉魚還是有其他值得推薦的優點。而且白肉魚只是omega-3含量較少，不代表沒有，這種健康的脂肪酸在其他類食品中幾乎找不到，所以即使是少量也彌足珍貴。

瘦魚的油脂含量少、熱量低，卻有豐富而質佳的蛋白質。以鱈魚為例，一份三盎司就含有二十克非常棒的蛋白質，熱量只有一百大卡（一整塊魚片也很有營養，二百大卡以內就給你高達四十一克的蛋白質）。鱈魚也富含維生素B群和礦物質，特別是對全身都很重要、又能抗癌的微量礦物質硒，一份三盎司的鱈魚就能提供每日身體需要量的一半。

紐西蘭紅魚和鱈魚的蛋白質與熱量成分類似，但是紐西蘭紅魚的硒含量更高，三盎司可提供每日身體需要量百分之百以上。研究發現，硒的攝取和癌症發生率降低是有關聯的。比目魚的硒含量介於兩者之間，不過在維生素、礦物質、蛋白質和卡路里方面，是毫不遜色的。這些魚全都是優良食品。

瘦魚的味道通常很溫和，所以怎麼煮都很合適，味道和肉質也都沒有太大的差異，可以相互替代，比如鱈魚可以換成比目魚，或石斑魚換比目魚……等。

鱈魚

大西洋鱈是新英格蘭區的主要漁產，也是美國最受喜愛的五大魚類之一。鱈魚肉白、質地結實、味道清淡。市面也有賣小鱈魚（三磅以下），吃起來比完全成熟的鱈魚更甜更嫩。

比目魚（又稱皇帝魚）

這種相當普遍的鰈形目魚類，在美國各地的海岸幾乎都有，因為味道清淡、肉質纖細，一直是美國人喜愛的魚種。

比目魚家族包括鞋底魚（只有在歐洲水域才有人捕）、歐洲大口鰜（European turbot）和鰈目魚（fluke）。

冬季來自新英格蘭區的比目魚有時被稱爲「檸檬鞋底魚」，其他的比目魚還有「灰比目魚」、「培特拉鰈魚」（petrale sole）或「雷克斯鰈魚」（rex sole）。如果在餐廳菜單上看到寫著多佛鰈魚，很可能就是來自英國（也許價格不斐），或者是美國人稱作「鞋底魚」的太平洋比目魚。

大比目魚

大比目魚也是鰈形目魚的一種，棲地在北大西洋與北太平洋海域。

紐西蘭紅魚

這種小型鹹水魚產自紐西蘭，常被處理成冷凍魚片在市面上販賣。它受歡迎的原因也許是魚肉結實微甜，吃起來有類似比目魚的清淡口味。

小常識

強烈建議大家多看最新的魚類報導。有幾個消費者權益團體會定期監測魚類食品，有的還會針對污染程度和捕漁對生態與環境影響等公布排名。可以上海洋生命網站（www.oceansalive.org），獲取更多詳情。

綠鱈（阿拉斯加與大西洋綠鱈）

大量來自太平洋的阿拉斯加綠鱈常被做成魚柳或魚漿（或假蟹肉），是美國料理中常吃的魚類料理。

石斑魚（海鱸）

這種大型魚類有很多名稱。在美國東岸被稱爲大西洋海鱸、玫瑰魚或紅魚；在西岸被稱爲石斑鱈、太平洋海鱸或太平洋紅鯛魚（不過這跟鱈魚、淡水石斑和眞正的紅鯛還是不同）。

貝類

貝類包括海中所有帶殼生物（藤壺〔barnacle〕是唯一例外），是動物界中數量非常龐大的一群，已知的種類高達八萬多種。

貝類一直是人類最方便的食物來源。潮間帶生長的淡菜與牡蠣、淺灘上的蛤蜊，還有其他在海中棲息的各種貝類，一直以來都是人類簡單、易取得的食物來源。不少從考古遺跡中挖掘出的證據，都發現大量海洋生物的殼所堆積的貝丘。貝類食物幾乎只含蛋白質，油脂非常少，還有大量的礦物質，包括鋅和銅。

蛤蜊、淡菜與干貝

蛤蜊是地球上含鐵質最豐富的食物之一，比牛肝高出很多倍，只要三盎司便能夠提供我們每日維生素B_{12}需要量的百分之七百，鐵質則達百分之六十六。三盎司的牡蠣也不錯，提供每日維生素B_{12}需要量的百分之二百七十一，抗癌的微量礦物質硒也達百分之四十三。三盎司的生藍淡菜含有錳，佔每日需要量的百分之百以上。錳是重要的微量礦物質，對於生長發育、生育、傷口癒合、腦功能，以及糖、胰島素與膽固醇的正常代謝等，都有關鍵性的作用。淡菜還有一些硒，同樣的三盎司可以提供每日需要量一半以上。最後是干貝，雖然不是營養界的大牌明星，不過干貝肉本身就有八成以上的蛋白質，每三盎司就高達十五克，熱量卻非常地低，還附贈至少十八種維生素與礦物質。

牡蠣

牡蠣常被喻為「海中之乳」，是自然界中含鋅比例最高的食物之一。一杯瀝掉水分後的牡蠣可以提供超出每日需要量許多倍的鋅，遠勝於等重的牛肝。足夠的鋅可以增強人體的免疫系統，對於男性生殖力與生殖系統的健康也非常重要，這也許是牡蠣贏得助性美名的由來。（另一個原因也許是牡蠣特殊的性傾向，牠們一生當中至少會變性一次。通常出生時是公的，死亡時是母的。這究竟是怎麼回事？請讀者自己找到答案吧！）牡蠣也是很好的「大腦食品」，能為心智和情緒帶來能

量。牡蠣內含的蛋白質可提供腦部大量的酪胺酸（tyrosine，一種胺基酸），使其轉化為負責愉快感和神經傳導的多巴胺。

有些牡蠣會製造珍珠母（nacre，鈣質與蛋白質混合物質），也就是用分泌物將掉進牡蠣殼中的沙粒一層一層包裹起來，最後會逐漸變硬，變成光澤的珠子……就是我們所知道的珍珠。

小常識

本書一再強調食物的來源：供應地在哪裡、吃什麼長大、在哪裡長大、如何採收……等，都是決定食物品質的重要因子，海鮮類更是如此，特別是貝類。細菌在死去的貝類中會迅速繁殖，人吃了之後會有危險。舉例來說，買生蠔時，一定要確定是活的再買。還有，如果是從被污染的水撈出或生長環境受到污染，也會有問題。存在於溫暖海水中的創傷弧菌（Vibrio vulnificus，或海洋弧菌），在一九八八年到一九九五年間，光是在美國墨西哥灣區各州（主要的「疫區」），就造成三百多起感染。這種細菌常滋生在夏季溫暖沿岸生長的牡蠣和貝類中，免疫功能降低的人吃到會更加危險。

重點不是貝類很可怕，而是要很小心海鮮的來源，向值得信賴的餐廳和供應商買食材，烹煮和食用的過程中都應該小心謹慎。來自清潔水源、新鮮的貝類，經過適當的烹調後，是一道美味又營養的餐點。做個聰明的老饕吧！吃生蠔、生蛤蜊和生淡菜，跟生食其他種類的動物性蛋白質一樣，還是會伴隨一些風險。如果有肝臟、胃或血液方面的慢性病，或是免疫系統問題的人，請避免生食。

鮪魚

罐頭鮪魚是美國第二受歡迎的海鮮食品，第一名是蝦子。如果其他健康食品也這麼當紅，那麼大家絕對會健康許多。

所有之前提到的海產好處，當然也適用鮪魚。雖然它的omega-3脂肪含量沒有鮭魚或沙丁魚那麼多，但仍可算是油魚家族，一份鮪魚的確含有部分健康的omega-3脂肪。不過，食物的來源還是最重要的關鍵。

水煮或油煮，那一種比較好？

家喻戶曉的大廠會把魚煮過兩次：第一次先在架上烘烤，使大量對人體有益的油脂流失，接著去骨、裝罐、放香料和其他添加物，然後再煮一次。大廠牌的罐頭鮪魚通常只有不到半克的omega-3。雖然有比沒有好，不過沒有人會爲了這個大書特書。

另一方面，小廠牌的公司通常只將生魚直接裝罐，然後煮一次，所以比較有機會保留魚自然的油脂和肉汁。很多小公司都是家族經營，用魚鉤在太平洋捕魚。當魚上鉤，被拖上船時，馬上就地冷凍。大公司捕鮪魚的方式則是在大西洋採鮪延繩釣法，一天只收一次。

接下來是水煮和油煮鮪魚之爭。很多人怕油，所以不想買泡在油裡的魚罐頭，但事實上，這種作法比較容易留住omega-3脂肪，可是大家幾乎都會先把油瀝掉，omega-3也就隨著油被沖走了。換成是水煮的，大家都不會去瀝水，但是用水煮的方式本來就不會有什麼omega-3。所以最好購買有油的，吃的時候也不要瀝油，否則就直接買水煮的。我的建議是，最好去找小公司生產、品質較佳的鮪魚罐頭（如老饕或特級太平洋罐頭鮪魚）。

四十二克蛋白質全在一罐輕鮪魚

鮪魚會依製造商不同、鮪魚的種類（大西洋、太平洋、白鮪魚、輕鮪魚）跟裝罐法（水或油），而有不同的營養成分。但所有鮪魚都是很棒的蛋白質來源，不管是全部的必須胺基酸或是其他胺基酸，含量都十分豐

富。一罐輕鮪魚罐頭，不管是水煮或瀝過油的，都可以帶來四十二克高品質的蛋白質，熱量在二百大卡以下。這樣一罐魚罐頭還含有分量超過每日身體需要量百分之一百的菸鹼酸，維生素B_6達百分之二十九，維生素B_{12}達百分之八十二。

什麼品種都好

鮪魚也是抗癌礦物質硒的超級供應來源。水煮鮪魚一罐可提供每日身體需要量的兩倍。即使一罐分兩次吃，一天一次還是可以攝取到足量的重要營養素硒。

鮪魚排的omega-3可能會比較多，不過也可能有更高的汞污染（關於汞污染議題，請見第218頁完整的討論。）三盎司的黃鰭鮪或藍鰭鮪（黑鮪魚）營養價值也很高，熱量不到一百五十大卡，卻有將近二十五克的上等蛋白質。這兩種還是稍有不同，黃鰭鮪幾乎不含B_{12}，而三盎司黑鮪魚的維生素B_{12}卻可佔每日身體需要量百分之一百五十。

不管什麼品種，只要是鮪魚我都喜歡，也是我在日本料理店的最愛。

鯖魚

長久以來，鯖魚一直沒有受到應有的重視。當本書完稿之際，《紐約時報》刊登食物專欄作家瑪麗安．布洛斯（Marian Burros）的一篇名為〈鯖魚萬歲〉的文章。整篇文章對鯖魚的健康與環保效益大大讚揚了一番。開頭是這麼寫的：「有些不是當紅的魚類，就像舞會裡怕生的年青人，魅力尚未展現，只能靜待時機到來。大西洋鯖魚給人的印象是戴著口袋保護套和角質框眼鏡的傳統食物，但只要多加注意，一定會發現牠暗藏閃耀的光芒。」

大西洋和太平洋都有鯖魚的芳蹤，不過大西洋鯖魚（又名波士頓鯖魚）比較受歡迎，也是我比較推薦的魚種。

各種鯖魚，多樣選擇

大西洋鯖魚跟鮪魚是親戚，經常在大西洋的冷水區形成廣大的魚群，非常長壽，壽命可達十七年之久。在一八七〇年以前，所有在新英格蘭外海捕到的鯖魚都是在船上直接鹽漬，再賣到波士頓。新鮮鯖魚很容易腐敗，若不馬上用冰塊保存，很快就會出現濃濃的魚腥味。

油亮光滑、尾鰭分叉的鯖魚，魚肉分爲紅色的外表肉和淡色的裡肉兩種。市面上看得到的鯖魚，有做成罐頭、一整隻賣，還有魚片或魚排。太平洋鯖魚（也稱竹莢魚）就常被做成罐頭。大西洋鯖魚跟刺鰆（wahoo）很常用來做成生魚片。刺鰆是亞熱帶魚種，有特殊的風味，跟青花魚（king mackerel）是近親。土魠魚（Spanish mackerel）紅肉的部位非常少，味道比起其他鯖魚類溫和。青花魚的肉質結實，味道也很特殊。佛羅里達鯖魚（cero mackerel）常出現在佛州沿岸，魚肉油脂少，味道比其他鯖魚更爲鮮美。太平洋鯖魚（又稱美國鯖魚、藍鯖魚）是唯一味道較爲強烈的高油脂魚。

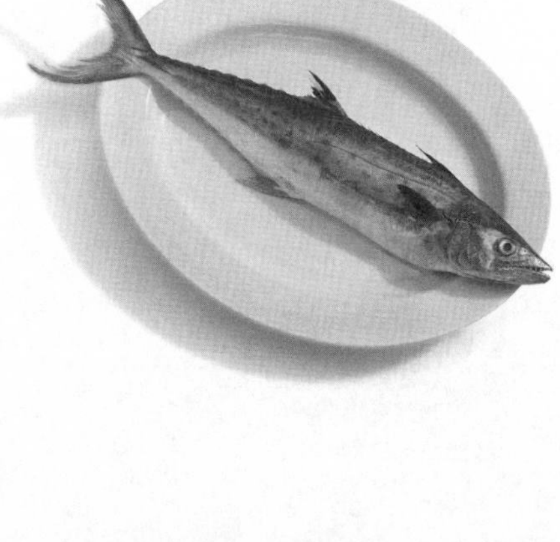

鯖魚受污染程度小

《紐約時報》專欄文章大力推薦鯖魚，除了好吃和健康之外，還提到「海洋生命」網站（隸屬環境保衛基金會的海洋生命處）將大西洋鯖魚列入「最佳海鮮選擇」名單中。

鯖魚不但富含omega-3脂肪酸，也很少受到環境污染影響。根據海洋生命網站（www.oceansalive.org）資料顯示，鯖魚是來自遠洋漁場而非養殖漁場，主要以圍網和拖網，較少經由混獲（by-catch）的方式捕捉，可放心地一周吃一次以上。

三盎司鯖魚約有二十克蛋白質和豐富的健康油脂，不過在各地區的含量稍有不同。三盎司的太平洋鯖魚含有六克單元不飽和脂肪和一克半的omega-3，而三盎司大西洋鯖魚有三克的單元不飽和脂肪和一克多的omega-3。不過這兩者都是抗癌微量礦物質硒的良好來源，能提供每日需要量的一半以上。太平洋鯖魚的維生素B_{12}（佔每日需要量的六成）已經很高，不過號稱B_{12}重量級的大西洋鯖魚，含量是太平洋鯖魚的五倍以上，馬上扳回一城。

小常識

鯡魚的營養成分跟鯖魚很相似，但吃起來口感很不一樣，烹調的方式也完全不同，但牠們都含有高品質的脂肪、蛋白質和維生素B_{12}。

汞污染隱憂？

我經常被問到有關魚的汞污染問題。老實說，我提不出一個最正確的答案，但是我比任何人都關心這件事。大家都知道重新改造產業設備，避免汞持續排出污染生態與環境，是一項成本浩大的工程，而這件事情就如我們所見，變成政治皮球，沒有人敢承擔改革的龐大代價。大企業一再強調工廠排放到環境的汞只是微量，而政治人物也一再拍生意人的馬屁，提出時間長得不像話、令人難以接受的清除計畫，我們的河川、湖泊和海洋，就在同時被這種可怕的金屬毒品所污染。更糟的是，那些想規避責任的人，竟然指出這些污染物因為藉著風與海的媒介，傳播速度飛快，若沒有全球所有公司一起行動，即使他們做了清除動作，也不會有任何改變！汞和其他像鎘之類的有毒金屬，以及工業污染物如多氯聯苯等，最遠可以散布到距離污染源非常遙遠的北極海。可憐的格陵蘭人，有百分之十六的當地居民血中汞含量已經達到足以危害健康的標準。

（我希望）沒有人會反對汞含有劇毒，對於腦部的危害甚大，會引起神經病變的事實。沒有錯，魚體內很可能含汞。我們要問的是「含量多少？」「眞的會損及健康嗎？」在二〇〇四年，美國政府要求兩個聯邦級單位（這兩個單位對於魚的污染程度認定一直沒有共識）必須提出一項聯合警示。果不其然，警示一經公布，看得出政府採取「妥協」的立場，因此激怒了不少人。

美國FDA和EPA的汞污染標準可信嗎？

美國的FDA（食物暨藥物管理局）是規範市面上販售海鮮品質，相關資料較齊全的政府機構，試圖對於含汞魚的可能危害，和魚能帶來的強大健康效益，提出權衡的標準。另一個機構環境保護署（EPA）只負責污染物（如汞）、毒性和安全，是不管營養成分的。兩個機構在二〇〇四年提出一份充滿妥協意味的文件，針對已達育齡、懷孕、哺乳婦女所做的魚肉攝取限制：

- 每周吃魚不超過兩餐（每餐十二盎司），也包括鮭魚、鯰魚和罐裝輕鮪魚；
- 每周不食用超過六盎司的長鰭（白）鮪魚；
- 不吃劍旗魚、鯖魚、鯊魚或馬頭魚等。

記者亞曼達・沙佛（Amanda Schaffer）有一篇登在網路雜誌《*Slate*》上（http://www.slate.com/id/215878）的精采報導，她指出一般婦女即使嚴格遵守上述原則，體內的汞含量還是會遠遠超出EPA的標準（每日汞暴露量，在體重每公斤零點一微克以內）。她舉例說明：「一名體重一百四十磅的女性即使每周只吃一分六盎司的罐頭白鮪魚，依然會超出EPA標準的三成。根據EPA的解釋，每日暴露量只要不超過上述門檻，長期下來並不會造成可觀的危害。」

汞污染警示嚇跑海鮮消費者

如果魚類的營養價值不是那麼高，我們也就不必這麼擔心。就因爲這個理由，哈佛大學風險分析中心（Harvard Center for Risk Analysis）就建議美國政府對於海鮮汞污染的警示必須非常謹慎，避免讓消費者因爲過度擔心而不吃海鮮。官方的說明是，這個警示只針對特定人口宣傳（如懷孕和育齡女性），並非一般民眾。另外，警示標準已經將安全範圍提高十倍，做爲額外的預防手段。美國國家海洋與大氣管理局曾經發表過聲明，表示「女性如果在生產完、寶寶斷奶之前，只要不吃鯊魚、劍旗魚、馬頭魚、鰆魚、鮪魚排和鯨魚肉，就不會對寶寶造成危險。」爲了保險起見，打算懷孕的女性也應該在六個月前就停止吃這些魚。

我沒有大家想像中那麼害怕汞污染還有另一個理由，就是硒。我在本書已經提過很多次這種神奇的微量礦物質，它在海鮮當中的含量非常豐富，能夠減緩污染的影響。二〇〇五年在美國華府，有一場由美國、挪威、加拿大和冰島政府贊助，聯合國農糧組織協辦的國際會議中，有科學家提出證據，指出硒可以平衡飲食中汞的影響。「這個非常重要卻少有人分析的事實，讓我們了解到爲什麼塞席爾島居民一周能吃十二次魚卻沒有中毒跡象。」密西根大學與伊利諾伊大學生化系退休教授暨脂肪代謝專家威廉．藍茲（William E. M. Lands）如此表示。

該怎麼做？

關於汞污染警示，最好的回應當然就是不要吃那些污染最嚴重的海鮮（很遺憾，這包括罐頭長鰭鮪魚，但不是輕鮪魚）。平常就要注意消費者權益團體提出的報告，因爲他們的警覺性比政府機關更迅速（建議大家可以上環境保衛基金會海洋生命處的海洋生命網站「www.oceansalive.org」。另外，可以去讀讀瑪麗安．耐索醫師（Marion Nestle）一系列的深度著作，她是採取較爲中庸的立場（請見《安全食品、食物政治、該吃什麼》〔*Safe Food, Food Politics, What to Eat*〕）。無論如何，注意你吃的海鮮分量不要超過建議標準。

如果你覺得事態嚴重的話，也可以加入行動的行列。你可以寫信給民意代表、把選票投給支持環保與食物安全的候選人，也可加入消費者權益促進團體。

但是，千萬不要不吃魚。只要注意食物來源，吃魚帶來的好處還是遠勝於壞處。

聽 專家怎麼說

亞藍・蓋比醫師

亞藍．蓋比是輔助醫學界的傳奇人物與先驅。萊特–蓋比營養醫學講座（Write-Gaby seminars in nutritional medicine）即由強納森．萊特醫師（Jonathan Wright）跟蓋比醫師共同發起，十幾年來已經有成千上萬名醫生、營養學家和健康照護提供者共襄盛舉。蓋比是美國整體醫學協會（American Holistic Medical Association）前理事長，著有《預防並改善骨質疏鬆症》（*Preventing and Reversing Osteoporosis*）一書，同時也是《湯森醫病雜誌》（*Townsend Newsletter for Doctors and Patients*）的文獻回顧專欄作家。

1. 魚：蛋白質和omega-3脂肪酸的最佳來源，有助頭腦與心臟健康。
2. 雞蛋：所有食物當中，以蛋的蛋白質品質最好，還有維持頭腦與肝臟功能正常所需的膽鹼。不要炒蛋，因爲翻炒時會讓膽固醇氧化，提高食用後動脈粥樣硬化的風險。
3. 菠菜：葉黃素的絕佳來源，可預防伴隨老化而發生的視網膜黃斑部退化症。
4. 堅果，生的尤佳：提供蛋白質、必需脂肪酸、纖維與鎂的良好補充來源。吃堅果會降低血中膽固醇，並減低心臟病的風險。
5. 洋蔥：可降低血中膽固醇與血壓，抑制血小板堆積，進而預防心臟病。內含豐富槲黃素有助紓解過敏症狀，預防糖尿病併發症。
6. 藍莓：富含花青素，是身體組織強健的必需營養素，也可增進眼部健康。
7. 啤酒酵母：蛋白質、維生素B群和礦物質的優質來源，也是幫助調節血糖濃度之耐糖因子的重要來源。
8. 亞麻籽仁：可提供必需脂肪酸和具抗癌功效的木酚素。磨碎的亞麻籽仁常被用來治療便祕，效果頗佳。
9. 綠花椰菜與其他十字花科蔬菜（白色花椰菜、高麗菜、高麗菜苗）：提供良好的蘿蔔硫素和吲哚–3–甲醇，有助於預防多種癌症的發生。
10. 蘋果：纖維、鉀和槲黃素的優質來源。古老智慧不會錯！

10

特殊食品類

本篇的食品項目被歸在一起的條件有兩項。第一，全都超級健康；第二，都無法被納入其他類別。雖然我們在技術上可以說德式酸菜和韓國泡菜是蔬菜，不過那是經過發酵，被當成調味的附菜。橄欖是水果沒錯，可是沒有人會這麼想。還有，該把蜂花粉歸在哪一類？所以，把這些難以歸類的東西放在一起，似乎比較容易一點。

在這一章，我們將收集十三種來自世界各地、特別健康的食品，從德式酸菜和韓國泡菜等傳統發酵食品、富含礦物質的海菜，到現代的乳清蛋白和啤酒酵母等。雖然這類食品有些不是舊石器時代老祖宗的飲食內容，不過地球上最健康的食物清單中要是少了它們，就不算完整了。所以，好好享用吧！

甘草

大家都知道甘草可以當糖吃，至少我小時候就常吃甘草糖。不過撇開糖果不談，真正的甘草根是重要且有療效的草本植物，可帶來真正的健康效益。

甘草屬於多年生草本，原產於南歐、亞洲和地中海地區，在俄羅斯、西班牙、伊朗和印度都有大規模栽種。幾乎各大洲的古文明都有用到甘草，而史載最先使用的是西元前三世紀的埃及人。埃及人和希臘人發現用甘草治療咳嗽和肺病很有效。而在中國，甘草是僅次於人蔘常被中醫師用來治療的草藥。

甘草根可舒緩喉嚨與肺臟不適

甘草最常用來治療上呼吸道不適，它對發炎的黏膜具有緩和的效果。甘草根加水或是加在咳嗽藥水時，能滋潤喉嚨、肺部和支氣管的黏膜。（小時候只要咳一聲，我母親就會餵我吃史密斯兄弟牌〔Smith Brothers〕甘草咳嗽藥水。）根據《藥書》（*Materia Medica*）記載，甘草也可用在尿道炎、腎上腺引起的倦怠和疲勞感、免疫失調、過敏、肝病和解毒。日本人會用甘草配方來控制肝炎，這也很合理，因爲《藥書》曾提到，甘草用在免疫系統虛弱和肝酵素含量異常（單核球增多症、肝炎）的病患上特別有效。甘草也是治療慢性疲勞症候群非常好的藥方。

甘草甜素可以抗發炎和提升免疫力

甘草內含的活性成分主要是屬於皀甘的甘草甜素（Glycyrrhizin），不過路易．凡瑞能（Louis Vanrenen）在他那本《能量草藥》大作中，提到甘草還包含類黃酮素（至少二十種）、萜類（terpenoid）、胺基酸、木酚素和植物固醇（凡瑞能把甘草列爲「五十種能量草藥」之一）。

甘草甜素是甘草成分當中最有名的，同時具有抗發炎和提升免疫的功效。甘草中有類似腎上腺荷爾蒙的活性成分，既是優點也是缺點。優點是抗發炎（如腎上腺皮質醇），但另一方面是甘草甜素很容易使血壓升高（如腎上腺醛固酮）。去甘草甜素的甘草，現在常被做成抗發炎和其他健康類營養品。甘草根當中約有百分之二到九的甘草甜素，在去甘草甜素的甘草精當中，最多只有百分之三的含量。

甘草：抗癌功效前六名

關於甘草中類黃酮素和其他成分的健康效果，已經有十幾篇發表過的研究提供佐證。甚至有一篇研究以肥胖老鼠做實驗，發現甘草內含的類黃酮素可減少腹部周圍的脂肪。其他的研究則指出甘草甜素具有抗氧化作用，而其他的成分也在動物實驗中被觀察到具有抗腫瘤活動。事實上，《美國飲食學會期刊》（*Journal of the American Dietetic Association*）在一九九七年提出的《植化物：健康捍衛者》（*Phytochemicals: Guardians of Our Health*）報告中，提到六種具有最高抗癌力的食品與草藥當中，甘草就名列其中（其他五項是大蒜、大豆、白菜、薑，以及傘形花科蔬菜）。

小常識

真正的甘草根是具有療效的食品和藥草，一般的甘草糖通常是用大茴香做成的，沒有甘草根成分。如果花時間仔細找，就可以買到真正的「甘草糖」，很好吃！

高血壓患者請避免使用甘草，也不要常吃「真正甘草」做成的甘草糖。有心臟衰竭、腎臟病、肝硬化和鬱積性黃膽肝疾病者，應禁吃甘草。

甘草也可以使關節舒適、維持血糖正常。甘草精會製造溫和的雌激素作用，對於更年期和生理期的壓力紓解也有幫助。它也幫助消化。

乳清蛋白粉

乳清蛋白是我最喜歡的蛋白質形式（我不是唯一這麼想的人，本書中其他兩位專家也有同感）。它不但提供優良的蛋白質，而且還有許多健康效益，包括減重、增加肌肉，還會增強免疫系統。

我想大家都知道蛋白質對身體的重要性，不過還是簡單複習一下：蛋白質是荷爾蒙、神經傳導素和抗體的構成要件，更是強健肌肉骨骼的必需營養素，新陳代謝也不能缺少蛋白質。簡單來說，人沒有蛋白質就活不了。（膳食碳水化合物就不同，但這又是另一回事了。）

乳清蛋白刺激免疫系統，幫助製造珍貴的抗氧化物

就某個程度上來說，乳清蛋白是我們獲取優良蛋白質的方法之一，可取代食草牛肉和野味、魚和蛋，以及其他蛋白質來源。另一方面，乳清蛋白還有其他好處，也就是除了方便之外，還有其珍貴之處。它可刺激活化免疫系統。乳清蛋白似乎是讓我們取得製造谷胱甘鈦材料最好的方法。谷胱甘鈦可說是人體最有用的抗氧化物，號稱「抗氧大師」，它不但消滅自由基，也是體內排除致癌物的要角之一。白血球和肝在排除體內毒素時都會用到谷胱甘鈦。但是很不巧，要從食物或營養補充品中吸收谷胱甘鈦，非常不容易。細胞中的谷胱甘鈦應該要由身體自己合成，最好的方式就是提供身體製造谷胱甘鈦的材料：胺基酸。研究發現，乳清蛋白是提供谷胱甘鈦基礎材料最豐富的來源之一。

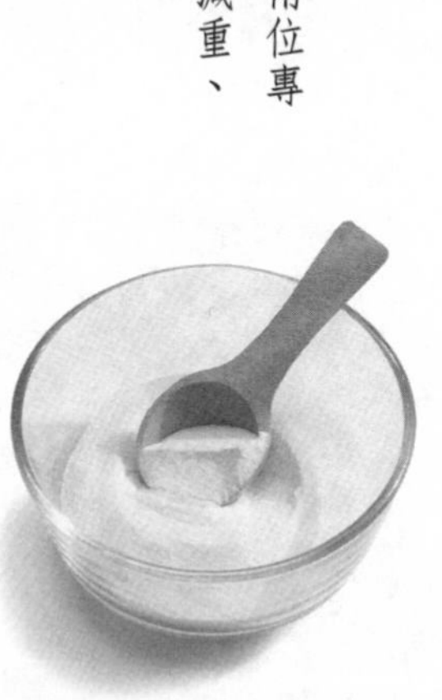

乳清蛋白還包含其他種類，對免疫功能有好處的蛋白質，包括β-乳球蛋白（beta-lactoglobulin）、α-乳白蛋白（alpha-lactalbumin）和免疫球蛋白（immunoglobulin），都有重要的抗病功能。

俄亥俄州立大學（Ohio State University）食品科技系最近做了一項研究，指出膳食乳清蛋白具有保護作用，使攝護腺細胞不會遭到氧化而死亡。有幾項動物研究的結果顯示，乳清蛋白可抗拒幾種腫瘤。《美國臨床營養學期刊》上有一篇研究表示，富含α-乳白蛋白的

乳清蛋白可改善「易感受壓力」者的認知功能（我認識的每一個人大概都屬於易感受壓力者）。明尼蘇達大學醫學院（University of Minnesota Medical School）的醫師們在一次雙盲、隨機、有控制組的臨床試驗當中，給病情從輕微到一般的高血壓患者（除此之外沒有其他健康上的毛病）每日二十克的乳清蛋白，結果發現受試者的血壓在第一周後馬上大幅降低，而且在整個研究期間都維持該水準。

乳清與高蛋白質飲食

還有減重。最新的研究指出乳清會影響控制飽足感的激素，所以對於減少食物攝取也有幫助。從大量的研究當中，我們已經知道高蛋白飲食會讓人覺得飽，所以很適合排入減重計畫當中，但並不是所有的蛋白質都有相同的效果。有一項實驗就是這麼做的：研究人員先將受試者分為兩組，分別讓兩組吃等量的乳清或是酪蛋白；九十分鐘後，讓他們去吃到飽自助餐隨意吃，乳清那一組吃的熱量明顯降低許多。乳清蛋白粉也許是讓人自然控制食物攝取的最佳利器。

乳清的好處在幾世紀前就被發掘了。多虧了健康版記者威爾·布靈克（Will Brink）的幫忙，我找到一份一七七七年的文件，其中寫著：「如果所有人都吃乳清長大，醫生就會破產。」這還不是最早記載乳清好處的史料。根據約一六五〇年義大利佛羅倫斯的一句俗諺，從修辭華美的義大利語轉為簡單的白話文，就是：「如果想要過著健康活躍的人生，就得喝乳清，然後早一點吃晚餐。」

小常識

雖然乳清在技術上是乳製品，不過對牛奶過敏的人，通常不會對高品質的乳清蛋白有不良反應。乳清跟甲硫氨酸（methionine）含量很低的黃豆蛋白不同，含有身體所需的各種胺基酸，而且比例也接近完美的平衡。

商業化的乳清蛋白品質不一，而且還有分離乳清蛋白和乳清蛋白濃縮兩種，前者其實是最純、最濃縮的乳清蛋白，含有九成以上的蛋白質，以及非常少（幾乎沒有）的油脂與乳糖。而乳清蛋白濃縮產品，蛋白質比例從百分之二十九到八十九不等，完全看品質好壞（當蛋白質濃度降低，乳清蛋白中的油脂和乳糖含量通常會提高）。分離的乳清蛋白比較好，我特別喜歡的廠牌是Designs for Health公司出產的「老祖宗飲食」（Paleomeal），它是取自「在不灑農藥的草地上，吃著天然青草的牛隻」所產的特級乳清蛋白。牛隻完全沒有注射生長激素或其他荷爾蒙，牠們的產品也沒有添加其他人工加味劑或增甜劑。「老祖宗飲食」的乳清蛋白完全沒有暴露在高溫下，所以可以繼續在人體內提高谷胱胺鈦的含量。

芽菜

當聽見「健康食品」時，會先想到什麼？很多人都會想到「芽菜」。對很多人來說，芽菜會讓他們想起那些熱衷養生、吃燕麥片、戴老花眼鏡、穿勃肯鞋，在伍茲塔克鎮上閒晃，種植有機食品的怪人。芽菜！是給兔子吃的。

好吧，我知道有人會取笑芽菜。不過撇開那些玩笑不談，芽菜眞的是地球上營養最完整也最豐富的食品之一，富含酵素、維生素和胺基酸。最重要的是芽菜跟紫花苜蓿、綠花椰菜、苜宿、綠豆等，都含有高濃度植化物，對人體有強大的保護功能，幫助我們抵抗疾病。

芽菜是植物幼苗

吃芽菜就等於是連同根莖葉吃了一整棵的幼齒植物。植物各個部位都含有不同的濃縮硫化葡萄糖（可在人體內轉化爲健康代謝物的植物性物質），有些存在根部，有些在被摘掉的葉子裡，還有一些在莖部。有人估計，在超市賣的整包芽菜當中，約有四千棵「植物幼苗」，每棵的微營養素含量相當於整顆成熟植物，甚至還更多。蓓塔生醫師說：「芽菜可提供大量的濃縮營養，有豐富的植物營養成分。以綠花椰菜芽爲例，就有滿滿的微量礦物質、胺基酸，還有抗癌成分吲哚素。總之，芽菜本身就是一份令人驚豔的營養能量包裹。」

約翰霍普金斯大學的研究人員發現，綠花椰菜苗中具有人體保護作用的成分，含量是成熟綠花椰菜的三十至五十倍，包括蓓塔生醫師提到，具有抗癌效果的吲哚-3-甲醇。有不少研究，包括登在《整合癌症療法》（*Integrative Cancer Therapies*）期刊上的一篇回顧文章都指出，吲哚-3-甲醇會抓住乳癌和攝護腺癌細胞，因此很可能藉由改變雌激素代謝，進而降低跟荷爾蒙有關的癌症風險。不管是綠花椰菜或綠花椰菜芽，都有很豐富的抗癌吲哚素。

綠花椰菜芽幫助身體抵抗致癌物質

綠花椰菜芽另外還有大量的蘿蔔硫素，本書有兩位提供十大健康食品名單的專家，都指出蘿蔔硫素是他們選擇綠花椰菜的重點考量。有一項研究發現，蘿蔔硫素會抓住人類的結腸癌細胞。另一項研究，是讓暴露致癌物質的老鼠吃富含蘿蔔硫素的綠花椰菜芽萃取物，發現老鼠腫瘤的生成頻率、大小和數量都大幅減少。（參見「綠花椰菜」、「高麗菜」）

而苜蓿芽能提供另一種重要的植化物：皂甘。皂甘是天然除垢劑，很多植物都有，尤其是豆子。皂甘會結合膽固醇，讓人體不會再將其吸收。多倫多大學營養學系最近做的幾篇研究，都指出苜蓿和苜蓿芽等膳食皂甘可做爲癌症化學預防劑的成分，並有降低癌症風險的功效。有趣的是，癌症細胞的細胞膜比正常細胞含有更多膽固醇，皂甘既然能夠使膽固醇附著，就可以干擾癌細胞的生長與分裂。植物裡的皂甘對免疫系統的影響很顯著，有「自然抗生素」之稱，因此也可推測在人體當中可產生類似的抗菌效果。

小常識

一九九〇年代，美國爆發嚴重的芽菜污染和大規模食物中毒事件，禍首是沙門氏菌或大腸桿菌。經過追查，發現有些病例是因為吃了生芽菜。雖然這波疫情只是來自單一廠商供應的苜蓿芽，而廠商也自發性回收，更在內部複審前停止生產，但美國疾病管制局還是在二〇〇二年對消費者發出生吃芽菜的「風險」警示。備受尊敬的整合醫療專家韋爾醫師採取跟疾管局一致的立場，一度使得芽菜變得很不受歡迎。這值得我們擔心嗎？我覺得不用擔心。

「芽菜跟其他任何食物一樣，都有可能滋生細菌，」蓓塔生醫師告訴我，「但是公告吃芽菜的健康警示，只是出自於害怕，而非有任何合理的解釋。一般出去野餐，放在戶外吃的馬鈴薯沙拉，含菌量比一份苜蓿芽還多更多。」而這也導致非有機苜蓿芽供應商因為恐懼，而想出替產品做「衛生處理」的方法，漂白種子是最常使用的方式，使得長出來的芽含有氯！「這種東西殺傷力更強，」蓓塔生表示，「氯對人體的危害非常大，而且比一小群細菌的暴露更應該令人擔憂。」

蓓塔生醫師呼籲大家食用有機芽菜，避免吃到受到氯污染的菜。這我同意，不過我還是要說，免疫力弱的人如果可以避免，盡量別吃有可能受到細菌污染的食物。但對於其他的人來說，芽菜真的是很棒的食物。最後，還是蓓塔生醫師講得好：「芽菜幾乎是人類所能吃到的超級食物之一。」

海菜

琳達·佩姬博士（Linda Page）曾說：「海菜是來自海洋的禮物。」她說的沒錯，地球上沒有其他植物的營養素、礦物質和微量礦物質的含量比海菜更高。幾千年來，全世界住在海邊的人都認定海菜是最珍貴的營養來源，尤其是礦物質。海菜能帶來美貌、健康與長壽的能力，長久以來是備受肯定的。

畢奇福在《天然食品療法：亞洲傳統與現代營養》裡指出，人體依靠血液的滋養與淨化來維生，而血液的成分跟海水幾乎相同。根據古代中國文獻記載：「天底下沒有海帶治不了的腫脹。」

每一種海菜的特性雖然差不多，不過每種都具有獨特的營養組成。我們先對海菜做簡單的總體介紹。基本上，海菜把大量礦物質和微量元素包含在活植物組織中，還有維生素、胺基酸，以及含量特別高的碘、鈣和鐵質。

海菜預防輻射與環境污染

很多人都知道海菜可以幫助身體排毒（難怪海藻膜在ＳＰＡ是高人氣療程）。史蒂芬·謝特博士（Steven Schecter）相信，海菜可以防止人體吸收諸如鎘等重金屬或其他環境毒素。加拿大蒙特婁的麥基爾大學（McGill University）科學家研究了褐藻（包含黑藻、洋栖菜、昆布和紫菜）中含量很高的海藻酸鈉（sodium alginate），發現海藻酸鈉降低了骨骼吸收的輻射微粒。如同謝特博士所說：「沒有其他食品像海菜一樣，在抵抗輻射與環境污染物方面，有這麼強的保護力。」

常吃海菜，少得癌症

海菜的抗癌功效也有人在研究。二〇〇五年有一篇登在《癌症化療與藥學》期刊的研究，觀察海洋褐藻分離出的多醣類分子Sargassum stenophyllum的抗腫瘤效果。昆布和紫菜都有特別高含量的褐藻多醣（fucoidan），也被認爲具有抗癌效果，生的或風乾、不經過加熱的昆布和紫菜，才能提供有效的褐藻多醣。值得向大家一提的是，琉球是全日本癌症死亡率最低的地區之一，琉球人幾乎都是食用沒煮過的生昆布。日本人罹患乳癌的比

例比西方國家還低，很可能跟吃海菜的習慣有關。

海藻也是氟（請注意不是氟化物）很好的補充來源，可以提升身體防禦能力，並強健牙齒和骨骼。然而，要攝取到氟，一樣只能從生的海菜中攝取，即便是最低程度的烹調都會讓氟流失。海菜也是抗癌礦物質硒非常好的來源。

每一種海菜都有各自獨特的營養成分與健康功效。

黑藻

黑藻是日本海菜，味道溫和，曬乾後切成細條，可加在湯裡或當蔬菜炒。黑藻的碘含量是貝類的一百至五百倍，還有鐵與維生素A，而鈣質是牛奶的十倍。

洋栖菜

洋栖菜在海菜中鈣含量最高，也有豐富的鐵和維生素A。天然洋栖菜很粗，通常會買到曬乾的，煮的時候會因爲吸水，體積膨脹五倍。洋栖菜跟黑藻和紫菜一樣，鈣質含量是牛奶的十倍，而鐵質是牛肉的八倍。

小常識

有些檢測會顯示海菜含有豐富的維生素B_{12}，這是不可信的。畢奇福表示這些檢測出B_{12}的結果，事實上只是B_{12}類似物，並非有效的維生素形式。海菜雖然有許多很棒的營養素，卻不含B_{12}喔。

海帶

海帶家族包括昆布、紫菜和黑藻，皆富含碘，碘是兩種主要的甲狀腺激素：三碘甲狀腺素（T3）和四碘甲狀腺素（T4）的重要成分。海帶的碘是貝類的一百至五百倍，鐵質是牛肉的四倍。

昆布

昆布可用來熬高湯或是加到豆子裡面煮，讓豆子煮快一點，變得較容易吸收。昆布還有鉀、鈣、維生素A與C，碘是貝類的一百至五百倍。根據天然食品專家伍德女士的說法，婦女在懷孕期間不應過量食用昆布。

海苔

愛好壽司者一定都知道海苔是什麼。沒錯！就是那片包在手捲外面的海菜，含有蛋白質、鈣質、鐵、鉀，還有比胡蘿蔔更多的維生素A。

紫菜

紫菜是提供蛋白質、鐵質、鈣、鈉和其他礦物質與維生素很好的補充來源。它的鈣含量僅次於洋栖菜，是含鈣量次高的海菜類。紫菜與海帶的鐵質是牛肉的四倍。

小麥胚芽

現在就可以告訴你，我並不是小麥的超級愛好者。讀者也許已經發現這本書並沒有把小麥列入地球上最健康的一百五十種食材中（甚至連候選名單也排不上）。不過，我卻是小麥胚芽的超級愛用者。

首先需要清楚定義。所有的全穀包含四部分。穀殼，也就是穀粒的外皮，不能吃，通常會去掉。穀皮（糠），是穀類當中纖維形成的所在，也含有營養素（大部分的穀皮在精製的過程中會被去除，即使是所謂具有「健康概念」的穀類也是如此）。接下來是胚乳（endosperm），這是整顆穀粒的主要成分，含有蛋白質、澱粉，精製加工產品通常只取這部分；最後是胚芽（germ），是穀粒中體積最小的部分，含有豐富的維生素、礦物質和纖維質。

總而言之，小麥胚芽就是穀粒當中富含營養素的核心。雖然只佔整顆穀粒的百分之三，在營養上卻是主要供給源，包括維生素E、鋅、鐵、纖維、鎂、磷、鉀、硫胺素、葉酸、維生素B_6、錳和硒。四分之一杯的小麥胚芽有一百零四大卡的熱量，六克以上的蛋白質、二克多的健康油脂，還有將近四克的纖維。

小麥胚芽的油脂可提供二十八烷醇（octacosanol），有幾項動物實驗發現，這種成分有助於運動表現，但是目前還沒有人體試驗，而且我認為二十八烷醇的功效宣傳得有點過頭了。不論如何，小麥胚芽仍然是很好的營養庫。但是因為它含油量高（雖然是好油，不過還是油），如果沒有適當保存會很快腐敗。放在真空罐中密封，可以放一年，如果開過應該冰起來，最好在幾個月內就吃完。作菜時如果有用到麵粉，可以考慮用二分之一杯到一杯的小麥胚芽來替代等量的麵粉，可增加纖維量和營養。

小麥胚芽會散發出堅果香，並增加食物脆脆的口感。加在奶昔或撒在各種食物上，不管是麥片或優格，吃起來都很棒。

梅干（梅醬）

我第一次知道梅醬是柯賓醫師告訴我的。她是天然美食治療與烹飪研究所（Natural Gourmet Institute for Healing and Culinary Arts）創辦人，也是享譽國際的自然飲食與治療專家。某個夏天，我們兩人應邀前往知名的波爾德法斯營養醫學年會發表報告，她的那場有關食物療法的演講實在精采絕倫，內容提到食物的「膨脹性」和「收斂性」，以及若有「膨脹」情形發生時（比如嗜吃糖），可以用「收斂性」的食品來處理。而她所提到的收斂性食品，指得就是梅醬，用英文發音我還真發不出來，之前也沒聽過。後來她告訴我，這是她旅行必備食品，還主動送了一些給我。

沒錯，它不但好吃，還讓我打消出去買冰淇淋吃的念頭。望文生義，梅干是指乾梅子，但它其實屬於杏類，在中國、韓國和日本都被當作食物和藥食用。

梅干其實就是醃漬梅。剛摘下來的梅子洗淨後，放到蓆子上日曬，晚上繼續放，讓水氣在梅子上形成露水使梅子軟化，到了白天再曬乾。數天之後，梅子體積縮小，出現皺痕。再把梅子裝桶，用白色粗海鹽醃漬，有時會加紫蘇。紫蘇除了富含鐵質，也是天然防腐劑，還會把梅子染成粉紅色。最後以重物鎮壓，讓梅子發酵。現在梅子發酵時間都只有幾天幾夜，但傳統上會發酵一整年。在發酵期間，藉著鹽和重壓，梅子會變得更小，即使還有殘餘果汁，也都會瀝出。最後成品即是梅干。

梅干是東方阿斯匹靈和蘋果

梅干是日本人用來平衡與強健身體的古老養生食品，因爲能抗菌兼幫助消化，被認爲是很重要的食品。日本食品通羅比・史溫那頓（Robbie Swinnerton）曾經寫過：「日本的醃漬梅療效很顯著。看似矛盾，不過酸溜溜的梅子會給身體帶來鹼性的效果、緩和疲勞感、促進消化，還會清除毒素。梅干在遠東地區，被視爲阿斯匹靈和蘋果的綜合體，不僅可以解隔夜宿醉，每日一顆梅還能預防各種疾病發生。」

提供一個小絕招。下次很想吃甜食的時候，用一根筷子或直接用小指頭挖一點梅醬來吃，是很不錯的選擇喔！

黑巧克力

二〇〇四年十二月十八日，英國醫學期刊（*British Medical Journal*）出現一篇精采的文章，作者群提出「多元餐」（polymeal）的想法，獲得許多迴響。研究團隊回顧所有飲食與健康相關研究，試圖綜合各家所長，開發出最理想的「多元餐」，讓人每天吃了之後可以顯著降低心血管疾病的風險。在整理所有研究、做了無數次計算之後，一份理論上的菜單終於出現了，每天照菜單吃，不僅能降低心血管疾病，降幅還可高達百分之七十五（目前世界上還沒有任何藥物可以達到這種效果）。這個多元餐的內容究竟是什麼呢？葡萄酒、魚、堅果、大蒜、水果、蔬菜，還有巧克力。

其實，他們還計算出每一項食品對於降低風險的貢獻比例。每天吃一百克富含可可的巧克力，可以降低心血管疾病的比例達百分之二十一，非常令人驚豔！

可可含類黃酮素，預防動脈阻塞

存在於蔓越莓、蘋果、草、洋蔥、茶葉和紅酒中的類黃酮素，在可可當中的含量也不遑多讓，使得巧克力擠身令人欽羨的類黃酮素俱樂部一員。地球上有超過四千種類黃酮素存在植物當中，防止植物不受到環境的毒害，所以如果攝取富含類黃酮素的植物食品時，我們也會得到這層保護。可可裡面的類黃酮素稱為黃烷醇（flavanol），會預防血液中的油脂物質堵住動脈。血管如果不堵塞，發展成心臟病和中風的機率就會減少。（有時候聽到別人建議服用低劑量阿斯匹靈，也是應用這個原理。）這些成分都不會使血小板黏著在一起出現血凝塊。另外，可可還含有鎂，這是促進心臟健康最重要的礦物質之一。

可可內的黃烷醇還有另一項重要任務，就是調控體內的一氧化氮。想擁有健康的血流、血壓與心血管，一氧化氮是不可或缺的成分。有一項義大利的研究發現，黑巧克力可以降血壓，推測其中的關鍵應是富含黃烷醇的可可，幫助身體有能力合成更多的一氧化氮。另一篇

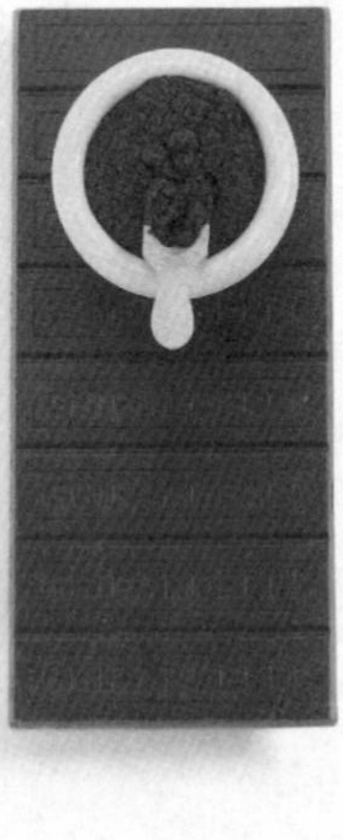

刊登在《美國臨床營養學期刊》的研究，也指出黑巧克力不僅可以降血壓，對於健康的人還有助於提高對胰島素的敏感性。

吃對巧克力才有效

請注意，我只爲高品質的巧克力背書，絕不是講一般的巧克力棒，也不是在雜貨店買得到的那種包著焦糖、棉花糖、堅果，很Q的巧克力糖，這些都沒有上述提到的健康效益。能帶來健康的黃烷醇和抗氧化物，只能從眞正的可可中攝取到，也是這些成分讓可可帶點苦味。如果你想從飲食當中獲取黃烷醇的好處，就要選購眞正的巧克力，也就是有高可可含量的黑巧克力。選購的時候，最容易分辨的方法是標示著「可可含量佔百分之六十」的產品（有百分之七十或更高的比例當然更好，不過更難找）。牛奶巧克力和白巧克力幾乎沒有這些健康功效。商業化的巧克力糖，含有大量多餘的糖分、油脂、食用蠟和一些你不想吃下肚的化學成分。巧克力的加工程序越繁複，就會留失越多的類黃酮素。

巧克力中的油脂來自可可脂，由三種脂肪酸組成。第一種是跟橄欖油的油脂相同、有益心臟健康的油酸。第二種是硬脂酸（stearic acid），對身體有中和的功效；第三種是棕櫚酸（palmitic acid），不適合吃太多，幸好它在巧克力的油脂含量排名第三，所以只要注意分量，用不著擔心吃太多。不過因爲可可脂很貴，因此商人常會用牛奶的油脂和氫化油來取代高品質的可可脂，製造出廉價的巧克力，所以爲了注重健康，想吃到富含眞正可可的巧克力，還是要選擇最好的廠牌。

不是人人都能吃巧克力

巧克力雖然有許多健康效益，卻不是每個人都適合吃。有些人對巧克力可能會產生上癮行爲，所以如果知道自己有這種體質，最好有「自知之明」，遠離它吧！

當然，如果你吃巧克力沒有問題，也不會出現讓你無法好好享受、甚至要看醫生的情況，那就來點巧克力吧！請注意，我說的是「一點」巧克力，一個禮拜吃一兩次最好。我的好友兼知名心血管與營養專家辛那屈醫師曾經表示，即使是心血管病人，如果沒有咖啡因敏感的傾向，平常只要適量控制，還是可以經常享用黑巧克力。

建議讀者購買最黑最純，也是最好吃的巧克力來吃，可可含量至少要百分之六十，然後一個禮拜吃個幾次，每次一至二盎司就可以了。

蜂花粉、蜂膠與蜂王乳

蜂花粉的擁護者，可能是自己最大的敵人，因為他們宣稱蜂花粉可治百病，不管是癌症或是肉刺都有用。如果不談誇大不實的療效，目前確實已經有大量文獻指出蜂產品（尤其是蜂膠）對健康有顯著的好處，史料也有記載。這就說明了為何蜂產品在二千多年來，一直在傳統醫學與民間療法中佔有一席之地的原因。

蜂花粉營養充足而平衡，不管是人類或是家畜禽都可食用。它含有維生素，以及所有我們叫得出名字的礦物質、微量元素、酵素和胺基酸，因此被喻為自然的完美食物（它的胺基酸和維生素成分，比所有含胺基酸食品，包括牛肉、雞蛋或起士等更多）。

其實這很合理，因爲蜂花粉是每株植物中的花粉精華。除此之外，它還帶有蜜蜂體內的酵素。

根據雷．沙合里安醫師（Ray Sahelian）的研究，蜂花粉的成分有：十八種胺基酸；DNA與RNA；維生素A、B_1、B_2、B_6和B_{12}；菸鹼素；泛酸；葉酸；維生素C、D、E和K；膽鹼；肌醇；芸香素和其他生物黃酮；鈣、鎂、鐵和鋅；十種酵素；輔酵素；還有許多其他營養因子。蜂花粉所含的類黃酮素具有顯著的抗氧化功效。史丹勒醫師（他的十大健康食品名單請見第319頁）表示蜂花粉也可以提供我們一些稀有的微量礦物質，像是矽、鉬、硼和硫等。它也是少數非肉類的維生素B_{12}補充來源之一。

蜂膠防止病菌感染

蜂膠具有大量的藥理性活動，它是蜜蜂將採集到的樹脂物質，帶回蜂窩後混合蜂蠟而成，做爲黏膠或是密封材料。蜜蜂用蜂膠塗蜂巢，就像我們在家裡刷油漆或用填隙料塗牆一樣。人們早在二千三百年前就開始把蜂膠應用在各種用途上，最早是預防傷口感染。有一篇發表在二〇〇六年一月號《亞太癌症預防期刊》（*Asian Pacific Journal of Cancer Prevention*）上的文章，是以蜂膠在健康與疾病中不同生物作用爲主題所進行的文獻回顧，指出蜂膠含有抵抗細菌、氧化、潰瘍和腫瘤的功效。

各種國際性期刊每年都刊出大量有關蜂膠具神奇藥理功效的學術文獻。科學家已經從蜂膠中發現三百多種包括多酚在內的成分，其中很多具有驚人的保護效果。蜂膠裡有一種活性化合物：咖啡酸苯乙酯（caffeic acid phenethyl ester，簡稱CAPE），被發現具有抗致癌性、抗發炎和免疫調節等功效。二〇〇六年五月出刊的《營養生物化學期刊》（*Journal of Nutritional Biochemistry*）刊登一篇研究報告，結論是蜂膠衍生物CAPE可抑制腫瘤細胞的轉移和群聚。這項研究為CAPE做為抗轉移媒介，顯著抑制惡性腫瘤細胞的移轉與侵入性的角色，提供了直接的證據。

蜜蜂的易受感染性造福人類

蜂膠以其抗病菌效果最為人所知，它具有抗細菌（金黃色葡萄球菌）和黴菌（白色念珠菌或酵母菌），甚至有抗病毒（禽流感病毒）的功效。其實像蜂膠之類的蜂產品有如此強大的抗生效果，實在不足為奇。只要問任何一位養蜂人就知道，蜜蜂非常容易感染細菌和病毒。從達爾文的觀點來看，蜜蜂利用可以保護族群不受微生物致命侵害的材料來強化蜂巢功能，是動物的求生法則。一篇刊登在二〇〇六年七月號《國際免疫藥物學期刊》（*International Immunopharmacology*）的文章裡，提出蜂膠的抗發炎功效可用來做為氣喘的治療參考（在蜂花粉發現的一種類黃酮素，就是具有強力抗發炎功能的槲黃素）。另外刊登在二〇〇五年《民俗藥學期刊》（*Journal of Ethnopharmacology*）上的一篇文獻也發現，蜂膠會刺激身體製造抗體，這也許就是讓它擁有增強免疫功效的成分。

蜂王乳

蜂王乳是工蜂分泌的特殊乳白半流體，是用來哺育女王蜂的食物。女王蜂如果不服用蜂王乳，就跟一般的工蜂無異。剛從蜂卵孵化、以及在出生後的前兩三周的幼蜂也會吃，很快就能長成健康的成蜂。不過只有女王蜂能終其一生吃蜂王乳，所以體型大於其他蜜蜂約四到六成。其他工蜂只能活六周左右，而女王蜂的壽命長達四到六年。可能是因為這些現象，造就蜂王乳成為促進健康、延年益壽的抗老聖品。

蜂王乳功效可能言過其實

雖然蜂王乳是精華濃縮的營養品，不過我對於蜂膠和蜂花粉的評價還是比較高。淡黃色乳狀的蜂王乳其實非常吸引人，也具有強力抗細菌功效，做成化妝品和護膚產品最理想。正如一些負責任的專家所說，內服蜂王乳，會因為它的pH酸鹼值高於六，而被人體的緩衝系統中和（我們人體一向維持在酸鹼值七點四左右），蜂王乳的抗菌效果可能會消失。事實上，目前也沒有清楚的證據支持，內服蜂王乳，效果可以好到看見顯著的療效，只有一項研究指出蜂王乳（每日服用五十到一百毫克）可以降低血中總膽固醇和血脂濃度。另外，科學家也從蜂王乳中分離出新喋呤（neopterin），這是人體免疫系統當中很重要的物質。

話說回來，蜂王乳依然是非常營養的食品，含有全套的維生素B群，包括高濃度的B_5，還有礦物質、維生素A、C、D和E，十八種胺基酸、酵素和荷爾蒙。不過這些維生素、礦物質並非蜂王乳所獨有，而且從發表的文獻數量來看，蜂膠是遠高於蜂王乳的。蜂王乳到了消化系統之後，其抗細菌效果似乎無法完全表現出來，相同的抗細菌功效跟其他成分，若外用或做成皮膚軟膏，效果會比較理想。

小常識

有人宣稱蜂花粉可以用來補充精力、改善運動或比賽成績。針對這方面的學術研究，目前沒有看到任何證據。不過蜂花粉也許可以加快病人的恢復速度並預防疾病。倒是有一項研究發現，成人游泳選手在吃了蜂花粉之後，因為感冒或上呼吸道感染而沒參加受訓的天數有減少。

有人會對蜂花粉過敏。對花粉過敏者，應該禁食各種蜂產品。

綠色食品與飲品

家裡有養狗的人，一定看過小狗吃草。為什麼？其實沒有人真正知道原因。有人認為狗吃禾草是為了獲取身體所需、從肉食中攝取不到的養分。有一件事是很確定的，青草富含營養素，而禾草和藻類做成的「綠色食品」，是我認為對人類最健康的食品之一。

「綠色食品和飲品」這個看似不尋常的標題，其實包括的範圍很廣，從健康食品店人氣高居不下的小麥草汁，到藍綠藻、藍藻等藻類都有，各有其獨特的營養成分，也用在不同（有時相同）的情況。先從它們共同的葉綠素開始談起，這是讓所有植物披上綠衣的物質，也是天然清血劑。好處在那哪裡呢？想一想，所有的東西，從厭氧性細菌到酵母和黴菌，無一不經過血液。當自體免疫系統釋出攻擊外來物的成分，這時如果有葉綠素，就能幫助身體把這些會危害身體的「沉澱物」清掉。來自亞歷桑那州的自然療法專家蓓塔生醫師解釋，「葉綠素可以對付細菌，它會清除身體不需要的餘菌，刺激酵素的活化，同時是天然抗發炎劑，營養成分也非常高。」沒錯，富含葉綠素的植物，像是藍藻、綠藻、野生藍綠藻等，都是中藥和其他東方傳統醫學中不可或缺的藥材。

關於葉綠素「造血」的說法，似乎有點科學根據。紅血球的分子結構和葉綠素幾乎是相同的，只除了紅血球裡面有鐵原子，葉綠素則是鎂。葉綠素有時甚至被稱為「植物之血」。

另外是有關於酸鹼值。懂得園藝或土壤的人都知道，土地的酸鹼比值是用pH值來表示。身體要健康，也得達到酸鹼平衡（從尿液、血液和唾液皆可測量pH值）。蓓塔生醫師告訴我：「未來預防醫學的重點就是在處理身體的酸鹼度。很多事物都會釋放酸性，包括壓力、搖滾樂、糖，還有許多吃的東西。如果使用諸如藍藻、綠藻這些含有葉綠素的鹼性物質來中和，就可以讓身體一直維持健康的pH值，漸漸地也會增加抵抗疾病的能力。保持最好的pH值，是讓酵素活躍的最佳環境，身體也能夠輕易動員自我治療的能力。」

禾草：大麥草與小麥草汁

大麥草和小麥草是很相像的高葉綠素食品，不過大麥草比較容易消化。很有意思的是，對小麥過敏的人，在小麥還未長出，只是草的階段，幾乎不會對小麥草過敏。禾草有許多酵素以及抗氧化效力強大的超氧化酵素（superoxide dismutase，簡稱SOD），另外也有大量的黏多醣類（簡稱MPs）。

大麥草

對於不敢吃小麥草的人，大麥草是最佳替代品，雖然和小麥草的香甜比起來有點苦味，不過整體上味道跟口感都比較溫和。大麥苗吸收土壤養分的效率相當高。華府的預防醫學研究所（Institute of Preventive Medicine）所長霍華．盧茲醫師（Howard Lutz）說過，大麥草汁「可提振精力和性能量，讓思考清晰，並能減少對不健康事物的依賴。它也可以改善膚質，消除肌膚因老化產生的乾燥感。」

小麥草汁

保羅．畢奇福（Paul Pitchford）跟其他專家都特別提到小麥草汁濃度很高，即使是一盎司的量也能夠發揮療效，所以建議一次不要飲用超過二盎司，多喝並不會提高功效。一般相信小麥草汁有助於淨化淋巴系統、使身體恢復平衡、清除細胞中有毒金屬，並可以恢復精力。有人相信喝一盎司小麥草汁可以獲得二英磅以上的蔬菜所含的維生素與礦物質，不過我還找不到證據來支持這項看法。另外還有人宣稱小麥草汁含有三十餘種酵素。最後，小麥草應該在打汁後立即飲用，效果最佳。

微藻類（藍藻、綠藻及野生藍綠藻）

在所有食品中，原生生物微藻類植物的葉綠素含量最高。保羅．畢奇福（Paul Pitchford）在他的著作《天然食品療法：亞洲傳統與現代營養》（*Healing with Whole Foods: Asian Traditions and Modern Nutrition*）裡提到微藻是植物界與動物界的邊緣人，除了葉綠素之外，還有蛋白質、β-胡蘿蔔素和核酸（RNA跟DNA）。

藍藻

藍藻富含葉綠素、蛋白質、β-胡蘿蔔素和有益健康的脂肪酸GLA（γ-亞麻油酸），同時還有藻藍素（phycocyanin），是一種具抗氧化、抗發炎功能的色素，有一篇研究甚至還發現它可抑制癌症細胞的群聚。藍藻的細胞壁是由黏多醣所組成。黏多醣是連結胺基酸、單糖，有時還包括蛋白質的複合糖類，養分很容易消化，這是藍藻有別於其他微藻類和植物之處。

綠藻

綠藻跟藍藻類似，但是蛋白質少了很多、β-胡蘿蔔素更少，卻有較多的葉綠素和亞麻油酸。有人認為綠藻堅韌的外細胞壁會抓住重金屬、殺蟲劑和其他致癌物質，再將這些東西安全地帶出體外。綠藻的葉綠素含量比任何食物還高，另外也有不少的油脂，其中五分之一是omega-3。但不像藍藻一樣含有藻藍素。

野生藍綠藻

生於奧瑞崗州克拉瑪斯湖（Klamath Lake）的野生藍綠藻，在某些條件下會變成毒性很強的植物，其毒性在五分鐘內就足以殺死動物。不過，根據專家的調查，還沒有人在克拉瑪斯湖區發現變成毒的野生藍綠藻，所以一般相信來自這個地區的產品是安全無虞的，特別是因為冷凍乾燥的技術會使毒性消失。（提出毒性的目的是希望提醒想到野外採藍綠藻，又不確定是否有毒的朋友，還是小心為上。）

小常識

市面上可以買到許多不錯的「綠色飲品」，其中用上等禾草，和生長在肥沃、有機土壤中的青草精華來製作的產品，品質最佳。ProGreens和PaleoGreens是兩家我最喜愛的廠牌，可以在我的專屬網站（www.jonnybowden.com）上，點選「購買營養補充品」（“Shopping for Supplements”）找到連結。

德式酸菜（未經殺菌處理）

集合地球上最健康的食物之一（高麗菜）和地球上最健康的加工法（發酵）而產生的德式酸菜，是促進健康的大贏家。

發酵基本上是指古老的食物處理與保存方法，把食物交給天然的微生物「處理」。微生物在分解食物中的碳水化合物和蛋白質之後的成品，像是優格、德式酸菜、味噌、醬油和韓式泡菜，都是絕佳的例子。這些食品因為有健康的材料和製造過程，所以可提供我們雙倍的營養價值。商業化食物處理模式試圖將發酵技術「標準化」，許多現代被大量生產的食品（如橄欖罐頭、泡菜等）都不是眞正發酵過，只是加了化學藥劑、鹽漬後再裝罐賣出。只有眞正的發酵作用才能帶來「活菌」（如乳酸桿菌）強大的健康功效。

德式酸菜的活菌有助消炎

活菌的好處多多！乳酸桿菌類是腸道細菌最好的「養料」，培養體內自然平衡的菌叢，進而促進消化、免疫功能，以及營養素的吸收與合成。許多研究也都發現各種乳酸桿菌能夠支持並改善免疫功能。大量文獻表示優格可做為好菌（稱活菌或益生菌）的「遞送」工具，而所有自然發酵食品，像是德式酸菜，也都應該有同樣的效果。這些研究發現，酸菜中的活菌可以刺激細胞免疫作用，甚至還會抑制幽門螺旋桿菌。我的好友，來自亞歷桑那州的自然醫療專家蓓塔生醫師解釋：「腸道菌叢若保持健康，人體就可以預防各式各樣的毛病，尤其是慢性退化性疾病。發炎是許多退化性疾病以及心臟病的主要特徵，而益生菌（活性菌）有助於控制發炎。它們會使免疫系統的武器，也就是自然殺手NK細胞的數目增加。當感染出現時，益生菌會促使抗體增加，另外能改善消化、抗癌，也會增加好膽固醇、減少壞膽固醇。」自然發酵製成的德式酸菜就有豐富的益生菌。

高麗菜防乳癌

德式酸菜還有另一項法寶，那就是超級蔬菜高麗菜。研究人員先是觀察到，住在波蘭與俄羅斯鄰近的東歐國家婦女，每周吃四份以上的生或半生高麗菜，罹患乳癌的機會比移居美國、每周吃一份半以下德式酸菜的波裔女性低百分之七十四之後，才開始研究高麗菜。研究人員推測減少乳癌的功臣應該是吲哚素這種植化物。經過幾年的研究，證明這些吲哚素會改變雌激素的代謝，進而降低罹患癌症的風險。

高麗菜的抗癌效果不是單靠吲哚素。在二〇〇二年十月二十三日出刊的《農業與食品化學期刊》當中有一篇研究報告，芬蘭科學家指出高麗菜發酵時會製造異硫氰酸鹽，這種成分在實驗室（試管與動物實驗）研究當中被發現有預防癌症生長的功效。（參見「高麗菜」）

紅色與紫色高麗菜的特殊功效

大部分的德式酸菜都是用白色高麗菜製成，不過有人會用紫色高麗菜來做，這種高麗菜有另一群可保護人體健康的植化物。紫色高麗菜是我們補充花青素的來源之一。花青素是讓藍莓呈藍色、紫色高麗菜呈紫色的花色素，也存在於許多色彩鮮艷的水果，像是葡萄和漿果當中。不過花青素不只是蔬果的化妝師而已，它是類黃酮素的植物性化合物其中一員，具有良好的生物活性，有強大的抗氧化活力。（參見「高麗菜」）

花青素能夠成爲預防心血管疾病的最佳武器，主要是它具有抗氧化與抗自由基的能力。此外，它還有抗發炎功效，可抑制過敏反應，不使發炎現象危害結締組織與血管壁，達到保護人體的目的。

德式酸菜也是高纖低熱量食品，一碗未瀝水的酸菜有六克纖維，熱量只有四十五大卡，還提供每日需要量百分之一百五十的造骨營養素維生素K。另外當然有豐富的鈣質、維生素C、鉀、磷、鎂與鐵。

小常識

德式酸菜有一項缺點，尤其是一般市售的，含鈉（鹽）量都過高。更糟的是，市面上大部分商業化製作的酸菜，都經過消毒殺菌，把有益人體、使酸菜登上健康排行榜的好菌都殺光，變成一道沒有生命力的食物，不但吃不到好東西，還攝取了一大堆鹽。（安德魯．韋爾醫師〔Andrew Weil〕教大家在吃酸菜之前，先沖洗浸泡一下，可以大幅降低菜中的鹽分。）想要吃到這道傳統料理的健康成分，最好是去天然食品店的冷藏區找新鮮或生的德式酸菜，有些熟食店也會自己做，放在桶子裡面賣。不過，自己動手做最好！

韓式泡菜

韓式泡菜是韓國傳統菜餚，用發酵辣白菜製成，普及程度之高，據說韓國人在照相機前擺出笑容時，會說「kimchi」（泡菜），而不是像美國人說「cheese」！泡菜在韓國是非常受歡迎的配菜，也可以當成煮菜的材料之一（煎餅、披薩餡料、泡菜鍋、泡菜炒飯等），很多中國人和日本人每天也都會吃。泡菜是營養的寶庫。《健康》（*Health*）雜誌最近還把泡菜喻為全世界最健康的五種食物之一。想知道為什麼嗎？

泡菜最常用的材料有大白菜、白蘿蔔、大蒜、紅辣椒、洋蔥、海產（牡蠣或花枝較普遍）、薑、鹽，也許還有糖。國際上有時候只叫中國大白菜。泡菜之所以健康，首先是用料：大白菜、洋蔥和大蒜都是本書所提到，地球上最精華的一百五十種健康食物，這三種食材也都得到星號標記，表示它們在個別項目中的營養價值特別高。泡菜集合了這三項明星食材，不但有顯著的抗癌效果，對心臟健康更有助益。有研究證實大蒜可以減少硬塊斑、降低壞膽固醇，抑制結腸直腸癌細胞的擴散；大白菜含有。吲哚素可抗癌；洋蔥也被發現可以降低二成心臟病死亡率。而泡菜裡其他的材料，比如辣椒和薑，也都各自有特殊的健康功效。

所有發酵食品都很健康，為什麼？

接下來是發酵作用。泡菜經過發酵，這也是我們認定它成為健康食品的第二項指標。幾乎所有自然發酵的食品都能促進健康。在發酵過程中，健康的乳酸菌是不可或缺的要角，而泡菜正可以大量提供這些有助健康的益生菌，許多研究也都發現各種乳酸菌類具有提高免疫的能力。發炎是包括心臟病在內等，許多退化性疾病的特徵，乳酸菌的另一項功能就是降低發炎反應。此外，它們還能維持消化系統的健康。

所以泡菜是世界性的健康食品，可說是當之無愧。根據《國際園藝學會園藝學期刊第四百八十二號》（*ISHS Acta Horticulturae #482*）所刊登的一篇綜合回顧文章指出，泡菜具有抗氧化、抗突變、抗致癌性的能力。這一小盤味道有點嗆的白菜，好處倒是多得令人驚奇！泡菜的維生素（C與B群）、礦物質（鈣、鉀和鐵）和膳食纖維的含量也不少。

橄欖

只要翻一翻任何營養學教科書，裡面一定會收錄橄欖油相關內容，還附上大量參考文獻為它的健康效用背書。不過奇怪的是，關於可愛小橄欖果實，卻沒有那麼多的報導。

其實應該要有更多的橄欖研究才對，因為它提供了多項支持生命的營養素，是小而美的水果。橄欖是歷史悠久的食物，早在西元前三千年就有橄欖樹的存在了，特別是在地中海地區。生的天然橄欖又苦又澀，若沒有事先浸泡處理，其實不太好吃。不過問題在於，傳統發酵法雖然可以製造出健康又美味的食品，但是對現代人來說太沒效率了。製作德式酸菜、優格、橄欖、天貝和味噌等健康的古早發酵技術，已被棄置不用，反而為快速、商業化的製程所取代，產品的健康效益也不再那麼豐富。

慎選橄欖

傳統的發酵是慢工出細活，靠的是酵母和細菌的作用，製造出充滿健康成分和活菌的食品。可是在現代講求「快即是好」的世界裡，大多數的人會用鹼液醃漬，去除苦澀感，然後鹽漬並裝罐。而遵從（較佳）「古法」的過程，是用油、鹵水、水或鹽來處理，所以就有「油漬」、「鹽漬」、「水醃」或「純鹽漬」橄欖。只要用心找，便可以在橄欖專賣店買到好的產品種類；在比較高級的超市中，橄欖通常會放在起士區，擺在盤子上任君選購，這些橄欖甚至還保有我們身體很需要的活菌！這些才是應該買的。

橄欖與橄欖油含有一系列對身體有益，包括生育醇、類黃酮素、花青素、固醇和多酚類等植物性化合物。橄欖的味道也許就是來自多酚；橄欖中的多酚有抗發炎、改善免疫功能、防止ＤＮＡ受損，也可以保護心血管系統。橄欖與橄欖油都是地中海飲食文化的支柱，也被發現有數不清的健康效益，包括較低的心臟病與特定癌症發生率。

橄欖（與橄欖油）中的油脂大部分是單元不飽合脂肪油酸，被認為會提高對人體具有保護作用的ＨＤＬ（好）膽固醇比例。有很多研究顯示，攝取大量單元不飽和脂肪的人，比較不容易死於心臟病。

叫我第一名

啤酒酵母

在以前，只吃優格或有機食物的人才會被認爲「健康狂熱」，那時體育館還不叫健身房，超商也沒有天然食品區，只賣一些讓人眼花瞭亂的能量產品，營養補充品的選擇也很少，啤酒酵母就是其中之一。

不過，時代改變了，健身變成主流。一長串營養補充品，配方粉、能量棒，還有一大堆讓你加入蛋白質奶昔的東西呈倍數增加。在這麼多種選項當中，啤酒酵母依然在許多早期的「健康狂熱者」心中佔有一席之地。

存在於啤酒酵母中的，是磨成粉狀、乾燥的眞菌類釀酒酵母（saccharomyces cerevisiae）細胞。這種形態的酵母已經不會起發酵作用。其實啤酒酵母是釀啤酒或其他酒類之後的剩餘，因爲很好消化，營養成分高，所以被視爲健康食品。它含有豐富的維生素B群、所有必需胺基酸、十五種礦物質，包括加強胰島素效能的重要微量礦物質鉻。高品質的啤酒酵母粉，每大匙（十五克）最高可含六十微克的鉻（在啤酒酵母風行的時候，鉻補充品並不普遍）。啤酒酵母是少數植物性維生素 B_{12} 的供給來源。

小常識

啤酒酵母不再風行的主因，是由於市面上開始推出較高劑量的鉻補充品，以及很多人有念珠菌感染。雖然酵母本身已經沒有作用，和會誘發感染的白色念珠菌沒關係，不過有此一說：吃了啤酒酵母後病情會更糟。另外，有些人剛開始吃啤酒酵母時會出現脹氣或放屁。事實上，如果沒有念珠菌感染的困擾，也想多攝取一點維生素B、胺基酸和礦物質，啤酒酵母依然是很不錯的選擇。

聽 專家怎麼說

歐茲・格西亞博士

格西亞和我交情匪淺，是我非常要好的朋友，也是美國頂尖營養學家。這十幾年來，我們一直有合作，我每次都對他各方面廣博深厚的學養欽佩不已。

格西亞是抗老化專家，經常受邀到各國發表有關健康、生活方式、老化、營養補充品和營養學的演說與教學。他擔任生活顧問公司Personal Best, Inc.的執行長，還二度被《紐約雜誌》（*New York Magazine*）選爲「最佳營養學家」。在格西亞一長串諮詢客户名單當中，有很多是名號響亮的大人物。他也是暢銷書《關於平衡》（*The Balance*）和《永保心身愉快》（*Look and Feel Fabulous Forever*）的作者，第四本新書是《新五十歲宣言：讓五十歲看起來像三十五歲》（*The New Fifty: Redesigning 50 to Look and Feel like 35*）。

1. 藍莓：含有抗病、防老化之抗氧化物與抗癌功效，也有助於降低膽固醇、預防短暫記憶力喪失與體重控制。
2. 野生鮭魚：提供omega-3脂肪酸最好的來源之一，可降低心臟病和發炎的機率。富含類胡蘿蔔素、維生素B、A與D；幫助鈣質吸收。
3. 石榴：富含鉀質與維生素C，抗氧化物是紅酒和綠茶的三倍，可避免動脈的油脂沉澱，預防心臟病、中風、提早老化、阿茲海默症和癌症。
4. 橄欖（特純）：類似阿斯匹靈或止痛藥異丁苯乙酸（Ibuprofen）的天然抗發炎劑，可降低中風、心臟與心血管疾病、乳癌、肺癌與失智症的風險。
5. 堅果：含有豐富的膳食纖維、抗氧化物、鎂、銅、葉酸、植物蛋白、鉀、維生素E、健康油脂等，這些營養素都可降低心臟疾病的風險。
6. 各類蔬菜：蔬菜含油量低，熱量也低，是膳食纖維良好的來源，也可提供人體額外的精力。蔬菜是最天然的食物，含有各種維生素、礦物質和成千上萬種植物性成分，增加人體對疾病的抵抗力。吃青菜也可以控制體重。
7. 大蒜：大蒜的抗氧化功效可以讓我們抵抗老化的壓力。它含有強效的抗細菌與抗病毒成分，使人體較不會遭受壓力誘發的感冒或感染。
8. 綠茶：富含抗氧化物，促進心臟健康、幫助消化，同時會調節血糖與體溫。綠茶會提高代謝率，加快油脂氧化，因此有助於減重。另外也可以預防類風溼性關節炎和腫瘤。
9. 全穀／糙米：全穀和糙米有許多健康功效，不僅有纖維和一般的營養素，如維生素B、維生素E、鎂和鐵等，還有各種抗病的植物性成分，以及無

聽 專家怎麼說

法從水果中取得的抗氧化物。

10. 含活菌優格：蛋白質和鈣質的優良來源。優格內含益生菌，可以增強免疫系統、保護腸道，並帶給我們鈣、鉀、鎂，三種預防高血壓和骨質疏鬆症的主要營養素。

11. 椰子油：有助於維持整體的免疫功能，預防細菌、病毒和黴菌感染，以及消化不良。還可增加代謝率。

11 飲品

天底下沒有比水更好的飲料了。人沒有水，撐不了多久就活不下去。人體內每一道代謝過程都需要用到水。不過，這不表示沒有其他對健康有益的飲料。還是有的。本篇會跟大家深入介紹九種（加上水是十種）健康飲品。

基本上，飲料不是長在樹上或是地上，而是從某個原料製造出來的，比如說某種植物或水果。所以，寫這本書挑選食品跟飲品的兩難之一，就是要考慮飲料的來源（如蘋果）是不是有入選？從該原料做成飲料（如蘋果汁）要不要納入？以及怎麼樣的情況下要把原料和飲料都一起放進來？（類似的兩難還包括油，比如橄欖和橄欖油，跟堅果，比如花生和花生醬。）我的評斷原則如下。

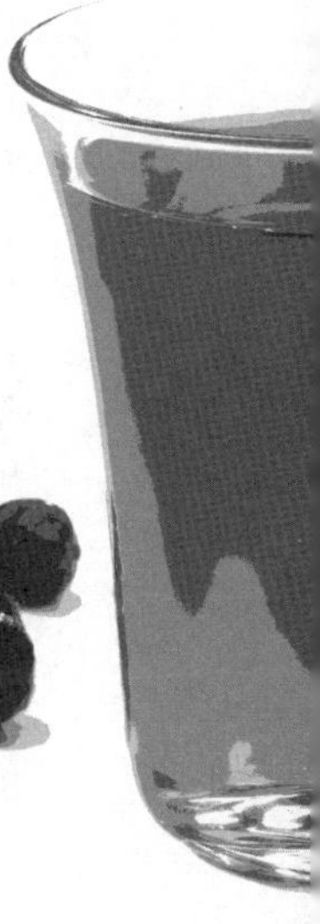

爲什麼有些水果和蔬菜汁沒有被納入

如果有一種水果，或是任何蔬菜，以其中一種形式食用非常有益健康，但另一種食用形式則稍微遜色，我就會推薦健康效果最高的那一種，放棄另一種。蘋果是很好的例子，蘋果本身是超級營養庫，但超商販賣的加工果汁卻糟透了（至少從含糖量來說，就會是如此）。另一方面，蔓越莓是很棒的水果，所以被本書納入，不過不加糖的純蔓越莓汁也一樣好，保留了果實大部分的營養素（除了纖維質之外）。因此蔓越莓和果汁都一起被留下來。石榴是非常棒的水果，但吃起來很麻煩，也不夠普遍，但石榴果很容易買得到，也含有原來果實所有的好處，所以在飲品篇就值得推薦，在水果篇則不幸落榜。

另外，諾麗果、巴西莓和枸杞這些漿果，情況也是如此。諾麗果在巴西以外的地方根本見不到，而且吃起來很可怕，可是諾麗果汁卻是營養界巨人。結果就是果汁留下，水果退出。巴西莓也是如此。但枸杞的結局就相反了，因爲在美國的健康食品店很容易買到富含營養素的枸杞，雖然果汁也很好，不過宣傳有點誇大（而且價格偏高）；所以我最後決定選果實，忍痛割捨枸杞汁。

值得特別挑出來討論的飲料

其他的飲料則沒有上述的困擾，茶是一定要用喝的，咖啡也一樣。雖然紅酒是葡萄釀製而成（葡萄在本書也有單獨介紹），不過紅酒另有獨特的功效，而且跟原本的果實可說是截然不同的食品，所以有必要另闢討論。

最後是蘆薈汁，它原本也可以被放進來，不過考慮到我們通常不會每天喝，因此這裡傾向利用蘆薈的輔助治療功效（雖然我覺得每天喝也不是什麼壞事）。

現在你知道我選擇飲品的「標竿」。當然這個方法不是最完美，分類也很粗糙，不過這是我努力想出來的方式，似乎也是解決問題的最佳途徑了。

大家一起來喝健康飲料吧！

巴西莓汁

巴西莓（acai berry）是亞馬遜河流域的棕櫚樹果實，數百年來，被巴西當地人視為提供精、氣、神與高營養素的珍貴果實。做成果汁後，味道很像是漿果與巧克力的混合果汁。

巴西莓會一炮而紅的關鍵，是因爲被尼可拉斯·培里康醫師（Nicholas Perricone）點名爲十大抗老超級食品，之後又上了歐普拉脫口秀，使得這個外型迷你的水果一夕成名。

巴西莓眞的有這麼好嗎？答案是：雖不滿意但可以接受。我個人不認爲巴西莓是地球上抗老食物前十名。但是如果在網路上搜尋巴西莓，會出現一大堆名人背書，見證它神奇的健康效果。很遺憾地，這些資料都是來自巴西莓汁的廠商。雖然這不代表巴西莓沒有優點，只是不必全然接受這些健康訴求。

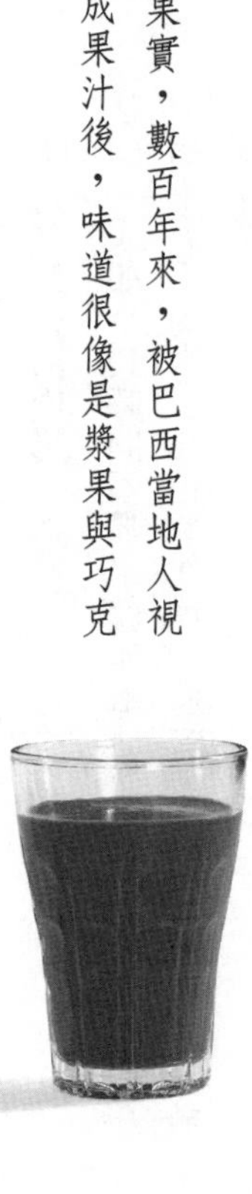

巴西莓汁保護血管與神經系統

巴西莓的確有一些潛在好處，它富含抗氧化物和花青素。花青素是一種類黃酮素，具有極強的抗氧化性，能減輕發炎並保護血管與神經系統，包括腦部。巴西莓也含有各種多酚類物質，能降低心血管疾病和癌症的風險。雖然目前還沒有人體試驗的相關文獻，不過在《農業與食品化學期刊》有一篇文章指出，試管中的巴西莓萃取物會促使高達百分之八十六的血癌細胞自我毀滅。另外，佛羅里達大學也正在研究巴西莓抗氧化成分對於健康正常人的影響程度。

我們不能說巴西莓不是健康食品，但是要強調巴西莓不是萬靈丹。無論如何，巴西莓的花青素含量眞的特別高，而且研究人員相信在未來幾年我們應該有能力揭開巴西莓對人體健康之謎。

小常識

在巴西以外的地方幾乎買不到的巴西莓，它含有不少營養成分，包括有益健康的油脂。不過做成果汁後，還保留了哪些營養素，就得看廠商的良心和製作過程。

水

先來想像一下：假設你走在樹林裡，前面出現一方池塘，看起來了無生意，池面還漂著泥巴般的浮渣，水又黃又髒，好像沒有流動，四周滿是嗡嗡叫的蒼蠅蚊子。那你再想像走在同一座樹林中，碰到一座高山冰泉，泉水衝激著岩石，濺出的水花在陽光下閃閃發光，水質清澈純淨，使你不覺地駐足泉邊，凝望著水從山中汩汩流出。

你嚮往身體中流的是那一種水呢？如果你喝的水不夠純淨，那麼體內的水就如同那塘死水，而不是山泉水了。

水在體內流

試想，身體中有百分之八十三是水；肌肉有百分之七十五是水；而大腦中，水的比例是百分之七十四；骨頭百分之二十二含水；體內每一步新陳代謝都需要水；礦物質和維生素的消化與吸收不能缺水；水會把代謝物帶走，也會把油脂和毒素經由肝臟和腎臟「沖走」。

所以，我們是不是需要持續注入乾淨的山泉活水，而不是讓同一灘死水留在體內一用再用呢？

答案很明顯。

水可以提升精力，提高心智與體能表現，清除體內毒質與廢物，使皮膚健康有光澤，甚至可以幫助減肥。如果你有脫水現象（有些專家認爲大部分的人都沒有補充足夠的水），血液變得濃稠，身體要讓血液繼續循環則要加倍辛苦。結果，大腦就會變得遲鈍，難以集中精神，人還會感到疲倦。

水是關節和肌肉的潤滑和緩衝液，使其不會受到震動和損傷。身體缺水時容易生病。還有，運動前、中、後，也都要適度補充水分，這樣能減少抽筋，也不會一下子就累了。

水分充足保護心臟

人如果長時間不喝水就無法活命，你可以試試看八到十天不喝水，我相信你撐不過的，而且大部分的人早就死了。

除了維持活命的功能之外，水還有其他的健康功效。冠狀動脈心臟病的四項風險指標：全血黏度、血漿黏度、血細胞比積、纖維蛋白原，會因爲身體脫水而提高。《美國流行病學期刊》在二〇〇四年五月一日登出一項重大的研究報告。洛瑪琳達大學公共衛生學院的研究人員花了超過六年的時間，追蹤調查兩萬多名健康情形尚佳的人，結果發現每天水喝較多的人（五杯以上），在控制吸菸、高血壓、體重等干擾因素後，發生嚴重冠狀動脈心臟病的機率顯著地較低。這項研究說服力很強。

每天八杯水

我想利用這個機會一次講清楚，有些反對者認爲多喝水這整件事根本被誇大了。腎臟專家認爲「每天八杯水」是高估的量，體型中等、腎臟健康的成人，在溫和的氣候之下所需要的水分不會多於一公升。而且眞的沒有人知道「每天八杯水」到底是怎麼算出來的。這些專家還宣稱我們可以從水之外的其他來源得到身體需要的水。他們還認爲，像我們這種營養學家鼓勵別人一直喝水，甚至沒有充足的科學證據來支持。

關於這些看法，我是嗤之以鼻的，雖然沒有很多科學研究來確認我們一天究竟要喝多少杯水才夠，不過只要看看人體有上兆個細胞需要水才能運作，我還是堅定支持水喝越多越好。當然，即使像水這麼棒的東西，喝過量還是不好。可能會導致低鈉血症（hyponatremia，指體內的鈉嚴重流失或稀釋過度的情況）甚至水中毒。不過這種事發生的可能性非常低。多喝水對大部分的人是好的，絕對不是少喝水。

瓶裝水好不好？

很簡單，我喝瓶裝水，絕不喝自來水。我常爲這件事跟我哥哥辯論，不過我們的辯論很有啓發性，所以在這裡爲大家重播精彩實況。

我哥哥跟很多既聰明、知識也很豐富的人一樣，認爲美國大部分地方的自來水是全世界「最安全」，也是最適合飲用的水源。他也含蓄地暗示，像我這種花冤枉錢買水喝的人實在有點愚蠢。

我的答辯如下。

政治力介入安全水標準的制定

我們喝的水可能含有上千百種化學物質、污染物和有毒金屬（汞、砷等）。評斷這些存在於水中的物質含量是否在「安全」標準以內，是由政府來判定。只要沒有超過標準，都被認定安全可用。然而，我們要知道美國華府有一大堆專門在遊說的人，他們的任務就是把水中毒性含量的「安全」標準拉得越高越好，以合法規避各種污染管制。他們會為環境污染物爭取寬鬆的排放標準，遊說相關部門通過規範力微弱的法規；他們會操縱研究與科學，辯稱沒有「證據」顯示少量的化學物質會致癌；在進行相關立法時，也無所不用其極使法規的制定偏向企業。這就是專業遊說人員的工作。既然知道政治操作是這樣的，我一點也不想相信政府會針對致癌毒物訂出對我「安全」的暴露標準，尤其是我完全知道政府的決策其實是少數科學和多數政治的妥協品。

最近有一位名叫艾西莉．摩洛（Ashley Mulroy），來自西維吉尼亞的十五歲高中生，為了交作業，做了測試水中抗生素的檢驗。她在報告中詳述美國自來水道的抗生素污染，後來還得到著名的斯德哥爾摩國際中學生水科技發明比賽（Stockholm Junior Water Prize）的大獎。所以，自來水裡面只有抗生素嗎？我不認為。

我也不認為政府制定的「標準」都是最先進的，這是我觀察所有大型機構和組織對於其他衛生規範總是牛步行動之後，得到的印象。每一次公部門總是會在問題發生時突然發現，慘了！之前訂的「安全毒性」標準過低！舉例來說，二〇〇一年美國環保署把飲用水含砷量最高不能超過每公升五十微克，調降至每公升十微克。意思就是說，他們之前允許的含量跟現在所謂「可接受」標準相比，兩者相差百分之四百！誰能保證水中更多其他毒素現在是「安全」，而過不了多久又被發現太高必須調低呢？

小常識

有一個喝水減肥法（也能增進健康）：把你的體重（磅數）除以二，得到的數字就是你每天應該喝的盎司數。雖然沒有科學根據，不過我自己已經用了好幾年，把這個方法做為減肥的第一步還蠻有效的。

美國自來水管出現玉米田專用除草劑

最後，我再提供一項證據。

根據波藍在《紐約時報》的文章，美國玉米田有七成都會使用草脫淨（Atrazine）這種強力除草劑，濃度只要十億分之零點一，就能使公蛙去勢，使其生殖腺轉為產卵。以報導精準詳實著稱的傑出記者波藍表示，美國自來水管經常被檢測出濃度遠超出十億分之零點一的草脫淨。但是美國具有規範的機構除非看到大量死亡或是癌症案例，否則不會禁用殺蟲劑。也就是說，除非科學家可以在合理猜測之外，提出這種藥劑會對人類或生態「造成」災害的證據，否則說什麼都沒用。所以，存在於美國自來水管和食物系統的草脫淨，除非被證明有罪，否則即是無辜。波藍說：「要提出能夠被接受的證據非常困難，除非用人體做化學藥劑試驗，但是這有違倫理，我們是不會做的。」

鑑於上述理由，我是不喝自來水的。我可以接受過濾水或瓶裝水、原始純淨的自流水，甚至是商譽良好的品牌，如Dasani瓶裝水。有沒有不肖廠商賣的東西跟自來水差不多（甚至更差）呢？當然有。「好東西」貴嗎？是的。不過拿來跟上高檔酒吧或飯店，或是花錢去咖啡店買杯拿鐵相比，全世界最頂級的水還是便宜的。最重要的，是我還買了加倍的安心。

✹ 石榴汁

如果把營養學比作電影界，那麼在八卦媒體眼中，石榴汁應該稱得上「明日之星」！這種果汁在幾年前的美國幾乎沒什麼人知道，不過現在關於它的研究已經多得數不清，而且研究結果讓主流醫學界不得不加以正視。

首先要澄清一件事：石榴沒有被列入本書，不是因為不夠好，而是因為要吃這種水果有點麻煩，也很花時間。雖然它可以生吃，在義大利、中東、拉丁美洲和西班牙料理當中也是常見食材，不過要剝開果實弄出可以吃的部分得花很多時間，很多人因此寧願放棄（只有種子和包覆在種子外圍鮮紅色透明果肉的部分可以吃）。但做成果汁就很方便，而且最近的石榴相關研究都是拿果汁來做。

石榴汁具有減緩老化，預防心臟病與癌症的潛在功效

研究石榴的文獻有一大堆！位於以色列海法市的以色列科技研究院（Technion-Israel Institute of Technology）的研究人員建議長期飲用石榴汁，可能減緩老化程度，並預防心臟病和癌症。研究計畫主持人麥可·耶夫朗教授（Michael Aviram）說道：「石榴汁跟其他果汁、紅酒和綠茶相比，抗氧化能力最高。」這項以色列研究顯示石榴內含的類黃酮素濃度比葡萄更高。加州大學的研究也證實石榴汁的抗氧化能力是紅酒跟綠茶的二至三倍。另外，印度科學家在研究石榴籽抗微生物能力時，也發現石榴籽在對抗實驗室有機物質時，展現出非常強而有力的抗微生物活動。

說到這裡，石榴汁的真正好處，才正要開始。

美國泌尿學會最近在聖安東尼舉辦的年會（American Urological Association Annual Meeting）中，有人發表了一篇研究，內容是讓四十八名開刀或放射治療過攝護腺癌的男性每天喝八盎司的石榴汁。飲用石榴汁會使男性平均PSA值（血清護腺特異抗原，一種攝護腺腫瘤標記）加倍所花的時間顯著延長。石榴汁不會阻止疾病的發展，但是絕對會延長發展所需的時間，因此我們可以推測石榴汁當中也許有抗癌效果的成分。這些成分，

一般認爲應該就是以色列跟其他研究所發現的類黃酮素多酚。

石榴汁具有促進心血管健康的潛在功效

還有一篇發表在《美國心臟學期刊》的研究，是讓四十五名缺血性心臟病患每天喝八盎司的石榴汁（或喝安慰劑做爲控制組）連續三個月。喝石榴汁的病患跟控制組相比，運動時心臟缺氧的情形顯著減少，表示有更多的血流流至心臟。也有研究者觀察到石榴汁比其他飲料能夠更有效地抑制ＬＤＬ（壞）膽固醇的氧化。（ＬＤＬ只有在氧化時，才會造成健康的危害，所以任何可以避免氧化作用的成分，都有利促進心血管健康。）至少有其他五項研究顯示石榴汁促進心血管健康的功效，其中有一篇報告甚至觀察到受試者的動脈硬化斑塊減少三成。梅約醫學中心網站上的初步數據也顯示石榴汁可能會降低膽固醇。

有趣的是，石榴總是跟愛情和色情脫不了關係。以前的人看到這種水果，就會聯想到生產和富足。在土耳其，新娘在結婚時會把石榴丟在地上，家人則以掉出來的種子數目，預測新娘會生幾個小孩。希臘神話中也提到愛神阿佛洛狄蒂把石榴種在賽普勒斯島。時間迅速調回幾千年後的今日，《泌尿期刊》上的一篇調查長期飲用石榴汁與勃起機能障礙（動物實驗）關係的研究報告，首度發現自由基（氧化壓力）爲勃起機能障礙的主因，並將具有強效抗氧化力的石榴汁喻爲潛力無限的「天然威而剛」。

咖啡

你可能會覺得奇怪，咖啡竟然被列為全世界最營養的食品之一！老實說，我本來也很驚訝。以前我就不覺得咖啡不好，雖然我懷疑這是因為自己太愛喝咖啡，讓我的判斷難免有點偏頗。不過當我看到幾位提供十大健康食品的專家也提到咖啡時，才開始認真的找文獻，並很快地確認咖啡真的是非常好的東西！

我們先澄清一件事。關於研究咖啡的文獻，我們會看到不同的解讀和不同的見解。有一項研究顯示，每天喝六杯咖啡以上的人，罹患糖尿病的機率顯著降低。另一項刊登在二〇〇六年《心臟衰竭期刊》（*Journal of Cardiac Failure*）第十二卷的研究，指出咖啡因會提高心臟衰竭病患的運動耐受力。還有其他研究顯示，咖啡會短暫提高警覺度、改善心智與體能表現。從護士健康研究的結果，觀察每天喝兩三杯咖啡的人，巴金森氏症的發生率降低，男士的膀胱結石也較不易形成。最近在《內科醫學誌》（*Archives of Internal Medicine*）的一項研究也顯示，咖啡具有預防酒精性肝病變的潛力。研究發現每天一杯爪哇咖啡（最多一天四杯）會降低二成酒精性肝硬化的風險。

到目前爲止，看來還不錯。

不過有別的研究提出，每天即使只喝一杯或兩杯，就有可能提高正常婦女懷孕初期流產的風險。大家也都知道體內咖啡因過多會刺激神經，使人焦慮不安並干擾睡眠。每天三杯以上也會讓經前症候群更加嚴重。還有研究顯示，二至三杯咖啡所含的咖啡因會使沒有高血壓的人收縮壓提高三至十四mm Hg，舒張壓提高四至十三mm Hg。

咖啡因對血壓影響好壞尚無定論

咖啡因究竟是如何使血壓升高，目前並不清楚。有些研究發現經常攝取咖啡因的人，平均血壓比完全不喝的人還高。也有其他研究指出，喝咖啡的確會使血壓在幾分鐘到幾小時之內上升，不過並不會造成持續的血壓異常。另外又有研究表示，經常攝取咖啡因的人會發展出咖啡因耐受性，所以並不會因此而對血壓帶來長期的影響。

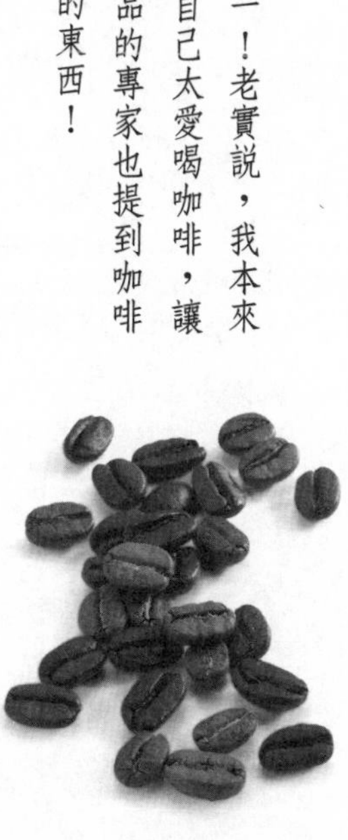

如果這樣還不夠令你困惑，我們可以來看一項由哈佛大學針對十五萬五千名女性所做的十二年長期研究（發表在《美國醫學期刊》二〇〇五年十一月九日號）的結果，該研究發現，飲用含咖啡因可樂跟高血壓風險提高有相關，不過，請注意了，同樣的因果關係並沒有出現在喝含咖啡因咖啡的人身上。其實這項研究結果是：飲用含咖啡因咖啡的女性，患高血壓的風險是降低的。

所以，至少現在還沒有足夠的理由說服我們放棄適量飲用咖啡。但有高血壓的人也許得盡量避免。接著，我們可以來談爭議比較少的部分，談談咖啡令我們驚豔的優點，以及爲什麼我一點都不避嫌讓咖啡入榜的原因。

咖啡的抗氧化成分高於可可與茶

咖啡會提高血液中的抗氧化成分，也就是專家說的「血漿抗氧化能力」。義大利科學家做過一項研究，給予十名健康、不吸菸、平常咖啡飲用量適中的人一般量（二百毫升）的現煮咖啡，發現受試者的血漿抗氧化能力提高百分之五點五，而且效果都能維持二小時以上。更神奇的是，二〇〇一年發表在《農業與食品化學期刊》的一篇研究報告指出，咖啡的總抗氧化能力，跟可可、綠茶、紅茶和香草茶相比，顯著較高。另外在二〇〇四年《營養學期刊》登出的一篇研究發現，咖啡是全部二千六百七十二名參與研究的挪威成年人飲食當中，攝取抗氧化物的唯一最大來源，這個結果連研究者都嚇了一跳。

最近在二〇〇六年發表的研究報告，是針對四萬一千八百三十六名停經婦女所進行的世代追蹤研究，結論是「咖啡是抗氧化物的主要膳食來源，可以抑制發炎情況，因此能降低心血管疾病和其他停經後婦女發炎性疾病的風險。」當然，「停經婦女」是這項研究的特定對象，所以不見得可以類推到一般人。只不過，總體來看，咖啡具高抗氧化能力還是頗具說服力。

綠原酸和咖啡酸是使咖啡成爲健康飲品的兩種抗氧化物，都是功效強大的抗氧化物。咖啡豆更是世界上最豐富的膳食綠原酸來源。有人估計，喝咖啡的人每天可攝取到一克的綠原酸和五百毫克（半克）的咖啡酸。咖啡提供了這兩種重要抗氧化物的比例，高達百分之七十。

咖啡與血糖

咖啡在「低醣飲食」流行的那陣子並不受歡迎，主要問題在於「咖啡會使血糖和胰島素大幅上升」這個令人質疑的說法。其實這件事的內情有點複雜。

最近有一篇發表在《荷爾蒙與代謝研究》期刊上、

一位芬蘭學者所做的研究中發現，喝咖啡和胰島素與血糖標記的快速上升，呈現反向相關，意即咖啡帶來的是正面的影響，所以研究者認爲咖啡「能夠降低第二型糖尿病的風險」。常期飲用咖啡也許會導致血糖些微上升，但即使是從減重的角度來看，這個結果還是十分令人質疑。我們剛才提到的咖啡抗氧化物：綠原酸，可以降低血糖的吸收，還會使餐後糖分釋出到血液中的速度減慢。但是咖啡因卻會中和這個作用。所以糖尿病患者和其他控制血糖上升的人，可以選擇去咖啡因的咖啡。對運動員來說，含咖啡因的咖啡帶來的血糖略升，能使肌肉迅速獲得能量，是求之不得的效果。這也就是比賽前喝少量咖啡會使運動表現更好的原因。

小常識

談到咖啡的缺點，這也是研究喝咖啡究竟是好是壞難以釐清的原因。一項研究顯示，每天吸收大量的綠原酸（約一般喝咖啡者攝取量的兩倍），會使血中高半胱胺酸的濃度提高百分之十二。高半胱胺酸是可怕的發炎分子，是導致心血管疾病的危險因子。（以下資料僅供大家參考：在同一項研究中，每天喝等量的紅茶兩公升，造成高半胱胺酸濃度升高的幅度也相同。）但是咖啡和紅茶都富含抗氧化物，而且幾乎每一篇科學文獻都提出，綠原酸可能具有預防心血管疾病的功效。現在的我，仍認為適量咖啡帶來的好處多於壞處。

紅酒

充滿智慧的柏拉圖曾說過：「酒是上帝賜予人們最珍貴的禮物。」紅酒有益健康的功效早就被媒體廣為宣傳，而它也是「法國矛盾」當中的要角之一。不過，事實真相總是比表面上更加複雜。「法國矛盾」是描述一個眾所周知的現象：法國人比美國人攝取更多高油脂食物（如起士），卻較少罹患心臟病。

如果你相信得到心臟病都是因爲油脂在作祟（我並不這麼相信），那這個現象對你來說就很矛盾，不過現在大多數的營養學家都已經了解到「吃油導致心臟病」的理論已經過時了。然而，多年來有不少人相信法國人之所以能「逃過」高油脂的不良影響，是因爲他們喝了很多含有大量保護心臟、促進健康成分的紅酒。我們在這裡不會細談法國矛盾（多方面）的謬誤，而是要談紅酒中可以使人延年益壽、長保健康的成分。現在就從世界上第一名抗老營養素，營養界超級明星：白黎蘆醇開始談起。

紅酒中白黎蘆醇是強效抗氧化物，並可預防心臟病

白黎蘆醇是效果強大的多酚類物質，存在於紅酒、葡萄籽與葡萄皮中（花生、藍莓和蔓越莓中也有）。這種強效抗氧化物之所以在紅酒中達到相當高的濃度，關鍵就在紅酒製造過程中，葡萄的外皮與種子泡在葡萄汁中起的發酵作用。發酵過程歷經長時間接觸，使得紅酒成品享有大量的白黎蘆醇（白酒也有白黎蘆醇，但因爲在製造過程中，葡萄籽和皮很快就被取出，所以成品當中的含量自然少了許多）。諸如白黎蘆醇這類的抗氧化物，可預防體內有害物質侵犯健康的正常細胞。白黎蘆醇的抗氧化效能也會預防心臟病、使慢性阻塞性肺炎患者的肺組織發炎情況稍獲紓緩。最近發表在二〇〇六年《農業與食品化學期刊》第五十四卷的一篇動物研究顯示，白黎蘆醇能使腦中血流情況改善達三成，有效降低中風的危險。

白黎蘆醇也有抗癌功能。德州大學的安德森醫師抗

癌中心（M.D. Anderson Cancer Center）研究團隊在二○○四年發表於《抗癌研究》的文章，內容回顧幾十篇相關文獻，結論是白藜蘆醇能夠對抗許多腫瘤細胞，包括淋巴癌、骨髓癌、多發性骨髓瘤、乳癌、攝護腺癌、胃癌、結腸癌、胰臟癌、甲狀腺癌、黑色素癌、頭頸鱗狀細胞癌、卵巢癌和子宮頸癌。研究人員的結論是：「白藜蘆醇似乎展現出對抗癌症的治療效果。」

喝紅酒延年益壽

白藜蘆醇可能是目前最有效的抗老成分之一。哈佛大學醫學院的病理學副教授辛克勒的研究提到，目前所有被實驗過的生物，包括酵母細胞、果蠅、蟲和老鼠，在給予微量白藜蘆醇之後，壽命都大幅延長。我和許多人都相信白藜蘆醇是最優良的抗老化營養素之一，而紅酒是你可以從飲食中攝取到白藜蘆醇的管道之一。

除了白藜蘆醇之外，紅酒還有其他有益健康的多酚類物質，其中有許多都能夠保護心臟。許多紅酒功效的研究發現適量飲用（女性每天一杯，男性每天兩杯）可以使三十至五十歲中年人心臟病發作的機率降低百分之三十至五十；另外是對於曾經心臟病發作的人，喝紅酒等酒類可以減少再發作的機率。其他研究也指出紅酒會提高ＨＤＬ（好）膽固醇的濃度。紅酒可以預防血凝塊產生，減少油脂沉澱對血管造成的傷害。事實上，許多研究都發現經常飲用紅酒的地中海地區居民的心臟病風險比其他地方的人還低。

著名文章《英國醫學期刊》最近刊登一篇關於「多元餐」的文章，作者提出一種完美餐點，每天食用能降低心臟病罹患風險，效果甚至比服用藥物更佳。紅酒是多元餐的其中一項，作者根據現有的文獻，計算出每天喝一百五十毫升的紅酒可能會使冠狀動脈心臟疾病的風險降低百分之二十三至四十一。

紅酒與乳癌風險

等等，在你準備出去狂飲一番之前，先聽聽這件有點奇怪的事，尤其是女性同胞。大家都不想聽到酒精攝取和乳癌風險的關係，不過這實在很令人困擾。有些研究結果發現喝酒的女性，即使量不多，罹患乳癌的風險也會上升。目前至少有十項研究觀察了兩者的關聯，大半都發現兩者之間的確有相關。

一般來說，酒精似乎眞的會提高女性的乳癌風險。美國食品、消費性產品與環境化學成分致癌委員會（The Committee on Carcinogenicity of Chemicals in Food, Consumer Products and the Environment）在《非技術性摘要報告》（*Non-Technical Summary*）中，做出以下結論：「根據最新研究推估，每天平均飲酒兩杯的女性一生當中罹患乳癌的風險，比平均飲酒一杯的女性高出百分之八。而每天多喝一杯，風險則會繼續上升。」美國國家癌症研究所和哈佛的偉利醫師都估計每天喝兩杯酒的女性，增加的風險約在百分之二十到二十五之間。這不是說每天喝兩杯的女性中，有百分之二十到二十五的機率會得乳癌，而是指喝酒會使女性致病的機率，從每一百名十二人，增加到每一百名十四到十五人。這種增加幅度雖小，不過也算不上什麼好事，特別是那些不幸多出來的兩三個人。

葉酸降低癌症風險

接下來要告訴大家的，就算是好消息了，也許這還可以解釋為何「乳癌－飲酒」的研究有時會出現不一致的結果。如果葉酸攝取量夠，酒精和乳癌的問題說不定就能迎刃而解。根據梅約醫學中心的資料，葉酸能降低乳癌風險和喝酒的相關程度。既喝酒又攝取大量葉酸的女性，罹患癌症的風險並沒有上升。既然葉酸可以為每個人提供多項保護，吃葉酸補充品（或是吃添加葉酸的綜合維他命）是有益無害的，對喝酒的女性來說更是如此，一方面享受喝紅酒的好處，另一方面又有大量葉酸提供多重的保護。

如果你能克制，而且適量飲用，紅酒可成為你健康人生的一部分。最重要的，是你要懂得見好就收。否則即使多一點也會害到自己。

總而言之，紅酒富含抗氧化物、有健康的多酚，也是抗癌與抗老的白黎蘆醇的主要膳食來源。另一方面，紅酒跟一般酒精類飲料，是上帝賜給人類的雙面刃，過量會使酒變成穿腸毒藥。紅酒適量飲用很好，但是飲用過量，特別是對容易上癮者，會帶來永無止盡的大災難。酒精使三酸甘油酯、血壓和體重上升，而且現在也無法預測酒精會使那些人走向酗酒這條路。

小常識

酒精會嚴重影響胎兒，因此懷孕婦女不管在任何情況下，都應嚴禁飲酒。

如果你不確定自己能否克制，那就別喝。紅酒當中的每一項抗氧化物都可以從蔬菜和水果攝取到，即使是白黎蘆醇，在深色葡萄和水煮花生當中也有很多，所以不是非喝酒不可。

蔓越莓果汁

吉特曼博士是美國知名營養學家（她還被喻為「美國營養學第一夫人」）。所有看過她的書的人，都知道她很推崇不加糖的蔓越莓果汁。她的知名著作《油切》裡，在實行計畫中用了大量的「蔓越莓水」，這是指不加糖蔓越莓汁混合八倍水之後的稀釋果汁。

恪遵「油切計畫」的人，整天都要喝蔓越莓果汁。

吉特曼博士的十大健康食品請見本書第九十八頁，其中當然包括不加糖蔓越莓果汁。根據她的看法，蔓越莓汁可提供豐富的植化物，比如青花素、兒茶素、葉黃素和槲黃素。這些效力強大的植化物都是抗氧化物質，可以補充體內排毒所需的能量。她對於蔓越莓和蔓越莓果汁富含植物性營養的看法完全正確。麻州州立大學達特茅斯分校的生化學家左躍剛博士測試了二十種果汁，以蔓越莓汁的酚類含量最高。酚類物質是天然抗氧化物，可抵消體內自由基的危害。自由基被認爲跟大部分慢性疾病（包括癌症、心臟病和糖尿病）有相當的關係。在另一項研究中，麻州大學達特茅斯分校助理教授妮特發現，從整顆蔓越莓當中分離出的數種具生物活性化合物，會毒死不同的癌腫瘤細胞。她表示：「在我們的分析結果中，可看出這些化合物能夠抑制包括肺癌、子宮頸癌、攝護腺癌、乳癌與血癌的腫瘤細胞。」

蔓越莓汁預防泌尿道感染

蔓越莓汁能減輕泌尿道感染，這不但是流傳以久的古老智慧，這個說法還有大量的研究證據支持。蔓越莓內含的花青素原被認爲是預防泌尿道感染的成分。羅格斯大學的馬魯西藍莓與蔓越莓研究中心（Marucci Center for Blueberry Cranberry Research）的科學家艾美·何威博士（Amy Howell），以及威斯康辛大學麥迪遜分校的營養學教授潔斯·里德（Jess Reed）在六位志願受試者身上進行的一項研究顯示，一份八盎司的蔓越莓果汁可以預防大腸桿菌（造成多數泌尿道感染的細菌）感染，不讓尿液中的細菌附著在膀胱壁上，而等量的葡萄汁、蘋果汁、綠茶或巧克力都無此功效。（當尿液中的細菌黏附在尿道時，就會發生感染。）除此之外，研究人員還分析這些食物中的花青素原，發現「蔓越莓的花青素原在結構上跟其他的食品不同，這也許能說明爲什麼僅有蔓越莓有阻斷細菌黏附，維持尿道健康的功效。」何威博士說。

小常識

雖然蔓越莓的健康效果都保留在果汁裡，不過還是要注意區分真正的蔓越莓汁和市面上流行的含糖果汁。含有蔓越莓汁的東西多少都有優點，但是很多飲料中的蔓越莓原汁含量不到百分之二十，甚至有很多是添加大量糖份的。只有少數優點的東西跟百分之百純果汁、不含糖或任何添加物的真品比較起來，優劣立見。美國有幾家廠牌不錯，像是Knudsen公司的「Just cranberries」就很好，還有Trader Joe跟Mountain Sun這兩家的也不錯。其實分辨純不純只要掌握兩個原則：首先，真正不加糖的蔓越莓汁很苦；其次，純蔓越莓汁很貴。當然，只要用純淨的水稀釋就可以解決這兩個問題。一小瓶就可以喝很久，一夸特的「正品」可以稀釋成四夸特的份量，好喝又健康。如果你真的沒辦法忍受原汁的酸，可以加點代糖。

諾麗果汁

先告訴大家，我很討厭直銷，更不相信號稱從青春痘到癌症都治得好的「神奇」產品。而當這兩件事結合起來，也就是直銷公司開始銷售治百病的「神奇」產品時，更是教人生氣。即便產品本身還不錯，但只要看到直銷公司派業務代表出來講得天花亂墜，還引用「科學」研究資料時，反而讓產品變得愚蠢可笑，我連試也不想試就失去興趣。

所以我原本就不會喜歡諾麗果汁，還有巴西莓、枸杞和其他漿果類，最近這幾年這些東西一直被強力行銷，有些算是適度宣傳，但有些則是太誇張。

說眞的，撇開那些行銷技倆和宣傳手法，很多漿果的確是很棒的食物，特別是諾麗果。

我不會引用廠商宣傳品上的「科學」證據，因爲他們掛在嘴邊的這些「研究」都很有問題且立場偏頗，從不曾公開發表過，最糟的是有些還是杜撰出來的。我自己到國家醫學圖書館找資料，才發現諾麗果竟然是這麼棒的東西。

傳統民俗療法使用諾麗果

諾麗果的正式學名是*Morinda citrifolia*。在分類上，是八十餘種植物所屬的羊角藤屬（Morinda）之一，這類植物多生於熱帶地區。

諾麗果有很多名字，在中國被稱爲海巴戟，其他名稱諸如：印度桑椹、諾麗果（波多黎各和夏威夷）、諾努（薩摩亞）、諾諾（大溪地），甚至因爲它抗發炎的功效，還被稱爲止痛樹（加勒比海）。數百年來，它不但是食物的補充來源，也具備悠久的藥用歷史。雖然直接吃諾麗果實的味道很可怕，不過諾麗果汁卻相當地美味。

我在書裡提過好幾次蘿蔔硫素，這是一種具有顯著抗癌效果的抗氧化植化物，會使第二相酵素數量增加，這是自由基的剋星，也能對抗致癌物。不過，位於芝加哥伊利諾伊藥學院在一項研究中發現諾麗果有一種成分，效果比蘿蔔硫素強大四十倍。如果這個結論正確，就表示眞正的諾麗果（和諾麗果汁）具有驚人的抗癌能力。目前至少已經有兩篇發表過的研究報告顯示，諾麗果萃取物會阻卻腫瘤細胞的擴散。《紐約科學院年報》曾經登過一篇題爲〈諾麗果的癌症預防效果〉的研究報告，用諾麗果的抗氧化效力和維他命C、葡萄籽粉和碧蘿芷等強效抗氧化物質做比較。研究人員根據初步得到的數據發表結果，指出大溪地諾麗果汁加水混合，經過一周之後便可防止致癌物與DNA形成鍵結，並建議諾麗果汁的抗氧化功效也許有助於預防癌症。

諾麗果汁可防皺紋？

一項研究發現，諾麗果的成分可以抑制LDL（壞膽固醇的氧化（要記住，膽固醇氧化之後才會對人體造成危害）。另一項刊登在《藥用食品期刊》的研究則發現諾麗果有一項成分可以刺激膠原合成。作者群表示這種名爲蒽醌（anthraquinone）的化合物可說是新的抗皺劑。研究人員從同樣也是羊角藤屬植物巴戟天（*Morinda officinalis*）根部中，分離出抗發炎成分。除此之外，北京藥理與毒理研究院的科學家正在研究巴戟天對憂鬱症的動物模式影響（強迫游泳試驗），結論是這種植物的萃取物具有抗憂鬱的作用。

諾麗果跟許多傳統上被當成治療用品的水果、果汁和食品一樣，還需要更多嚴謹的學術研究來支持，不過預料它的市場健康功效還是會比證據快一步。話雖如此，諾麗果做爲全世界最健康食品之一，已經有足夠的科學資料背書，更不用提古老智慧長久以來的見證。要小心，諾麗果很難吃，所以最好買純果汁，加水稀釋再喝，或者是一次喝一盎司就好。

新鮮蔬果汁

想想看你有多少次因為專家們對於食物、健康、減重、營養品和運動提出相互矛盾的意見搞得無所適從。昨天才說乳瑪琳很好，今天就變成洪水猛獸。雞蛋今天是「不好」的食物，明天又變成「很好」！（其實蛋一直是很好的，不過這又是另一回事。）醫學和營養資訊改變的速度，就像《時人》雜誌換個封面一樣快。所以當有一樣東西幾乎是每個專家一致同意，而且年復一年立場都沒改變，那這個訊息就真的假不了，對嗎？也應該相信，是吧？

事實上，眞的有這種東西，那就是多吃蔬菜，然後就是多吃水果。在營養學史上這是再簡單不過的眞理，而且本書在蔬菜篇和水果篇都已經提出不少說明了。複習一下：蔬菜水果提供纖維、抗氧化物、植化物；幫助減重、糖尿病和血糖控制；抗癌或預防癌症；含有多種化合物，可以抗發炎；可顯著降低心血管疾病和中風的機率；降血糖；含有類胡蘿蔔素，保護眼睛，預防視網膜黃斑部病變；其他蔬果類的成分還可以預防腦部老化、失智症與阿茲海默症。

早就有強而有力的證據支持多吃蔬果可以降低罹患心臟病和中風的風險。到目前爲止規模最大，歷時也最久，由哈佛大學主導的護士健康研究與醫療人員追蹤研究，追蹤了十一萬名男女性的健康與飲食習慣長達十四年，發現每日平均蔬果攝取量越高，發生心血管疾病的機率就越低。每天吃八份以上蔬果的人，比起攝取量最低的人（每日低於一份半），罹患心臟病或中風的機率降低了百分之三十。即使每天多吃一份，也會對心臟帶來顯著的好處。上述哈佛的兩項研究觀察到每多吃一份蔬果，心臟病的風險就降低四個百分點。

打汁可混合健康酵素

你被說服了嗎？希望如此。那麼我們來談談用什麼方法從蔬果中得到最大好處，以及如何攝取生鮮蔬果中好處多多的活性酵素。有什麼方法可以不吞一粒藥丸，卻能每天吸收到各種維生素和礦物質呢？有什麼方法可以解決「沒時間煮菜」或「討厭吃青菜」這些問題呢？

答案是：榨汁來喝。

老實跟大家報告，我每天，我是說一年三百六十五天，天天都在早晨先喝杯現榨蔬果汁。我認為這是我所能夠培養出最好、最健康的生活習慣（感謝我的好友夏普讓我養成這個好習慣）。我決定把現榨蔬果汁放進來名單內，主要是我深信蔬果汁有其健康效益，也希望更多人能夠像我一樣擁有這個美好的習慣。

愛上蔬果汁並不難，因為真的很好喝！榨汁最可愛的部分，就是你可以把所有的東西改頭換面，照樣能讓它很可口。舉例來說，我知道很多人不喜歡綠花椰菜，但是只要一台榨汁機和一些其他材料，就可以把綠花椰菜的抗癌吲哚素做成甜甜的、有蘋果味道的飲料！

一次喝足百大健康營養素

是這樣的，喝蔬果榨汁你會有失有得。首先，會吃不到大部分的纖維。纖維跟體重控制和減輕糖尿病症狀相關性很高，也可以預防某些癌症，我們都應該攝取纖維。但從另一方面來說，從蔬果汁中得到的，是成千上百種營養素、植化物、酚類、抗氧化物和酵素，而且一次就能全部吃到，馬上用所有我想得到，或是書中寫過的營養大卡司來增進身體健康。

之前提醒過大家很多次，我認為高糖果汁簡直是社會災難的根源。簡而言之，市售果汁大都添加大量的加味糖水，而自己在家裡現榨的果汁則是維生素寶庫。雖然這些水果還是有天然糖份，所以聰明的你，可以選擇低糖蔬菜（份量上應以蔬菜為主）配合你精挑細選的水果，達到增加口味和額外營養素的目的即可，這對大家來說應該都可以接受，不過對血糖極度敏感或是糖尿病患，水果還是得慎選。

蔬果汁加魚油

如果你還不放心，我再提供一個小祕訣：在現榨的蔬果汁裡加兩大匙富含omega-3的魚油。這麼做不但可以讓新鮮蔬果汁的營養更完整，使營養素更容易被身體吸收，同時還能減低「升糖負荷」（即蔬果汁對血糖的影響）。油脂會提高蔬菜和水果中類胡蘿蔔素的生物可利用性（也就是更容易吸收），並使升糖負荷降低。加了魚油後又能吸收珍貴的抗發炎omega-3。有時候我會改用（或多加）一顆雞蛋。雞蛋裡的油脂有相同的omega-3，還有蛋白質提供能量。

蔬果汁如果打得好，是吃不出魚油跟雞蛋的味道的。即使是我的親密伴侶安吉亞在我準備給她的蔬果汁中想找出我有沒有加入怪東西時，也沒有發現我偷偷放進這些東西。加了魚油和蛋的飲料，營養會更完整。

有一年耶誕節，我送了蔬果機給三位最要好的朋友，他們都問我要怎麼用。當時我的回答跟現在是一樣的：隨便怎麼用都好，好玩就好！超市蔬果區賣的東西都能丟進去，怎麼配都無所謂。只要把握一個原則：用蘋果和（或）胡蘿蔔做基底就不會錯。

蔬果汁食譜

以下是一些我很喜歡的蔬果汁食譜供大家參考，只要記得，怎麼組合都沒關係，你一定會研發出如何用各種珍貴蔬果做出好喝的飲料。沒有做對或做錯，雖然有時好喝，有時比較難喝，但每杯都是營養聖品。

下面列的每一樣都是做蔬果汁的絕佳材料。做做實驗，好好玩一下吧！

甜椒（紅、黃、綠、橘）、胡蘿蔔、荷蘭芹、高麗菜、羽衣甘藍、甜菜根與甜菜葉、綠花椰菜、鳳梨、菠菜、甜瓜與哈密瓜、芹菜、西瓜、番茄、桃子、蘋果、柳橙、草莓、藍莓、黑莓、覆盆子、檸檬、西洋梨、萊姆、大黃、薑。

> **小常識**
>
> 如果你的蔬果機夠力（大部分應該都夠），水果不用切、不必削就可以直接丟進去。像是檸檬、萊姆、柳橙和奇異果等，這些水果外皮都含有千百種珍貴的植化物，沒有理由棄置不用。喝的時候其實你根本不會注意到果皮沒削，而且所有的養分還能一網打盡。
>
> 教你如何打蔬果汁，還附上完整食譜的書非常多。我很喜歡一本由莫瑞醫師所寫的《蔬果汁全食譜》（*The Complete Book of Juicing*），還邀請到素有「果汁達人」之稱的傑．柯蒂許（Jay Kordich）寫推薦序。

強尼．包登私房料理

（依口渴的程度，可做出二到四份的蔬果汁）

- 綠巨人：芹菜六根／西洋梨一顆／薑
- 綠巨人豪華版：菠菜兩杯／芹菜四根／綠花椰菜兩支／蘋果兩顆／薑
- 菠菜甜汁：菠菜兩杯／蘋果一顆／胡蘿蔔二至三根／薑（可加一棵帶葉甜菜根做變化）
- 綜合蔬果汁：大紅椒半顆／綠花椰菜二到三支／芹菜三根／蘋果一顆／西洋梨一顆／薑
- 健康根源：防風草三棵／綠花椰菜支／芹菜三根／胡蘿蔔兩大根／蘋果一顆／西洋梨一顆／薑
- 紅巨人：大黃兩根／大紅椒半顆／西洋梨一顆／蘋果一顆／胡蘿蔔三根／薑
- 紅之美：帶葉甜菜根一大棵／大紅椒半顆／蘋果一顆／胡蘿蔔二至三根／薑

茶（綠茶、紅茶、白茶）

全世界僅次於水、飲用量最大的飲料可能非「茶」莫屬。把水除外，茶應該是最健康的飲品。

茶之所以健康，關鍵是茶含有大量具保護效果的植物性成分，一般稱為多酚。

首先必須澄清的是，四種非草藥類的茶：綠茶、紅茶、白茶和烏龍茶，都是來自同一種生長於氣候溫暖的常綠植物：茶樹（學名*Camellia sinensis*）。茶樹的葉子含有許多不同成分，統稱爲多酚。

多酚是強效抗氧化物，其中有多項具有抗癌作用（稍後會有更多討論）。多酚類物質約有四千多種，也有許多主分類和次分類，包括類黃酮素、青花素和異硫氰酸鹽。多酚跟其他抗氧化物一樣，對於細胞經歷正常卻對自身帶來危害的「氧化壓力」這種生理過程，具有保護作用。氧氣雖然對維持生命來說不可或缺，卻也會形成一種稱爲自由基的反應物質，傷害體內的細胞，展開緩慢的破壞連鎖反應，導致心臟病和癌症發生。多酚的抗癌功效已經有許多研究證實，可以阻止自由基對細胞的傷害、中和助長腫瘤擴大的酵素，並使啓動癌症的因子失去作用。

製作過程影響茶色

茶葉摘下來之後的加工過程，會決定成品是綠茶、紅茶、白茶或烏龍茶。簡單來說，紅茶是全發酵茶；烏龍茶是部分發酵茶，綠茶不發酵，但會經過炒菁再乾燥；而白茶是輕度發酵的茶，幾乎沒有什麼加工。

白茶是四種茶當中唯一用未成熟茶葉，也就是採自茶樹尚未全開的嫩芽所製成。嫩芽上滿是微細的銀色茸毛，乾燥之後就轉爲白毫（白茶的名稱就由此而來）。白茶根據品種不同，嫩芽和葉的比例也有差異。以白牡丹茶爲例，就是一芽二葉；白毫銀針（有的很貴）則全用短暫的初春時期的茶芽。白茶是加工最少，多酚成分最高的一種。

綠茶、烏龍茶和紅茶都是摘取成熟茶葉，基本過程是先使其萎凋或曬乾，而之後的處理過程則略有不同。綠茶是萎凋茶葉經過蒸煮或鍋炒，然後乾燥而成。烏龍

茶是萎凋葉經過揉捻、部分發酵，然後再用鍋炒或乾燥而成。紅茶是使葉子直接萎凋，一次揉團，然後進行完整發酵，最後再用鍋炒或乾燥。全世界茶消耗量，有百分之七十八都是紅茶，綠茶約佔百分之二十。

綠茶、紅茶都抗癌

製造過程會改變茶的化學結構，不過茶色較深，較多加工，也並未表示就沒有健康效果。綠茶（據稱比白茶的加工還少）所含的茶多酚主要是兒茶素，尤其是epigallocatechin gallate，簡稱ＥＧＣＧ，被認為是綠茶抗癌的主要武器。問題在於，因為紅茶的發酵過程會使兒茶素氧化，所以長久以來人們認為紅茶因發酵而不含ＥＧＣＧ，所以應該只有綠茶（跟白茶）具備抗癌效果。

其實不然。

我們現在已經知道發酵一方面使綠茶中的兒茶素變質，另一方向卻使紅茶產生另一組效果超強的抗氧化物。事實上紅茶的複合多酚含量比綠茶更多。做成紅茶的發酵過程中，會形成紅茶特有的，包括biflavonols、茶紅質（thearubigens），尤其是茶黃質（theaflavins）等抗氧化物。

在數量龐大的研究當中，紅茶的茶黃質所含的抗氧化能力，跟綠茶成分相比絲毫不遜色，甚至還更強。一篇發表在二〇〇一年《營養學期刊》的研究報告指出，紅茶的茶黃質跟綠茶的兒茶素有相同的抗氧化功效；另一項由荷蘭國家公共衛生與環境研究院（Netherlands National Institute of Public Health and the Environment）所進行的研究也發現，經常喝紅茶跟中風機率下降是有關聯的。研究人員是根據多酚含量高的食品，以及具抗氧化功效的植物營養素對健康的影響來提出結論的。他們發現雖然有部分類黃酮素是由蔬果所提供，但是紅茶所貢獻的比例達百分之七十。這個研究的研究對象是五百五十二名十五歲以上的男性，最後得到結論：紅茶中的類黃酮素有助於減少導致中風與心臟病發作的ＬＤＬ（壞）膽固醇的生成。此外，每天多喝四杯紅茶的男性，比只喝二至三杯的男性，明顯有更低的中風機率。

紅茶強化血管功能，預防中風與心臟病

波士頓大學醫學院（Boston University School of Medicine）的約瑟夫．維塔醫師（Joseph Vita）進行的另外一項研究，也支持上述結論。該研究受測對象是六十六位男性，一組每天喝四杯紅茶，另一組每天喝安慰劑，為期四個月。維塔醫師的結論是，喝紅茶可以改善血功能異常，不會繼續發展成中風或心臟病。更神奇的是，只要喝一杯紅茶，二個小時內就能看到血管功能的改善。

最近登在《癌症》期刊上的研究，觀察了一百零九位波蘭女性，發現飲用大量紅茶與唾液中雌素二醇（17 beta-estradiol）濃度降低有關。雌素二醇是哺乳類動物體內效果最強大的雌性激素，有可能導致荷爾蒙相關的癌症（攝取大量綠茶兒茶素的女性，也發現雌素二醇濃度降低的成效）。一份報導醫藥和營養的出版品《臨床集錦》（Clinical Pearls）針對這個研究表示：「喝茶也許是降低荷爾蒙相關癌症罹患風險的簡易飲食介入途徑。」

喝紅茶降膽固醇

三酸甘油酯跟心血管疾病有非常強的相關。紅茶會降低三酸甘油酯，而且效果比綠茶更佳。它會誘發體內抗氧化效能強大的超氧化酵素，還會降膽固醇。根據美國農業部發表在二〇〇三年《營養學期刊》上的研究報告，膽固醇稍高的成人飲用紅茶能同時降低總體膽固醇和LDL（壞）膽固醇。另外，發表在二〇〇四年《美國心血管學期刊》上一篇小型研究顯示，紅茶似乎也有益心臟健康。研究人員觀察喝紅茶的男性冠狀動脈的血流情況，發現在喝茶之後的幾個小時內即出現改善。

花了這麼大的篇幅討論紅茶，是因爲在綠茶這個「老大哥」光環之下，紅茶經常受到忽視。但話說回來，紅茶即使有絕佳的優點，我們也不能否認綠茶之所以獨佔鰲頭有其合理性。它的確是世上最棒的超級食品之一，也被我所認識的每位稱職的營養學家所肯定。綠茶可以抗癌、幫助減重、降膽固醇、可能會降低心臟病的風險，對受憂鬱症和焦慮症所苦的人也很有幫助。

美國國家癌症研究所肯定綠茶的功效

由於綠茶預防癌症的科學證據充足，美國國家癌症研究所化學預防組（Chemoprevention Branch）已經著手規畫以茶做爲癌症化學預防劑的人體試驗。一九九四年《美國國家癌症研究院期刊》（*Journal of the National Cancer Institute*）公布的流行病學研究結果，指出喝綠茶降低華人將近百分之六十罹患食道癌的風險。哈佛大學醫學院也在二〇〇四年提出EGCG（綠茶兒茶素）對於巴瑞特氏食道症（Barrett's Esophagus）引發的癌細胞生長與複製，具有抑制的效果。研究人員表示綠茶有助於降低目前正在西方國家快速成長的食道腺癌盛行率。普渡大學的研究人員最近也根據研究發現，提出綠茶的成分可以抑制癌細胞生長。

在上千篇綠茶實驗中，有一成左右是直接以人類爲研究對象，有更多是針對大量飲用綠茶的人口進行觀察。所以一般都公認綠茶能夠預防下列的癌症：膀胱癌、結腸癌、食道癌、胰臟癌、直腸癌與胃癌。

顯示綠茶兒茶素抗癌和抗氧化效果的研究多得不勝

枚舉。舉例來說，位於日本東京的癌症化療中心（Cancer Chemotherapy Center）曾做過一項很有趣的研究，他們用血癌和結腸癌細胞培養，來證明EGCG可以有效並直接抑制端粒酶（telomerase）。端粒酶會維持腫瘤細胞染色體末端的片段，使癌細胞成爲永生細胞。因此兒茶素的主要抗致癌機制，也許就是它對於端粒酶的抑制能力。

綠茶喝越多，冠狀動脈疾病風險越小

綠茶降膽固醇功效已經有動物與人體流行病學實驗證明。綠茶還可以減少會導致血塊凝結和中風的纖維蛋白原（fibrinogen）。《循環期刊》（*Circulation Journal*）在二〇〇四年七月號刊登了一篇題爲〈飲用綠茶對於冠狀動脈疾病發生之影響〉（Effectives of green tea intake on the development of coronary artery disease）的文章。這是由日本醫科大學千葉北總病院醫學部研究團隊的成果，他們的結論是：「病患綠茶喝得越多，越不容易罹患冠狀動脈疾病。」

綠茶也許還能助人減肥。《美國臨床營養學期刊》的一篇研究指出，喝同樣的飲料，即使納入咖啡因的效果，綠茶組燃燒的卡路里也比其他組別還多。我的好友里伯曼醫師（她提供的十大健康食品請見本書第三七一頁）提到綠茶能刺激新陳代謝，不是只靠咖啡因。雖然不同研究對於綠茶產品的減肥功效有不同的結論，不過有幾項動物實驗發現它可以降血糖。

綠茶釋放快樂多巴胺

綠茶還有一種名爲茶胺酸（theanine）的成分，有助於改善情緒，使身心放鬆。事實上，日本人喝綠茶就是爲了這個原因。茶胺酸會誘發身體釋放可鎮定腦部的神經傳導物質GABA，也會促使釋放多巴胺。多巴胺是腦部控制安適感的化學成分，在腦部扮演滿足和愉悅的主要調節角色。跟喝茶有關的安適感也許就是多巴胺的作用。茶胺酸發揮的鎮定效果，也許可以解釋喝綠茶（即使有含咖啡因）不會感到像喝咖啡時出現的焦慮感。

最後，有多項研究都提到發炎、氧化作用和阿茲海默症的關聯。抗氧化物對於神經退化性疾病的預防，有很好的效果。刊登在二〇〇五年《臨床心理學年鑑》（Annals of Clinical Psychiatry）的一篇關於抗氧化物與阿茲海默症的回顧文章，作者整理所有相關的研究，希望能找到有效預防阿茲海默症的特定抗氧化物質。在看過三百多篇文獻之後，作者歸納出八項可能的預防物質，其中一項就是綠茶（其餘的包括老蒜頭、薑黃素、褪黑激素、白藜蘆醇、銀杏葉、維生素C與維生素E）。最近還有一篇發表在《營養生化期刊》（二〇〇四年九月號）的文章，也是一篇以綠茶多酚（特別是ＥＧＣＧ）對阿茲海默症和帕金森氏症的神經保護機轉為主題的研究。

大家來喝茶

花這麼多力氣介紹茶，是因為它是極少數我認為每一個人都應該喝的食品（或飲品），它帶來強大的抗氧化保護力、降血糖、抗發炎、降膽固醇、預防心臟病和癌症，還可以促進新陳代謝。

綠茶既便宜又有多種驚人的好處，簡直是小兵立大功。

叫我第一名

蘆薈汁

人類發現蘆薈非凡的健康與治療效果，已經有數百年的時間。蘆薈可以外用搽在皮膚上，而蘆薈汁也被廣泛地飲用，治療各種消化道的毛病。這種植物據說原產於非洲的蘇丹和阿拉伯半島。今日在非洲、近東、亞洲和南地中海區都有種植，也有長在野外的蘆薈。另外在美國與墨西哥的亞熱帶地區、委內瑞拉的海岸區和荷屬安地列斯群島也都有種植。

目前發現的蘆薈品種超過二百四十項，主要生長於非洲、亞洲、歐洲和美洲。蘆薈屬於百合科植物，但外型類似仙人掌。在二百四十個品種當中，只有四種被認爲具有顯著的營養價值，其中以翠葉蘆薈（Aloe Barbadensis Miller）最優，目前含蘆薈的商業化產品也多以翠葉蘆薈爲原料。蘆薈葉至少含有七十五種營養素，還有二百多種活性化合物，包括二十種礦物質，二十二種必須胺基酸當中的二十種，以及十二種維生素。

蘆薈汁含有可治病的醣質營養素

花了十六年發掘蘆薈療效的H.R.馬克丹尼爾醫師（H.R.McDaniel）表示，蘆薈的活性成分是八種糖類，會形成果糖、半乳糖、甘露糖、果糖、木糖、N-乙醯葡萄糖胺、N-乙醯半乳糖胺、唾液酸等八種必須醣類。甘露糖分子會結合在一起，形成一種多醣類澱粉，名稱有很多，包括乙醯多甘露糖（acetylated polymannose）、acemannan、polymannose、APM等。蘆薈裡的糖份跟常用的蔗糖不一樣。醣質營養素的糖吃起來不甜，也不會引發血糖或胰島素急速上升。事實上，有很多書都提到「醣質營養素」治療與藥用的效果，其中一本即爲艾米兒．孟多醫師（Emil Mondoa）的著作《使你恢復健康的糖類》（*Sugars That Heal*）。

近來有人發現蘆薈的另一項成分蘆薈多糖（aloeride），是由必須醣類，如果糖、半乳糖、甘露糖、阿拉伯糖（arabinose）所構成。這是來自植物的健康醣類持續被人發現的其中一例。

蘆薈的膠質部分，含有具有活性藥效的醣類，以及上述提到的其他營養素。大多數關於蘆薈的研究，主角都是它的膠質，不過我們有理由認爲未經加工或過濾的蘆薈汁也含有大量有益身體的功效，因爲蘆薈入藥的部分，都是用乾燥無汁的蘆薈葉所製成。

蘆薈抗發炎，加速傷口恢復

蘆薈膠已被證實具有消炎抗菌功效。蘆薈葉當中有一層透明稀薄的膠質，很適合做爲皮膚凝膠。搽在皮膚上會帶來些許麻醉劑的功效，解除搔癢、腫脹和疼痛感。《美國足部醫學期刊》（*Journal of the American Podiatric Medical Association*）登載的一篇動物研究指出，蘆薈口服跟局部塗抹都可以加速傷口復原。實驗室裡的動物有一組是連續二個月喝含有蘆薈成分的飲水（施用量以體重每公斤一百毫克計），另一組是將濃度百分之二十五的蘆薈軟膏直接搽在傷口，連續六天。在這兩組當中都可觀察到蘆薈的功效，口服組的傷口面積減少百分之六十二，控制組只減少百分之五十一。而局部塗抹組的傷口面積縮小百分之五十一，控制組是百分之三十三。

小常識

> 蘆薈汁原本被列入「地球上最健康的一百五十種食材」裡，但經過多次辯論之後，我們決定把它移到「叫我第二名」單元裡。當然不是因為它不好，事實上所有的第二名食品都很好，只是因為蘆薈汁比較常被用來處理特殊的健康狀況。雖然還是可以天天喝，而且很多人真的是每天喝。不過考慮到它的確被當成「特殊」食材來使用，所以我們特地把蘆薈汁放在這一段加以肯定，而不將它視為一般食品。

根據《皮膚外科與腫瘤期刊》（*Journal of Dermatologic Surgery and Oncology*）的報導，蘆薈也可以縮短開刀後的復原時間。在十八名接受因面疱而接受臉部皮膚去疤手術的病患當中，一半的人以標準的手術後藥膠敷臉，另一半則添加蘆薈。用了蘆薈這一組的病患比一般程序的病患，傷口恢復時間快了七十二小時。本篇研究的第一作者，也是加州新港灘的皮膚科醫師詹姆斯．傅登（James Fulton），平常也會用局部塗抹的方式來使用蘆薈，以加快恢復速度。「不管是治療什麼傷口，縫合切傷或移除皮膚癌，加入蘆薈效果都比較好。」他如此表示。

蘆薈汁減輕體內發炎

一般也認爲蘆薈汁能減輕消化系統的發炎症狀，所以常用來治療胃灼熱和便秘。《替代醫學期刊》上有一篇研究報告就指出蘆薈能有效治療發炎性腸道疾病。該研究是讓十名病患喝二盎司蘆薈汁，一天三次，連續服用七天。一周後，所有病患的腹瀉都完全治好，有四位的腸道症狀獲得改善，三位表示體力增加。

研究人員的結論還包括蘆薈能夠「藉著調節腸胃道酸鹼值、改善腸胃能動性、增加糞便比重、減少排泄物中的有機質（包括酵素）」，使腸道重新達到平衡。其他的研究也顯示蘆薈汁可幫助腸道排毒、中和胃酸、減輕便秘與胃潰瘍。

果汁專家史帝夫．梅耶羅維茲（Steve Meyerowitz）認為蘆薈汁含有豐富的維生素、礦物質和營養素，包括維生素B_1、B_2、B_3、B_6、C、膽鹼、鈣、銅、錳、鉀、矽和其他。不過，他也表示蘆薈汁最獨特之處，其實在於含有大量植化物，如有機酸（如大黃酚、水楊酸、琥珀酸、尿酸）、多醣類（如甘露糖）、酵素（穀胱甘肽過氧化酶）以及多種樹脂類。

聽 專家怎麼說

傑傑・維珍

維珍是「菲爾醫師減重大挑戰」(Dr. Phil's Ultimate Weight Loss Challenge)節目的營養學家，全美知名的減肥突破權威，也是眞人實境秀「改頭換面」(Extreme Makeover)最後一季的營養顧問；最近還協助《超人》男主角布蘭登・羅素(Brandon Routh)準備拍戲。維珍對於營養補充品所知甚深，大家每周都可以在廣播電台的「在美國醒來」(Waking Up in America)節目上聽到她的建議。

1. 蘋果：每天一顆蘋果，便秘遠離我。蘋果中的果膠纖維是腸道和排毒聖品，富含天然抗阻胺劑：生物黃酮槲黃素。
2. 現磨亞麻籽仁：內含的纖維能壓制飢餓荷爾蒙，也是α亞麻油酸（可減輕發炎症狀的一種omega-3脂肪酸）豐富的補充來源。
3. 綠茶：每天喝可促進新陳代謝並攝取大量抗氧化物。綠茶茶胺酸是效果最佳的天然壓力解除劑。
4. 特純橄欖油：每天吃添加幾大匙橄欖油的生菜沙拉和蔬菜可以降血壓，同時預防LDL膽固醇的氧化。
5. 漿果：每天最好吃一份有機藍莓、黑莓或小紅莓等漿果類。漿果類也含有抗癌的鞣花酸。
6. 沙丁魚：補充EPA和DHA二種omega-3脂肪酸的絕佳來源，不須擔心大型魚類常見的重金屬與毒物污染。Omega-3油脂對腦部和心臟很好，也可以減輕發炎。不過一般人對沙丁魚是非愛即恨，愛吃沙丁魚的人比較幸運，最好每周吃幾次。
7. 扁豆：能量釋放速度緩慢的碳水化合物，富含纖維，也有少量蛋白質。扁豆中的纖維能降膽固醇並穩定血糖。餐前來杯扁豆湯做爲前菜，可以自動抑制食量。
8. 海菜：海菜有豐富的礦物質，也可以有效排出體內的重金屬和殺蟲劑。海菜是鹼性物質，可以中和一般美國飲食因攝取穀類、肉類和乳製品的酸性負荷。海菜乍看之下有點可怕，不過撒在生菜沙拉、湯或青菜上，風味頗佳。也建議你一周上幾次日本料理店，點一些海苔料理。
9. 有機蛋：提供完整的蛋白質，而且要連蛋黃一起吃。蛋黃含有豐富的維生

聽 專家怎麼說

素E、維生素A，以及有益腦部和神經系統的重要營養素膽鹼。蛋只要水煮，不要煮過硬即可，避免讓蛋黃中的膽固醇氧化。

10. 火雞肉：想要心情愉快就吃火雞！它是自然的百憂解（Prozac，抗憂鬱藥），富含製造身體血清素所必須的色氨酸。血清素是一種神經傳導物質，可振奮情緒並降低嗜糖的欲望。

12

香草，香料與調味料

俗話說：「變化，如同為生活加了香料。」其實應該反過來說：「加了香料，生活才有變化。」

世界上有二萬五千種植化物，這麼多活性的植物化合物，不斷地展現超強的健康效益，實在讓人驚嘆萬分。而香料就充滿這些物質，它們豐富的療效也一直被人類發掘。肉桂降血糖；肉豆蔻（nutmeg）解除噁心感；丁香（clove）抗發炎；薑解除孕婦的晨間嘔吐；薄荷抑制細胞生長；小茴香有益消化；辣椒促進新陳代謝；辣椒粉減輕疼痛；咖哩粉保護腦部；小豆蔻（cardamom）紓解消化不良；薑黃對什麼都好；總之，我們可以一直說下去，三天三夜也講不完。香料的確是讓生活充滿各種變化的好東西，是大自然化為辛辣與芳香的禮讚。

天然的預防保健品：香料與香草

香草與香料在歷史上，都是用來讓食物增添香氣與滋味，提供獨特的味道，使人類的飲食更可口。然而多數用來烹煮的香草與香料，對我們的健康都帶來多項潛在的生物影響。有些植物具有預防或治療疾病的悠久藥用傳統，而讓食物變得好吃誘人的香料正是來自這些植物。從植物分離出來的植化物，一直是我們開發商業用藥，治療各種如肺病、心血管疾病、糖尿病、肥胖症和癌症等各種人類疾病的來源。香料與香草是天然的預防保健食品，藉由飲食攝取的方式，讓香料與香草富含的藥性成分解除人類的病痛，帶來健康。香料的確是把植物藥房帶進廚房的最好途徑。

還有，香料跟香草合作無間，發揮的協同作用連我們都難以一窺其中奧妙。在最近一項動物實驗中，當薑黃素（curcumin）混合異硫氫酸苯乙酯（phenethyl isothiocyanate，十字花科蔬菜的成分）之後，竟然對被植入攝護腺腫瘤的動物，產生顯著的保護效果。（開始想吃咖哩高麗菜了嗎？）《美國保健食品協會期刊》有一篇研究報告，內容是測試薑黃、ensian根、紅辣椒、香草精（vanillin）等香料混和物對於膽固醇的影響，結果發現具備「有效益、臨床上也有意義的長期效果」，會使不好的膽固醇降低百分之十六。究竟是哪種香料的貢獻呢？誰知道？不過沒有人在乎這件事，反正全吃就是了！

植物和香料幾乎從頭到尾都含有健康的抗氧化植化物，用各種神祕的方式發揮單獨作用，也產生交互作用。科學家解開香料的健康密碼，也許要等到本書的作者和讀者早已作古多年之後。現在大家要記下來的重點，就是要常用香料，越多越好，並追求各種你想像得到、各種不同的組合與變化。

丁香

如果還記得一九七〇年代的經典電影《霹靂鑽》（*Marathon Man*），劇中主角達斯汀．霍夫曼（Dustin Hoffman）坐在牙醫椅上任憑勞倫斯．奧立佛（Laurence Olivier）用各種殘忍的方式刑求拷問，任誰看了一定都會震攝於戲裡驚悚可怕的場景。不過，你也許也記得裡面曾用到一種能立即止痛的解藥，正是以丁香為原料製成的油。丁香的藥效就在它易揮發的精油當中，也就是讓電影中霍夫曼止痛的東西。其實長久以來，丁香一直就是很有效的牙疼藥。

丁香原產於香料群島（印尼），是一種樹乾燥後的未開花花苞。由於外表很像小巧的指甲，人們便以*clavus*（拉丁文「指甲」之意）爲名。丁香在亞洲傳統醫學中被認爲是能促進氣血循環，增加代謝率的香料之一。瑪哈里希阿育吠陀醫師會（The Council of Maharishi Ayurveda Physicians）提供的冬季丁香料理，便是將四片丁香塞進一顆五爪蘋果中熬煮，成爲強化精力、補充能量的冬季甜點（食用之前將丁香拿掉），另外還可把丁香放入牛奶中溫煮，馬上會帶來溫暖。聽起來還滿不錯的。

丁香殺死細菌與病毒

享有權威地位的德國草藥委員會（German Commission E）已經核可丁香做爲合格的抗菌及麻醉劑。在西雅圖華盛頓大學藥學院醫藥化學系擔任副教授的蓋瑞．艾瑪博士（Gary Elmer）說：「丁香的主要成分是丁香酚，具有殺死細菌及病毒的功能，早已爲人所知，所以能夠讓食物保持新鮮。」最近一篇有趣的研究，是調查丁香水溶液對皮膚癌的化學保護效果，發現丁香溶液具有抗致癌性的功效。一大匙的丁香可提供女性朋友百分之百礦物質錳的膳食建議量（此分量稍低於男性建議量）。錳是重要的造骨營養素，也是蛋白質、油脂以及碳水化合物代謝不可或缺的成分。一大匙的丁香同時含有鈣質四十三毫克，鉀七十三毫克、植物固醇十七毫克，以及略高於二克的纖維質。

大蒜

大蒜是世界名藥，也是地球上最古老的藥用食物之一（歷史最悠久的醫學文獻，埃及的埃伯斯紙草文稿 *“Ebers Papyrus”* 就不斷提到大蒜）。古代會讓奴隸和士兵吃大蒜保持健康，維持體力。古希臘人用大蒜來增加戰鬥精神；希波克拉底斯以大蒜治麻瘋病、牙疼和胸痛；還有，在鬼片中，一定常出現以大蒜驅趕吸血鬼的場景。

好吧，大蒜驅鬼可能沒有效，治麻瘋病也行不通，但它不僅僅是民俗藥方而已。大蒜的功效還有：降血脂、抗血栓、抗凝血、抗高血壓、抗氧化、抗微生物、抗病毒，還抗蟲害。目前已經有超過一千二百篇（還在增加）以大蒜為主題的藥理學文獻，記載上述這些功效。

大蒜降膽固醇和預防血栓

即使是傳統西方醫學，也都認可大蒜具有降膽固醇的功效。《英國皇家醫學院期刊》（*Journal of the Royal College of Physicians*）有一篇整合分析的研究，提出吃四個禮拜的大蒜補充品之後，即可使血中總膽固醇降低百分之十二。不僅如此，大蒜會讓壞膽固醇降低百分之四至十五，卻完全不影響好膽固醇。事實上，有些研究報告還觀察到好膽固醇甚至會上升高達百分之二十二。還有嗎？有的：三酸甘油脂的降幅最高可達百分之十七。

大蒜也會減少硬塊斑堆積，這對促進心血管健康有很大的助益。在一項隨機、雙盲、有控制組的四年研究當中，定期攝取九百毫克大蒜粉的受試者，血管內的硬塊斑減少了百分之二點六，而控制組在同期間卻增加了百分之十五點六。大蒜中有一種活性成分「蒜素」（allicin），有顯著的抗凝血作用，也就是可預防血液中的血小板聚集。只要看看現在有多少心臟病發作和中風的肇因都是來自血管阻塞，就知道這個發現有多重要。大蒜中的抗血凝結功效，對人體健康有莫大的助益。

新鮮大蒜萃取物、老蒜與大蒜油的抗癌功效

許多實驗室所做的研究，都顯示大蒜具有化學預防功效。流行病學證據也調查出在大蒜（或其他含蒜素蔬菜）攝取較高的地區，罹患胃癌和結腸癌的風險是降低的。學術地位崇高的《營養學期刊》最近刊登的一篇文章中指出，「一直有證據顯示新鮮大蒜萃取物、老蒜、蒜油，以及許多大蒜加工後產品，都具有抗癌的功效。」另一篇最近的研究也顯示，老蒜萃取物可抑制結腸直腸癌細胞的擴散。還有研究也看到大蒜當中的另一種成分：二烯丙基二硫化物（diallyl disulfide）在試管中可抑制血癌細胞。

大蒜甚至還可以治療流行性感冒。有一篇刊登在《自然療法發展》（*Advances in Natural Therapy*）上的研究，七十名病患連續十二周服用高品質的大蒜補充品，另一組七十二名病患則只服用沒有任何效果的安慰劑。結果大蒜組在研究期間只有二十四人感冒，而安慰劑組有六十五人感冒。此外，大蒜組感冒症狀持續的時間，也不到控制組的一半。有大量的研究顯示大蒜可以展現抗細菌、病毒、黴菌與寄生蟲的效力。蒜素的抗菌功能甚至早在一九四四年，就有文獻登在《美國化學學會期刊》（*Journal of the American Chemical Society*）。

大蒜對血壓也有好處，影響雖然不算大，但仍達到顯著的程度。有不少篇分析指出，在接受四周的療程後，觀察到大蒜可以和緩地使血壓降低百分之二到七。二〇〇四年五月號的《臨床高血壓期刊》（*Journal of Clinical Hypertension*）有一篇文章認爲大蒜是「具有療效證據」的降血壓藥之一（其他還包括輔酶Q10、維他命C、魚油與精胺酸）。

聖湯瑪斯醫院納許維爾高血壓研究中心（Hypertension Institute of Nashville）的標準療程當中，特別納入高品質、形態穩定，由Designs for Health保健食品公司製造的大蒜產品（Allicidin），做爲高血壓與高血脂食物療法的內容之一。

大蒜減肥

請注意，最新研究發現大蒜可能是體重控制的法寶！研究設計是餵老鼠吃高果糖飲食，目的是希望讓老鼠罹患肥胖症與高血壓。變胖後的老鼠，血壓上升，三酸甘油脂也劇增。接著，研究人員開始加餵其中一組吃蒜素，其他飲食內容不變。結果這一組的血壓、胰島素，以及三酸甘油脂都開始下降。還有，雖然這組老鼠吃的食物量沒有變，但體重卻不再上升。更令人吃驚的是，從研究開始就一直在吃蒜素的第三組，吃了很多垃圾食物，體重卻只上升一點點。雖然這只是老鼠實驗，

但結果非常令人印象深刻。（請別會錯意，我沒有要你回家後馬上開始吃速食加大蒜！）另一項也是最近的研究，發現有糖尿病的老鼠在吃了大蒜油之後，胰島素敏感度上升了。大蒜也許很快會變成體重控制的必備良品！

搗碎的大蒜最健康

大蒜擁有這麼多驚人的健康療效，蒜素居功厥偉。但事實上，大蒜裡並沒有蒜素。怎麼說呢？大蒜瓣裡面含有一種名為蒜氨酸（alliin）的胺基酸，被壓碎或破損時，蒜氨酸便會跟大蒜中另一種天然酵素蒜胺酸酶（allinase）交互作用。大自然巧妙的安排，讓蒜氨酸和蒜胺酸酶儲存於蒜頭的不同部位，如果蒜頭遭到攻擊或碾碎時，就有機會結合起來自我保護。當蒜胺酸酶遇到蒜氨酸，結果就是蒜素！蒜素很可能是大蒜最獨特、具有藥效的成分，讓大蒜具備多種不可思議的健康功效。

我們知道這些有用嗎？當然！因為大蒜的吃法決定了你是否能吃得到它所有的好處。如果只是把整瓣蒜頭吞下去，那沒什麼效果。大蒜一定要切碎或壓碎才有用，而且切得越細越好，才能讓裡面的成分進行完全的交互作用。

蒜素在形成之後，效力便開始減退，所以越新鮮吃越好。很抱歉，微波蒜頭只會把蒜素摧毀殆盡。大蒜專家的建議是，煮好的菜端上桌前，把切碎的生大蒜加進菜裡一起吃。生蒜頭會刺激胃，所以不建議生吃。

至於大蒜補充品，在實驗室裡把乾燥大蒜粉置於水中時，蒜氨酸會迅速與蒜胺酸酶反應成為蒜素。測量蒜素產生多寡的標準稱為「蒜素生產潛勢」（allicin potential）。不過，大蒜補充品被我們吞下時，胃酸會將這些酵素殺死，所以有些大蒜產品會做成腸溶劑型，以保護酵素不受到胃酸的破壞。很不幸，許多補充品都沒有產品宣稱的功效，也不會發揮宣稱的蒜素生產潛勢。所以關於大蒜補充品的研究出現眾說紛云的結果，是因為產品本身品質參差不齊，以及蒜素含量算法沒有標準化之故。但我還是建議大家吃大蒜補充品，只是必須選擇品質佳的，而且蒜素要看它的標準含量而不是「潛勢」。有兩種產品非常好，一個是Kyolic大蒜精，在好一點的健康食品店都買得到，另一種則是Designs for Health健康食品公司製造的Allicidin大蒜素，可以在我的網站上找到它們的連結。

小豆蔻

去過印度餐廳，大概都會看過小豆蔻，它是薑科多年生植物的未成熟乾燥果實。豆莢中的種子散發著濃郁、似柑橘又帶花香的味道，彷佛也有淡淡的薄荷味。大部分的印度餐廳都會在入口處或是結帳櫃枱擺一小盤供客人取用，功能像是美國人餐後吃的薄荷糖。把小豆蔻放在嘴巴裡嚼，會讓人口氣清新舒暢。

不管是整顆或磨成粉的小豆蔻籽，都可以當香料或調味品來用，是全世界最古老的香料之一，整部《天方夜譚》裡面到處都有它的蹤跡。小豆蔻在二十世紀初期很受歡迎，每年光是海運到英國的量就高達二十五萬英磅。而現在，它還可以入菜、做爲健康藥品，埃及人則是加入咖啡調味，在法國和美國是香水的原料，當然，在印度餐廳就是送客時的小禮物！

不過小豆蔻除了讓人在用餐後口氣芳香之外，還有很多好處。它會增加膽汁分泌，促進肝臟健康和油脂代謝。這種香料好吃，健康效果更多。以前的人會使用小豆蔻助消化、紓解胃痙攣、刺激消化並減少黏液。因爲它具有通氣袪風的功效，使腸胃內的氣體排出，是治療腹部脹氣的良方。

把小豆蔻泡茶喝很好，只要用兩茶匙的小豆蔻籽沖熱水，泡個五分鐘後再把茶水瀝出，籽丟掉，就可以享用小豆蔻茶了。（以前很多人認爲小豆蔻茶具有催情的作用，所以歡迎大家試試看，別忘了把結果告訴我！）

眞正的小豆蔻價格不斐，價位僅次於番紅花，所以市面上有很多魚目混珠的次級品。只有學名是 *Elettaria cardamomum* 的才是眞正的小豆蔻。印度小豆蔻分爲馬拉巴（Malabar）和麥索（Mysore）兩個味道不同的品種。麥索出產的小豆蔻中，檸檬油精含量較高，可以促使體內一種具抗氧化與解毒功能的酵素合成。（檸檬油精也存於柑橘皮、櫻桃、芹菜和茴香中。）

小常識

醫界經常建議，有膽結石的人不要吃小豆蔻，否則可能會引起發作。

小茴香

小茴香和藏茴香很容易讓人混淆，雖然都屬同一科，但確實是兩種不同的東西。小茴香和藏茴香的種籽外觀幾乎一模一樣；在煮咖哩時，你可以把「藏茴香」當成「小茴香」來用。小茴香不管是種籽或磨粉，用法都一樣，可以交替使用。

小茴香的軼事不少，有些還跟愛情有關。中東某些地方的人會把它跟黑胡椒和蜂蜜拌成泥，當成催情劑使用。中古時代的歐洲也相信小茴香可以讓愛人不變心，因此戰士們出征時，會帶著妻子親手做的小茴香麵包。巧的是，也有人用小茴香把雞留在雞欄中，其中似乎不無關聯。還有，煮菜時只要一放入小茴香，整道菜的味道就被小茴香所佔據，所以它也被視爲貪婪的象徵。

美國人用的小茴香幾乎都從印度進口，不過除了印度之外，印尼、泰國和墨西哥，也都有小茴香入菜的習慣。你要到特殊商店，像是上述提到的各國料理專賣店，才能買到高品質的小茴香。用整顆小茴香來炒菜或放到豆子裡煮，味道都很合。煮之前若先用平底鍋把整顆種子炒一下，更能帶出強烈的香氣。

小茴香減輕過敏症

小茴香（又名黑茴香或*Nigella Sativa*）是重要的藥草，許多阿拉伯和亞非洲國家都有用黑茴香油來治療各種疾病，特別是過敏症。在四個均以黑茴香籽油爲對象的研究，受試者都表示過敏症狀有顯著減少。還有一項研究發現試管中的小茴香可以有效地使乳癌細胞失去作用。蘿拉．彭西耶羅博士（Laura Pensiero）表示，小茴香含有可阻礙癌症生長的檸檬油精。

小茴香在印度傳統醫學中是屬於涼性藥草。狄巴克．喬布拉醫師（Deepak Chopra）認爲小茴香有助減輕胃灼熱並改善消化系統。種籽用水煮沸之後繼續浸泡，就可泡出一杯美妙的小茴香茶！

很多人常喝小茴香茶來幫助消化。小茴香的種籽香精油可抗微生物，它也是很好的鐵質補充來源，只要一大匙就有將近四毫克，另外有二十二毫克的鎂、一百零七毫克的鉀，以及五十六毫克的鈣。

百里香

對於戰後的嬰兒潮世代，百里香也許只能從賽門與葛芬柯的不朽經典老歌中聽到，這種香草早在古希臘羅馬時期就有了，在當時被認為是珍貴的助性植物。尤偉·吉朋斯（Euell Gibbons）在《追尋健康草藥》（*Stalking the Healthful Herbs*）一書中提到，「根據古老的傳統，如果有一名女子配戴野生百里香編成的胸飾，就是暗示她在尋找愛情。然後，害羞的男子若喝下野生百里香茶，便能鼓起勇氣向她示愛。」這我是不知道，不過我在聽賽門與葛芬柯的歌曲時，確實有暖暖昏昏的感覺。

百里香主要的香味來自百里香酚，也是很強烈的抗菌劑。如果你用過李斯德林漱口水，就能體驗出它的藥效有多強。百里香酚是很棒的抗氧化劑與抗發炎劑，也能幫助消化。百里香能幫助清除腸道內的黏液，用在減輕胸腔與呼吸道毛病（如咳嗽與支氣管炎）也有很長的歷史，所以藥房有各種以百里香爲原料的藥膏或喉糖。由於它也可抗菌，所以強調自然概念的牙膏也常添加百里香。

需要長時間慢煮的食物（如湯跟燉肉）通常會加這種百里香調味。滷包當中有時也會加百里香。知名作家與天然食品權威伍德女士，提供大家自製咳嗽糖漿的秘方：把三大匙乾燥百里香泡入滾水中，再加上蜂蜜，喝了之後效果比任何成藥更好。

肉桂

布羅赫斯博士是我所認識的少數絕頂聰明的人。她是美國農業部研究部門的科學家，也是我遇上解決不了的營養學問題時，最後的諮詢專家。所以，當她告訴我她在農業部的研究團隊正在進行的肉桂研究有新發現時，我馬上豎起耳朵，並開始抄筆記。

雖然肉桂是享有盛名的健康食品，不過最新發現是它具有神奇的降血糖功效。由於近年來肥胖症與糖尿病大爲流行，所以許多人都很注意降血糖這件事。布羅赫斯博士表示，很多植物跟植化物質都能夠降血糖，但是卻常有使人體中毒之虞，肉桂就沒有這項缺點。布羅赫斯博士的研究團隊在肉桂當中發現了名爲chalcone polymers的新物質，能夠增加細胞中葡萄糖的新陳代謝達二十倍以上。

肉桂也含有花青素，能夠改善毛細血管滲透性功能。還有一種跟研究團隊發現的chalcone polymers分子構造很類似的成分，在老鼠實驗中也看到能抑制潰瘍發生，並且增加流到胃部的血液。布羅赫斯非常引以爲傲的chalcone polymers也具有強效抗氧化作用。

肉桂有助於紓解肌肉關節的疼痛與僵硬

在開始談肉桂調節血糖的實際作法之前，我先跟各位分享這個美妙香料的其他訊息。肉桂含有丁香酚（eugenol）和香葉草醇（geraniol），根據營養學者兼作家摩吉安的看法，這兩種植化物對抗念珠菌（又稱假絲酵母，這種酵母菌在體內過度生長時，會造成許多健康上的問題）的機制，也許是具有抗微生物的功效，阻止細菌與黴菌（包括念珠菌）的生長。肉桂也有抗發炎的成分，可紓解肌肉關節的疼痛與僵硬感，以及生理期的不適。

肉桂對消化功能也很有益處。試管與動物研究都發現，肉桂具有祛風（幫助排氣）的功能。所以如果因爲肚子脹氣感到不適，可以用肉桂試試看。除此之外，肉桂的成分當中還有兒茶素可減輕噁心感。雖然我們不知其中奧妙，但是任何原因造成的食欲不振，肉桂都可以派得上用場。也許是它的香味，讓我們想起媽媽做的蘋果派。誰知道呢？我們只知道它非常有助於消化。

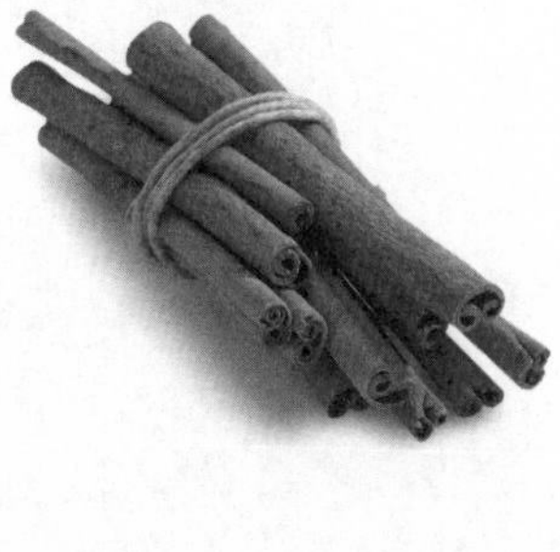

肉桂萃取物降血糖與壞膽固醇

再回到美國農業部的布羅赫斯研究團隊。研究人員測試四十九種不同的香草、香料，以及藥用植物對葡萄糖新陳代謝的影響。布羅赫斯告訴我，肉桂是整個研究最受矚目的焦點，它內含的活性成分甲基氫氧青銅聚合體（methylhydroxychalcone polymers，簡稱MHCP），似乎會模仿胰島素，提高細胞對葡萄糖的攝入，釋出訊號給特定細胞，使其將葡萄糖轉爲糖原（糖的儲存形式）。這項研究顯示這種活性成分具有「仿胰島素」的功能，研究結果在二〇〇一年，由K・Y・賈維爾-泰勒（K.Y. Jarvill-Taylor）、R・A・安德森（R.A. Anderson）和D・J・葛拉夫（D.J. Graves）等三位主要作者共同發表於權威的《美國營養學會期刊》。不久之後，有另一篇發表在《糖尿病照護》期刊上的研究指出，肉桂不僅能降血糖，也會降低第二型糖尿病患的三酸甘油脂、總膽固醇以及壞膽固醇。自然醫學社群當然也不會漏掉這個研究發現。傳奇的整合醫學大老強納森・萊特醫師（Jonathan Wright）便在他配製的調節血糖維他命補充品當中，添加了肉桂萃取物。

布羅赫斯表示，肉桂最棒的就是，你可以去買最便宜的肉桂而得到最佳的效果。她告訴我，去超商買最便宜的肉桂即可，不用買昂貴、號稱秘傳的肉桂精油萃取。因爲油裡面的部分成分帶有毒性，不宜內服。肉桂粉中大部分的精油在製粉加工時已經去除，所以不用擔心，她還建議大家去買批發肉桂，會比較省錢。

> **小常識**
>
> 正當本書即將付梓之際，《美國營養學會期刊》登出一篇新的動物研究報告，指出從飲食中攝取肉桂可以降血壓。研究者表示，肉桂會影響葡萄糖代謝與血壓的調節，結論是：飲食當中添加有益健康的肉桂，可對血壓帶來正面的影響。

降血糖藥方DIY

布羅赫斯寫過一本糖尿病專書裡面提到，利用肉桂降血糖並改善第二型糖尿病病情的作法。用三大匙滿滿的肉桂粉，和二分之一至一茶匙的蘇打粉（需要控制鈉攝取量的人可酌量減少）一起放入三十二盎司的罐裝容器裡，以沸水沖開，在室溫下放至冷卻。冷卻後瀝掉肉桂渣，蓋上蓋子，放到冰箱冷藏。之後每天喝四次肉桂水，一次一杯八盎司的量。喝了一到三周後，分量可降至每天一至二杯。第一型糖尿病患也可以喝，不過一開始每天只能喝一至兩杯，再逐周增加一杯，同時密切注意血糖的變化。

即使沒有糖尿病，這種香料對身體也有莫大的好處，是名符其實的「超級食品」。

芥末籽

信不信由你，芥末籽因來自名門世家：芸苔屬植物，得以擠身營養巨星俱樂部。芸苔屬植物還有高麗菜、綠花椰菜、孢子甘藍和羽衣甘藍。這些植物都含有豐富的抗癌物質，比如吲哚素、異硫氰酸鹽、蘿蔔硫素。美國癌症學會提出的膳食建議當中，就強調應該經常食用十字花科蔬菜。

芥末籽來自尊貴的蔬菜家族，同門的還有辣根（見本書第九〇頁）和水芹。芥末籽跟它的兄弟姐妹一樣，也會製造抵抗植物外敵的化學武器：異硫氰酸鹽。因為異硫氰酸鹽對植物本身也有毒性，所以平時會以硫化葡萄糖的形式儲存在植物中，不會傷害到植物本身。只有當植物組織受傷時，像是當掠食者在咀嚼時，異硫氰酸鹽就會在某種酵素作用之下迅速形成。科學家發現有多種異硫氰酸鹽物質對人體健康的影響非常大，保護我們不受致癌物質的侵害。芥末籽也帶有一種特殊的異硫代氰酸烯丙酯（allyl isothiocyanate），據說能預防腫瘤發生並壓制腫瘤形成。

芥茉籽歷史留名

芥茉與芥茉籽被作為藥草使用的時間，遠早於科學家發現植化物的時間。最早的時候，芥茉是草藥而不是食物。現代醫學之父希波克拉底斯在準備藥材時，一定會加入芥茉。而芥茉被古代中國人視為春藥來使用。芥茉籽是基督教信仰的重要象徵，表示某件看來小而無用的事物若加以照顧，也會成就偉大的力量。

芥茉本身跟芥茉籽一樣好，芥茉不但好吃還富含植化物質，品質好的芥茉可以增進食欲，中和體內毒性。芥茉籽在西方與亞洲飲食文化中是很普遍的材料，喜歡嘗試新料理的人，可以試著把芥茉籽用在烹飪上。

迷迭香

迷迭香有一段如詩般的愛情故事，盛產於地中海、法國南部與葡萄牙等地。迷迭香的傳奇，是從它美麗的小藍花開始。由於香味濃郁，在十四世紀時就是芳香療法的主角之一，而它的療效也被百年來的草藥學家所應用，到近代才逐漸被科學研究證明。

迷迭香的健康功效是來自它的幾種成分：咖啡酸與迷迭香酸、植物性化合物雙萜烯（diterpenes）與單萜烯（monoterpenes）、抗氧化物如維生素E和各種類黃酮素。酸性物質具有抗發炎效果，有助於減輕一些由發炎引起的氣喘、肝病與心臟病。也有人針對迷迭香的抗癌功效（如乳癌、結腸癌與皮膚癌等）進行研究。動物研究的結果證實迷迭香精油具有保護肝臟、抗致癌性、抑制腫瘤的成效。也許是因爲有雙萜烯這種成分，迷迭香精油也具有溫和的抗菌與抗病毒作用。

莎士比亞在寫出「迷迭香是爲了幫助回憶。親愛的，請牢記。」這段台辭時，他顯然知道迷迭香大有作用。早在十七世紀，草藥學家就發現迷迭香對腦部很有幫助。英國醫師尼可拉斯・卡培柏（Nicholas Culpeper）曾記載迷迭香「有助增強記憶力與醒腦」及「能治療如暈眩等頭部或腦部疾病……」。

> **小常識**
>
> 除了一種很特別的接觸過敏案例，一般正常使用迷迭香並不會帶來任何健康風險。雖然在一般食用上非常安全，不過在當藥草使用時，孕婦應避免，否則可能產生刺激子宮與經血來潮的影響。

迷迭香治阿茲海默症

從現代醫學的角度來看，迷迭香含有數種預防乙醯膽鹼分解的成分。人類的腦部神經元傳導、記憶與正常的腦部運作都必須依賴乙醯膽鹼。（其實有一種阿茲海默病患服用的藥：愛憶欣〔Aricept〕，也是干擾乙醯膽鹼的分解，其作用機制與迷迭香很類似。）

迷迭香是經常入菜的香草植物。它獨特的芳香也常用來製作香皂和化妝品。芳香治療師則是用迷迭香精油泡澡或做成按摩油，據信可加強療效和愉悅感，使人恢復健康活力。

荷蘭芹

如果你曾經在飯後（或接吻前）稍微咀嚼荷蘭芹，一定會馬上感到口氣清新，不過也許你不知道，它不但讓口氣清新了，同時還讓你的體內煥然一新喔。

很多人都知道荷蘭芹具有解毒以及除臭的功效，可以說是全世界最受歡迎的香草植物。希臘人會在晚宴時戴上用荷蘭芹編成的頭冠來刺激食欲。童話裡的彼得兔偷吃太多麥先生菜園裡的菜，肚子不舒服時，就會去找些荷蘭芹來吃。羅馬人相信嚼一點荷蘭芹可以讓他們狂飲不醉。從古到今，人們似乎本能地知道荷蘭芹的解毒功效。而且現代科學也開始證明古人們所相信的事實。

荷蘭芹具淨化效果

荷蘭芹消除口臭與體內排毒的能力是來自葉綠素。已經有十幾篇研究證實葉綠素的淨化與再生功能，它能阻止傷口細菌繼續繁殖、除臭、中和毒性與許多致癌物、造血、使組織恢復活力，並能消炎。亞洲人認為葉綠素可以改善貧血，它的利尿成分也能幫助腎臟正常運作。

土耳其人會給糖尿病患吃荷蘭芹降血糖。最近有篇研究指出，荷蘭芹萃取物可顯著降低老鼠的血糖濃度與體重！另一篇報告則顯示，荷蘭芹對糖尿病老鼠的肝臟也具有保護作用。如果荷蘭芹也加入打擊高血糖、高體重和糖尿病的草藥行列，應該是很不錯的一件事！

荷蘭芹也是抗癌聖品

荷蘭芹內含的揮發性油當中，有一種叫肉豆蔻醚（myristicin），可能具有抑制腫瘤的功能。美國國家癌症研究院為了找出各種植物的抗癌功效，投資上百萬美元的研究經費，發現繖狀花科蔬菜（包括荷蘭芹）是幾種抗癌功效最高的植物種類之一。

十根荷蘭芹含有五百五十六微克有益眼睛的類胡蘿蔔素「玉米黃質」和「葉黃素」、五百零五毫克的β-胡蘿蔔素、一百六十四毫的造骨維生素K，還有八百四十二IU的維生素A。如果你夠幸運，偶爾也許會在買菜時發現荷蘭芹根，這是專門長根的一種特殊荷蘭芹種，外型很像小號的歐洲防風草，也有葉子。我從來沒吃過，不過煮湯應該很好吃，治療胃病也很有效。

奧勒岡葉

只要有醫師或治療師覺得某種藥草、食物、營養素或任何成分很棒，就會寫本書來歌頌一番，這就是凱絲・英葛藍（Cass Ingram）醫師的寫照，那本小書就叫做《解藥就在廚櫃裡》（*The Cure is in the Cupboard*）。奧勒岡葉就是讓英葛藍醫師為之著迷，甚至寫了一本專書的藥草！

只要稍微讀一下奧勒岡葉的文獻，你就知道原因了。它含有豐富的營養素，包括鈣、鎂、鋅、鐵、鉀、銅、硼、錳、維生素C、維生素A，以及菸鹼酸。奧勒岡葉也許是所有香草類植物中抗氧化能力最強的一種。根據《農業與食品化學期刊》上的一篇研究，奧勒岡葉的抗氧化作用比蘋果強四十二倍，比馬鈴薯強三十倍，是柳橙的十二倍，最令人震驚的，它還比強效的藍莓抗氧化作用高出四倍！但這還不是全部，請接著讀。

奧勒岡葉油具有藥效

如此令人不可思議的植物，它的葉子萃取油也有療效。開花季節摘取的奧勒岡葉，則是整株都充滿藥性，不管是新鮮或乾燥的。奧勒岡葉精油含有百里香酚（見「百里香」的介紹）和香荊芥酚（carvacrol）這兩種具有抗黴、抗菌、抗寄生蟲的成分。有一項研究發現，百分之七十七的受試者在服用奧勒岡葉做成的藥丸六周之後，腸寄生蟲就消失了。我在寫書的時候，又有科學家研究出奧勒岡葉精油可抑制至少十種微生物（包括白色念珠菌）的生長。

奧勒岡葉跟它的近親迷迭香一樣，都含有效力強大、可對抗細胞突變與致癌物質的迷迭香酸（見「迷迭香」的介紹）。

奧勒岡葉油傳統上用來幫助消化，又因為它可以抗發炎，所以也會用來增強關節功能。經常食用奧勒岡葉對身體的好處多多，即使特殊情況下，比如念珠菌感染或發炎等情形，醫師也會建議服用奧勒岡葉油補充品。

小常識

同種療法（又稱順勢療法）對於奧勒岡葉的認知，是它具有提升性致的功效。而把奧勒岡葉撒在披薩上面，真是美味無比！

醋（蘋果醋）

醋是一萬多年前被意外發現的，英文名（vinegar）是從法文的酸酒（vin aigre）兩字而來。醋的作法，先是由新鮮、含自然甜味的蘋果汁發酵成蘋果酒之後，再次發酵後的產品。也可以說，是水果先做成酒，酒再做成醋。

任何水果都能做醋，或者說，任何含糖的東西都可以發酵成十八度以下的酒精，包括蜂蜜、楓糖漿、甜菜、馬鈴薯和椰子。如果原料是蘋果，就稱爲蘋果醋。美國FDA規定任何以「醋」爲名的產品，酸度應在四度以上，以確保零售醋的酸度。天然食品專家暨知名作家伍德表示，因爲四度到六度的酸即具有腐蝕性，所以不能使用鋁、銅或鑄鐵鍋具來烹煮加醋料理。想要留住醋的酸味，可以在加了醋之後，把菜移開熱源再翻動攪拌。

爲什麼醋被列爲全世界最健康的食品？理由很簡單，它內含多種有益健康的礦物質、維生素與胺基酸。而且，未經消毒殺菌的醋所含的營養素甚至高達五十種，更不會漏掉製醋原料（如蘋果）本身的營養。提到「未經消毒殺菌」，這是指食物歷經高溫的加工過程。好處是可以殺死微生物，壞處是好的維生素與酵素如果不耐熱，也會跟著陪葬。想從醋得到最大的好處，在買的時候可以選購貼有「未經消毒殺菌」、「未過濾」、「古法釀造」、「傳統發酵」或「陳年木桶醋」等標籤。

眞正的有機醋優於普通超市醋

遵循古法的發酵食品是最健康的，醋也不例外。知名蘋果醋廠牌老闆派翠西亞·柏蕾格（Patricia Bragg）表示，我們在超市買到的「白色透明」的醋，是化學家從煤焦油發明出來的東西，完全不含眞正天然醋的健康成分。而蒸餾醋也好不到那裡去。蒸餾是將醋變成蒸氣，過程中會對具有攻擊體內毒素、抑制壞菌功能的天然蘋果酸與酒石酸，造成破壞性的效果。再次強調，要得到醋的健康，只能買眞正的產品。

在自然營養圈裡，以蘋果醋的名氣最高，因為蘋果酒價廉又好用，而且在各方面都有良好的健康功效。醫學之父希波克拉底斯也認為蘋果醋是萬靈丹，是自然生成的抗生素與抗菌劑。古埃及、希臘、羅馬人都喝蘋果醋。《聖經》裡還提到蘋果醋的抗菌與治療功效。連哥倫布航海時，都會記得在船上準備幾大桶的醋以預防壞血症。總而言之，具有健康與清潔效果的蘋果醋，已經被人類使用了上千年。

蘋果醋是萬靈丹？

很多書上都提到蘋果醋可治百病，從減肥、骨質疏鬆到關節炎都有效。現在暫且不談蘋果醋支持者所宣稱的各種功效。我最近發現一首有趣的「詩」，作者是派翠西亞．卡洛（Patricia Carrol, R.N., M.S.）。雖然作品對醋的功效大加讚揚，不過也提供一條線索：

請記得所有美好的功效不一定為真，

只有一小部分有證據支持。

對於蘋果醋的好處，我一點也不質疑，只是不太相信它可以治百病。老實說，真正的、未經消毒殺菌的蘋果醋的確有一籮筐的優點。它營養豐富，包含礦物質如鉀、磷、天然有機氟、矽、微量礦物質與果膠，以及其他許多珍貴的養分與酵素。其實人類在好幾百年前，就知道用蘋果醋和蜂蜜混合而成的醋蜜來溶解令人疼痛不堪的體內結石，以及治療花粉熱等其他身體上的毛病。

蘋果醋的減重效果還沒有說服我，不過有人堅稱它確有此功效。最近一篇登在《糖尿病照護》的文章，的確有提到蘋果醋影響血糖與胰島素所帶來的好處。

蘋果醋治糖尿病之研究

前述提到《糖尿病照護》刊登的研究顯示，胰島素抵抗指數高的人服用蘋果醋之後，胰島素敏感性有顯著改善。（糖尿病患的胰島素敏感性也有所增加，但結果不具統計顯著相關。）作者指出：「醋也許具有類似metformin的生理作用。」（metformin為糖尿病標準用藥，可提升糖尿病患與糖尿病前期的胰島素敏感性。）「胰島素抵抗」是新陳代謝的症狀，是糖尿病發生之前的徵兆，所以只要能夠提高細胞對於胰島素敏感性的東西，基本上都具有控制血糖的潛力，也是我們需要多加研究的地方。作者的結論是：「建議進行更深入的研究，以了解醋做為預防與治療糖尿病的效能。」營養學家佛列克博士建議餐前吃加醋的生菜沙拉有助於血糖控制，他提供的十大健康食品請見本書第二三九頁。

薑

薑在印度阿育吠陀醫學中被喻為「普世良藥」，一點都不稀奇。因為小巧玲瓏的薑，富含了大量的健康功效。

很多人都知道胃不舒服或想吐時，可以用薑治療。

薑會刺激唾液分泌，所以有助消化。而且薑汁汽水一直是許多人喜愛的治胃痛飲料，喝了真的有效！有人比較薑和止吐藥Dramamine抗暈船的效果，發現薑的效果較好。薑吃起來辛辣又美味，是因為含有薑酚（gingerol），美國農業部的植化物資料庫中將其列為抗吐劑，表示具有預防噁心與嘔吐的功效。

小常識

薑幾乎沒有副作用，但有一些小事要注意，就是它似乎會增加其他藥品的吸收，只是目前無法確知其中原因。如果讓動物同時吃薑跟安眠藥，牠會睡得更久（我從來沒有在家裡試過，不過這是說明書上寫的）！一般的解釋是，薑也許會增加藥物吸收。薑也有不錯的清血功能（有點類似阿斯匹靈）。但是正因為如此，如果跟抗凝血藥（如可邁丁〔Coumadin〕，甚至是阿斯匹靈）併服要非常小心。《民眾藥房》的作者古瑞登表示，抗凝血藥跟薑合併使用可能會造成意外出血。據說薑也會增加膽酸分泌，所以醫生會建議有膀胱結石或膀胱疾病的人避免服用草藥。

薑治晨間孕吐

丹麥的研究發現，孕婦服用薑之後，有百分之七十五的人症狀獲得紓緩，沒有副作用。懷孕期間，有許多藥物都必須避免，以防對胎兒造成危害，所以懷孕期間最好把這個絕佳的天然草藥準備好待命。

薑的活性成分是薑酚、薑烯酚（shogaol）、gingerdiones和薑酮（zingerone），全都是抗氧化物。薑酮跟薑烯酚也具有抗發炎功效，可做為關節炎或筋膜炎（fibromyalgia）患者的膳食營養補充品。在癌症預防研究新知研討會（Frontiers in Cancer Research Prevention conference）上發表的一篇研究報告，提出薑酚可能會抑制人體結腸直腸癌細胞的生長。薑萃取物可降低老鼠的膽固醇，抑制壞膽固醇氧化，並且減緩動脈硬化的形成。薑的好處實在是不少。

動物研究結果顯示，薑也會抗腫瘤、增強免疫系統，也是效力超強的抗微生物與抗病毒物質。還有研究

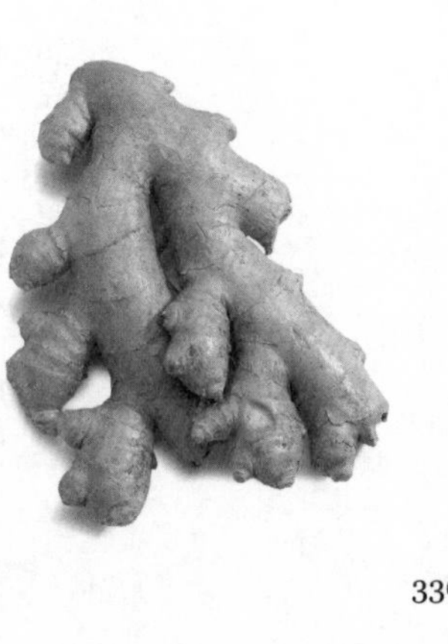

指出薑對於腸胃道、心血管、疼痛及發燒都有好處。難怪人們在身體微恙時，會在家自己泡杯熱檸檬薑茶來喝。

薑還有一個流傳上千年的傳統功效，那就是改善血液循環。狄巴克・喬布拉中心（Deepak Chopra Center）常會用薑來改善病患手腳冰冷的症狀，這也是中國和印度的醫生數千年來的醫療習慣。

薑黃

如果要為這本書裡提到的香草、香料與草藥辦一場比賽，薑黃無疑是大贏家。它不但有數不盡的健康效益，滋味更是絕佳，是我最喜愛的香料。薑黃是印度的主要產品，全世界高達百分之九十四的薑黃產自印度。印度菜就是因為加了這種香料，才具有獨特的香氣。薑黃是咖哩的重點材料，你所吃的每一道有咖哩醬料的東西，都一定會有薑黃。我自己幾乎是每樣菜都加，在炒蛋和蔬菜蛋捲加點薑黃是最近發明的新料理，好吃極了！

薑黃是薑科植物，它所有的健康功效都來自指頭般的地下莖部分，或稱爲塊莖。薑黃本身含有許多成分，不過使它具有療效的成分應該是類薑黃素，這也是讓植物呈鮮黃色的物質。在所有類薑黃素當中，最重要也被最多人研究的，就是薑黃素。稍後提到的研究當中，有些是直接以薑黃素來試驗，不過這些功效同樣存在於植物本身。雖然我們可以吃薑黃素補充品，不過有些草藥專家還是建議直接吃薑黃，不但可以吃到薑黃素，還有香料本身的其他營養素，對我們的整體健康效益更大。

薑黃減輕關節炎與關節發炎

薑黃是印度、中國與波里尼西亞群島的傳統療法不可或缺的主角之一，在阿育吠陀醫學與中醫當中佔有特殊的地位。理由之一是它超強的抗發炎效果，這都是拜類薑黃素之賜。薑黃傳統用途之一，就是利用它的消炎功能來治療關節炎。有一項研究發現，薑黃素跟消炎藥保泰松（Phenylbutazone）幾乎一樣有效。薑黃在印度除了用來減輕關節炎症狀，也可以治療肌肉疼痛、關節發炎，甚至是腕隧道症候群（Carpal tunnel Syndrome）。想知道它是如何作用的嗎？有一派的看法認爲，它是藉由降低組織胺的濃度來發揮消炎作用，不過其他人對此說法則抱持懷疑。反正這不重要，重要的是薑黃可以抗發炎，而且不具有任何毒性或副作用。

接著跟癌症有關。至少有三十篇公開發表過的研究指出，薑黃素具有抗腫瘤的效果（減少腫瘤數目或腫瘤大小，或是減少發生腫瘤的動物數量）。雖然大部分都以動物為研究對象，但這種結果也足以令人雀躍了。當然也有以人為研究對象的文獻。發表於二〇〇六年《致癌基因》（*Oncogene*）醫學期刊上的一篇研究報告顯示，薑黃素會抑制人類結腸癌細胞。雖然沒有人宣稱薑黃可以治療癌症，但是對於想擁有健康的人，我們有足夠的理由說服你多吃薑黃。

從老鼠和人類研究中，都可以觀察到薑黃素對膽固醇帶來的效果，所以它也是有益心臟的食品。另外，它強大的抗氧化作用也不容忽視。以一項老鼠實驗為例，薑黃素預防氧化物質誘發的白內障，效果非常顯著。以薑黃素治療的老鼠不但能抵抗氧化物質的危害，眼內水晶體也變得更清澈明亮。還有許多研究也顯示薑黃素的抗氧化能力。薑黃素用專業術語來說，可以「抑制脂質過氧化作用」，意指它會幫我們抵抗使身體老化、致病的氧化物質。簡單地說，這是個好東西！

肝藏也需要它

薑黃素抗發炎與抗氧化的功效，對肝臟也很有幫助。我建議肝有毛病的人（包括肝炎患者）應多攝取薑黃素。病情重的人當然不能只靠薑黃素，不過服用薑黃素絕對有益無害。一篇登在《毒理學》的研究顯示，薑黃素的抗氧化功效對雄性鼠是非常顯著的保肝劑。《醫師的天然療法》（*The Natural Physician's Healing Therapies*）作者史丹勒醫師也建議肝炎病患應攝取薑黃素，使因病異常升高的肝酵素降低。

把薑黃當作香料加入食物中烹調，方法非常簡單，不但味道佳、顏色美，而且加在任何菜餚中都會很好吃。喬布拉醫師說：「薑黃具有體內環保的功效，對參加排毒療程的人很有用。」除了烹煮之外，薑黃也可以跟水混合，在睡前直接塗抹在皮膚上，可以解除搔癢感（也能治青春痘）。喬布拉醫師還建議，出現喉嚨發炎徵兆時，可用薑黃粉和少許蜂蜜塗在喉嚨上，以早期治療。

現在我們已經知道薑黃一連串有益健康的功效與科學佐證。那麼傳統東方醫學是如何看待薑黃呢？《藥草瑜伽：阿育吠陀草藥指引》（*The Yoga of Herbs: An Ayurvedic Guide to Herbal Medicine*）的作者之一大衛·弗洛雷醫師（David Frawley），以及備受敬重的印度醫師兼草藥權威瓦桑·雷得（Vasant Lad）都表示：「薑黃帶來神聖力量，賦予生機，清除我們的脈輪，使我們身體最細微處都能得到淨化。」

當現代西方科學和中、印傳統療法，對於同一種食物的健康功效取得交集，達到共識之後，我們就不該再猶豫，趕快去買來吃吧！

鼠尾草

鼠尾草體型嬌小，二千多年就開始被用來做為治療與調味之用。印度的阿育吠陀醫學認為鼠尾草具有淨化身體的功效。喬布拉醫師表示，如果「體內累積過量的毒質與不良情緒」，建議使用鼠尾草。此外，它聞起來非常香！

鼠尾草也可以用來治療消化不良、出汗過多、喉嚨痛，以及紓緩女性經期的夜熱盜汗症狀。

鼠尾草是薄荷家族的成員之一，因為具有抗微生物與抗病毒功效，被視為可以淨化身體的香草植物。鼠尾草的關鍵成分在於它的揮發性油。鼠尾草油含有強效抗沙門氏菌與念珠菌的側柏酮（thujone）。它內含的迷迭香酸可抗氧化作用和抗發炎，所以用在治療齒齦炎和類風溼性關節炎等發炎性疾病頗有效用。

動物實驗發現鼠尾草可以降血壓。有一項研究已經發現它具有抗糖尿病的作用，只是這個發現還沒進入人體試驗的階段。而最近的研究也證實了藥草學家早就知道的事：鼠尾草可增強記憶。

小常識

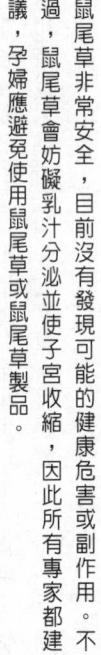

鼠尾草非常安全，目前沒有發現可能的健康危害或副作用。不過，鼠尾草會妨礙乳汁分泌並使子宮收縮，因此所有專家都建議，孕婦應避免使用鼠尾草或鼠尾草製品。

叫我第二名

黑胡椒

黑胡椒在香料界，就像生菜中的萵苣，是美國人用最多的香料，也有不少醫療用途。

黑胡椒會刺激味蕾，使胃部增加有助消化的鹽酸。但爲什麼我們需要更多酸性物質呢？有胃灼熱的人怎麼辦？許多輔助醫學專家，如萊特醫師，認爲胃灼熱是因爲胃酸過少，而不是過多所引起的。黑胡椒長久以來被視爲刺激食欲、解除噁心感的食品，也是驅風劑，意指能將腸道氣體排出的草藥。驅風劑的功效是安定腸壁與幫助消化。

菲律賓有一種很有名的黑胡椒療法，是將等量的大茴香與黑胡椒混合，加入一杯溫熱的白蘭地酒。在酒還沒冷掉前，小口小口喝完，每一口都先在嘴裡含一會兒再吞下去，這麼做可以讓發燒的人解熱。

黑胡椒在古時候被當成貨幣使用，也曾作爲敬神的獻禮。在今天，則是餐廳服務生送上桌爲你的餐點現磨的調味品。對黑胡椒而言，待遇眞是不可同日而語！

聽 專家怎麼說

弗瑞德・培斯卡托

培斯卡托醫師最近推出《漢普敦飲食法》(*The Hamptons Diet*)和《漢普敦飲食法食譜》(*The Hamptons Diet Cookbook*),兩本作品皆登上《紐約時報》暢銷書排行榜單。這兩本書結合地中海風格與美式喜好,強調攝取天然食品達到健康與體重管理的功效。

1. 夏威夷果油:適合高溫烹煮,對心臟健康最有益的油脂;不含氧化或反式脂肪酸。
2. 酪梨:富含有益心臟的單元不飽和脂肪。
3. 阿拉斯紅鮭魚:採用對生態負責任的方式捕魚;豐富的omega-3脂肪酸;汞污染或多氯聯苯污染程度低,甚至無污染。
4. 紅/黃/橘椒:富含抗氧化物、維生素B群,以及少從食物中攝取到的類黃酮素。
5. 羽衣甘藍:具有大量易吸收的鈣質與維生素K。
6. 有機瘦紅肉:最適合肉食動物攝取的理想食品,也是共軛亞麻油酸(CLA)的唯一補充來源,有助於減重。
7. 海菜:這種常被忽視的食品,含有碘、蛋白質,最適合素食者。
8. 扁豆與豆子:豆類含有許多自然生成的維生素B群與蛋白質,很適合少吃動物性蛋白質的人。
9. 酒:適量飲酒對健康有益,全世界的研究都會下此結論。不喝酒和喝酒過量的人健康狀況都是最差的;而飲酒適中的人,得到心臟病、中風與癌症的風險較低。
10. 天然食品:指未經加工,或加工程度最低的食品,能加速新陳代謝、降低食欲,常保健康。

13 油品

我在這本書跟其他場合中都提到，油脂攝取失衡是西方飲食最大的問題之一。我們吸收了太多飽和脂肪的「危險」，同時也吃了太多表面上「有益健康」、卻其實是劣質的多元不飽和脂肪。這當中含有許多複雜而細微的內情。不是所有的飽和脂肪都不好（比如椰子油，見本書第三百頁），而「多元不飽和脂肪」涵蓋多種脂肪酸，包括親發炎的omega-6和抗發炎的omega-3。簡單來說，人要保持健康，有賴這兩種脂肪的比例平衡。

Omega-6脂肪（亞麻油酸）跟omega-3當中的α-次亞麻油酸，都是必需脂肪（身體無法製造，必須從飲食取得）。另外兩種omega-3：DHA與EPA，則是我認爲最重要的，理論上可以從上述的α-次亞麻油酸形成，不過身體製造效率極差，只能將百分之二十的α-次亞麻油酸成功地轉化爲DHA和EPA。魚和魚油的重要性就在這裡，它們能提供DHA與EPA成品，我們就不用麻煩自己來製作了。

Omega-6哪裡不好？

西方飲食習慣的問題，就是吃的omega-3（份量與種類）太少，而omega-6過多。更糟的是我們所選擇的omega-6，又都是一些劣質品，就像拉斯維加斯的自助餐內容一樣，品質差，份量卻堆積如山！我們吃的（大量）omega-6都是高度精煉加工過的蔬菜油，像是紅花油、葵花油、大豆油、玉米油等，含有大量的精煉omega-6。精煉過程中會把原本自然形成、有益健康、但不耐久的抗氧化物質都去除掉。商業化製造、加工、精煉的蔬菜油是地球上最糟糕的食品，諷刺的是我們都盲目地相信這些「多元不飽和」脂肪是「健康」的。千萬別相信。

這倒不是說omega-6完全沒有優點，事實上是有的。在哈佛大學進行有名的護理人員健康研究的幾位學者法蘭克．胡（Frank Hu）、瓊安．曼森（Joann Manson）與偉利教授曾經針對油脂與冠狀心臟病的關聯，做過一次完整的文獻回顧，指出omega-6油脂的確會降低壞膽固醇，也會改善胰島素敏感性。即便如此，作者群還是委婉地指出，我們攝取的「omega-3與omega-6脂肪，比例非常不理想，應該加以改善」。他們的論點是關於究竟要如何提高比例，是增加omega-3或減少omega-6，還是雙管齊下？我個人認爲應該雙管齊下。除了大量攝取omega-3的愛斯基摩人以外，沒有人會因爲吃太多omega-3、太少omega-6而出現任何的健康風險。事實上，情況正好相反。

脂肪酸攝取平衡是血流健康的關鍵

爲什麼我們要重視omega-6與omega-3的攝取平衡？因爲這些脂肪酸都是組成荷爾蒙和類荷爾

蒙（eicosanoids，又稱前列腺素〔prostaglandins〕）的基本要素。荷爾蒙與類荷爾蒙承擔身體十幾項代謝工作，所以要維持良好的功能，脂肪的比例必須恰到好處。舉例來說，有些前列腺素控制發炎，有些掌管抗發炎，有些負責凝血，有些負責流血。這沒有「好」與「壞」之分，而是看有沒有平衡。舉個實例說明，人受傷的時候，發炎和凝血就是好的，這是身體的治療反應，才能把水分與血液送到傷口處，使其凝結。不過如果凝血過多，就有可能中風。另一方面，如果血液完全沒有凝結功能，那麼人就會血流不止。了解了嗎？房地產講究的是地點！地點！地點！而脂肪酸講究的是平衡！平衡！平衡！

我們研究舊石器時代的人和所有以採集捕獵維生的社會，可以發現他們omega-6對omega-3的比例在一比一到四比一之間。大多數營養學家認爲這是最理想的攝取比例，而我認識的人當中，比較多人傾向選擇一比一。想知道一般吃西式飲食的人，omega-6對omega-3的比例是多少嗎？答案是二十比一到二十五比一（我還聽過更可怕的比例，可以高到六十五比一）。

你覺得我太杞人憂天了嗎？想想看，高比例的omega-6與omega-3，會伴隨著增加攝護腺癌與乳癌的罹患風險、伴隨提高心臟病的風險，以及越來越嚴重的發炎性和自體免疫疾病。

還有，大部分的餐廳爲了響應不吃「壞」的飽和脂肪，開始用起「健康」的蔬菜油，然後再重覆烹煮。最新的研究顯示，蔬菜油經過加熱或是長時循環再加熱，會累積大量的HNE毒素，這種毒素跟心臟病與神經系統異常是很有關的。（還有人要上速食店嗎？）

HNE在多元不飽和脂肪（包括芥花油、玉米油、大豆油與葵花油）中特別容易形成，而且量非常高。明尼蘇達大學的食品化學與營養生化學系教授莎莉．薩娜妮（A. Saari Csallany）在最近發表的研究論文中指出，「關於HNE的生化文獻很多，二十年前就有一大堆人研究了，這是種毒性很強的複合物。」

吃對油能保命

還記得偉克適和希樂葆這兩種藥嗎？它們都是對抗造成身體發炎的COX-2酵素抑制劑。當我們吃的omega-6脂肪大幅超出omega-3時，猜猜會發生什麼事？COX-2酵素會增加。Omega-6多元不飽和脂肪攝取過高（再加上omega-3太少），表示發炎的指數也提高。如果你不擔心，那就看看最近這期以發炎爲封面故事的《時代》雜誌，內文將發炎喻爲「神祕殺手」。次標題是這樣下的：「發炎與心臟病、癌症、阿茲海默症和其他疾病之間，存在驚人的相關。」如果你還沒猜到，神祕殺手就是發炎！

當你在閱讀有關油脂這章時，這些都要知道。以下就是希望大家牢記的重點：

- 有些飽和脂肪是好的。
- omega-3對人體非常、非常好。
- 單元不飽和脂肪對人類很好。
- 攝取平衡（通常是少量）且沒有過度精煉與加工的omega-6對我們也很好。
- 重覆使用（再加熱）的蔬菜油非常非常地不好。
- 反式脂肪是代謝毒藥，完全不能吃。

閱讀這本地球上最健康食品的書所列入的油品時，請務必記住這些原則。同時也要記得，只要是未精煉的冷壓油，絕對會比任何精煉油（包括像橄欖油這種「好」油）值得我們使用。

杏仁果油

杏仁果油跟芝麻油一樣，味道很香，可能是最受歡迎的按摩油。如果不外用而拿來烹煮，杏仁果油依然是有健康概念的食用油。

杏仁果油富含單元不飽和脂肪。其中百分之六十一至六十五的比例是油酸，也就是橄欖油與夏威夷核果油當中所含的健康omega-9單元不飽和脂肪酸。單元不飽和脂肪酸（omega-9）是地中海地區的飲食核心，幾乎所有研究地中海式飲食的結果都發現，這種飲食法和較低的心臟病機率，有高度的相關性。

杏仁果油的單元不飽和脂肪被忽視了

因爲橄欖油產業的強力遊說，美國食品藥物管理局（FDA）看到單元不飽和脂肪驚人的健康效果，便准許橄欖油品可以宣稱具有這些功效。雖然FDA知道這些成效來自所有的單元不飽和脂肪，不過由於這是美國橄欖油協會向FDA提出的申請，所以FDA一方面認可其他油品也有相同的單元不飽和脂肪，另一方面卻只將調查研究的方向侷限於「橄欖油的單元不飽和脂肪」。這些都是政治操作。

單元不飽和脂肪就是單元不飽和脂肪，不管從橄欖油或杏仁果油當中攝取，健康效果是一樣的。也許杏仁果油的單元不飽和脂肪含量，不像橄欖油或夏威夷核果油那麼多，它還是我們補充單元不飽和脂肪非常好的來源。

關於杏仁果在健康飲食習慣的功效，以及它本身所含的各種抗氧化植化物，有許多研究（關於杏仁果的介紹，請見第一七八頁）。這些營養素在杏仁果油當中還保留多少我們不得而知，不過可以合理推測，榨油過程當中越少碰到高溫、化學物質或加工手續，油的品質會越好。（這就是我建議買冷壓有機油的原因。）

雖然大多數烹飪用油都少含維生素與礦物質，杏仁果油倒是有少許的維生素E與維生素K。它的發煙點很高，適合各種方式的烹調。

如果想用杏仁果油來按摩，它具有非常棒的紓壓效果。最好是放在床邊，可以跟伴侶共享輕鬆時光。

大麻籽油

大麻籽油（大麻油）是另一種較少為人知、卻值得我們多加注意的油品。首先一定要澄清，現在介紹的是一種營養豐富、效果驚人的大麻油，並不是指毒品大麻。沒錯，它們是源自同一種植物，跟亞麻、纖維、繩索和桌布都是本家。另外，「帆布」（canvas）這個字也是衍生自拉丁文的大麻（*cannabis*）。

大麻籽油不會使你出現吸毒後的興奮感，但是會帶來很大的健康效果，而且完全合法。

大麻籽油應該是市售所有油品當中比例最平衡的。怎麼說呢？我們知道每一種油都是由各種脂肪酸組合而成，也就是說每種油裡面會有一些飽和脂肪、一些單元不飽和脂肪和一些多元不飽和脂肪。其中佔最高比例的，就用那種脂肪酸來統稱。舉例來說，橄欖油被認爲是「單元不飽和脂肪」，是因爲這種脂肪酸佔其成分的比例最高，事實上橄欖油還有其他的脂肪酸，只是所含比例較小而被忽略不提。大部分的油都是混合的。

大麻籽油有omega-6和omega-3脂肪酸。前者是亞麻油酸，後者是α-次亞麻油酸，都是人體無法自行合成、必須從膳食中攝取的必需脂肪酸。我們的飲食問題出在omega-6太多，omega-3不足。更雪上加霜的，是我們吃的omega-6大多是精煉過，品質低劣的東西。大麻籽油的omega-6與omega-3比例是所有油當中最平衡、理想的三比一。因爲這種油品不太普及，所以沒有被過度商業化，很容易找到未精煉、冷壓的有機產品。不管是店裡和網路上賣的，大都是這種營養豐富的好油。

更棒的是，大麻籽油當中的omega-6含有共軛亞麻油酸（GLA），對人體很重要，只是一般人經常攝取不夠。GLA是月見草和琉璃苣油（borage oil）的主要成分，對於緩解經前症候群很有效，人體雖然可以製造，但效率並不高。大麻籽油約含百分之二的GLA，據我所知，大麻籽是唯一含GLA的可食用種子。

大麻籽油降膽固醇、降血壓

雖然大麻籽內含的多元不飽和omega-6脂肪酸較多，但它具有很好的維護心血管健康的功能，會降低壞膽固醇並改善胰島素敏感性。至於omega-3，已經有上千篇研究證實這種脂肪酸可以降三酸甘油脂和膽固醇。大麻中的omega-3脂肪酸對於降低血壓、血小板黏聚，與纖維蛋白原濃度（血管硬化的主要指標），都頗爲有效。研究也發現 α-次亞麻油酸（omega-3）每增加百分之一，血液的收縮、舒張與平均血壓會降低五mm Hg。Omega-3除了是抗發炎劑之外，哈佛大學與其他人的研究也都一致認爲，它對於情緒與憂鬱都有正面的影響。

大麻籽油應該放冰箱冷藏，盡快用完，而且絕不能加熱。（有些專家認爲大麻籽油可以做短時間低溫烹調，不過爲了安全起見，我不會這麼建議。亞麻籽油、魚油和大麻籽油當中的omega-3極度不穩定，在高溫下會產生毒素。）帶有堅果香味的大麻籽油最好是拌在生菜沙拉或煮好的蔬菜內，放一大匙在凍飲中也很好。還可以用一比一的比例，跟有機奶油混合，做成特殊的「必需脂肪酸奶油」。

小常識

在健康食品店越來越容易買到大麻籽，而且我要告訴大家，它真的很好吃。大麻籽除了含有我們一直談到的必需油脂外，它還有百分之二十五的成分是蛋白質，百分之十到十五是纖維，以及一長串的礦物質，包括磷、鉀、鎂、硫和鈣。我很喜歡把大麻籽撒在食物上面一塊兒吃，也會直接吃。

亞麻籽油（亞麻籽）

甘地：「以亞麻籽作為食物的地方，人們擁有更好的健康。」他說的沒錯。人類好幾世紀以前就知道亞麻籽是好食品。西元八世紀的查理曼大帝深信亞麻籽是健康必需品，甚至還通過法律規定王室要大量食用。希波克拉底斯最早的藥材當中就包括亞麻籽，他自己也會用。

談到亞麻籽與亞麻籽油，就不能不提必需脂肪酸，特別是omega-3。

你可以在本書第二十八頁找到比較詳細的介紹，簡單說，就是亞麻籽與亞麻籽油是地球上可提供珍貴的α-次亞麻油酸（一種omega-3）最好的來源之一。α-次亞麻油酸被視爲必需脂肪酸的原因，是我們身體無法自己形成，必須從飲食中攝取。

關於omega-3的文獻，數目簡直是汗牛充棟，光是回顧這些資料就可以寫成一本書了（很多書都寫得很好，其中一本是哈佛大學醫學院史托醫師的《Omega-3關聯》）。亞麻籽油可以預防心血管疾病、癌症、關節炎和許多退化性疾病。除了omega-3是亞麻籽油的主要成分之外，它還含有其他種類的脂肪酸，包括omega-6和有益心臟健康的omega-9，是相當平衡的脂肪酸供應來源。

亞麻籽油的木酚素能預防荷爾蒙性癌症

亞麻的好處不僅是含omega-3而已，它的油脂，特別是從種子製成的油，含有豐富的木酚素，對男性女性都有多項健康功效。木酚素能幫助我們預防癌症，特別是跟荷爾蒙相關的乳癌、子宮癌與攝護腺癌。木酚素會使性荷爾蒙結合球蛋白（SHBG）的數目增加，結合套牢雌激素後將之送出體外。木酚素在人體內的主要代謝產物腸內酯（enterolactone）和腸二醇（enterodiol）亦能降低雌激素的致癌影響。所以，木酚素也許是素食婦女乳癌發生率較低的原因之一。科學家也發現木酚素可以抑制試管中的人類攝護腺癌細胞。杜克大學的研究人員發表在《泌尿學》期刊上的研究報告指出，男性攝護腺癌患者，在每天服用三大匙亞麻籽和低脂飲食之後，體內癌細胞的生長開始趨緩。此外，木酚素會干擾

睪固酮代謝物DHT（雙氧睪固酮，dihydrotestosterone）的產生。DHT是造成落髮和良性攝護腺腫大（指四十歲以上男性夜間頻尿的情形）的部分肇因。

亞麻籽含有可溶性纖維，這個在亞麻籽油當中當然是不存在的。所以吃亞麻籽不但可以得到油裡面所有的好處，也可以吃到種子的纖維。不管是烘烤、撒在生菜沙拉裡，或者是加在燕麥片或凍飲中都很理想。但是吃之前要剝掉亞麻籽外面那層我們無法消化的硬殼，最好的辦法是用磨咖啡機磨個幾秒就可以了，雖然費工，還是值得的。（你可以買到磨好的亞麻籽，不過我認為有時間的話，現磨的還是比較好。四大匙磨好的亞麻籽可提供六克的蛋白質與八克的纖維質。）在上述這些好處之外，亞麻籽也具有抗發炎與抗氧化的功效。

亞麻可促進心血管與結腸健康，也會提升免疫力、改善膚質，並有助於穩定血糖。亞麻中的木酚素其實是植物性雌激素（植物當中類似雌激素，但效果較溫和的植物營養素），有助於解除婦女的更年期症狀。有一項研究發現，亞麻籽是很有效的荷爾蒙替代品，改善停經後婦女的更年期症狀，緩解更年期不適。

小常識

市面上有些高品質的亞麻籽油會特別添加木酚素，我推薦買這種。請記得，亞麻籽油千萬不要下鍋煮，只能放在冰箱裡，當成營養補充品來吃，或是拌入生菜沙拉或煮好的菜。亞麻籽油一下鍋煮，耐熱性極低的omega-3就會被破壞掉。

另外，亞麻籽油和魚油到底那一種比較好，這在營養學界各有支持與反對者。如果一定要二擇一，我會很乾脆地站在魚油這邊。因為我認為魚油的兩種omega-3（EPA與DHA）比亞麻的omega-3（ALA）更重要。然而，亞麻籽與亞麻籽油自成一格的健康效益，還有木酚素的種種好處，營養價值之高，讓我相信最好兩樣都吃。

芝麻油（未精製、冷壓、有機）

對於要不要將芝麻油列入本書，我經過一番掙扎，結論就呈現在本篇的開場白。芝麻油有很多值得推薦的好處，不過它的omega-6含量很高。

最後我想通了，只要跟大家清楚說明omega-6的本質後，就可以公允地把芝麻放進來。芝麻油雖然有許多omega-6，不過它有諸多潛在的健康功效。最特別的地方，就是自成一套建構完整的抗氧化系統。

芝麻油與烘焙麻油都有強效的抗氧化物質芝麻酚，以及兩種相關成分：芝麻素和芝麻林素。自然形成的抗氧化系統，就是芝麻油可以久放不會腐壞的其中一項原因。這些化合物不只是抗氧化物，也具有其他健康效益。芝麻素會抑制體內發炎物質的生成。在動物實驗中，芝麻素會降膽固醇，並提高肝臟「燃燒」（氧化）脂肪的能力。

芝麻油降血壓

現在也有科學證據支持芝麻油降血壓的說法。德瓦拉占．桑卡醫師（Devarajan Sankar）提報給美國心臟協會—美洲高血壓學會（Inter-American Society of Hypertension）的一份文件中，記錄原本吃降血壓藥的高血壓病患（服藥時血壓依然過高），在將食油改成芝麻油之後，血壓已降到正常範圍之內。亞特蘭大的艾默里大學（Emory University）生化學家山帕．帕薩沙拉奇（Sampath Parthasarathy）博士是抗氧化物與代謝方面的專家，他推測血壓下降也許是因為有芝麻素或芝麻酚，或是兩者合起來的間接功效。

雖然芝麻油內含的油脂，大部分（百分之四十五）是omega-6脂肪，不過它也有四成的油脂比例是有益心臟的單元不飽和脂肪，也就是使粗榨特純橄欖油的健康效益受到極大推崇的相同成分。《食療》的作者柯賓博士根據她的經驗表示：「最頂級的油，是粗榨特純橄欖油（見第三五六頁）、未精煉的芝麻油，以及酥油（第二〇九頁）。」不管用什麼油，我不厭其煩再強調一次，冷壓、未精煉的油品才是我們應該用的油。

很多人用芝麻油炒菜。《漢普敦飲食法》的作者培斯卡托醫師表示，芝麻油的發煙點適中，適合用來小炒、低溫烘烤，或是溫度不超過華氏三百二十度的壓力鍋烹煮。培斯卡托還指出芝麻油因爲omega-6含量高，所以被他列爲「極少用」的食品，關於這點我們前面已經討論過。

小常識

芝麻油被稱為「阿育吠陀醫學中最尊貴的種籽油」，也是最受歡迎的按摩油之一。英國國家藥用植物研究所（National Institute of Medical Herbalists）研究員，也是六本書的作者安·瑪伊塔（Ann McIntyre）表示，芝麻油有特殊的化學結構，很容易被皮膚吸收，甚至能滲透到皮膚組織深層，發揮滋養與排毒的功效。

夏威夷核果油

夏威夷核果油越來越受到青睞，這得感謝知名營養師與健康書籍作者培斯卡托醫師在他那本大作《漢普敦飲食法》中的力捧。培斯卡托跟我是多年好友，我可以告訴大家：培斯卡托人很聰明，所提出的理論都是有根據的。他的主要依據是地中海式飲食法，只是改成以夏威夷核果油做為主要的油脂來源，而不是傳統的粗榨特純橄欖油。培斯卡托現在是油脂與油脂製造專家，他認為市面上充斥過多高度加工、完全失去特純橄欖油顯著健康功效的產品，是件令人憂心的現象。

他熱愛百分之百純夏威夷核果油（當然是未精煉的）。供應夏威夷核果油的兩個管道，分別是Vital Sources代理的肯亞有機夏威夷核果油，可以在我的網站上（www.jonnybowden.com）買到，另外則是來自澳州的MacNut Oil（www.mac-nut-oil.com）。

夏威夷核果油富含有益心臟的油酸

夏威夷核果油的單元不飽和脂肪含量比橄欖油還高，比例達百分之八十五，而且主要都是對心臟有益的油酸。油酸會使細胞膜吸收更多的omega-3脂肪酸，提昇細胞膜的運作功能，確保人體健康。油酸（單元不飽和脂肪）與omega-3會降低三酸甘油脂，提高好膽固醇濃度，強化對身體的保護效果。三酸甘油脂和好膽固醇的比例，比單看總膽固醇更能精確預測冠狀動脈心臟病的發生；所以，只要減少三酸甘油脂和提高好膽固醇，就能使比例改善。

單元不飽和脂肪酸（omega-9）是地中海地區的飲食核心，幾乎所有研究地中海式飲食的結果都發現，這種飲食法和較低的心臟病機率，有高度的相關性。從夏威夷核果油攝取單元不飽和脂肪，再從魚和魚油吸收omega-3，可以形成超級的健康安全網。

因為橄欖油產業的強力遊說，美國食品藥物管理局（FDA）看到單元不飽和脂肪驚人的健康效果，便准許橄欖油品可以宣稱具有這些功效。雖然FDA知道這

些成效來自所有的單元不飽和脂肪，不過由於這是美國橄欖油協會向FDA提出的申請，所以FDA一方面認可其他油品也有相同的單元不飽和脂肪，另一方面卻只將調查研究的方向侷限於「橄欖油的單元不飽和脂肪」，這些都是政治操作。單元不飽和脂肪就是單元不飽和脂肪，不管從橄欖油或夏威夷核果油當中攝取，健康效果是一樣的。夏威夷核果油的單元不飽和脂肪甚至還高於橄欖油，所以它保護心血管和抗癌功效當然也隨之增加。

小常識

橄欖油的健康效果雖然主要來自單元不飽和脂肪，但它也有非常好的多酚物質（見下頁有關粗榨特純橄欖油的介紹）。夏威夷核果油很可能也含有多酚，不過目前較少有這方面的研究。

粗榨特純橄欖油

有沒有想過，為什麼希臘人好像都很樂天、富有生命力？雖然我們很想找出一個直接的歸因，但事實上希臘人健全的體魄是很多因素組合起來的結果。自由自在，無拘無束的人類，跟實驗室裡可憐的老鼠和單純的大學生不一樣，總是一次做很多事情，讓現象背後的「因果關係」很難分辨。希臘人喜愛戶外生活，白天吃大餐，在婚禮上縱情地大笑起舞，打破盤子也沒關係。還有，他們吃很多美食。

在陽光燦爛的氣候下生活，當然也是因素之一。最後，幾乎所有營養學家都會說，住在地中海附近的人，具有令人難以置信的好健康，絕對跟大量攝取橄欖油脫不了關係。

橄欖油、omega-3脂肪與胡桃是FDA認證優良食品

千萬別在這時衝動地在起士漢堡上倒起橄欖油，以爲吃了馬上就能有希臘人般的體格。一定要再多了解其他因素，比如希臘人除了橄欖油之外還吃什麼東西（地中海地區的菜單包含大量的魚、蔬菜和水果，但很少飽和油脂）。不過，科學家在其他條件相同的情況下做了許多研究，總算是支持橄欖油特別有益健康這項說法。

事實上，所有的研究報告都很具說服力，才會使保守的美國FDA允許橄欖油成爲優良食品類，也就是這類產品可以在包裝上明白宣稱其健康功效。（在作者寫書之時，只有三種東西被FDA列爲優良食品：橄欖油、omega-3脂肪和胡桃。）

橄欖油究竟有什麼成分對人體有益？第一，橄欖油含有豐富的酚類物質，都具備強大抗氧化能力。它的油脂大部分是由單元不飽和脂肪，也是對心臟最好的油酸所構成。單元不飽和脂肪具有降低壞膽固醇和提高好膽固醇的功效，這是碳水化合物所沒有的優點。《內科醫學誌》刊登的研究指出，越嚴格遵循地中海型飲食法的心臟病患，死亡率的下降就越顯著。同樣在《內科醫學誌》的另一篇研究，是比較二組高血壓患者，一組吃西

方社會常用的葵花油，第二組吃粗榨特純橄欖油，結果是第二組的血壓有顯著下降，他們吃的降血壓藥甚至還減量百分之四十八。

橄欖油降低腸癌風險

在健康科學研究所（Institute of Health Science）進行飲食與疾病研究的麥可．高達醫師（Michael Goldacre），有好幾篇論文刊登在《流行病學與社區健康期刊》。他認爲橄欖油可能會預防結腸癌的生成。無獨有偶，牛津大學的研究人員也發現，飲食中多攝取橄欖油，腸癌發生率也隨之下降。

聖湯瑪斯醫院高血壓研究中心的主任休士頓醫師，是我每次遇見高血壓問題時一定會諮詢的專家。他表示，單元不飽和脂肪會使一氧化氮的生物可利用率提高，促使動脈舒張，增加血液流量，另外還有助於減輕氧化作用帶來的不良影響，提升內皮細胞的運作效能。簡而言之就是說：單元不飽和脂肪對人體非常好。休士頓醫師都會建議他的病患每日應攝取四大匙這種油脂。

「粗榨特純」（Extra Virgin）是什麼？

很抱歉，不是所有的橄欖油品質都一樣好。不肖商人想搭上橄欖油有益健康的便車，卻推出各種仿冒與次級品，雖然包裝上標示著「橄欖油」，其實裡面的健康成分大有可議。也許有人會好奇「粗榨特純」這個名稱是什麼意思？是這樣的，所有的油品中，橄欖油獨特之處在於它在初榨時就可以食用，這是沒有經過任何加工處理的初級產品。有機會的話，你可以赤腳踩在一堆橄欖上，榨出來的油就可以直接加在生菜沙拉裡面吃（其他的蔬菜油做不到這點）。未精煉的油能保存維生素、必需脂肪酸、抗氧化物和其他營養素的各種好處。

具有優良傳統的家族式果園在製油時，會用人工摘下有機橄欖，以免外皮或果實受損，油在分離時也不加熱、不用熱水或化學溶劑，而且也不過濾，製造過程跟古希臘羅馬人非常接近。第一輪榨出來的油，品質最頂級，所以稱爲「粗榨特純」橄欖油。這就是我們要的，也是世上最健康的食品之一。橄欖一旦開始用機器來摘，用熱氣加工，其中那些珍貴的健康成分便開始受到破壞。具有抗氧化作用的多酚是水溶性的，也會在工廠加工時被水沖洗掉。因爲已經沒有可以保護油脂的抗氧化物質存在，所以工廠製造的橄欖油保存期限通常比較短。眞正的橄欖油，也就是用誠意和愛心做成，不用高熱和化學藥劑的粗榨特純橄欖油，可以保存數年之久。

所以不要看到餐廳打著「橄欖」名號，就認爲做出來的食物一定是好東西。還得看看他們是否使用粗榨特純橄欖油，這絕對是值得多花一點錢和努力去找尋的健康食品，而且，你的心臟也會感謝你喔！

椰子油

關於椰子油的種種好處，我在介紹椰子時有提到，可以再回頭複習。不過椰子油的價值，值得我們在此另起一段來細談。它是我最愛的三種烹調油品之一（其他兩種分別是粗榨特純橄欖油和夏威夷核果油）。

椰子油特別適合用來烹調，是因爲它的發煙點很高（達華氏四百五十度），而氧化度很低（氧化是指好的脂肪變成有損健康的壞脂肪）。

爲什麼說它是健康好油呢？椰子油的脂肪酸有百分之九十二是飽和脂肪，更特別之處在於，這是一種特別健康、稱爲MCT（中鏈三酸甘油脂）的脂肪酸。椰子油的MCT主要由月桂酸構成，有大量的研究證實月桂酸具有抗微生物、抗細菌與抗病毒的功效，椰子油當中的脂肪酸是效果強大的抗生素。根據知名的自然療法專家布魯斯．范斐（Bruce Fife）醫師所著的專書，椰子油內含的MCT可殺死的細菌種類繁多，包括鏈球菌（喉嚨感染、肺炎、鼻竇炎）、葡萄球菌（食物中毒、泌尿道感染）、奈瑟氏菌（腦膜炎、淋病、骨盆發炎疾病）、披衣菌（生殖器感染、結膜炎、肺炎、牙周炎），以及幽門桿菌（胃潰瘍）。

除此之外，至少還有十幾種病原性病毒，據研究可被月桂酸消滅。范斐指出月桂酸的另一項優點，就是可以殺死「壞」菌，卻完全不會危害有助消化的腸菌。MCT也會殺死念珠菌和其他腸道黴菌，可以帶給我們健康的腸道生態。

椰子油是天然藥方

《世界藥草大全》（*Medicinal Plants of the World*）一書作者，也是美國藥草大師傑姆斯．杜克（James Duke）曾寫過，有超過三十五種民俗藥方，從膿瘡到傷口，都會用到椰子油。很多人也知道如果在嬰兒食品中添加椰子油，會提高他們吸收鈣、鎂與胺基酸的能力。它也具備強大的抗氧化能力。此外，以椰子爲主食之一的社會，很少出現骨質疏鬆症的病例。

這樣看來，還需要擔心椰子油天然而健康的飽和油脂嗎？我認爲大可不必，相信其他的專家也會贊成。哈

佛大學醫學院的科學家喬治·布萊本（George Blackburn）在一九八八年出席一場關於熱帶油脂的國會聽證會，所提出的證辭如下：「椰子油不會影響血中膽固醇，即使在以它爲主要油脂來源的社會中也是如此。」曾在馬里蘭大學擔任副研究員，也是美國傑出的脂質生化學家艾寧格博士表示：「許多社會幾千年來大量以這些（熱帶）油脂爲主食，卻完全沒有證據看出他們吃了之後有什麼危害。」連前任美國醫事署署長艾弗瑞·庫柏醫師（Everett Koop）也直言這種對熱帶油的恐懼「很愚蠢」。

請注意，速食店的薯條所含的飽和脂肪，和天然食品與椰子、椰子油當中的油脂，完全是兩回事。前者是洪水猛獸，務必要遠離它，而後者是你能安心享用的美食。

小常識

最初有些文獻對椰子油的評價很差，是因為研究人員用的是已經經過「氫化」（充斥著反式脂肪）的劣質品，這些東西在體內的作用跟原來的正品完全不同。所以選購椰子油時，要找粗榨特純或純椰子油，這類品質佳、絕對沒有經過氫化或部分氫化，而且也沒有高溫或化學處理過的產品。

紅棕櫚油

棕櫚油在熱帶非洲地區烹調的地位，如同橄欖油之於地中海式烹調。美國人雖然幾乎不用棕櫚油，不過它卻是全世界消費量僅次於大豆油的食用油大宗，不但很可以久放，融點也很高。

千萬不要把眞正的紅棕櫚油，跟加工食品常用的「氫化棕櫚油」混爲一談。未經氫化，處於自然、「粗榨」狀態的棕櫚油，完全不含反式脂肪。雖然它有一半是飽和油脂（這並不代表它絕對不好），但單元不飽和脂肪的含量也將近四成。棕櫚油是來自熱帶非洲的野生棕櫚樹果實所製成。呈紅色是因爲果肉含有濃度甚高的胡蘿蔔素，產於氣候較涼，非熱帶區的棕櫚油，顏色呈橘色。

棕櫚油含有強效抗氧化物與有益心臟的營養素

棕櫚油含有以維生素E爲主的天然抗氧化物質。維生素E家族有八個成員，分爲生育醇（tocopherol）及生育三烯醇（tocotrienol）兩大類，兩者又各有α、β、γ、δ四種同分異構物。（最普遍的維生素E補充品只有α-生育醇，不過這又是完全不同的議題，在此不細談。）重要的是生育三烯醇是功效強大的抗氧化物質，也是有益心臟健康的營養素，在棕櫚果肉萃取出的油脂當中，含量非常多。

棕櫚油據說有高含量的類胡蘿蔔素，才會形成獨特的紅色油。雖然我沒辦法找出文獻來佐證，不過據可靠的消息來源，粗榨的棕櫚油是大自然最豐富的類胡蘿蔔素來源之一，是胡蘿蔔的十五倍，番茄的三百倍，我想恐怕沒有其他蔬菜油有如此驚人的含量。

棕櫚油有種特別濃郁的芳香，現在也越來越常出現在健康食品店的架上。「熱帶傳統」（Tropical Traditions）是我很信任的公司（網址爲：www.tropical-traditions.com），他們在西非製造的熱帶傳統棕櫚油（Tropical Traditions Palm Oil）是經過認證的有機產品。

小常識

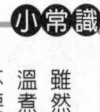

雖然粗榨棕櫚油的發煙點很高（約華氏四百五十度），不過在高溫煮得越久，天然抗氧化物也被破壞越多。如果用來油炸，絕對不要重覆使用。

芥花油好嗎？

不好！沒錯，芥花油不但不在地球上最健康食品之列，甚至還差了十萬八千里。營養學家對一些有爭議的食品通常分成正反二派，傳統派認爲芥花油是超級健康油脂，吃越多越好。少數學者認爲這是不健康的油品，它的健康形象完全是以高明的行銷手法所營造出來的。

我堅決支持第二派的看法。有關芥花油爭辯不休的細節，如果讀者有興趣，我建議先讀知名脂質生化學家艾寧格博士的著作（可從www.mercola.com網址上搜尋關鍵字「The Great Con-ola」，以及到www. diabetesin-control.com，看看培斯卡托的文章〈芥花油的醜陋眞面目〉（The Real Story on Canola Oil〔Can-ugly OIl〕）。

高溫處理增加了芥花油的反式脂肪含量

芥花油的出現，是製油業者爲了因應消費者對於單元不飽和脂肪的健康訴求，才找到這個供應充足、成本比橄欖油低廉的替代品。一開始先嘗試在中國、印度和日本被廣泛地使用富含單元不飽和脂肪的油菜籽油，但是很不幸，油菜籽油有三分之二是芥酸（erucic acid），可能會導致凱氏症（Keshan disease，心臟纖維化）。於是業者利用基因改造工程，製造出低芥酸油菜籽油，但爲了避免同名之累，業者就將這種油改名換性，取「加拿大油」（Canadian oil之意，因新品種油菜籽多數來自加拿大），更名爲「芥花油」（canola oil）。

中國、印度和日本使用的油菜籽油跟現今的芥花油完全不同，他們用的油是完全未精煉的，而美國人吃的油是以機器高溫壓製油菜，再以溶劑萃取的方式做成，因此油會殘留溶劑。艾格寧指出，「芥花油跟現在所有植物油的製造方法一樣，都必須經過鹼煉、漂白和脫膠等程序，每一道都是安全性大有問題的高溫製程。」

有人會問，芥花油不是含有很好的omega-3嗎？沒錯，這整本書都在歌頌omega-3，但經過一道道高溫萃取，omega-3很快就變質變臭了，所以工廠要再做一道除臭手續，這時會把大部分的omega-3變成反式脂肪。位於甘尼斯維爾（Gainesville）的佛羅里達大學，發現商業製造的芥花油含有高達百分之四點六的反式脂肪，竟然比人造奶油還多。食品中添加的芥花油甚至更糟！芥花油是氫化到極點的油，雖然延長了保存期限，卻不會延長消費者的壽命。氫化作用只會提高反式脂肪的含量。

培斯卡托對油品知之甚深，關於炒菜油，最好的參考書就是他那本《漢普敦飲食法》。書裡有他對市售油品的個別評價，關於芥花油：「把這種油列入書中，目的只是讓大家比較好壞。我絕對不會用這種油！」

我完全同意。

聽 專家怎麼說

瑪麗丹・伊德斯醫師與麥克・伊德斯醫師

麥克・伊德斯與瑪麗・丹・伊德斯是我很要好的朋友，非常聰明也很投入工作。他們兩位都是暢銷作家，著有包括《蛋白質能量》（*Protein Power*，蟬聯紐約時報暢銷書榜六十三周）、《規畫一生的蛋白質能量》（*The Protein Power Life Plan*），以及最近出版的《永保苗條：維持低醣減重效果》（*Staying Power: Maintaining Your Low Carb Weight Loss for Good*）和《簡易美味低醣食譜》（*The Low Carb CookwoRx Cookbook*）。他們也擔任PBS電視台節目「簡易美味低醣食譜」（Low Carb CookwoRx）的策畫、製作與主持工作。聯絡伊德斯醫師可以上他的專屬網站：www.proteinpower.com。

1. 食草牛肉、豬肉、羊肉：優質蛋白與油脂的補充來源，不含生長激素、抗生素或毒素。
2. 土雞與土雞蛋：以人道方式飼養、不貴、優質蛋白與膽固醇的供給來源。（作者補充：這裡提到補充膽固醇並沒有寫錯，膳食膽固醇有助於調節體內的膽固醇生成；如果不從飲食當中取得，身體還是會自行製造。膽固醇是身體所有重要激素的基礎分子。）
3. 油裝罐的沙丁魚：在所有魚類當中，沙丁魚的重金屬和其他毒物污染程度最低，又富含必需油脂。用沙丁魚油裝罐的最好，用橄欖油或水也可以。不要買浸在大豆沙拉油或蔬菜油的沙丁魚。
4. 椰子油：富含月桂酸，對免疫健康有重要的影響。在高溫下很穩定，適合用來炒菜、油炸或烘烤。
5. 綠花椰菜芽：蘿蔔硫素的含量高居食品第一名，很適合做生菜沙拉或菜捲。如果買不到綠花椰菜芽，可以從其他十字花科蔬菜（綠花椰菜、白色花椰菜、高麗菜等）當中攝取相同的營養素。
6. 菠菜（與其他深色蔬菜）：營養豐富，特別是葉酸，不含任何碳水化合物。
7. 番茄：富含鉀質與番茄紅素，怎麼煮怎麼吃都好。
8. 石榴：強效抗氧化物，既好吃，營養價值也高。
9. 芹菜根：具備馬鈴薯所有的優點，煮法也相同，卻無澱粉的負擔。
10. 漿果：水果之王，高ORAC（氧自由基吸收能力，抗氧化力的評估方式）、富含纖維與果香。

14 甜味劑

好幾個世紀以來，心理學家與哲學家一直爭辯著人類存的一個核心問題：人的特質當中，有多少是「與生俱來」（先天），有多少則是因為學習與社會化的結果（後天）？最近我重新搜集這個問題的相關資料，發現心理學、基因學、行為學派與社會學等各領域的專家，對於這個大哉問依然如火如荼在各方激辯當中。

但是有一種特別的味覺，似乎是全人類共有的特質，在我們生下來的那一刻就清楚地展現了。那就是愛吃糖！

把有甜味的東西放在小嬰兒的舌頭上，觀察他們的表情，任誰都不會相信這種反應是「後天學來」的行爲。他們愛死了！一生下來就愛，沒有原因。主流觀點認爲，我們的DNA牢牢地記載著區分甜味和苦味的能力，這是生存之道，讓我們在野外趨吉避凶，遠離有毒物質（通常具苦味），去吃安全的東西。（雖然苦味和危險的關聯並不是很清楚，不過也算可靠。）另一套理論認爲，人類是地球上少數無法自體製造維生素C的生物，所以會去找維生素C含量最多的水果類來吃。如同這套理論所說，自然賜給我們嗜吃甜食的天性，我們才會主動去尋覓那些不吃就活不下去的食物。

不管是那一套理論，人就是愛吃甜食！在人類早期的舊石器時代，愛吃糖就不成問題（穴居時代沒有二十四小時營業的便利超市），唯一的「甜」食就是蜂蜜，這還要看找不找得到蜂窩。如果夠幸運發現了，還得爬上樹去取才有得吃。穴居時期的蔬菜和水果通常都是小小的，還有點苦，跟現在豐富的香甜品種截然不同。我們老祖宗所知的甜食，只有來自水果、蔬菜、植物、甜菜，後來是甘蔗……當中未加工的糖。加工糖在後期才出現，加工食品成分充斥著大量的糖；至於高果糖玉米糖漿，被稱爲食物科技最可怕的發明，又是更晚近的事了。

滿足嗜糖的天性，難道沒有健康的方法嗎？

我們得承認，我們是超愛吃糖的人類，但重點是如何滿足欲望又不會被欲望所害。換個方式說，要怎麼吃，才能減輕身體想吃的渴望，另一方面又不讓自己受到傷害？大家不要誤會，我不是說不應該吃含糖食品。（雖然全部不吃可能會更健康，不過這樣人生就沒什麼樂趣了！）

我跟全世界的人一樣喜歡冰淇淋，而且外婆的布朗尼蛋糕、媽媽做的檸檬派，還有自製的手工巧克力餅乾……有了這些東西，我們的人生甜美多了！但很不幸，這些美味可口的糕點材料，至少是裡面的甜味劑，幾乎都上不了地球上最健康食材排行榜。

只除了兩種：黑帶糖蜜（blackstrap molasses）和未過濾生蜂蜜。

甜味劑雖健康卻難找

首先，我還是要告訴大家，除了這兩種食品之外，讓東西變甜還有其他好辦法，也能控制吃太多太甜的危險。甜菊就是一例，這是很多人使用的草本植物，但因爲不夠普及，所以沒有在這裡單獨介紹，而且它只是不壞，沒有好到值得特別推薦。我最喜歡的是木糖醇（xylitol），雖然很健康，但這是一種糖醇，技術上不能算「食物」，所以也沒有上榜的資格。

在理想的世界裡，我們不吃糖，至少不吃任何加工過的糖，只可惜完美的境界很難達成。接下來要介紹的是兩種讓食物變甜的最佳選擇。我想大部分的人都很需要，包括我在內。

未過濾生蜂蜜

對我來說，蜂蜜簡直是煉金術變出來的聖品。一隻小蜜蜂終其一生努力採蜜，只能生產出十二分之一小匙的蜜。蜂從花朵採到蜜之後，蜜會跟蜂唾液中的酵素混合，蜂再回到蜂巢將花蜜吐至巢房。這個工作是由千百隻蜜蜂全力投入，還來不及計算時間，一個裝滿蜂蜜的蜂巢就出現在眼前了。

重點來了。去看看蜂巢，手指頭伸進去沾一點來嘗，你會發現這跟超市賣的小熊罐蜂蜜不但不一樣，而且還差很多。如果你能把蜂巢帶回家，用湯匙挖來吃，那種原始、未加工、未加熱、未過濾的生蜂蜜，幾乎就是我現在要談的東西。

殺菌加工，營養減量

這兩種蜜的差別很大。蜂蜜有多種的植化物與酵素，在高溫消毒殺菌時就會被破壞。有些天然食品專家認爲蜂蜜不要加熱超過華氏一百零五度最好，但是更多人認爲一點都不要加熱才是最好。加熱和過濾後的蜜看來比較清澈，但也流失許多營養素和蜂花粉。「純正生蜂蜜」（Really Raw Honey）公司賣的未加工蜂蜜，透過罐子還能看到花粉和部分蜂巢塊。

蜂蜜越硬越好

蜂蜜採什麼花的蜜，會影響到蜜的色澤、營養素濃度、香氣，以及吃起來的味道。極冷地區產的蜜，顏色會比熱帶地區的蜜來得淺。根據我極信賴、也特別喜愛的「熱帶傳統」公司網站資料，從蜂蜜結晶的硬度可看出內容物中活營養素及熱敏感酵素的多寡。結晶質地越硬，蜂蜜品質越好。

蜂蜜含有多種類黃酮素，這是本書一再提到的植物多酚物質，在蔬菜水果中很多。蜂蜜中的類黃酮素是黃酮醇（flavonol）與黃烷醇（flavanone）。類黃酮素因爲其強效抗氧化作用聞名，是保護健康很重要的營養素。目前至少有一篇研究證實，熱飲加蜂蜜這個習俗的確有其療效。《藥用食品期刊》有一篇論文亦提出蜂蜜可刺激初級與次級免疫反應，產生抗體。

食用生蜂蜜注意事項

請注意，蜂蜜雖然健康，但它終究還是糖。如果有血糖異常毛病的人，食用時請自行控制，小心為上。

蜂蜜是真正的食品，也含有營養素，如果善加使用，可說是最好的甜味劑。鄭重告訴各位，有一篇研究顯示，天然蜂蜜可降低正常人與糖尿病患的血糖、C－反應蛋白（發炎指標）和高半胱胺酸（心臟病風險因素）的指數。

生蜂蜜不會壞。蜜蜂帶回蜂巢的花蜜大概含六成的水分，在蜜蜂「處理」過後，水的比例降到只有百分之十八到十九。蜂蜜在水分含量少，而酸鹼值只有三或四的時候，狀態非常穩定，可以放好幾百年（在埃及古墳墓就有發現）。當然，如果暴露在空氣中，最後還是會發酵變味。為防止蜜產生發酵，蜜蜂會把蜜封在巢房中，很酷吧！

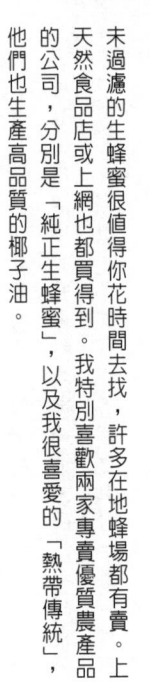

小常識

未過濾的生蜂蜜很值得你花時間去找，許多在地蜂場都有賣。上天然食品店或上網也都買得到。我特別喜歡兩家專賣優質農產品的公司，分別是「純正生蜂蜜」，以及我很喜愛的「熱帶傳統」，他們也生產高品質的椰子油。

黑帶糖蜜

我常被問到，究竟有沒有健康的甜味劑。我的回答一概是糖蜜和冷壓生蜂蜜。（我也會使用木糖醇，很健康，升糖指數也夠低，而且吃起來跟糖沒兩樣。但糖醇類的東西從技術上來說並非「食物」，所以也不在標準答案之列。）黑帶糖蜜是如假包換的食物，而且可說是超級營養庫！

糖蜜是蔗糖煉製後的副產品，具有甘蔗所有的原始營養素。甘蔗的根通常長得很深，可以在地底下吸收表土所缺乏的各種礦物質與微量元素。在煉製蔗糖時，先將甘蔗煮出糖漿，再將糖結晶從糖漿中分離萃取出，接著再煮兩次，每次都會有糖蜜產生。第三次也是最後一次的糖漿熬煮分離出的剩餘物，就是黑帶糖蜜。有一次，某個網站天真地認爲黑帶糖蜜只是三次熬煮剩下來的糖渣，只有餵牛的商業價值。後來這個網站管理人收到一些嚴厲的指正信函，他們也從善如流地刊登電子郵件以示負責。

黑帶糖蜜顏色非常深，很濃稠，還帶點苦味，可以做爲增甜與加色劑，用來烘烤各種食品或是煮肉、煮菜。黑帶糖蜜也被視爲「健康食品」，它的用途很廣，不管是做薑餅、醬油、甘草糖、豆子罐頭，或用來發酵都非常適合。

黑帶糖蜜甜度低、營養高

我喜歡黑帶糖蜜的原因之一，在於它的含糖量低而營養素高。它本身即是第三道也是最後一道煉製後的副產品，所以含糖程度最少，不過甘蔗當中許多維生素、礦物質還有微量元素都留下來了，使黑帶糖蜜的營養價值勝過其他所有的甜味劑。

黑帶糖蜜是補充鐵、鉀、鈣、錳和銅很好的來源，也有少量的抗癌礦物質硒。據說每天吃兩大匙糖蜜做爲營養補充品，可以帶來各式各樣的健康功效。雖然有些健康效果感覺很誇張，不過糖蜜絕不是浪得虛名，那些好處也不全然是空穴來風。我個人認爲黑帶糖蜜好吃極了。如果發現有機糖做的不去硫黑帶糖蜜，一定要買！

小常識

傳統上，黑帶糖蜜一直被視為健康食品，可治百病的良藥。流傳最廣的用法是讓白髮轉黑。這是很有趣的用途，不過我還沒找到科學文獻來證實其有效性。但人體如果缺少銅，可能會過早出現白髮，而黑帶糖蜜正好又富含銅質，所以也不無道理。黑帶糖蜜在各種糖蜜中營養成分最高，包括鐵、維生素B群、鈣與鉀。

聽 專家怎麼說

馬克・史丹勒

在奧瑞岡州波特蘭市，美國自然療法醫學院擔任臨床副教授的史丹勒，曾擔任耶魯大學輔助醫學結果研究計畫（Yale University Complementary Medicine Outcomes Research Project）的醫學諮詢委員，也參與兩項PBS自然療法醫學的記錄片拍攝工作。他是加州拉荷拉整合健康醫院（La Jolla Whole Health clinic, www.lajollawholehealth.com）創辦人，也是《天然療法處方》（*Prescription for Natural Cures*）與《醫師的天然療法》等書的作者。

1. 豆類：豆類是具有強大治療功效，富含蛋白質，油脂少，熱量低的食品，同時也有大量抗氧化植化物、維生素與礦物質。含抗氧化物特別多的豆類有紅豆、黑豆、菜豆、花腰豆，研究也指出豆類具有強大的抗氧化功效。
2. 綠花椰菜：綠花椰菜含有兩種抗癌植物營養素——異硫氰酸鹽與硫配糖體。綠花椰菜的蘿蔔硫素會刺激體內的解毒酵素起作用來阻礙癌性物質形成。建議生吃或稍微蒸一下即可，水煮會使維生素C和其他營養素流失。綠花椰菜芽內的營養素是極度濃縮形式，含量是成熟綠花椰菜的三十到五十倍。
3. 藍莓：大自然的明星級抗老化產品。藍莓的抗氧化花青素含量超高，還有纖維與維生素。另外還有一種也具有抗癌作用的抗氧化物「紫檀」。不少以老鼠為對象的實驗結果，都發現藍莓可以改善記憶力。
4. 雞蛋：每次只要發現談健康食品的書中沒有提到蛋，總是會感到奇怪，也深感惋惜。蛋是所有含蛋白質食品的典範，含有豐富的維生素K、硒、維生素B_{12}，以及細胞膜必需的膽鹼。蛋還有保護眼睛的葉黃素。有一篇中國的研究指出，每周吃六顆蛋可降低百分之四十四罹患乳癌的風險。不過，我曾經看過，吃蛋會使膽囊相關疾病惡化，所以有這些毛病的人應避免。
5. 燕麥：最健康的碳水化合物之一，含有錳、硒、鎂、鉀、鋅、銅、蛋白質，以及可溶性纖維，有助於穩定血糖，是糖尿病患的最佳選擇。每日一碗燕麥粥可使膽固醇降低百分之八至二十三。燕麥粥加上一大匙的磨粉亞麻籽或肉桂會更營養。
6. 胡桃：含有豐富的omega-3脂肪、錳和銅，以及γ-生育醇，這是一種維

聽 專家怎麼說

生素E，具有獨特的抗氧化功效，還有可以幫助清除致癌物的鞣花酸。吃胡桃會減低冠狀動脈疾病的風險。

7. 優格：優格提供嗜酸性乳桿菌和保加利亞菌等維護人體健康的益菌。好的優格包裝上會標示「含活菌」成分，可改善免疫機能，也是蛋白質、鈣、磷、維他命B群、鋅和其他營養素的優質來源。購買時最好找有機優格，以避免吃到殘留的動物生長激素或抗生素。盡量買含糖分最少的優格。

8. 石榴：我愛石榴是因爲它的抗氧化與減少動脈血管斑塊的能力。果實或果汁都是很好的選擇。

9. 菠菜：吃菠菜可以促進心血管健康。菠菜含有葉黃素，能預防導致老年人失明的頭號殺手——視網膜黃斑部病變。

10. 野生鮭魚：你想到的健康功效，都在野生鮭魚肉裡面！它是絕佳的omega-3脂肪與蛋白質供給來源。

聽 專家怎麼說

雪莉・里伯曼

里伯曼的著作中，超過七本登上暢銷書排行榜，其中有一本是我很喜愛的參考書《維生素與礦物質大全》（*The Real Vitamin and Mineral Book*），目前已經出到第三版。她是美國醫學會所出版的《藥物評估》（*Drug Evaluations*）第五版編輯委員、美國營養學院會員（fellow of the American College of Nutrition, F.A.C.N.）、紐約科學院（New York Academy of Science）會員，也是在各學術會議上發表研究的科學家。里伯曼經常以營養與健康專家的身分上電視與廣播節目，從事私人臨床營養工作逾二十年。

1. 山藥與地瓜：富含以類胡蘿蔔素爲主的抗氧化物，香甜可口，升糖指數低，含大量纖維與礦物質。
2, 3, 4. 覆盆子、藍莓、草莓：富含抗氧化物與超級健康的植物化合物——花青素原，能夠預防所有退化性疾病、癌症、心臟病與糖尿病。升糖指數也很低。
5. 生杏仁果油：含有強健心臟、降血脂（如膽固醇）的單元不飽和脂肪。同時也有纖維、維生素與礦物質，尤其是鎂與維生素B_6（很多人都缺乏這兩種營養素）。另外也是補充維生素E的絕佳來源。
6. 鮭魚：供應omega-3脂肪酸的超級食品，可改善皮膚，預防心臟病與癌症。鮭魚有益大腦、眼睛、細胞與血液循環，也可以使三酸甘油脂的濃度恢復正常。Omega-3可以減輕慢性發炎症狀，也可改善氣喘、心悸、潰瘍性結腸炎、牛皮癬和過敏症狀。
7, 8. 豆類與扁豆：皆爲低升糖負荷食品，可緩慢釋放熱量、調節血糖與血脂。富含纖維、維生素、礦物質，以及平衡荷爾蒙的木酚素。
9. 芝麻菜：富含礦物質與抗氧化物。芝麻菜是好吃的十字花科蔬菜，能保護人體不受毒質的危害，尤其可對抗一種存在於殺蟲劑、塑膠品、污染物當中，擾亂荷爾蒙分泌的xenohormones，並助人體排毒。這種菜也可以抗癌，它富含吲哚-3-甲醇。生吃或煮熟都好。
10. 蕎麥：好吃、變化多，可用來取代小麥或其他含麩質的穀類。當配菜很適合，也可以做成鬆餅、煎餅或麵條。升糖指數低，也富含鎂與錳。

詞彙表

17β-雌二醇（17 beta-estradiol）：效力最強的哺乳動物雌激素；是荷爾蒙相關癌症的致癌物質。

ACE抑制劑：乳清蛋白成分之一；可降血壓、促進心血管健康。

avenanthramides：燕麥片特有的多酚物質；被認爲具有抗發炎與心臟保健功效。

chalcone polymers：肉桂的植化物成分，可加速細胞內葡萄糖的新陳代謝。

C-反應蛋白（C-Reactive Protein）：透過血中蛋白質測知發炎程度的指標。

Dithiolethiones：高麗菜中的抗癌植化物。

EGCG（epigallocatechin gallate）：一種兒茶素，綠茶的抗癌成分。

gingerdiones：薑的抗氧化活性成分。

L-麥角硫因（l-ergothioneine）：菇類內含的強效抗氧化物質，可中和對人體危害甚鉅的自由基，也會使抗氧化酵素增加。

Omega-3脂肪（omega-3 fats）：α-次亞麻油酸（alpha-linolenic acid，簡稱ALA），存在於亞麻籽當中；DHA與EPA，存在魚類如野生鮭魚當中。可使細胞膜維持良好的液體狀態。

ORAC值（ORAC，oxygen radical absorbance capacity）：氧自由基吸收力；抗氧化作用的排名系統。

P-香豆酸（p-coumaric acid）：因其抗氧化能力而常被研究的多酚類物質，也具抗癌潛力。

P物質（substance P）：將疼痛訊息傳達至腦部的化學物質。

Xenohormones：干擾人體荷爾蒙分泌的毒素。

zera-胡蘿蔔素（zera-carotene）：多種蔬果中所含的抗氧化物質，番茄裡也有；與八氫番茄紅素和六氫番茄紅素三者被視爲具備超級抗病潛力。

α-次亞麻油酸（alpha linolenic acid）：有消炎功效的omega-3脂肪酸。

α-乳白蛋白（alpha-lactalbumin）：蛋白質成分之一，具有重大抗病功效；存在於乳清蛋白中。

α-胡蘿蔔素（alpha-carotene）：可在體內轉化爲維生素A的類胡蘿蔔素。

β-胡蘿蔔素（beta-carotene）：可在體內轉化爲維生素A的類胡蘿蔔素。

β-葡聚醣（beta-glucan）：可刺激免疫系統的多醣類物質，如β-1,6葡聚醣與β-1,3葡聚醣。

β-穀固醇（beta-sitosterol）：植物性化合物，可顯著降低血中膽固醇，具有保護攝護腺的功效。

β-隱黃質（beta-cryptoxanthin）：橘黃色類胡蘿蔔素，可降低肺癌罹患風險。

γ-生育醇（gamma-tocopherol）：維生素E成分之一，可中和亞硝酸基破壞內皮細胞膜的影響。

γ-次亞麻油酸（gamma linolenic acid）：存在於大麻、月見草與琉璃苣油當中的優質omega-6，又稱ＧＬＡ。

一氧化氮（nitric oxide）：人體內有助血管舒張，使血流順暢的成分；由精胺酸合成產生。

乙型乳球蛋白（beta- lactoglobulin）：蛋白質成分之一，具有重要的抗疾病功能；乳清蛋白成分之一。

乙醯膽鹼（acetylcholine）：人體主要的神經傳導物質；記憶力與腦功能所需之營養素。

丁香酚（eugenol）：具抗微生物功效的植化物，可中止細菌與黴菌繼續生長。

丁酸（butyric acid）：又稱奶油酸，具有抗病毒與抗癌功效的脂肪酸；可提高體內的干擾素濃度。

二十八烷醇（octacosanol）：小麥胚芽油的成分之一，有助於提升體能表現。

二丙烯硫（diallyl sulfide）：洋蔥成分之一，可增加重要抗癌酵素的形成數目。

二烯丙基二硫化物（diallyl disulfide）：大蒜成分之一，在試管實驗中具有抑制血癌的功效。

八氫番茄紅素（phytoene）：存在於多種蔬果（包括番茄）中的抗氧化物，跟zera-胡蘿蔔素與六氫番茄紅素三者被視爲具備超級抗病潛力。

三烯生育醇（tocotrienol）：強效抗氧化物、有益心臟健康的物質；存在於棕櫚果實製成的棕櫚油當中；一種維生素Ｅ。

三酸甘油脂（triglyceride）：血脂，心臟病危險因子之一。

三萜類（triterpenoid）：靈芝當中有益健康的成分。

大豆異黃酮（isoflavone）：大豆類食品中的植化物成分，能紓解更年期不適症狀。

川陳皮素（nobiletin）：柑橘的類黃酮素，可預防動脈硬化。

中鏈三酸甘油脂（medium-chain trglyceride，簡稱ＭＣＴ）：健康脂肪酸，月桂酸即屬此類。

六氫番茄紅素（phytofluene）：存在於多種蔬果（包括番茄）中的抗氧化物，跟zera-胡蘿蔔素與八氫番茄紅素三者被視爲具備超級抗病潛力。

升糖指數（glycemic index）：測量每項食物使血糖濃度上升的程度。

升糖負荷（glycemic load）：測量每份食物使血糖濃度上升的程度。

反式脂肪（trans fat）：被視爲代謝毒藥，唯一例外是ＣＬＡ；部分氫化油脂。

月桂酸（lauric acid）：具有抗病毒、抗微生物與增強免疫功能的油脂，存在於椰子油當中。

木瓜酵素（papain）：一種蛋白質分解酵素，可將蛋白質分解或消化。從木瓜中萃取出，是消化酵素補充品與止痛藥經常添加的成分。

木酚素（lignan）：具有預防荷爾蒙性癌症（如乳癌、子宮癌與攝護腺癌）的植物性化合物。

木犀草素（luteolin）：朝鮮薊中的類黃酮素，可預防膽固醇氧化。

止吐劑（antiemetic）：可預防噁心與嘔吐的物質。

水飛薊（silymarin）：保肝與強肝的植物性化合物；乳薊和朝鮮薊皆含此成分。

代謝物（metabolite）：人體代謝過程產生的副產品。

可溶性纖維（soluble fiber）：纖維在經過消化道時，分解形成膠狀物質，吸附使膽固醇升高的物質；由於延緩胃部清空，使糖份進入血液的速度減緩，故有助血糖控制。

巨噬細胞（macrophages）：可吞滅外來入侵物質（如黴菌、細菌）的白血球。

甲基氫氧青銅聚合體（methyl hydroxychalcone polymer，簡稱ＭＨＣＰ）：肉桂當中的活性成分，具有仿胰島素功能，可使細胞增加血糖攝入量，並釋出訊息，使細胞將葡萄糖轉爲糖原儲存。

必需脂肪酸（essential fatty acid）：必須從膳食中攝取的「好」油脂，可支持體內各項運作，維持身體健康。

玉米黃素（zeaxanthin）：對眼部健康很重要的類胡蘿蔔素。

甘草甜素（glycyrrhizin）：甘草當中的皀干類活性成分。

生育醇（tocopherol）：存在於橄欖當中，有益健康的植物性化合物；一種維生素Ｅ。

甲狀腺腫素（goitrogens）：自然形成的甲狀腺功能抑制劑。

甲殼類動物（crustacean）：唯一生長於海中的節肢動物類。

白藜蘆醇（resveratrol）：葡萄與藍莓中的植物抗毒素；具有抗老效果，可降低心血管疾病的發生率與罹患癌症的風險。

皮質醇（cortisol）：具抗發炎功效的腎上腺荷爾蒙。

共軛亞麻油酸（ＣＬＡ）：食草動物乳製品與肉品當中的天然反式脂肪。

多元不飽和脂肪（polyunsaturated fats）：成員眾多的脂肪酸家族，包括omega-3與omega-6；存在於蔬菜油、堅果與魚肉當中。

多巴胺（dopamine）：負責腦部「愉快感」的神經傳導物質。

多酚（polyphenol）：強效抗氧化物，有多種多酚類物質也具備抗癌作用；包括類黃酮素、青花素與大豆異黃酮。可保護細胞不受氧化壓力之害。

多酚化合物（phenolic compounds）：天然抗氧化物質，有助於中和體內有害自由基的影響。許多慢性疾病都跟自由基的作用相關，包括癌症、心臟病和糖尿病。大部分多酚化合物都屬於類黃酮素。

多氯聯苯（polychlorinated biphenyl，簡稱ＰＣＢ）：有時會在養殖鮭魚中發現的毒素。

多醣類（polysaccharide）：長鏈的葡萄分子。

有機硫化合物（organosulfur compounds）：存在羽衣甘藍中

的抗癌物質。

百里香酚（thymol）：具有強效抗菌，包括黴菌、細菌、寄生蟲的功效。存在於奧勒崗葉與百里香當中。

肉豆蔻醚（myristicin）：荷蘭芹內含的揮發性油，可能具有抑制腫瘤的功能。

自由基（free radicals）：人體內專門損害細胞與ＤＮＡ的破壞部隊。

色素茄色（nasunin）：茄子當中具有強效抗氧化作用的花青素成分。

血清素（serotonin）：負責愉悅感的神經傳導物質；可提振精神並降低嗜糖慾望。

血球凝集酵素（haemagglutinin）：存在於大豆中，使紅血球聚集凝塊的物質。

吲哚素（indole）：植化物吲哚-3-甲醇與ＤＩＭ；具有保護人體抵抗攝護腺癌、胃癌、皮膚癌與乳癌功效。

免疫球蛋白（immunoglobulin）：蛋白質成分之一，具有重要的抗病功效，存在於乳清當中。

卵磷脂（lecithin）：營養補充品，約含百分之十至二十的磷脂膽鹼。

抗突變劑（antimutagen）：阻礙細胞突變爲癌細胞的物質。

抗氧化物（antioxidants）：食物中有助於抵抗氧化過程或氧化壓力（所有退化性疾病的因子）的化合物。

抗凝血作用（antiplatelet activity）：預防血液中的血小板黏聚，不會引發心臟病或中風的作用。

皂甘（saponin）：蔬菜與豆類中可促進健康的成分，具有強大的生物作用，包括抗生素，以及潛在的抗癌功效。

谷胱甘鈦（glutathione）：人體內主要抗氧化物，是淋巴免疫細胞複製所需的營養素。

谷維素（oryzanol）：糙米成分之一，可降膽固醇。

亞麻油酸（linoleic acid）：具抗癌功效的必需脂肪酸，又稱omega-6脂肪酸。

兒茶素（catechin）：效力強大的多酚物質；存在於綠茶與肉桂中。

咖啡酸（caffeic acid）：存在於咖啡與迷迭香的強效抗氧化物，也具抗發炎功效。

咖啡酸苯乙酯（caffeic acid phenethyl ester CAPE）：蜂花粉中的活性化合物，據信有抗癌、抗發炎與免疫調節作用。

固醇（sterols）：人體內重要荷爾蒙（如性荷爾蒙）的基本分子。

固醇醣類（steroidal glycoside）：蘆筍根部的成分；會影響荷爾蒙生成與情緒變化。

性荷爾蒙結合蛋白（sex hormone binding globulin）：可吸收雌激素並將之排出體外的化合物。

果寡醣（fructoligosaccharide）：腸道好菌的滋養品，有助於維持健康的腸道生態；又稱爲益菌生。

果膠（pectin）：可減輕便祕症狀、降膽固醇與調節血糖的一種纖維質，是蘋果與木梨的成分之一。

法國矛盾（French paradox）：指法國人比美國人常吃高油脂

食物，卻少患心臟病的現象。

油酸（oleic acid）：大量存在於橄欖油、夏威夷豆油與其他堅果當中的omega-9脂肪，可提升omega-3脂肪酸被細胞膜吸收的程度。

泛酸（pantothenic acid）：存在於花生中的維生素B_5；有釋放壓力的功效。

矽（silicon）：強化骨骼健康的營養素；芹菜的成分之一。

芝麻林素（sesamolin）：存在於芝麻籽中的一種木酚素。

芝麻素（sesamin）：一種木酚素，存在於芝麻當中；具有抑制身體製造發炎物質的功效。

芝麻素酚（sesaminol）：芝麻籽榨油時形成的酚類抗氧化物。

芝麻酚（sesamol）：芝麻油與烘焙芝麻油中所含的強效抗化物。

花青素（anthocyanin）：使藍莓呈藍色、紅高麗菜與櫻桃呈紅色的色素分子；可改善視力與腦部功能；預防視網膜黃斑部病變；減輕發炎。

花青素原（proanthocyanidin）：植物性化合物，有助預防退化性疾病的發生；強效抗氧化物，抗氧化能力是維生素C與E的數倍之多；保護人體抵抗內在與環境的壓力（如吸菸與污染）。

芥子醇（perillyl alcohol）：可能抑制腫瘤生長的化合物。

芥酸（erucic acid）：一種脂肪酸，有可能導致凱氏症（Keshan's disease）。

芸香素（rutin）：蘆筍內含的生物類黃酮素，可保護血管。

非水溶性纖維（insoluble fiber）：食物中無法被消化的物質，可促進排便。

呋喃香豆素（furocoumarin）：葡萄柚成分之一，會抑制某些藥品中專司代謝與調節的酵素，故藥品不宜與葡萄柚汁併服。

炔類化合物（acetylenics）：芹菜成分之一，能抑制癌細胞生長。

癸酸單甘油酯（monocaprin）：來自葵酸的副產品，具有抗病毒功效。

前列腺素（prostaglandins）：控制體內代謝的物質，又稱類荷爾蒙（eicosanoids）。

珍珠母（nacre）：牡蠣用分泌物將掉進牡蠣殼中的沙粒層層包裹起來的鈣質與蛋白質混合物。

耐糖因子（glucose tolerance factor，簡稱GTF）：啤酒酵母中有助血糖調節的成分。

胚芽（germ）：穀類當中最小單位的蛋白質成分，富含維生素、礦物質與纖維。

苦瓜苷（charantin）：苦瓜成分之一，據信有抗糖尿病功效。

茄鹼（solanine）：茄子與其他茄屬植物的成分之一，可能會惡化骨關節炎病情。

苯丁唑酮（phenylbutazone）：抗發炎藥，功效類似薑黃素。

苯酞（phthalide）：芹菜內含的植化物，可增加血液流動，減少壓力荷爾蒙的濃度。

香荊芥酚（carvacrol）：具有抗黴菌、抗細菌與抗寄生蟲功效的化合物；存在於奧勒崗葉與百里香中。

香葉草醇（geraniol）：具有抗微生物功效的植化物，可中止細菌與黴菌繼續生長。

唐辛子（capsaicin）：辣椒的活性成分；止痛軟膏常用成分；血管擴張劑。

根皮苷（phloridzin）：蘋果的植化物成分，是使蘋果具有抗氧化能力的成分之一。

氧化（oxidize）：自由基破壞細胞的過程。

海藻酸鈉（sodium alginate）：褐藻成分之一，可降低骨骼吸收幅射性粒子的數量。

益生菌（probiotics）：有益消化系統的好菌；存在於優格與自然發酵食品當中。

納豆激酶（nattokinase）：納豆中可減少並預防血塊的蛋白質分解酵素。

脂質過氧化作用（lipid peroxidation）：指油脂腐壞的過程。

胰島素（insulin）：能快速儲存能量的荷爾蒙，若胰島素濃度經常過高，易導致糖尿病、心臟病與老化。

草酸鹽（oxalate）：抑制鈣質吸收的物質。

茴香腦（anethole）：使茴香帶甘草香味的成分。

茶紅質（thearubigens）：紅茶中的抗氧化物質。

茶胺酸（theanine）：綠茶成分之一，有助於改善情緒，使身心放鬆；會誘發身體釋放鎮定腦部的神經傳導物質，也會刺激多巴胺的釋放。

茶黃質（theaflavins）：紅茶中的抗氧化物質。

迷迭香酸（rosmarinic acid）：存在於奧勒崗葉與迷迭香的多酚酸；具有抗突變與抗致癌性的功效。

酒石酸（tartaric acid）：醋的成分之一；可對抗體內毒質並抑制壞菌。

骨鈣素（osteocalcin）：由維生素K刺激活化，使鈣分子留在骨基質內的化合物。

高半胱胺酸（homocysteine）：自然形成，對血管有害的胺基酸，可引發心臟病、中風、失智症與周邊血管疾病。

胺基酸（amino acids）：構成蛋白質的分子。

酚類（phenols）：植物性化學物質，是效力強大的抗氧化物與抗發炎劑，也稱多酚酸。

側柏酮（thujone）：鼠尾草油當中的強效抗沙門氏菌與念珠菌成分。

動脈硬化（atherosclerosis）：指動脈厚度增加。

宿主防禦增強物（host defenses potentiator，簡稱HDP）：菇類細胞成分，在亞洲常用來做爲輔助癌症治療的補充品。

氫氧自由基（hydroxyl radicals）：有害健康的自由基。

甜菜鹼（betaine）：與葉酸協同作用的代謝物，具有減低高半胱胺酸毒性的潛在功效；又稱爲三甲基甘氨酸（trimethylglycine）。

異硫氫酸苯乙酯（phenethyl isothiocyanate）：十字花科蔬菜的成分之一，具有潛在的抗癌功效。

異硫氰酸丙烯酯（allyl isothiocyanate）：黑芥子硫苷酸鉀分

解後的產物，據信可預防腫瘤並抑制腫瘤生長。

異硫氰酸鹽（isothiocyanate）：可中和致癌物，使毒性降低，並刺激體內釋出抗癌成分的植物營養素。

硫化物（sulfide）：使洋蔥味道強烈的硫化合物之一；可降血脂與血壓。

硫化葡萄糖（glucosinolate，又稱硫配糖體）：一種植物營養素，有助於提升人體對癌症的抵抗力。

硫代亞硫酸鹽（thiosulfinate）：洋蔥中味道強烈的硫化合物。

硫氧化物（sulfoxides）：洋蔥內含的硫化合物。

第二型環氧化酵素抑制劑（COX-2 inhibitor）：阻斷體內疼痛與發炎訊息傳導的藥品。

第二相酵素（phase-2 enzymes）：使危害人體的自由基失去攻擊能力的物質，也有助對抗致癌物質。

細胞凋亡（apoptosis）：癌細胞的自然死亡。

蛋白質分解酵素（proteolytic enzymes）：將組成蛋白質的胺基酸分解成片段的酵素。

蛋白質脢抑制劑（protease inhibitors）：豆類的植化物成分，可減緩癌細胞的分化增生。

通氣劑（carminative）：將腸胃氣體導出體外的物質。

硒（selenium）：具抗癌功效的必需微量營養素。

萜類（terpenoid）：甘草成分之一。

單元不飽和脂肪（monsaturated fats）：地中海式飲食攝取的主要脂肪類型，與較低的心臟病發生率有關；多存在於堅果類與橄欖油當中，也稱omega-9。

單寧（tannins）：又稱鞣酸，存在於紅酒與茶中，一種會產生澀味的化學物質。

普林（purine）：分解體內尿酸的物質。

普林化合物（eritadenine）：香菇的活性成分，可降低血中膽固醇。

棕櫚油酸（palmitic acid）：巧克力當中的油脂，不宜大量食用。

植物抗毒素（phytoalexin）：植物性化學物質，可抵禦致病微生物。

植物固醇（phytosterols）：植物性化學物質，具有包括降膽固醇等多項健康功效，也稱爲plant sterol。

植物固醇（plant sterol）：植物性化學物質，具有包括降膽固醇等多項健康功效，也稱爲phytosterols。

植物性動情激素（phytoestrogen）：來自植物，效力溫和的雌激素。

植物酸（phytic acid）：豆類當中的植化物，可保護細胞不因基因受損而轉成癌性。

植物凝血素（lectin）：豆類與穀類的成分之一，可抵禦蟲害的自然保護物質。但其中某些成分會與體內組織集結，引發健康風險。

植物營養成分（phytonutrient）：植物的營養素。

植酸（phytate）：阻礙礦物質吸收的物質，是穀類與大豆食品的成分之一。

發炎（inflammation）：所有退化性疾病的重要特徵。

硬脂酸（stearic acid）：黑巧克力內含的油脂，在人體內可發揮中和的效果。

紫甜菜素（betacyanin）：使甜菜呈紅色的化合物。

紫檀芪（pterostilbene）：強效抗氧化物，具有降膽固醇與抗癌功效。

菊醣（inulin）：自然形成的可溶性纖維，是腸道好菌的滋養品，能促進腸胃健康。

視紫質（rhodopsin）：眼睛內的紫色素；使眼睛在光線昏暗中維持正常視力的物質。

超氧化酵素（superoxide dismutase）：存在於禾草中的重要抗氧化酵素。

黃酮醇（flavonol）：可可當中的類黃酮素，可預防血中脂類物質堵住動脈血管並調節硝酸濃度。

黑芥子硫苷酸鉀（sinigrin）：球芽甘藍的化學成分之一，可抑制癌症形成。

塊莖（rhizome）：薑黃可食的部分。

新喋呤（neopterin）：人體免疫系統中的重要物質，可從蜂王漿中分離出。

新黃質（neoxanthin）：菠菜中的類胡蘿蔔素，可導致攝護腺癌細胞自我毀滅。

新綠原酸（neochlorogenic acid）：存在於洋李乾中的植物性營養素，強效抗氧化物，對抗會傷害人體、摧毀細胞的自由基超氧陰離子特別有效。

楊梅素（myricetin）：常見的類黃酮素，具有抗發炎、抗腫瘤和抗氧化功效，存在於葡萄乾當中。

硼（boron）：可能影響骨骼與關節健康的重要礦物質，女性特別需要。

腸二醇（enterodiol）：木酚素在腸道分解後的產物，可干擾雌激素的致癌作用。

腸內酯（enterolactone）：木酚素在腸道分解後的產物，可干擾雌激素的致癌作用。

癸酸（capric acid）：椰子成分之一。在體內形成癸酸單甘油酯的中鏈三酸甘油脂。

葫蘆素（cucurbitacin）：南瓜子成分之一，可能會干擾睪固酮代謝物DHT（雙氫睪固酮，dihydrotestosterone）的生成。

葉黃素（lutein）：天然形成，具抗氧化作用的類胡蘿蔔素，維持眼部與皮膚健康。

葉綠素（chlorophyll）：使植物呈綠色的物質；天然清血劑。

葉酸（folate）：一種維生素B，可預防神經管缺陷，亦有助於降低高半胱胺酸濃度。

酪胺酸（tyrosine）：牡蠣中的胺基酸，經腦部轉化後成為多巴胺。

飽和脂肪（saturated fats）：椰子油中的好油脂；速食（如炸薯條）中的壞油脂。

鉬（molybdenum）：在紅菜豆中，可強化酵素作用的重要礦物質。

漆酚（urushiol）：導致接觸性皮膚炎的樹脂毒素；通常存在

芒果當中。

端粒酶（telomerase）：維持腫瘤細胞染色體尾端的長度，使癌細胞「得永生」的酵素。

精胺酸（arginine）：一種胺基酸，可保護冠狀動脈血管內壁，使血管壁更具彈性，不致形成動脈硬化。

綠原酸（chlorogenic acid）：對抗破壞力強大的自由基特別有效的抗氧化物；存在於地瓜、蘋果與咖啡中。

聚乙炔（polyacetylene）：有助抗癌的植物化合物；歐洲防風草的成分之一。

聚麩胺酸（polyglutamic acid）：使納豆變黏的成分，是皮膚天然保溼劑。

蒲公英甾醇（taraxasterol）：蒲公英內可平衡荷爾蒙的成分。

蒲公英賽醇（taraxerol）：蒲公英內可平衡荷爾蒙的成分。

蒜氨酸（alliin）：大蒜中的胺基酸。

蒜素（allicin）：大蒜的活性成分；可促使蒜氨酸與蒜胺酸??產生交互作用。

蒜胺酸酶（allinase）：大蒜中的酵素；與蒜氨酸產生交互作用時會製造蒜素。

蒽醌（anthraquinone）：諾麗果成分之一，可激化膠原的合成，具有潛在抗皺功效。

鉻（chromium）：輔助胰島素運作正常的微量礦物質。

鳳梨酵素（bromelain）：可分解胺基酸的蛋白質分解酵素；治療消化不良，通常由鳳梨萃取。

穀胱甘肽轉化酶（glutathione S. transferase）：重要的抗癌酵素。

穀殼（husk）：穀粒外皮，不可食，也稱粗糠。

蝦紅素（astaxanthin）：天然的類胡蘿蔔素，可預防脂質氧化，並協助修補DNA分解的產物；鮭魚肉的成分之一。

褐藻糖膠（fucoidan）：被認爲具抗癌功效的多醣類物質，存在於昆布與海帶之中。

醋蜜（oxymel）：蘋果醋和蜂蜜混合而成，用來溶解令人疼痛的體內結石。

麩皮（bran）：全穀類中主要的纖維所在，含有營養素。

槲黃素（quercetin）：自然生成，具有消炎與抗癌效果的類黃酮素。

橙皮甘（hesperidin）：柳橙當中的主要類黃酮素，可強化微血管功能，具有抗發炎、抗過敏、保護血管與抗癌的功效。

糖脂質（glycolipid）：奶油成分之一，具有抗感染功效。

番茄紅素（lycopene）：番茄當中所含，與降低攝護腺癌風險有關的類胡蘿蔔素。

錳（manganese）：降血壓礦物質。

環氧化酵素（cyclooxygenase）：人體自行生成的化合物質；分爲COX-1與COX-2兩種。

磷脂膽鹼（phophatidylcholine）：磷脂與膽鹼的化合物；雞蛋成分之一，有助於預防油脂與膽固醇累積在肝臟內。

膽鹼（choline）：雞蛋營養素之一，維持腦部與肝臟功能，以及脂肪分解的必需物質。膽鹼會在體內形成甜菜鹼。

薑烯酚（shogaol）：薑的活性抗氧化成分，具有抗發炎功效。

薑酚（gingerol）：使薑具有辛辣味的成分。

薑黃（turmeric）：抗發炎香料。

薑黃素（curcumin）：具抗氧化作用的類薑黃素，具有抗發炎與抗腫瘤功效；對膽固醇控制有正面的效果。

薑酮（Zingerone）：薑的活性抗氧化成分，具抗發炎功效，可做爲關節炎或筋膜炎患者的膳食營養補充品。

薯蕷皂（diosgenin）：存在於豆類的植化物，似有抑制癌細胞繁殖增生的能力。

黏多醣類（mucopolysaccharide）：形成藍藻細胞壁的成分，是連結胺基酸、單糖，有時還包括蛋白質的複合糖類。

醛固酮（aldosterone）：使血壓上升的腎上腺荷爾蒙。

檸檬油精（limonene）：可刺激人體生成抗氧化酵素並協助排毒的植化物，存在於柑橘類水果皮當中。

檸檬苦素（limonin）：檸檬中的類檸檬素，似可降低膽固醇。

檸檬酸鹽（citrate）：對抗腎結石的物質。

離胺酸（lysine）：藜麥中所含的一種胺基酸，在大部分蔬菜的含量均非常稀少。

雙萜烯（diterpenes）：迷迭香的健康植物成分。

雙氫睪固酮（dihydrotestosterone）：睪固酮代謝物，造成落髮和良性攝護腺腫大的部份肇因。

鞣花酸（ellagic acid）：自然形成的酚類物質，有抗致癌性與抗突變特質；存在櫻桃與覆盆子當中，似可抑制腫瘤生長。

繖狀花科（umbelliferous）：美國國家癌症研究所認定具有抗癌功效的蔬菜類，包括歐洲防風草與荷蘭芹。

類胡蘿蔔素（carotenoid）：植物中的抗氧化物質，具有多種健康功效。

類荷爾蒙（Eicosanoids）：控制體內代謝的物質，又稱前列腺素（prostaglandins）。

類黃酮素（flavonoid）：具有抗氧化、抗癌與抗過敏功效的植物化合物；目前已發現四千多種類黃酮素。

類薑黃素（curcuminoid）：使薑黃具有療效並呈鮮黃色的化合物。

類檸檬素（lemonoid）：柑橘類水果中含量豐富的植化物，也是使此類水果具有新鮮柑橘果皮香味的成分。

藻藍素（phycocyanin）：藍藻的色素成分，具有抗氧化與抗發炎功效，也能抑制癌細胞集群的形成。

纖維（fiber）：食物中不能爲人體消化的化合物；纖維的存在常伴隨著心臟病、糖尿病、肥胖症與癌症風險的降低。

纖維蛋白（fribin）：體內自行製造的黏性網狀纖維，其特殊結構可預防血液過量流失。

纖維蛋白分解酵素（plasmin）：人體內可溶解並分解纖維蛋白，預防血凝塊的酵素。

纖維蛋白原（fibrinogen）：可導致血管阻塞與中風的物質。

蘿蔔硫素（sulforaphane）：異硫氰酸鹽類物質，可預防攝護腺癌、胃癌、皮膚癌和乳癌。

靈芝酸（ganodermic acids）：靈芝成分之一，可降血壓並維持肝臟與腎上腺功能。

謝辭

我最愛寫謝辭了！這是寫作最好玩的部分，每每書寫之前我都滿心期待。

看倌一定會問，爲什麼？

因爲感謝的話會讓大家聽了心情愉快，包括（也特別是）自己。每個人都喜歡被肯定，而且我也很榮幸能夠藉此感謝生命中一直支持我，讓我的存在更有價值的所有朋友。

有些人爲這本書盡心盡力，有些人讓我的每一天過得快樂。（有些人兩者都做到了。）

不管是好是壞，他們造就了今日的我。

也因此……

我要感謝我親愛的哥哥傑弗瑞（Jeffery）、大嫂南茜（Nancy），和一對姪兒女蓓斯（Pace）與凱登斯（Cadence）。我相信當初被外星人綁架的兩位正值青春年少的姊弟，有一天會再度回到地球，讓我有機會和他們培養更深的親情。

感謝養育我二十餘年的大家庭：美麗的姊妹蘭蒂・葛拉芙（Randy Graff）和洛莉・戴許（Lauree Dash），親愛的兄弟彼德・布雷哲（Peter Breger）；好友蘇珊・伍德（Susan Wood）與克利斯多弗・鄧肯（Christopher Duncan）；死黨史凱・朗敦（Sky London）；親愛的金柏莉・萊特（Kimberly Wright）；好友歐茲・格西亞（Oz Garcia）、里茲・內伯倫（Liz Neporent）、比利・史區奇（Billy Stritch）、史高・埃利斯（Scott Ellis）、奧利弗・白坎（Oliver Beaucamp），以及珍妮弗・史奈德（Jennifer Schneider）。所有帶給我歡樂的寵物伴侶：麥克斯、鬈毛、伍士多、弟沙、亞麗格拉、艾美小姐，和一直陪伴我的貝辛爵。

我的良師益友克莉斯汀・可瑪芙（Christine Comaford）帶我加入全世界最好的心靈交流團體。

韋納・爾哈（Werner Erhard）是把大家（包括我在內）串連起來的好幫手。

霍華（Howard）、羅賓（Robin）、弗瑞德（Fred）、葛瑞（Gary）和亞蒂（Artie），讓我每一天都帶著笑容，特別是在九月十一日當天還安然無恙地坐在飛機上。你們也許不知道這對我們多麼重要。

感謝我的恩師：羅伯・克雷洪（Robert

Crayhon）、朱弗雷·布藍博士（Jeffrey Bland）、艾藍·蓋比醫師（Alan Gaby）、強納生·萊特醫師（Jonathan Wright）、傑克·坎菲（Jack Canfield）、馬克·維多·漢生（Mark Victor Hansen），特別是黎斯·布朗（Les Brown）。

對於各出版社的編輯們，我要感謝他們對我有信心，一直請我寫書，讓我可以做我喜愛的事情，同時又可以買昂貴的狗食，尤其是Bottom Link公司的莎拉·海娜（Sarah Hiner），Remedy公司的卡莉亞·多納（Kalia Donner），Total Health公司的麗兒·海德（Lyle Hurd），Atkins Nutritionals的可蕾特·荷摩薇茲（Colette Heimowitz），i-Village公司的坦雅·曼契尼（Tanya Mancini）等等。

此次的編輯荷莉·史蜜（Holly Schmidt）全力付出，使這本書成爲我倆都引以爲傲的作品。書裡的笑點都是她提供的。

黛娜·卡朋德（Dana Carpender）是不能不提的。親愛的，妳以爲妳是我的書迷嗎？事實上，我才是妳的超級粉絲！

以下這些人士，我很榮幸能稱呼他們是我的專業友人，他們燃起的知識之火光芒萬丈，每天照耀著我，他們致力於促進健康的熱忱，也無時無刻鼓舞著我：喜來·布羅赫斯博士（C. Leigh Broadhurst）、戴維·雷奧納迪（Dave Leonardi）醫師、羅伯·克雷洪、安露易絲·吉特曼博士、里茲·內伯倫、史蒂芬·辛納屈醫師、安迪·魯曼、巴利·西爾斯博士、馬克·休士頓醫師、艾爾森·哈斯醫師、瑪麗丹·伊德斯醫師、麥克·伊德斯醫師、傑傑·維珍、雪莉·里伯曼博士、弗瑞德·培斯卡托醫師、傑夫·佛勒克博士、可蕾特·荷摩薇茲、達瑪星·喀爾沙醫師、歐茲·格西亞博士、宋尼亞·彼特森醫師（Sonja Pettersen）、查爾斯·波利昆（Charles Poliquin），以及馬克·史丹勒。

如果還有需要感謝的人（因爲我從來沒辦法一一謝完），那就是安吉亞，她給我的人生帶來不一樣的光亮與希望。

國家圖書館出版品預行編目資料

地球上最健康的150種食材 / 強尼・包登（Jonny Bowden）著. -- 初版. -- 台北市 : 商周出版 : 家庭傳媒城邦分公司發行, 2008.08
面 ; 公分. --（商周養生館 ; 7）
譯自：The 150 healthiest foods on earth
ISBN 978-986-6571-07-7（平裝）

1. 營養　2. 食物　3. 食品分析　4. 通俗作品

411.3　　97012596

商周養生館 7

地球上最健康的150種食材

The 150 healthiest foods on earth

作　　者／強尼・包登（Jonny Bowden）
譯　　者／曾育慧
總 編 輯／黃靖卉
責任編輯／徐藍萍、曹繼韋

發 行 人／何飛鵬
法律顧問／台英國際商務法律事務所　羅明通律師
出　　版／城邦文化事業股份有限公司　啓示出版
台北市104民生東路二段141號9樓
電話：(02) 2500-7008　傳眞：(02) 2500-7759
E-mail：bwp.service@cite.com.tw
發　　行／英屬蓋曼群島家庭傳媒股份有限公司城邦分公司
台北市104民生東路二段141號2樓
書虫客服服務專線：02-25007718；25007719
服務時間：週一至週五上午09:30-12:00；下午13:30-17:00
24小時傳眞專線：02-25001990；25001991
劃撥帳號：19863813；戶名：書虫股份有限公司
讀者服務信箱：service@readingclub.com.tw
城邦讀書花園　www.cite.com.tw
香港發行所／城邦（香港）出版集團有限公司
香港灣仔駱克道193號東超商業中心1樓
E-mail：hkcite@biznetvigator.com
電話：(852) 25086231　傳眞：(852) 25789337
馬新發行所／城邦（馬新）出版集團【Cite (M) Sdn Bhd】
41, Jalan Radin Anum, Bandar Baru Sri Petaling,
57000 Kuala Lumpur, Malaysia.
電話：(603) 90578822　傳眞：(603) 90576622

封面設計／楊啓巽
版面構成／林翠之、李曉青
印　　刷／韋懋實業有限公司
總 經 銷／高見文化行銷股份有限公司
電話：(02)2668-9005　傳眞：(02)2668-9790

城邦讀書花園
www.cite.com.tw

2008年8月1日初版　特價299元　ISBN 978-986-6571-07-7
2013年12月13日初版16刷